安徽师范大学史学普及丛书

U0746731

西汉风云之

大风起兮

葛俊超 著

安徽师范大学出版社

·芜湖·

图书在版编目（CIP）数据

西汉风云之大风起兮 / 葛俊超著 . — 芜湖:安徽师范大学出版社，2018.1
ISBN 978-7-5676-2678-2

Ⅰ.①西… Ⅱ.①葛… Ⅲ.①中国历史 – 西汉时代 – 通俗读物 Ⅳ.①K234.109

中国版本图书馆CIP数据核字（2016）第253689号

西汉风云之大风起兮

葛俊超　著

XIHAN FENGYUN ZHI DAFENG QIXI

责任编辑：孙新文　　崔龙健
装帧设计：丁奕奕
出版发行：安徽师范大学出版社
　　　　　芜湖市九华南路189号安徽师范大学花津校区
网　　址：http://www.ahnupress.com/
发 行 部：0553-3883578　5910327　5910310(传真)
印　　刷：虎彩印艺股份有限公司
版　　次：2018年1月第1版
　　　　　2018年1月第1次印刷
规　　格：700 mm × 1000 mm　1/16
印　　张：22.75
字　　数：385千字
书　　号：ISBN 978-7-5676-2678-2
定　　价：60.00元

如发现印装质量问题，影响阅读，请与发行部联系调换。

拨开历史的迷雾

说起来，秦汉在我国历史上是一个很有意思的时期，它是封建制彻底崩溃的时期，也是帝国时代的奠基时期。秦汉既残留了上古恢弘质朴之风，又开启了后代政治之先河，可品评的地方确实不少。

秦汉史研究，既有在这个领域已经做出了卓越贡献的吕思勉、钱穆、安作璋、李开元、田余庆和葛剑雄等前辈先贤，也有随着简牍学的发展而涌现出的新一代学者。不过，对于很多历史爱好者和刚刚步入大学的历史学专业本科生来说，在接触专业著作时若能辅以通俗的史学读物，其效用当是显而易见的。

《史记》作为"史家之绝唱，无韵之《离骚》"，无疑是了解秦汉史最具权威性的史学著作，但是，研读《史记》非一朝一夕之功。《史记》的主体虽然是纪传，但另有叙时之表和叙制之书附属其中，以为补充。一般作者多会读传，却忽视了表和书。如此，便割裂了司马迁的本意，同样不利于全面地了解历史。割裂历史，仅看其一鳞半爪，只能让历史隐藏在迷雾之中，似现而未现。

说汉道汉，不得不说大汉的开国之君——高皇帝刘邦。在一般人的印象中，刘邦年轻时不事生产，游手好闲，完全是个不务正业的形象。在汉家定鼎后，他诛杀功臣，原来一起打天下的韩信、韩王信、彭越、英布、陈豨等人在短短七年内陆续倒在他的屠刀之下。他还是个抛妻弃子的无情之人，在大败之后为了逃命，连自己的子女也要推下车去。在数十万将士面前，他居然让项羽给自己分一杯父亲的肉羹。

如此无义无信、毫无人主之气的人，即使坐在朝堂之上，也让人发出

"望之不似人君"的感慨吧。如此小人，岂能君临天下？

这就是粗涉史书容易给读者留下的直观印象，无怪乎汉武帝刘彻看到《太史公书》（《史记》的别称）时，大怒之下将其中很多内容直接删掉，并严令不得外传呢！

其实，开创西汉伟业的刘邦并不是一味嗜杀的冷血之徒。《史记·高祖功臣侯者年表》中有这样一则有趣的记载：刘邦寒微时有一次因急事外出，向一位叫作单父圣的老邻居借了一匹马。单父圣二话不说，解马相借。这个恩情，刘邦一辈子记着。他在病重之际的最后一次封侯时，将这位老邻居叫到宫中，册封其为中牟侯，并告知这是酬谢当年借马之恩。于是，这位单父圣便被记录在汉朝皇家封侯档案之中。

刘邦还与他的功臣们剖符立誓："即使有一天，宽阔而奔腾的河水变得仅如细带般，巍峨而雄伟的泰山也只剩下磨石那般，你们的封国依旧牢固，并可传及子孙，世世不绝！"

试想，如此重情重义的人，怎么会是个疯狂的嗜血之人？可是这些记载都在《史记》的丝丝迷雾中，如果不去看它的《高祖功臣侯者年表》是断难发现的。如今通行于世的通俗类汉史著作中，能够提到这般历史细节的极少。但在本书中，作者将这些细节一一展现在我们眼前，这是难能可贵的。

作者葛俊超是安徽师范大学历史与社会学院历史学专业2006级本科生。他是一个认真读史的学生，十余年来一直徜徉在历史的长河中。本书正是他这些年读史的心得汇集，揭示了西汉历史中很多很有意思的地方。

葛俊超依据寻常史料，往往能给历史迷雾以合理的解释。当史料记载出现冲突时，他能详加考证，去伪存真；当历史记载处于空白时，他又能梳理有限的史料，进行理性分析，并合理复原。这样一来，如前所提及的刘邦等一个个精彩的人和事便脱离了定势思维，形象饱满地展现在我们面前。

比如，对于秦楚之际决定天下大势的巨鹿之战，《史记·项羽本纪》仅用了一百字，即"乃遣当阳君、蒲将军将卒二万渡河，救巨鹿。战少利，陈余复请兵。项羽乃悉引兵渡河，皆沉船，破釜甑，烧庐舍，持三日粮，以示士卒必死，无一还心。于是至则围王离，与秦军遇，九战，绝其甬道，大破之，杀苏角，虏王离"来概括战争全过程。可是，战前两军的部署和战斗的经过都没有细说。虽然圣人说"微言大义"，但如此扼要，不能不让后来读史者心有疑惑：秦楚两军是如何部署的？英布的二万精兵是如何渡河，渡的又是哪条河？战斗的具体经过是怎样的，为什么精锐的秦军会一战而溃？对于这些问题，葛俊超通过考察秦楚地图和相关传记，并运用历史构造和复原的方式，将秦楚将帅的缜密部署、两军将士的拼杀过程和战场的残酷，通通转变成文字，栩栩如生地表述出来。

又如，对于垓下之战记载最详细的《史记·高祖本纪》云："五年，高祖与诸侯兵共击楚军，与项羽决胜垓下。淮阴侯将三十万自当之，孔将军居左，费将军居右，皇帝在后，绛侯、柴将军在皇帝后。项羽之卒可十万。淮阴先合，不利，却。孔将军、费将军纵，楚兵不利，淮阴侯复乘之，大败垓下。"也仅用了一百字左右。对此，葛俊超以小说的视角切入那金戈铁马的战场，给人以身临其境的感觉。

再如陈豨是引起高祖年间规模最大的燕代叛乱的主要人物，他的叛乱持续了三年之久，并且涉及韩王信、韩信、彭越、英布和卢绾五位藩王，可谓声势浩大。但其人在《史记·韩王信卢绾列传》中仅有"陈豨者，宛胸人也，不知始所以得从"一句记载，实在匪夷所思。于是，葛俊超认真分析了《史记·高祖功臣侯者年表》关于阳夏侯的记载，并结合刘邦义军的早期活动，勾勒出陈豨的动态，将一个忠勇善战的猛将形象展现出来。

那么，这样写史是否有悖于史学严谨之风呢？我以为，复原与严谨并不矛盾。这种写史的手法，正是太史公司马迁首创，如他将鸿门宴的刀光剑影和相关人物的勾心斗角写入《史记·项羽本纪》。若以公元前104年太初历修订结束时他开始写史算起，《史记》诞生的时代离秦楚之际约一百年，一百年虽算不得沧海桑田，但已物是人非，鸿门宴的经历者也早已作古，他是如何将这段历史恢复得如此细微的呢？原来，司马迁作史，为了力求恢复已经逝去的历史，曾到丰沛游历，并和当地的故老交谈，询问刘邦和开国功臣们的往事。丰沛是龙兴之地，刘邦去世前一年，还特意从此经过，看望亲朋故旧。所以，当地故老和功臣后人都会将他们的往事传下去，舞阳侯樊哙在鸿门宴中忠心护主的英雄事迹可能就是在和樊他广交谈时得知的。正因如此，司马迁记载的人物才会那样栩栩如生。

所以，此类构造历史的写作手法在本书中的运用，也会给我们带来许多惊喜。当然，书中也存在着一些瑕疵，如个别问题的考证尚需进一步推敲。

不过，瑕不掩瑜，为了让更多的人了解秦汉、喜欢秦汉，本书作为一部通俗的汉史著作，是完全可以胜任的。

徐　彬

2017 年 11 月 2 日

目　录

群雄逐鹿

威加海内

003

目

录

群雄逐鹿

第一章　天下大乱

　　秦二世三年（前207）的九月份，萧瑟的秋风为关中平原带来了一丝凉意。咸阳郊外的蓝田，旌旗猎猎，两支军队正在此地决战。一方是由楚国武安侯刘邦统率的经过几个月转战，最终从武关道进入关中的楚军，另一方则是留守关中最后的秦军。

　　这一年是秦人统一天下后的第十四年，昔日庞大的帝国也随着"执敲扑而鞭笞天下"的一代雄主始皇帝的去世而风雨飘摇。仅在始皇帝去世后的第三年，天下之都会咸阳便遭到反秦义军的威胁。

　　我们的故事就从这个帝国的衰落开始……

　　秦始皇三十七年（前210），始皇帝在东巡至巨鹿郡的沙丘时病逝，年五十。始皇帝雄才大略，深谋远虑异于常人，兼之御极三十余年，君威甚重，故天下一统十余年间除了偶有小叛外并无大事。可最大的问题是，始皇帝驾崩前未立储君。皇帝骤崩而国悬无主，这可是足以使天下震动的大事！不知道，这个时候有多少人在黑暗中默默注视着沙丘的那辆天子车驾。

　　当晚，一直侍从在始皇帝身边的中车府令兼行玺符事的赵高匆匆急召丞相李斯和公子胡亥进入天子车驾，说是始皇帝有密令传达。未几，一封加急急报从车中发出，在黑夜中向北方长城疾驰。天明时分传出消息，始皇帝龙体无恙，车驾继续前进。于是，规模浩大的车队按计划越过井陉，经九原直道返回关中，结束了这一次的巡幸。

　　可刚刚回到关中，令人瞠目结舌的消息一个个从咸阳宫传出，首先是始皇帝驾崩，接着正在长城抗击匈奴的长公子扶苏和大将蒙恬接到赐死的皇帝诏书！九月，始皇帝葬于骊山陵。一个月后的二世元年（前209），赵高被拜为郎中令，和丞相李斯一起成为二世皇帝最为信任的近臣，全权负责国政。

二世元年（前205）春末时分，闲了半年的二世皇帝终于坐不住了。一道诏书下达，因先帝驾崩而停工了半年的阿房宫再次开建。

按秦法，编户百姓都有为朝廷服役的义务。可是，阿房宫规模宏大，一年半载是肯定无法建成的，更何况是陵墓和阿房宫两大工程前后相连！要知道，这几十万服徭役的人是不事生产的，后勤供应压力极大。过度抽调关中粮库，必然会动摇根基。于是，二世皇帝命令：让关东向咸阳供给粮草，而且禁止运粮草的民夫在路上吃咸阳周围三百里以内的粮食，必须自己带粮食以满足途中消耗。

且不说徭役极为艰苦，从关东到关中，千里迢迢运粮对经历多年战乱的百姓来说是多么沉重的负担！也许，没有将粮食运到关中，百姓在半路上就饿死了。谁也不知道伴随皇帝的一份诏令，会有多少百姓家破人亡！

七月份，在帝国南方的泗水郡蕲县境内开来一支前往北方渔阳郡戍守的九百多戍卒，其中大多是闾左的贫民。孟子说："若民，则无恒产，因无恒心。"按照秦法，构成国家军队的是处于社会中坚的自耕农阶层。只有拥有一定土地的自耕农组成军队的主要力量，才能保证军队强大的战斗力。而这些贫民没有土地，又大多生活在社会的最底层，在战场上并不可靠。若非紧急的超限度动员，一般来说是不作为征发对象的。可是如今国家正是多事之秋，征发的标准也一再下调，贫民也成为徭役的主要承担者了。

泗水郡北靠淮水，境内又有睢、泗、沂、谷诸条大河，属于典型的水乡泽国。而七月份，正值夏秋多雨之际。在泗水郡中部的蕲县，大雨一直延绵数日不停，本就河湖交错的大泽随着雨水的注入多已变为一望无际的大湖。官道被淹没，车马断难通行。于是，这支队伍便在大泽乡停下来休整避雨。可数日下来，雨越下越大，始终没有放晴的迹象。如此下去，这路怕是走不通了。可是，按朝廷律令，失期法当斩。误了日期可不是闹着玩的，这九百人即便走到渔阳，也是身死国法的下场。

"今亡亦死，举大计亦死，等死，死国可乎！"

走投无路之下，戍卒中的两个屯长陈郡阳城人陈胜和阳夏人吴广率先发难。两人便带着这九百多戍卒斩木为兵，起兵抗秦。在陈、吴两人的领导下，很快便攻陷周围县城，不久在陈郡建立了张楚政权。

大乱的序幕由此拉开。

抛开陈胜、吴广这样的楚人闲左不说，对秦不满的又何止楚？秦人和六国厮杀了几百年，可谓仇深似海。始皇帝在时积几十年君威，天下无人敢动。可如今始皇帝既没，二世主少国疑，尚有得位不正的嫌疑，这天下不轨之辈还不纷纷而动？

陈胜起兵就像一根火把丢到了浇满油的干草堆中，整个中原顿时烽火遍地。原来隐匿在暗处的六国贵族也纷纷趁机而动，谋求复国。陈郡大变的消息顺着官道向四周扩散：陈郡陈人武臣自立为赵王，故齐宗室狄人田儋自立为齐王，上谷人韩广自立为燕王，原魏国公子魏咎自立为魏王。九月份，前楚国大将项燕之后项梁、项羽叔侄在会稽起兵，立故楚怀王之后熊心为王，仍号怀王。同月，原泗水郡的泗水亭长刘邦亦于沛县起兵，称沛公。

一时间，天下各地风烟滚滚，始皇帝草草建立的帝国顷刻间四处漏风。天下动乱，当尽快调兵平叛才是正道。然而，此时秦军主力却并不在中原！统一天下后，秦军的主力部队主要部署在南北两个方向：一支在北方长城抗击匈奴，另一支则在南方平越。北方秦军原由大将蒙恬指挥，蒙恬被杀后由王离指挥。王离此人也是家世显赫：其父为统兵亡齐、魏的王贲，其祖父则是名震天下的战国名将王翦。根据记载，北方秦军兵力大约有三十万，且应当是秦军最精锐的部队。而南方秦军原由屠睢统帅，经荆楚一线南下征服南方的百越。屠睢阵亡后，这部秦军由部将任嚣、赵佗指挥。南方秦军加上民夫和随军移民大约为五十万，大多为步兵。当此之时，南北方边境的秦军主力远在千里之外，等调到中原没几个月是不行的，远水根本解不了近渴。

拥有百万大军，身边却无兵可用！

反秦义军自然不会给秦人从容调度的机会。到二世元年（前205）的九月份，陈胜、吴广的前锋已经突破了函谷关，打到关中的戏了。张楚军的统帅是周文，又名周章，陈郡人，年轻时曾在战国四公子的楚春申君黄歇家做过门客。陈胜起兵后，周文便前往投靠。由于其本人颇有统兵才能，故被陈胜任命为将军，指挥张楚大军前锋。

戏是咸阳以东戏水边的古驿亭。戏水源出骊山，北流经古戏亭东，汇入渭水。当时，周文指挥的张楚军大约就驻军在戏水以东。屯兵大营距都城咸阳仅有八十多里！只要部队休整完毕，一个突击便能打到咸阳城下。

赵高此辈阴谋诡计有一手，真正遇到大的阵仗是指望不上的。时至今日，社稷已危如累卵。在这个大厦将倾的危急关头，少府章邯挺身而出，建议紧急将在骊山的七十万刑徒武装起来，以抵抗反秦义军。于是二世立即同意，大赦天下，并将这支临时征召的军队交给章邯指挥，同时让司马欣和董翳两人分别担任长史和都尉，做章邯的副手。

章邯，字少荣，秦始皇十七年（前230）灭韩之战中，他曾追随内史腾先攻南阳，后攻韩国都城新郑，立下战功。统一天下后，章邯深受始皇帝信任，被拜为九卿之一的少府，主管皇家府库，同时还负责骊山皇家陵园的建设。从任职经历看，章邯虽为文官，但确实是能打仗的。其实秦汉将相不分，上马管军、下马牧民的情况屡见不鲜。而且秦人耕战立国、军功授爵，在朝堂上位列九卿的，又岂能没上过战场？

于是，临危受命的章邯立即领符披挂上阵，随后将这七十万刑徒集中整编，组成了一支军队。经过短暂的训练后，章邯指挥着这支临时拼凑的军队从骊山下来，一战便将周文的张楚军打得全军崩溃，进而三战三捷，将数十万的张楚军打得丢盔弃甲。全军覆没的周文在乱军中只身逃出，最后自杀于三川郡的渑池。

击灭周文后，经过短暂休整补充，章邯又领大军东出函谷，败陈吴、击齐魏、斩项梁，屡战屡胜，仅用一年不到的时间横扫几十万关东各路反秦义军，几乎重现始皇帝并六国之势。秦军如此彪悍的战斗力，让各地反秦义军不得不暂时蛰伏，以避其兵锋。

如此大胜，自然与章邯本人的指挥才能是分不开的。除此之外，最重要的是反秦联军除了项羽叔侄的楚军之外，大多也都是一群缺乏训练的乌合之众，本身战斗力也不强。反秦义军匆忙起兵后，甚至连行伍都没有编定，又如何谈得上正规作战？此时秦军虽然也是仓促整编，但毕竟以关中秦军为基干，拥有一批实战经验极为丰富的中坚将校和基层军官。要知道，几十万大军的正规作战，必须要有一大批精通指挥、临阵经验丰富的军官，而义军中恐怕只有周文接触过军事，其余的陈胜、吴广等人从未指挥过一兵一卒，而所指挥的又是一群组织散乱、毫无训练和纪律的平民，这如何能打胜仗？

而且，秦始皇统一天下后将兵器全部收集到咸阳，不允许民间私藏兵器。虽然六国贵族多少能藏匿部分兵器，但不可能有很大数量。所以，反秦军队起兵后，武器装备是很大的问题，故而史书上说张楚军是"斩木为兵"。虽然各郡县府库中都有兵器储备，但毕竟不足以武装十多万人。张楚军连打胜仗，但一路挟裹百姓，军队扩充太快，光靠郡县的缴获是不行的。而相反，秦军则可以利用关中的武库迅速武装起来。以兵甲犀利的胜兵击行伍不整的疲兵，焉有不胜之理。

就这样，经过章邯狂风暴雨般的打击，到二世二年（前208）九月份，山东地区的反秦势力只剩下河北的赵（赵王歇）和东南的楚国残余力量还在苟延残喘，其余的反秦军队主力基本已经被章邯从正规军打成了溃兵状态。

要知道，反秦义军以楚军战斗力最强，气焰最嚣张。特别是楚国的项梁兵团，战斗力是相当强悍的。如今楚国精锐的项梁兵团已经在定陶被全歼，那么剩下的反秦力量当不足为虑。于是，定陶决战击溃最能打的项梁后，章邯带着主力北上，准备消灭盘踞河北的赵歇。

章邯的这个部署可算是四平八稳，一方面是想先安定比较重要的河北，另一方面可能也有点围点打援的意图。将所有反秦义军吸引至河北，然后毕其功于一役，一战消灭所有的反秦义军。

第二章　　转战砀郡

虽说河北战场与南方的楚国尚有七百多里的距离，中间还隔着滔滔黄河，而且章邯的秦军已经北上，短期内是打不过来的。可即便如此，楚国庙堂上下还是颇为紧张。要知道，楚军最精锐的野战兵团就是项氏叔侄从江东带来的八千江东兵。可是，这支精锐在东郡的定陶被秦军击溃，可谓损失惨重。连主帅项梁都被阵斩，还有谁敢说能挡住秦人的虎狼之师？

在大败的阴云之下，楚国上自怀王，下到普通士兵，人人如惊弓之鸟一般谈秦色变，形势很不乐观。此时别说救赵了，最重要的还是恢复部队的士气。否则以疲弱之兵对抗虎狼之师，断无得胜之理。

秦楚是世仇，投降绝无可能。打不赢，还是要打！

到了后九月（秦用颛顼历，以十月为岁首，即每年为十月到第二年九月。故可能出现十二月在一月前的情况，当年为闰九月），楚国将大本营由东海郡南部的盱台北迁了四百里，至泗水郡北部的彭城。随后，怀王发布命令，对楚国朝堂进行调整：吕臣拜司徒，吕青为令尹，项羽封长安侯号鲁公，刘邦封武安侯为砀郡长，将本部砀郡兵。随后，怀王又命散布于周边各地的楚国各路义军陆续至彭城集结并统一整编，准备协力抗秦。

当时，楚国由于实力最强，是各路反秦联军事实上的"盟主"，拥有很强的号召力。现在赵国的求援信使到达楚国，如果楚国君臣坐视不理，必然会在政治上陷入不利。而且唇亡齿寒，如果不救就会重蹈当年六国被秦逐一消灭的覆辙。于情于理，也必须出兵救赵。

救归救，但怎么救要拿出个章程。根据当时的局势，楚国君臣召开了一次军事会议。经激烈的讨论后，楚国庙堂拿出了最终方案：楚军主力部队兵分两路：一路以上将军宋义为主帅、项羽为次将、范增为末将，北上救赵；另一路则由砀郡长刘邦指挥，直接攻击秦国腹地关中。为了激励大家共同扛起反秦大业，楚怀王最后与诸将约定："先入关定秦者，则以关中之地封王！"

有趣的是，在讨论分兵时发生了一个小小的风波。要知道，项羽的叔父项梁正是被章邯所杀，所以项羽并不想走北路，而是想要领西路军入关灭秦，为叔父报仇。可最后大家都不同意，理由是：项羽性格暴虐，统兵动辄屠城，如让项羽入关，大肆屠戮之下势必导致关中秦人人心不服。相反，刘邦"素宽大长者，可遣西略地入关"。由这样的老好人领军西征，当然最合适。于是项羽被调往北方，而实力相对弱小的刘邦则被调到了西线。

这段记载大概是附会之说，屠城掠地的事其实刘邦也没少干。说到底，刘、项两人的此次任命还是源于楚国内部激烈的政治斗争。项羽叔侄久掌兵权，大权在握，甚至怀王本人也是项氏所立，可想而知怀王面对项氏时的巨大压力。如今，若再将西征任务交给项羽，待项羽真灭秦归来，怀王这位子恐怕也坐不稳了。多亏项梁打了一个大败仗，项氏的威望受到重大打击。此时再不夺取兵权更待何时？因此，对项氏早有不满之意的旧贵族在怀王的支持下当然反对项羽西征。激烈的争吵之后，项羽这次只拿到一个北伐次将之职。

当然，楚国君臣如此针对项羽除了这个原因之外，估计与项羽本人的性格也有很大关系。项羽性格是出了名的傲慢跋扈，平时得罪的人太多了。

但不管如何，这个战略是有问题的。打仗讲究集中兵力，特别是在如今反秦联军实力较弱的情况下分兵，实非用兵正理。而且，就算分兵也讲究个主次之分，打仗最忌讳的就是平铺兵力。从兵力配置上来看，宋义统帅的是楚军的主力部队，而刘邦指挥的西路军可能仅仅是他从砀和丰沛地区带来的那几千老部下（攻取砀郡之后，刘邦大约有兵万人），装备和人数都远不能与宋义的北路军相比。比如，刘邦出发后还沿途收拢了不少被秦军击溃的项梁和陈胜的溃兵，甚至在到达砀郡栗县时，还吞并了友军刚武侯四千多人马。可到达砀郡北部的高阳邑时，郦食其却说刘邦"纠合之众，收散乱之兵，不满万人"。

可见，刘邦此时的实力是比较弱的，可弱兵分到的西征任务并不轻松。所以，尽管刘邦这一路打的是西进伐秦的旗号，可最后的结果当真难以预料。大约怀王对西路军的想法可能也就是希望能够稍微牵制一下河北的秦军主力，减轻宋义和项羽统率的楚军主力的压力而已。

虽然兵力不足，可军令如山，必须服从。于是，刘邦带着自己的人马踏上了前途未卜的灭秦之路。年末的九月份这一整月，从彭城出兵以来，刘邦除了在砀郡附近游击和打了几场小仗外，基本没有取得什么值得称赞的战果，也没有攻克一座城市。此时恐怕刘邦自己也知道，西入关中之类的，那就是场面话而已，不能当回事。用这不足万人的队伍西进伐秦，那是有去无回。以刘邦的性格，此等空耗兵力之举断不可为。

这几个月时间，刘邦的楚军都只是在砀郡附近转悠，始终看不出有入关的意图。到二世三年（前207）的二月份开春之际，刘邦决定乘着天气转暖时节沿沛县的老路继续北上，寻找战机。

从沛县、胡陵、方与一路北上，楚军很快便穿过泗水郡，抵达砀郡北部的昌邑。在这里，刘邦遇到了彭越的巨野义军。

彭越的巨野义军在这里算得上是一股比较知名的"积年悍匪"了。彭越是昌邑本地人，早年就在巨野泽打鱼为生。可是打鱼生活艰辛，兼之朝廷捐税不绝，因此彭越常潜匿巨野为盗。

巨野泽也称大野泽，是在东郡和薛郡之间的大型湖泊沼泽。上古时代，山东中部以泰山为中心的山地只是大海中的岛屿。古济水经此地注入大海。长年累月的冲积下，这里逐渐形成大陆，而巨野泽就是在这种不断淤积情况下形成的。秦汉时代，巨野泽的范围很大，水中芦苇成片，延绵数百里，是聚兵起义的好地方。所以天下大乱后，彭越便在同乡轻侠的推举下在巨野聚集了一批亡命之徒落草为寇。大泽乡起事后，彭越并未急于跟风起事，而是坐待战机。果然，魏齐联军在临济被章邯打得大败的消息很快传来。未几，项梁楚军在定陶大败又传来。如此不利的态势下，彭越更没有盲目出动，而是收拢被秦军击败的诸侯溃兵以积蓄力量。在这一年多的时间里，彭越的巨野义军从几百人逐步发展到千余人，成为这一带一股不容小视的力量。

昌邑上古为夏人的有缗国，后属宋国，秦人并天下后设昌邑县，属砀郡。昌邑县城在巨野泽南七十里，东西分别为东郡和薛郡，南部则是砀郡。而且昌邑附近的平原灌溉便利，农业发达。因此，昌邑算是砀郡东北的重镇大邑。若能拿下昌邑城，两军便可迅速扩大。彭越的实力不弱，又是主军。而且，彭越长期在昌邑活动，对昌邑的城防相当熟悉。应该讲，昌邑是有条件也是有必要打的。于是，刘邦商议后决定和彭越军联合行动，组织一次大型战役，先拿昌邑城开刀。

想法虽好，可通常来说重镇必是坚城，一般也是不大好打的。

这次攻城，刘邦和彭越联合对昌邑连续发动了两次猛攻，可结果都没有打下来。第二次围攻昌邑，还有附近的皇欣和魏国申徒（魏国官职）武蒲两支魏军的加入，兵力充足，可即使这样，昌邑最后也没拿下来，可见此时反秦联军的战斗力，特别是攻坚能力是比较一般的。

看着坚固的城墙，刘邦大约也是非常郁闷：长期游动作战没有根基，人马补充极为困难，而且屡战不胜，士气日渐低迷。这些问题如不及早解决，后果将不堪设想。

硬来不行，这几千兄弟不能磨死在坚城下。无奈之下，刘邦只得和彭越分兵，从昌邑撤军。不久，刘邦又带着这支部队向西进发到达高阳一带休整。不过刘邦不知道的是，此时却已经有人注意到这股落魄的楚军了。在高阳休整时，有个叫郦食其的本地人求见刘邦。

郦食其是高阳人，还有一个兄弟叫郦商。郦食其家境虽然相当贫寒，本人却好读书，可是读书到成人以后还是一事无成，无奈只在高阳邑谋了一个"里监门吏"的差事，权作养家糊口。

秦人划地方为郡县，县以下的便是乡、亭、里了。亭者，停也，即供来往行人休息的小亭，往往设立在交通要道，以供过往行人休憩，同时也负责地方治安。里则是老百姓自然形成的小聚落，因其往往在平原上，故多呈现四方形，有四门。按秦制，亭有亭长，里有里正，均为县以下的基层人员。而这个"里监门吏"便是高阳邑下一个里的"看门保安"，这个职位已经是低得不能再低了。

不过，战国以来游侠风气甚浓，这草莽之中也多有英雄人物。里监门吏地位虽低，但可多与往来行人打交道，正是不事生产的游侠理想的工作。当年，协助信陵君魏无忌窃符救赵的著名门客侯嬴就是里监门吏，名士张耳和陈余此前不久也在陈郡为里监门吏。所以尽管郦食其地位不高，但县中豪强并不敢随便役使，故老都称其为"狂生"。而像郦食其这样的人，也是不甘寂寞的。如今天下大乱，正是英雄奋起之时。当从同乡口中听到刘邦的楚军抵达高阳后，郦食其立即决定前往投靠，干一番大事业。

这次见面倒是挺有趣。

要知道，刘邦虽在少年时代接受过一定的教育，但时间并不长。青年以后，刘邦不事生产，曾长时间外出游侠（当时泗水郡西部的砀郡是刘邦经常去的地方）。长期的游侠生活使刘邦养成了散漫的性格，故对儒生这类人并不感兴趣。而且昌邑之战打得并不顺手，所以刘邦的心情很低落。这时候去见刘邦，少不得吃一顿骂。

当郦食其让卫兵去通报时，刘邦正在两个侍女的服侍下洗脚，听到有人拜见，便随口命令门卫说没时间接见。哪知道，这个郦食其比刘邦素质还差！听到卫兵的回报后，郦食其大怒之下嗖的抽出利剑，对卫兵破口大骂："乃公不是什么儒生，是高阳酒徒！快滚去给乃公通报！"

就这样，郦食其见到了刘邦。

两人见面后，郦食其开门见山："沛公您虽有诛暴秦之大义，但恐兵力不足，如贸然西攻强秦，恐凶多吉少。沛公可先据战略要地进行补给，壮大之后，方可图谋天下。三川郡陈留为天下要冲，秦人在这里囤积了大量物资，为理想之地。陈留令是在下老友，吾可去劝降，实在不行也可留下作为内应，助沛公一臂之力！"

郦食其所说的陈留可是真正的大城。陈留，故为留邑，春秋时属宋，后归陈，故曰陈留。入战国后，陈留为魏所得。魏惠王迁都大梁后，仅在大梁东南七十里处的陈留地位更显重要。在这里溯睢水而上便可经鸿沟入黄河直达天下之都会洛阳，顺睢水而下又是砀郡郡治睢阳、泗水郡治相县，可谓要冲之地。二十年前秦人决水灌魏都大梁城，繁华的大梁城被大水冲毁。于是，陈留便逐渐取代大梁，成为秦人掌控中原的重镇。在陈留，秦人囤积了相当多的战略物资。

于是，在郦食其的建议下，刘邦依照计划迅速攻占了陈留。陈留是刘邦攻克的第一座真正意义上的大城，不但获得了大量的物资补给，而且大大提高了楚军的威望。

郦食其提出的建议对漫无目的的刘邦来说，真可谓是及时雨。但是，若久据陈留却并非上策。就像郦食其本人说的，陈留是天下要冲，也就意味着这里是四战之地。而占据这样的四战之地，对目前实力弱小的刘邦来说也许并不是一件好事。自古以来，据中原这个四战之地而争天下的几乎没有。

接下来的路怎么走，还是要好好谋划。

第三章　　入关灭秦

　　攻克陈留后，刘邦利用陈留囤积的大量物资，不断扩充队伍，训练军队。经过数月努力，楚军的战斗力有了较大提高。当然，最重要的是还得到了一个不错的谋士。而且，还顺带通过郦食其收揽了其弟郦商。

　　郦商大约和刘邦同时从事抗秦斗争。两年来，郦商在陈留一带聚集了数千人马，部队的战斗力较强，在这一带很有名。郦商本人也是一位不可多得的能独当一面的猛将，后来一直做到九卿之一的卫尉。

　　克一城，收二将。二世三年（前207）的二月份对于刘邦来说，实是斩获颇丰。话虽如此，刘邦此时所面临的问题也不小。从陈留四顾，除了南方的砀郡南部，到处都是秦军和敌对势力。关键是陈留附近一片大平原，无险可守。有道是金边银角草肚皮，想凭中原这块四战之地成就天下，何其艰难。君不见，战国时代的大魏历文侯、武侯和惠王三代之强，霸中原近百年，可一旦出错招便立刻被四周敌国疯狂蚕食，直到灭亡。

　　此时数败秦军的刘邦已经引起秦人的高度重视，甚至可能已经被视为"匪首"。不久前，刘邦的楚军一战而克陈留，并席卷周边各县，三川这个天下要冲之地立即受到威胁。这个"伪沛公"乃是楚军中能和项羽并称的独当一面的大将，素有谋略，如再不采取措施围歼，后果难测。鉴于章邯领北线军团正在抵御项羽，压力极大，根本抽不出兵，二世遂征调关中材士交由赵贲和杨熊指挥，增援三川前线。为了便于协同作战，以击退"刘贼"，二世还颁与虎符，授予赵贲统一指挥三川到砀郡机动兵团的全权。

　　到三月份春暖之际，数万精锐秦军浩浩荡荡从函谷过洛阳抵达三川前线。秦军总指挥赵贲此人此前事迹史书并无记载，不过能够在如此紧急时刻受命指挥秦军关东地区最大的机动兵团，想来不是易与之辈，甚至地位不在章邯之下。赵贲抵达前线后并未立即寻求与楚军决战，而是分兵两部，自己领主力屯三川和砀郡交界处的启封县，派杨熊领车骑屯三川曲遇至东郡白马一线，以防止刘邦的楚军和河北项羽的楚军汇合，协同作战。

启封就在刘邦的大本营陈留以西八十里，时时可以监控楚军动向。刘邦的楚军久战疲惫，稍有松懈，赵贲便可指挥主力秦军寻机突击陈留。而且这个部署下，即使一战打不赢，两部秦军还可以互为犄角，拦截楚军。庙堂料敌，未虑胜而先虑败，如此部署算是稳妥的上策。

就在秦军不断部署的消息传来时，刘邦也结束了在陈留的休整，全军溯睢水而上，恢复攻势。秦军刚刚抵达启封立足未稳，此时不攻，更待何时？于是，全军誓师后，万余步骑以广野君郦食其、大将郦商指挥的四千陈留兵为前锋，浩浩荡荡直逼启封。仅一日之间，楚军以令人咋舌的速度急速行军八十里，突然抵达启封战场。秦军戒备不严，只得仓促应战。

刘邦一声令下，楚军大将曹参指挥全军率先向秦军发动冲锋，夏侯婴统率轻车和前锋樊哙、灌婴的甲士直贯敌阵，傅宽、靳歙领材官随后出动。楚军士气高昂，一战便将赵贲的秦军击溃。

未想楚军骁勇至斯，赵贲大败之下退守城池，据城坚守。楚军紧随其后，以樊哙指挥的前锋甲士向启封城发动围攻。不过，启封城高池深，楚军虽然善战，但也仅有两万余步骑，而且未及休整，极为疲惫，攻城艰难。樊哙顶着惨重的伤亡，数日间向秦军发动数次进攻，均被秦军击退。见交战不利，刘邦没有犹豫而是及时调整了部署：启封前线留下樊哙和靳歙作为牵制，主力则立即北上突袭杨熊。

楚军行动速度极快，启封前线交战的军情刚刚传至东郡杨熊处，楚军前锋车骑部队便在刘邦、夏侯婴的指挥下疾驰而至。趁秦军不备，楚军发动突然袭击，将杨熊打得大败。杨熊一路向西溃败二百里，退回曲遇大营。可未及喘息，楚军主力便尾随其后抵达曲遇东部。两军再次决战，士气全无的秦军再次崩溃。

西出陈留的这两场大胜，刘邦打得极为漂亮，将楚军强悍的战斗力体现得淋漓尽致。此时，除杨熊领数百残部逃至荥阳外，数万精锐基本被楚军消灭。如此一来，数万关中精锐除赵贲的不足万人固守启封外，已经基本全军覆没。而这支野战部队的覆灭，也宣告了整个三川郡完全空虚，不足为虑。于是，刘邦果断下令全军立即沿三川大道西进，进攻洛阳。

楚军突然拔营而去，赵贲立即意识到问题的严重性。要知道，三川、砀郡的秦军损失殆尽。此时刘邦突然拔营，必是西攻洛阳。如今楚军士气如虹，而洛阳空虚，断难守御。如楚军再克洛阳，不说关中震动，自己这项上人头怕无论如何是保不住了。于是，赵贲不再管启封，短暂整编之后，领残部立即尾随楚军向西，追击刘邦。数日后，赵贲在尸乡以北追上了楚军。不过，赵贲再次被以逸待劳的楚军打得大败。其实，以刘邦的老谋深算，岂会不知秦军尾随而来不做准备？以有备之军击无备之军，焉有不胜之理？

击退秦军后，刘邦没有休整，立即向洛阳发动进攻。

洛阳久为三川郡治，又是东周都城，为千年名邑。楚军连小小的启封都无法攻克，又如何能攻下洛阳？数次强攻，楚军损失极大，可破城之日仍然遥遥无期。便在此时，活跃在河北的赵别将司马卬也领步骑自上党南下，观兵于黄河北岸。这支赵军受命于项羽，对刘邦的楚军虎视眈眈，抱有敌视态度。为避免赵军在背后有动作，刘邦不得不分兵北攻平阴，以将赵军压制在河北。随后再全军转而向南，再次向洛阳城东发动攻击。可是在这几场激战中，楚军损失颇大而仍未克城，战局极为不利。

数战不利的刘邦不得不面临艰难的选择：入关入关，该从何处入关？

要说起来，刘邦比较熟悉的是崤函道。早年，刘邦还是亭长时，曾被征发到咸阳服徭役，走的就是这条路。从三川郡经荥阳过虎牢关，再过桃林高地，由崤函古道便可以直达咸阳。一般来说，从中原的韩魏或齐国入关中，走的就是这条通道。不过，函谷险关可不是那么容易过的，其地势极为险要。自春秋以来的几百年里，函谷关是秦国关防的第一关口，防备一向森严。兵法上说，最下乘的才是蚁附攻城。此时若强行围攻坚关，对手中仅有万余人的刘邦来说，是不小的挑战。

而且，刘邦在洛阳苦战数场，始终打不开局面。如坚持从这里入关，绝不可能绕过洛阳，否则将腹背受敌，此乃兵家大忌，何况此时的赵贲、杨熊还领残兵在荥阳一带虎视眈眈。如此不利的情况，崤函道在短期内是走不通了。若想入关，必须另寻他途。

其实，除了这条较常见的通道之外。当时从山东进入关中还有两条路：一条从南阳经武关走商于至关中蓝田，是为武关道，也是战国时秦伐楚的重要通道。由于武关"扼秦楚之交，据山川之险，道南阳而东方动，入蓝田而关右危。武关巨防，一举而轻重分焉"，所以走这条路的关键在于能否突破坚固的武关。

还有一条是北边的秦晋黄河通道：即从河东的蒲坂渡河，到关中的临晋关。从战国时起，秦晋黄河上有蒲津桥相通，渡河便利。蒲津桥大约于秦昭王时代，秦军攻河东时所建，其具体位置大概在今天陕西大荔县东与山西永济西之间的黄河上，为当时天下三大河桥之一。不过，当时河北战场战云密布，走这条路还要先问问章邯答不答应。

是向南取颍川走武关还是向北至河内走蒲坂？刘邦难以决定。恰在这个两难之际，张良的韩军攻克阳城的消息传来。

张良的韩军只有几千人，战斗力也不强，一直顶着秦军的巨大压力在颍川一线艰难发展。在前段时间刚刚开春之时，颍川秦军被赵贲调出堵截刘邦，韩军才有了发展空间。于是，张良领韩军在颍川东部积极出击，牵制秦军，配合刘邦，并攻克颍水上游的阳城县。大约因和刘邦素善，攻占颍川北部后，张良便遣信使通报楚军，希望能够协同作战。

考虑再三，刘邦决定南下和张良汇合。毕竟三川是敌境，而且楚军连续作战数月损失不小，没有个把月的休整，无法恢复战斗力。再不转移，情况将更加危险。于是，楚军经洛阳出辕辕关退入颍川郡西部的阳城一带休整，并调整军队编制，收军中战马，加强训练，准备机动作战。在大军休整时，刘邦和张良商议后决定了下一步行动：放弃崤函道，从颍川南下南阳郡，走武关道入关中。

颍川、南阳两郡接壤，阳城到南阳最北部的叶县，全程不过二百里。联军三万余人步骑交加，也不过五天的时间。六月份的夏初时节，楚韩联军顺利抵达南阳郡界。

南阳郡治宛城，早为吕、申两国，到楚文王时，楚并两国，置宛邑。从秦昭王三十五年（前272）秦将白起领秦军南下攻拔宛城及周围十县置南阳郡开始，南阳便为秦土。此时的南阳郡北接三川，东连颍川、陈郡，共领县十二，人口密集，是关东有数的大郡。

早在二世三年（前207）四月份听闻楚军在颍川境内大规模活动时，南阳郡守齮便在郡内动员郡兵，整军备战。几日前，楚韩两军协同作战的消息传来，听闻领兵的是楚军悍将刘邦，郡守齮便没有犹豫，立刻集结南阳郡兵先期抵达犨县东部的平原上扎下大营，以逸待劳，迎战楚军。

秦汉时代，地方郡守权力极大，不但总揽一郡政务，可以自行任免所属掾史，还可以领郡尉统郡兵作战，故也有"郡将"之称。边郡之守甚至还有领边郡精锐巡视边塞的职责。秦人最重军功，领一郡之守的人即使不是沙场宿将，也是知兵之人。按秦律法，郡编户齐民有服兵役的义务。每年的八月份，全郡郡县兵进行军阵演练，由郡守和郡尉统一调度。自天下大乱以来，南阳郡一直比较安定，郡兵没有作战任务，因此编制比较完整，战斗力较强。楚军南下侵境，南阳郡守既有牧民守土之责，自当领兵迎战。

于是，两军便在犨县附近展开激战。经过整编的楚军战斗力已经恢复，而且又有韩军加入，兵力雄厚，士气旺盛。结果一战下来，郡守齮指挥的秦军被打得大败，一连溃退一百多里，回到宛城城内才算稳住。楚军南下第一仗就获大胜，实在不容易。不过问题是楚军野战虽然打赢了，可一旦秦军龟缩屯守坚城，这仗就不好打了。需知，几个月前的昌邑连攻两次都拿不下来，更何况作为郡治的宛城！兵法上也说最下的策略是攻城，既然打不下来绕道就是了，何必冒着不必要的风险强攻如此坚城？

就在刘邦准备放弃时，正在身边的张良提出了反对意见。张良认为："入关虽急，但目前秦军主力尚存且又据险顽抗，若如今不攻下宛城，宛城守敌必趁我军入关之际在背后夹击。如此，我军将陷入腹背受敌之境。彼时，我军危矣！"

确实，这次不同以往。如果楚军冒险进入武关道，被宛城的秦军截断退路，这万余人的楚军就要像当年楚怀王那样交代在这里了。于是刘邦迅速调整部署，趁夜抄小道返回并发动夜战，包围宛城。郡守齮刚刚喘口气，还没缓过神来，楚军又至。未想楚军竟如此勇悍！这一股气泄了，想鼓起来就难了。

也许是经过数场激战后秦军已经损失惨重，也许是突围无望。此时，郡守齮已经完全丧失了抵抗的信心。但如今朝廷法度森严，这失土之罪可不轻。为免于酷刑，郡守齮准备自杀了事。见郡守抽出长剑，站在旁边的门客陈恢劝道："沛公素称长者，如今城外情况不明，府君不如让在下先去见见沛公，再做定夺也不迟。"

反正已经走投无路，试试也无妨。得到郡守的同意后，陈恢立即出城拜见刘邦，表达了愿意归降的意思，并提出建议："楚军有先入关为王之约。如今宛城守军认为投降必死无疑，故拼死抵抗。沛公英明神武，想来必克宛城。然宛城毕竟是坚城大邑，一战难克。而且，强攻之下恐贵军损失不小。果真如此，沛公恐难先入关中！不如准许我等归降，沛公也可尽快入关。"

打了半天打不下来，此时见到秦军居然想投降了，正在骑虎难下的刘邦喜出望外，立即同意了秦军的条件。于是，两军约定停战，宛城不战而降。宛城是南阳郡治，也是南方的大城，城内囤积了大批物资，这些正是急需补给的楚军所需要的。如今一战拿下宛城，楚军在南方就算站稳了脚跟。

在停战后，为了安定人心，刘邦不但完全遵守约定，还封南阳郡守为殷侯，并封陈恢千户。说实在的，刘邦对自己人还是很大方的，几个月前拿下陈留后，立即封郦食其为广野君。如今，南阳郡守投降，一出手一个侯就送出去了。不过这个侯此时还做不得数，得等刘邦平定天下才算。然而有意思的是，平定天下后，大汉的开国功臣中并没有郡守齮的位子。也不知道在茫茫的历史大河中，这个齮最后怎么样了。

在攻占宛城后，楚军分兵攻略南阳诸县，其中刘邦自领主力沿汉水支流丹水，北上攻郡西重镇丹水县，另调猛将戚鳃分兵配合王陵的楚军南出南郡，攻西陵。拿下丹水后，刘邦又回军胡阳，稳定南阳东部地区。没想到，刘邦刚刚拿下胡阳，便遇到了番君吴芮别将梅鋗指挥的越军。

当时，吴芮的义军在番阳起兵后，吸纳了不少南方越人参军。吴芮稳定后方后便遣梅鋗领越兵溯江水而上，进入南郡境内。听闻楚军攻克宛城后，梅鋗便引兵来附。越军人数不多，但战斗力相当强悍。因此，这支越军的加入壮大了楚军的力量。最重要的是，宣告了南阳南部侧翼是友军的地盘，南阳是安全的，楚军尽可放心入关。

于是在六月份，刘邦将归降的秦军和刚刚加入的越军重新编制行伍，并利用宛城武库储存的装备对楚军进行了一次大规模集中整编。楚军进行了整编和休整后，战斗力得到大幅提升。到七月份，刘邦即下达进兵命令，各部楚军遂从宛城誓师出发，经丹水谷地过析县，向武关进发。

一个月后的八月盛夏时节，士气高昂的楚军冒着酷暑抵达关中的最后一道防线——武关。

可是当面对这高耸入云的雄关坚城，刘邦也犹豫了。秦人正是控制着这天下险关，才能在几百年的诸侯争霸中立于不败之地，自春秋以来有多少英雄在这险关下折腰，以如今自己的楚军，想要强攻此关，只怕损失难以承受；如果把自己这万把人打完了，就是进入关中，又能怎样？靠自己一个人能拿下咸阳吗？

唯一的办法就是以计智取。

在张良的建议下，刘邦利用秦国内部的混乱，派郦食其贿赂武关守将，然后在大营内遍插旗帜迷惑秦军。果然，武关守将松懈。于是，刘邦立即趁机挥兵攻关，轻松地拿下了这最后一道关中防线。

攻克武关后，刘邦首先命郦商做好分兵攻取汉中、巴蜀等地的准备，然后经短暂休整亲率主力楚军继续向前进发。九月底，刘邦的主力经峣关抵达咸阳附近的蓝田县。

第四章　　望夷之变

当楚军一步步逼近秦人的腹心之地时，秦人没有想立即调兵增援武关，却在忙于自相残杀。在八月份刘邦攻克武关的消息传到咸阳后，指鹿为马的赵高终于开始慌了。

武关丢失，楚军兵锋直指都城咸阳，这还是自秦襄公列位为诸侯以来五百年间没有的事情！这天都给捅了个窟窿，便是想瞒也瞒不住。慌了神的赵高决定一不做二不休，干掉二世，一了百了。

赵高此人，颇有政治斗争天赋。史书上说赵高其人为"诸赵疏远属"。战国时代列国大战，战战和和相当频繁，所以列国都有互相遣质的习惯，比如秦始皇嬴政之父襄王嬴异人便在赵国为质。如此简单推测的话，这个赵高的祖先也许是赵国宗室遣往秦国为质的（赵高之生平有争论）远支宗室。不过，这种质子既为远支，长期在秦国生活下来，已经与平民无异。后来，赵高的家族便在秦国生活并做官。赵高相当聪敏好学，从小接受了严格的教育，精通秦国律法并善于书法。

要知道，商鞅改革后的秦国是高效的法治国家，底层庶民向上的途径有两条：第一为军功（授爵），第二为明法（为吏）。赵高本人对秦律很有研究，而且其书法能和李斯并称，是不可多得的专才。因此，赵高应该通过后者进入官宦之列，并由此得到始皇帝的信任，拜为中车府令，并被授予教导胡亥的重任。

车府令为太仆属中官，仅秩六百石，地位不高。但车府令前加中，那就说明是以皇帝的内侍官充任车府令，地位比较特殊。而且由于始皇帝经常出巡，执掌天子车马的中车府令便成为皇帝最亲密的近臣，能随时侍奉在皇帝身边，并可出入禁中。赵高在此职上兼行符玺令，执掌朝堂中枢，后来发动政变，矫立了胡亥。

不过，朝堂之上的公卿均知始皇帝嘱意的是长公子扶苏。莫名其妙的天子驾崩，随后长公子被赐死，实在不正常。深知庙堂之上人心不服的赵高在回到咸阳后便教唆胡亥将自己的兄弟姐妹全部诛杀，以坐稳天子之位！听到赵高的建议，胡亥深以为然，未多做思虑便发布命令。

二世的命令下达，公子将闾兄弟三人被禁于内宫。使者还带来二世的话："你们不尽臣道，当死罪，吏致法焉。"将闾反问："宫廷礼节，吾从不敢不从宾赞；朝廷位次，吾从不敢有失礼节；奉命对答，吾从不敢说错话。何谓不尽臣道？愿闻罪而死。"可面对一脸冷漠的使者，将闾悲愤地仰天大喊："天乎！吾无罪！"最后，兄弟三人皆流泪横剑自刎。

或许，公子将闾自杀全节而死还不算最坏的下场。大约就在公子将闾被捕时，大将蒙恬的弟弟名臣蒙毅已经被杀，而目睹朝堂大变的公子高惊恐无措，走投无路之下只得请求为先帝殉葬，以换来族人能在这暗无天日的朝中苟且。除去将闾和公子高，其他的兄弟十二人全部戮死于咸阳街市，十个姐妹则矺死于杜县。矺者，磔也。裂其肢体而杀之则称磔——何其惨！

这是朝堂之哀，亦是秦人之哀！要知道，先帝虽是强横之君，但这几十年来从未对元勋大臣斧钺加身，何况自己的子孙无罪加诛。可如今这堂堂上，天子后裔、上古贵胄居然沦落到这般境地！风雨交加、电闪雷鸣，咸阳街市上皇子皇孙临死的哀鸣仿佛宣示着这个帝国无可挽回的崩溃。

这人神共愤之事，让宗室震恐，黔首震恐。在赵高的淫威下，群臣谏者以为诽谤，大吏持禄取容。始皇帝留下的满朝文武，除了不屈而死的，余者尽为殿陛禽兽。这两年里，赵高又将自己的兄弟赵成拜为郎中令，女婿阎乐迁为咸阳令。郎中令为九卿之一，掌管宫中侍从郎官。如此，这两项任命便可控制京城并监视皇宫的一举一动。可即便如此，赵高还是不满足，在二世三年（前207）的八月份又搞了一套指鹿为马的把戏以彻底把持朝政。

然而，赵高一步步控制朝堂甚至诛杀李斯时，沉迷享乐的胡亥还是无动于衷。这几年下来，胡亥真的成了寡人，整个朝堂亦被赵高把持。李斯被杀后，赵高更是只手遮天。在当年的夏天，胡亥又因故迁至偏僻的望夷宫内斋戒。

望夷宫虽离咸阳并不算远，但如今已是人心惶惶之际，作为皇帝的胡亥又远离朝堂，绝不是社稷治安之道，况且咸阳城中的赵高此时还在隔绝中外，只手遮天。

望夷宫，望夷宫，现在的胡亥只能"望夷"兴叹，成了真正的孤家寡人。计议已定，赵高派女婿咸阳令阎乐在赵成的协助下，带着一群死士冲入皇宫，诛杀皇帝。在阎乐带领下，这波亡命之徒就在望夷宫中斩杀了皇帝的卫士长官，然后一路杀到皇帝的寝宫。

原本富丽堂皇的宫阙楼台顿时血流成河，伏尸遍地。

虽然夏日夜晚原本有些闷热，但此时也不禁让人感到有些阴冷。夜风穿过殿阁楼宇之间宽窄不一的间隙，风声变得高高低低，听在耳中犹如鬼啸一般。此起彼伏的惨叫声随着血腥的夜风传来，这位只顾享乐的人间天子终于坐不住了。

此时，护卫在胡亥这个孤家寡人身边的左右卫士或伏地归降，或四散奔逃。看到刚从门外闯进来的凶神恶煞的死士，胡亥惊恐之下指着身边唯一的宦官："你为何不早告诉朕，以至于朕沦落到今天这个地步啊！"面对皇帝的质问，这个宦官平静地回道："陛下，奴婢就是不敢说才能保全性命。若早说了，岂能苟活至今！"

真是讽刺，胡亥今日居然也想到说这番话，这不由让人想起晋惠帝那句著名的"何不食肉糜"。

最后，求一庶民而不可得，走投无路的一代昏君胡亥自杀于阎乐面前，随后被赵高以平民之礼草草葬于杜县以南。这场血腥的宫廷政变史称"望夷宫之变"。

就这样，秦人六百年的基业在这个昏君手中毁于一旦。而他的使命恐怕也就是毁灭秦人的基业而已。完成了自己的任务后，胡亥也倒在了自己掘的墓里。不知道胡亥怎么去见自己的父亲和兄长，怎么去见自己的列祖列宗。

对秦人来说，或许这个人本不该存在这个世界上。当然，恶人不是他一个。

在胡亥死前，阎乐指着胡亥的鼻子大骂："汝骄横放纵，滥杀无辜，为天下所弃。臣受命于丞相，为天下诛足下！事已至此，你还废什么话？自己打算一下后事吧！"骂的真是太好了，这句话说出了天下所有人都想说的。可问题是其他人都有资格骂，好像就是阎乐没有。这时候居然当起了正义之士，好像所有的坏事都是他胡亥干的一样。阎乐大概也忘了，他岳父是干什么的，而他阎某人也不过是一条噬人恶犬而已。此时，这条恶犬居然还在狂吠不止，岂非滑天下之大稽！

可是，如今这泱泱天下是非黑白本就难说，天子这样被骂似乎也没什么不妥。毕竟还有更绝的：待处理了这个大麻烦后，赵高本着破坏就要破坏到底的精神，立公子子婴为新君，并去帝号，复秦王之号，将始皇帝的基业败得彻彻底底。赵高甚至还给刘邦送信，希望能放过自己。当然，条件是保留自己的性命并平分关中。

然而，这条命到底是没保住。就在胡亥死后不久，被赵高一手扶上王位的子婴借着参拜宗庙的时机杀掉了赵高。赵高死后，整个赵氏宗族亦被子婴夷灭。其实，这个人对于秦人来说，夷灭九族都不够赎罪。

有些人，存在就是为了毁灭。赵高的人生，淋漓尽致地诠释了这一点。

八百年后，唐太宗说："至如赵高之殒二世，董卓之鸩弘农（指弘农王刘辩），人神所疾，异代同愤！"意思是赵高和董卓这两个家伙名声太臭了，他们的恶行简直到了人神共愤的地步，并且不局限于时代而是遗臭万年。

不过，赵高之罪仅以"殒二世"而概括似乎过于仁慈。

千说万说，胡亥已死、赵高也死，子婴似乎可以放开手脚收拾这即将倾覆的河山了。

子婴能立王五日便剪灭赵高并夷其族，可见其人颇有头脑，绝非二世这个昏君可比。在执政后，子婴立即调关中兵守备峣关，但均未能奏效。此时的楚军已经到达蓝田。此刻，子婴即便有天纵之才，也没有空间和时间施展了。秦二世的暴虐统治和赵高的乱政，已经彻底挖空了帝国的根基。蓝田，自战国时就是秦军的屯兵大营。谁也想不到，秦人统一天下仅十余年，楚的军队就打到了秦人的心腹。面对咄咄逼人的楚军，为了保卫秦人的都城，留守蓝田大营最后的秦军毅然出击。

双方就在蓝田的郊外决战。

抛开丑陋的大秦朝堂，这些人才算是真正的老秦人。可是，这是注定的一场几乎不可能成功的抵抗。然而，这些人并没有抛弃自己的国家。面对志在必得的楚人，他们一次次发动了决死的冲锋。

夕阳西下，最后一个秦人倒在了战场上。一个时代也就此终结，另一个时代正在来临。

第五章　　过秦之论

汉元年（前206），十月。

历经千辛万苦转战千里的楚军终于抵达霸上。自顷襄王三年（前296）楚怀王被秦人逼死后整整九十年，楚人终于站在了秦人关中的土地上。

今西安市东的白鹿原，古称霸上，因在霸水上而得名。霸桥，就在霸水之畔。萧瑟的秋风下，霸桥边的轵道亭也显得格外苍凉。秦王子婴驾着素车、牵着白马，用绳子系着自己的脖子，手捧封好的皇帝印玺和调兵符节，跪在轵道亭旁向昔日的亭长投降。

一个帝国就此烟消云散……

对于这个残暴的帝国，楚人是没有任何感情的。一百年前，周赧王三年（前312）的丹阳之战，楚军被斩首八万，将丹水染红。接着，周赧王三十六年（前279）鄢郢之战，楚人故都郢为秦所拔，士民死亡十余万，使夷水不流。招魂招魂，魂兮归来！这几百年来，有多少楚人倒在了秦人的剑下？

身受国仇家恨的楚军大将无不希望彻底剿灭秦人，以报先祖之大仇，部将樊哙便劝刘邦将子婴斩首以告示天下。面对激动的樊哙等人，刘邦看着悠悠的霸水，长叹一声，缓缓开口："怀王遣吾关中，是因吾能宽以待人。今者秦王已降，再行杀戮是为不祥。"说完后亲手扶起子婴，下令赦免。秦人之暴政该由二世和赵高承担主要责任，子婴并无大罪。而且，他在立王这数月内诛杀罪首赵高，显然并非天下之敌。而在抵抗无望时，他也没有负隅顽抗，因此他也非楚人之敌。故而对降后的子婴再杀，既无意义，也无必要，更不符合"长者"的形象。

仁义之师就要有仁义之师的样子。进入咸阳后，刘邦做了以下几项工作：第一件事是封存府库。秦人六百年的经营非同小可，美轮美奂的宫室殿堂、难以想象的珍宝美人，这些对出身贫寒的刘邦产生了强烈的冲击。不但刘邦自己，他手下的那些将军们也被咸阳的繁华惊呆了。

于是，在入城后，上自刘邦下到各部大将都头脑发热，开始追求享乐。不过，好在刘邦最后还是保持了清醒的头脑，听从了樊哙和张良的劝谏，将秦宫室的所有财产全部封存。这样做不仅获得了关中民心，也使后来在与项羽交涉中在舆论上处于有利地位。

其次，整理档案。这项工作主要是萧何完成的。在其他将领纷纷抢夺财宝时，萧何依然冷静。萧何本人出身主吏掾，精于律法，深知秦人强大的根源便在于强大高效的法律机器，故进入咸阳后，萧何直奔丞相、御史府，找到秦国历代的地图和户籍资料并详细整理，汇集成册。

古代地图和户籍档案是极为重要的资料，是国家军事部署和赋税征收的重要凭证，亦是一国政权的象征。凭着萧何收藏的这些秦人律令、图书档案，刘邦对天下关塞险要、户口多寡、强弱形势、风俗民情等详细情报了如指掌。只有了解各地的户籍档案，才能迅速征兵备战。只有了解各项律令，才能很快稳定社会秩序。而这些，都为刘邦后来制定正确的方针政策和律令制度找到了可靠的根据。汉之肇基，也正始于此。

第三件事便是约法三章。刚刚进入关中后，刘邦便与秦人父老约定：杀人者死，伤人及盗抵罪，其余如"诽谤者族，偶语者弃市"等繁杂严酷而又不合时宜的法律全部不再使用。所谓"诽谤"，就是在背后议论是非，"偶语"即两人私下谈论《诗》《书》等法令之外的禁物，这在商君之法中都是明令禁止的，可见秦法之细密。

其实自商鞅立法以来，秦人法令便以异常细密著称。比如秦简《法律问答》共有一百八十七条，其中关于"防盗""惩盗"等条目相当多，连盗牛马衣丝都有专条。此外，其严苛亦是世人皆知，动辄肉刑、大辟，更有弃市、凌迟等酷烈之刑。秦律中，五个人合伙盗六百六十钱，就要处劓刑（割掉鼻子的肉刑）！

这样的高压政策下，可想而知秦人生活之艰辛。现在，秦人头上一百五十年商君之法被废除，秦人无不大喜过望。当然，三章之法毕竟只是特殊时期的权宜之计，后面肯定是要完善的。汉立国后因"三章之法不足以御奸，于是相国萧何捃摭秦法，取其宜于时者，作律九章"。可见，这三章法律也就是后来汉朝《九章律》的源头。其实三章法后还包含了一项附加举措，即"诸吏人皆案堵如故"，要求原秦人各级官吏全部各安其位，继续行使原有职权，不必担心斧钺加身。如此一来，便等于全盘接收了秦人庞大而有效的官僚系统，在极短的时间内保证了关中地区政权的正常运转和社会安定。而这个官僚系统，后来也成为刘邦治理关中的支柱。

最后一件事是还军霸上。一切工作完毕之后，刘邦回到霸上的大营，与将士们仍然住在一起，一方面牢牢地抓住军队，另一方面也是做给秦国老百姓看的。秦国父老看到楚军军纪如此森严，果然无不交口称赞。要知道，自战国几百年来，天下就没有这样的军队。如沛公这般仁义之师，当有三代以来之古风啊！于是，深恐楚军离开的老秦人纷纷献上酒食犒劳将士。

对这个陌生的楚人，关中老秦人都充满了期待——如沛公主政，天下可当晏然。

在"敌国"国内居然能得到如此待遇，着实罕见。面对热情的关中父老，刘邦表示现在大营里的粮食还够，就不打扰诸位父老了，大家尽可回去好好过日子，不必担心乱军！

到了这个地步，传说出自玄鸟之后的嬴姓即使从地下爬上来估计也得不到关中父老的支持了。如此，自秦襄公正式列为诸侯算起，秦国列代用了五百年来统一天下，结果从陈胜、吴广起兵算起仅三年便失去了天下，怎能不令人叹息！

秦亡四十年之后，著名的大才子贾谊写了一篇流传千古的《过秦论》。他在文中感叹："秦以区区之地，千乘之权，招八州而朝同列，百有余年矣。"最后认为："然而一夫作难而七庙隳，身死人手，为天下笑者，何也？仁义不施而攻守之势异也！"

贾谊是孝文朝闻名天下的学者和政治家，其生活的时代与秦亡时间也不远，因此可算是同时代的人，他的话应该是比较客观的。而且在《史记·秦始皇本纪》和《资治通鉴》里，两司马也都直接引用了贾谊的原话。看来，这些后世的学者对贾谊的说法也都是非常赞同的。史家们都不约而同地认为秦国的灭亡主要是内因而不是外因，即秦人在施政方针上存在很大的问题。

其实，秦人负担本来就不轻。一般来讲，秦国农民的负担主要为赋税和徭役两大类。其中，赋税包括土地税和口赋。对于地税，汉人有秦人收"泰半之赋"的大致估算。所谓泰半，就是收成的三分之二，每顷若收三石则需缴纳二石，这对生活本就不易的农民来说是极为沉重的负担。口赋虽无明文记载，但《汉书·食货志》说秦"田租、口赋、盐铁之利，二十倍于古"，显然数额也不低。也就是说，只要是秦人一旦编户分地，便需承担这些沉重的义务，直到五十六岁以后才能免役。

而如果一旦赋役无法完成，便要面临酷烈的秦法制裁。当然，大乱之世，严刑峻法自当必要。然而天下民心思安，改弦更张也是必然之事。秦人朝堂上下却仍然秉承以前的酷法，必然导致民心尽失，特别是原关东六国，本就与秦人矛盾尖锐。这种情况下，秦法在关东应该缓缓推行，而不应该激进。第一个喊出"诛暴秦"的陈胜等人不就是因为无法及时赶到渔阳而面临杀身之祸，才铤而走险的吗？

抛开这些基本的赋役之外，秦国轻用民力也给百姓带来了另外的沉重负担。秦人统一天下之后，修驰道、通灵渠、筑长城、建秦陵、开骊山、伐匈奴、征百越，几乎没有一年是消停的。当时，北方长城一线抵御匈奴的军队有三十万，南方参与平定南越的军民有五十万。这些大部分都是保持战备状态的军队，一般不事生产的。要保证这几十万人的军需就是一个沉重的负担。秦制，一户五口。按照一户负责一口计，那么这八十万人至少要四百万人负责他们的补给。此外，骊山修墓的劳工又有七十余万，到秦始皇死还没修完的阿房宫还不知道有多少人！这上百万人也是不事生产的劳动力，维持他们的劳动，也需要四五百万人。要知道，此时的中国最乐观估计也不过两三千万人口。

按当时低效的补给能力，十石粮食运到前线最多只剩下三石，消耗率高达70%。运送岭南的物资走江水下灵渠，再漕运至前线，这样的水运途中消耗可能还少点。北方的长城一线的后勤保障可都要靠人力畜力，肩扛人挑的渡过黄河，翻越莽莽太行才能千里迢迢地运到前线，这个补给率能有十分之一就不错了！而单就是运输这些粮食，就是多么沉重的负担啊！

大约当时西到陇西，东到大海之滨，北到长城，南到岭南，全部是川流不息的百姓吧。他们肩扛人挑输送粮食，有的因冻饿而死于路上，有的披头散发逃亡在深山大泽中，有的成为虎狼的腹中之食。在严苛的秦律下，千万百姓妻离子散、家破人亡——这该是一幅怎样的凄惨景象！

所以，司马迁也感慨地说："我到北方考察，自直道返回长安，途中看到蒙恬将军修筑的长城亭障，沿途开山填谷修通直道直达咸阳，如此非人力所能筑成的伟大工程却数年即成，这是该多么的轻用民力啊！"千载以后，唐人杜牧游历原秦宫故址，在面对着早已化作黄土的万千宫室时，亦是感慨不已："使负栋之柱，多于南亩之农夫。架梁之椽，多于机上之工女。钉头磷磷，多于在庾之粟粒。瓦缝参差，多于周身之帛缕。直栏横槛，多于九土之城郭。管弦呕哑，多于市人之言语。使天下之人，不敢言而敢怒！"此为亡秦之弊也！

抛开这些大的施政方针上存在的问题之外，便如阎乐所说，身为天子，胡亥本人对秦人失国的确也负有不可推卸的责任。在关东大乱，反秦联军已经攻至函谷关外时，冯去疾、李斯和冯劫便进谏暂停阿房宫及骊山的修建，以减轻民众负担，稳定社稷。国家多事之秋仍有忠臣直谏，此乃社稷之福。

冯去疾，是引发长平之战时的那位上党郡守韩人冯亭的后代，此时官任右丞相。冯劫则是冯去疾的儿子，当过御史大夫，此时为将军。时任左丞相的李斯，更是一手创建了始皇帝时期的各项制度。在统一天下中这些人功勋卓著，威望很高，可以说都是始皇帝留下来的元老重臣，对朝廷忠心耿耿。

然而听到这逆耳忠言时，胡亥却不以为然地指着这些重臣的鼻子破口大骂："先帝创业艰辛，为的不就是让朕享福吗！至于盗贼纷起，那不是你们做臣子的事情吗！你们不能镇压叛贼，反而来要求朕过苦日子！你们有什么脸位列公卿？"这就是昏君的混账逻辑。

最后的结果是：冯去疾、冯劫以"将相不受辱"，最终选择以自杀（被逼）的方式离开这个丑陋的朝廷。不过，据说冯家后代的名人很多，比如汉代文帝时的那位"持节云中"的名臣冯唐和元帝时的名将冯奉世。

与冯去疾的结局不同，李斯被处以鞭刑，后被腰斩于咸阳，并夷灭三族！

行刑的时间到了，回首看着繁华而苍凉的咸阳城。李斯微笑着，对跪在自己身边的儿子（次子，长子李由已在三川郡阵亡）说："儿啊！为父真的还想和你们再牵着黄犬到老家上蔡去打猎，可是现在看来没有机会了！"

一代权臣，最后的愿望竟然是想如此简单地过一个平民生活。可是，站在权力之巅，反而无法善终，怎能不让人唏嘘感叹！不过，不知道此时的李斯有没有想到死在长城脚下的扶苏和蒙恬，有没有想起自己的同学韩非和老师荀卿。或许，当他提起那支起草矫诏的笔时，就注定了这是一场悲剧。人生一世，荣华富贵，过眼烟云……

其实抛开李斯，朝堂有此昏君，为臣再贤又有何用？人们往往将秦亡的原因归咎于赵高的专权乱政，却往往忽视了作为君主的胡亥。如果不是君主本人的昏聩，赵高纵有通天之能又能如何？君不见，在始皇帝时期，他赵高不是安分守己得很吗？

另外，秦之所以被刘邦这股反秦联军中实力并不强的军队所灭，还有一个重要的原因就是在战略安排上出现了致命的失误。要知道，秦人的主要机动兵团有两支：一支为章邯的关中秦军，一支是王离的长城秦军。可是，这两支近五十万人的大军全部屯驻河北，围攻并无太大威胁的赵军。而空虚的河南居然除了赵贲独撑大局外，没有一支精锐兵团。刘邦西征时，在赵贲之外所遇到的绝大多数是郡守、县令指挥的地方郡县兵。这些地方守备部队不但人数少，战斗力也不强，而且整个关东没有一个像章邯那样能指挥协调各地的总指挥，各郡县兵处于各自为战的境地。如此漏洞百出的部署，岂能抵挡士气如虹的楚军？

千言万语，挽不回轰然坍塌的社稷江山。就这样，秦人之天下被刘邦这样一个小小的亭长轻轻推倒了。

秦失其鹿，天下共逐之！秦倒下去了，站在刘邦面前的换成了另一个更加强大的敌人——项羽。

第六章　　巨鹿决战

刘邦入主关中时，项羽的楚军主力尚在赶往关中的路上。趁着刘邦在关中忙里忙外的当口，我们说一说项羽在这段时间忙了什么。

要知道，项羽这一路才是楚军的主力。北路军原由上将军宋义统帅，以项羽、范增为副，作战计划是北上救援被秦军章邯主力包围的赵军。与刘邦相比，北路军的压力丝毫不小。

早在项羽北上前，除章邯的部队外，北方长城一线的秦军也都已经悉数内调。秦军以王翦之孙王离为主将，苏角、涉间为副，在长城紧急动员，然后日夜兼程南下平叛。仅数月时间，二十多万秦军经太原郡东出河北，加入到河北战场。这支秦军可不是章邯带下来的骊山刑徒，而是打得数十万骁勇的匈奴骑兵溃退三百里的铁血精锐之师。王离的祖父王翦、父亲王贲都是天下无双的战国名将，在灭六国战争中战功卓著。老子英雄儿好汉，有如此显赫的将门家世，王离本人又统兵多年自然也不是草包。相比秦军的豪华阵容，对面的赵军简直兵微将寡。

当时，赵军主力已经在邯郸附近被打光了。就在几个月以前，邯郸城也已被章邯攻陷，并夷为平地。为避开秦军锋芒，赵军残部分为两部，一部北屯恒山郡，主力则东退巨鹿据守。巨鹿虽是坚城，但由于匆忙撤退，各种物资都极为匮乏，因此退入巨鹿城内的赵军压力极大。在城外，有王离、章邯的虎狼之师虎视眈眈，而城内则粮食匮乏，兵力不足。这还不是最重要的，关键是在前期的作战中赵军几乎被秦军来回吊打，此时已经如同丧家之犬，完全丧失了作战意志。以此残破之师想要顶住秦人的猛攻，可谓艰难异常。

当然，也不是没援兵。除了巨鹿城内的数万赵军，张耳之子张敖手里还有一万代兵，也屯于巨鹿以北。不过这一万代兵都是刚刚收拢的溃兵，短期内还难以作战，特别是和骁勇的秦军作战。而赵军真正的战兵，大约只有北部恒山郡的陈余手里的数万人。当时，陈余带着这万余人马就驻扎在巨鹿北边的营垒里。可问题是他陈余也被打怕了，看着这几十万如狼似虎的秦军，别说救援巨鹿了，人家章邯不来打自己就谢天谢地了。张耳派张黶、陈泽突出包围向陈余求救，要求陈余进兵巨鹿。可是陈余就像乌龟一样雷打不动，一直在营垒里窝了几个月都不肯出来，还说了一句很有趣的话：我今天不去救你们，就是要以后替赵王他们报仇啊！意思是我不能死，你们可以死……

在生死存亡的紧要关头，关系再好也要靠边站。最后，陈余大概实在给张耳烦得没办法了，便调五千人归张黶、陈泽指挥，应付了事。未几，张黶、陈泽的五千人马便在章邯和王离的猛攻下，被打得全军覆没，连匹马都没回去。

当然，客观形势就如陈余所说，确实存在兵力不足的问题。可想来他陈余未必就没有畏敌如虎、保存实力的心思。非独陈余，周边的齐、燕等国的联军大多也一样，根本不敢对秦军发起像样的攻击。巨鹿城就这样被围了几个月，死活没人来救。

救兵如救火……

此时，天下人都在注视着楚国这个反秦盟主的举动。到了九月，楚国庙堂终于部署出兵救赵。在宋义的指挥下，楚军从彭城出发后穿过薛郡，很快便到达砀郡和东郡交界处的安阳境内。

谁知抵达安阳后，上将军宋义一声令下，全军在此扎营。从十月到十一月份，宋义在这里一停就是四十六天。老谋深算的上将军宋义打的一手好算盘：最好等秦赵两败俱伤，我大楚再收渔人之利，岂不美哉！不仅如此，宋义还派儿子宋襄经无盐到齐国协商，准备统一行动。待与齐国君臣谈妥之后，宋义便置酒高会，绝口不再提救赵之事。

十一月末，气温骤降，寒雨夹杂着冰粒降落在东郡境内，数万楚军的屯兵大营顿时笼罩在淅淅沥沥的冬雨下。军营的简陋帐篷根本无法挡住逼人的寒气，宋义战又不战，退又不退，将士们忍饥受寒，已经忍无可忍。

昏暗的营火中突然传来嘈杂的脚步声，将士们回头一看，原来是项羽手按长剑，带着亲卫直闯主将大营。未几，大营中传来凄厉的惨叫，一颗人头被从帐中抛出——正是宋义之首级。

随后，营帐大门打开，项羽通告全军：宋义畏敌不前，已奉大王之命诛之。接着项羽自命上将军，下令全军整备，北上救赵！消息传出，全军振奋。虽然基层士兵不清楚，但稍微有头脑的都知道必是项羽发动兵变，诛杀宋义，怀王之令云云必是幌子无疑。

项羽发动兵变除了两人本来就不和之外，最主要的还是为了夺回兵权。要知道，自项氏拥立怀王熊心后，楚国遗留的旧贵族便纷纷前来投靠。这些人在楚国形成了一个新的圈子。可是，楚国军事力量的基干就是随项氏渡江的那八千人，基本都属于项氏叔侄的私家军。而这支部队一直是掌握在项氏叔侄手中，没有人敢于觊觎。对此，从怀王到这些贵族早就已经心怀不满了。如此作为，却不知这楚国到底是你项氏的楚国还是熊氏的楚国？因此围绕着军权，楚国贵族内部的政治斗争一直很激烈。只不过，项氏有钱有枪有名望，项氏叔侄又不是个善茬，所以这些人才不敢造次。可没想到在定陶之战中项梁被杀，项氏的威望受到沉重打击，这些人便开始对项氏的兵权有了想法。前面提到的怀王拒绝让项羽领西路军，未必就没有趁机削弱项氏力量的意思。而此时，项羽击杀宋义只不过是项氏的反击罢了，可能也有一点报私仇的味道，因为宋义曾嘲讽项羽只有匹夫之勇，以项羽的性格是无论如何不能忍的。

主将宋义被杀，这可不是一件小事，可想而知怀王得到通知后的愤怒。可是没有任何力量的怀王也没有什么办法，只能捏着鼻子认可了项羽使者桓楚的汇报，赋予了项羽全军的指挥权。当然，楚国庙堂如何考虑不在项羽的考虑范围内，目前最重要的是怎么打好这一仗。要知道，对岸的章邯可不是宋义那样的废物。战事已经不宜再拖了！经过短暂的思考，项羽决定立即行动，先行北上渡河再说。

当时，黄河中下游的渡口自西向东主要有三个：即连接三川郡、河内郡的平阴津，东郡、邯郸郡的白马津以及济北郡、巨鹿郡的平原津。平阴津和白马津距楚军较远，不是理想的渡口。而且，对岸就是秦军章邯大营。章邯此人熟知兵法，富有韬略，难保不会半渡击之。故而，从这两个渡口渡河的话风险实在太大。反之，平原津则在友军控制之下。

当时，在济北郡一带活动的是齐国的实力派田安。田安是战国时末代齐王田建之孙。田儋起兵后，齐国田氏复起。不久田儋阵亡，齐国田氏内乱。大约在这个时候，田安领兵攻略济北数县。项羽取宋义兵权后，田安便引兵来降。此时，平原津就由田安的人马驻守。

于是，到十二月份时，楚军主力冒着寒冷的冬雨，在项羽的指挥下经平原津悄悄渡过黄河，抵达漳水南岸。

这条漳水是黄河在河北的重要支流，发源自上党郡的太行山，自西北向东南流经邯郸郡，并在巨鹿郡东部注入黄河，从漳水往北不到五十里便是巨鹿城了。章邯的秦军就是依漳水到巨鹿城一线部署的。

当时，几十万秦军的物资补给应该从三川荥阳附近的敖仓经黄河漕运至巨鹿郡，再从巨鹿郡河段的棘原码头调运至巨鹿城下。为了保护这条补给线，章邯还修筑了一道甬道（两侧筑墙的通道）自巨鹿城下通达黄河。章邯的主力便在巨鹿城南的棘原构筑大营屯守甬道，而自北方南下的王离指挥的长城秦军则负责攻城。最后，章邯还在漳水北岸布置了一道坚固的防线，以防联军渡河，威胁到秦军的后翼。几十万秦军有主攻，有辅攻，有后卫。可以说，万无一失。

项羽身上的压力不可谓不大。两部秦军都是精锐，章邯、王离也都久经沙场，作战经验丰富，不好对付。经过反复权衡，项羽决定先打击秦军的补给线，削弱秦军战斗力，再进行主力决战。经过短暂的休整后，项羽派遣麾下头号悍将英布和蒲将军（史失其名）领两万精兵顶着严寒和风雪先行渡河，向秦军发动试探性进攻。

英布是楚军中有数的悍将，作战极为勇猛，每战必先登。英布所指挥的步骑也是一直跟随英布转战多年的亡命之徒组成的老兵，战时都是悍不畏死，因此战斗力极强。英布和蒲将军观察地形后，便带兵悄悄渡河。随后在冬雨的掩护下，趁秦军防备松懈，立即发动猛攻。一仗下来，秦军从漳水到黄河一线的防线被一举击破。初战获胜后，英布指挥渡河楚军立即转攻为守，迅速构筑营垒，集中全力阻击章邯的反击，以完全切断秦军补给线和章邯、王离两部秦军的联系。

在接到楚军前锋获得小胜的消息后，巨鹿北部的陈余亦派人联络项羽。于是趁着王离秦军战斗力因逐渐断粮而削弱的有利时机，项羽遂命令全军过漳水，救援巨鹿。待全军渡过漳水后，项羽立即下令破釜沉舟，烧掉营帐，只带三日粮，以示不胜则死的决心。在主帅的亲自指挥下，数万楚军因退无可退而士气无比高昂。

手持大橹的甲士列成严整的方阵，从漳水向北突进八十里。透过稀薄的雾气，看着已经遥遥在望的秦军阵线，伴随越来越紧的中军鼓点，楚军阵列开始加速。在项羽指挥下，将士们保持着整齐的步伐，发出轰轰的踏步声。阵线上人头耸动，铁胄上的翎毛也同时起起伏伏。

抵达秦军大营外围，数万楚军将士齐齐爆发出一声"杀"，立即投入战斗。项羽一马当先，披甲执戟向秦军冲锋。随后数万楚军齐声大吼，纷纷抽出长剑，也紧随项羽冲向敌阵。没等秦军列阵完毕，勇悍的楚军甲士就已经冲到近前。楚军方阵密集的大橹带着巨大的动能猛烈撞击秦军军阵，在一片震耳欲聋的金属碰撞声中，两支军队搏杀到一起。

于是，两军便在营垒外围短兵相接。战马的嘶鸣，金戈交接，战场上杀声震天传出几十里。此时，援救巨鹿的诸侯反秦联军已经闻讯赶到巨鹿城南。赵王歇、张耳及一众诸侯联军将领登上高台看着楚军血战（成语"作壁上观"的出处），只见城外烟尘蔽日、旌旗招展，无不被惊得心胆俱裂——未想楚军骁勇至斯！营寨外围的大地已经几乎完全被鲜血染红，楚军仍无一人后退。秦楚双方从上午激战至夕阳西斜，楚军不吃不喝越战越勇，将秦军大营全部击破！

一声齐喝，随后鼓声大作。只见秦军阵形大乱——秦军已经招架不住，全军崩溃了！随着喊杀声逐渐远去，巨鹿战场终于归于沉寂。这一仗下来，二十万秦军全军崩溃，秦军副将苏角被阵斩，主将王离被生擒，秦军三部大将最后只有涉间不降自焚而死。至此，楚军获空前大胜！

此战之后，项羽威名大振，成为反秦联军事实上的统帅。

王离的秦军可不是临时拉来的刑徒，而是在北方和匈奴厮杀了十年的精锐，居然会被项羽打得如此窝囊！这简直是战国时代秦军吊打诸侯军的翻版。不过仔细分析，似乎原因也很简单：王离的秦军内调以来，一路征战，几乎没有一天是消停的，此时早已疲惫。

据《史记·高祖本纪》的说法，刘邦从彭城出兵后，在砀郡附近的成阳和王离军曾经发生过战斗。刘邦出兵西征，是在二世二年（前208）的九月份。除去在长城动员集结和南下途中需要的行军时间，王离从长城南下至少应在当年的夏天或者更早。据此算来，王离的长城秦军已经不间断地战斗了一年多的时间。现在加上久困巨鹿前线，几乎无日不战，这支精锐早已成为疲兵，而项羽方面则不然。

天下人都知道，起兵以来楚军是最能打的。吴楚民风彪悍，战斗力在战国时代便一直排在各国前列。君不见，当年秦灭楚先动员了二十万军队，结果都吃了败仗，最后硬是举国动员，出兵六十万，还是在老将王翦的指挥下才艰难地打赢了，可见楚人之彪悍。早在项氏起兵前，项梁就常年用兵法训练部下。项氏一直是楚国的将门世家，项梁本人也是知兵之人，在项梁的长期严格训练下，楚军的战斗力应该是非常强悍的。从各诸侯起兵以来的反秦军的战绩看，楚军的确是一支特别能打的劲旅，很多硬仗都是项梁的江东楚军打下来的。由此可见，楚军本身的战斗力应该并不比长城秦军差。另外，经过项羽的整编，楚军士气高昂，人人求战。相比疲惫的秦军，楚军养精蓄锐已久，以盛兵击疲兵，岂有不胜之理。

项羽咬着牙顶下了巨大的压力，现在轮到章邯尴尬了。还没搞清楚怎么回事，王离的几十万后卫和辅攻的秦军都被如狼似虎的项羽一锅端了。现在，河北战场只剩下自己的南线秦军还在苦苦支撑。不过话说回来，在河北各个战场的秦军毕竟还有几十万，虽说吃了一次大亏，实力尚存，还可以继续作战。但是，在如此大败之下，秦军已经丧失了战争主动权。关键是仗打到这个地步，秦军士气低落，已经没有办法在短期内取胜了。有鉴于此，章邯领秦军残部从巨鹿一直退守至漳水南岸的河内郡北部到上党东部，并依靠漳水布置防线。面对项羽咄咄逼人的强大攻势，章邯仍然在苦苦坚持，希望能等到援军。

可是这些并不能挽回局势。由于士气低落，面对强大的反秦联军，章邯根本无法展开反击。而且，在黄河南岸三川郡方向的诸侯联军也在不断活动。一旦南北联军汇合，河北秦军将会被彻底封锁。鉴于形势严峻，到六月份，章邯遣长史司马欣前往咸阳请求增援。

然而，就在主将章邯殚精竭虑地为打赢这场艰难的战争谋划时，朝廷内部却对章邯产生疑虑，并派人来到河北大营责问章邯。朝廷的这个态度让章邯颇为恐惧。要知道，朝廷法度森严，打了败仗后果是很严重的。因此，此次司马欣前往咸阳的目的大约也不仅为了请求增援，或许也是为了向朝廷澄清前线态势。

可是司马欣抵达咸阳后，在皇宫的外门司马门逗留了三天，硬是见不到赵高！这可不是一个积极的信号。赵高他老人家可不是什么善男信女，一旦出事不死也要脱层皮。司马欣曾为栎阳狱掾，长期从事司法工作，政治嗅觉一直非常灵敏，见风向不对立即开溜。小心谨慎的司马欣还留了一个心眼：大路不敢走，而是连夜抄小路奔回军中。回到军中后，司马欣也顾不上休息，立即向章邯报告："赵高用事于中，下无可为者。今战能胜，高必嫉妒吾功。战不能胜，不免于死。愿将军孰计之。"有赵高这个小人在，打赢打输最后都没好果子吃，还是为自己考虑条后路吧。

世受国恩，这一个投降，又岂是轻易说出口的？前有强敌，后有奸臣，为之奈何！就在章邯左右为难时，对面的老对手陈余也送来了一封信。在信中，陈余向章邯举了白起和蒙恬的例子，并告诉章邯已经像这两人一样，有功高震主之嫌，下场应该不会太好。最后，陈余又仔细给章邯分析了形势：当前贵军并不占优势，相反我联军实力强大。关键是朝廷内部赵高专权，将军后果难测。这样即将灭亡的朝廷，将军你还替他卖什么命！不如和我们一起干，将来不愁荣华富贵。

有人认为促成章邯投降的司马欣就是一个联军间谍，因为投降项羽对司马欣来说不是非常艰难的事。司马欣和项氏有很大渊源，当年项梁犯了案子，就是栎阳狱吏司马欣摆平的。另外，陈余的书信在司马欣刚刚回到大营就寄来了，天下竟有如此巧合之事？作为反秦联军一方的陈余，怎么如此清楚地知道秦军内部存在的问题呢？这些都不能不让人产生怀疑啊！

史海如烟，两千年的事，又有谁能说得清呢？

无论如何，向昔日的敌人投降对章邯来说是十分艰难的抉择。几十万袍泽的命运就在自己手上，不能不慎重啊！史书上说在接到陈余的书信后，章邯暗中派军侯始成前往项羽大营，商量停战之事。可能是条件没有谈拢，这次约定没有达成。随后为了给章邯施压，项羽再次向秦军发动攻势。楚军猛将蒲将军领兵渡过三户津威逼章邯。随后，项羽又领主力在汙水附近再次击溃章邯指挥的秦军。

交战不利，内外交困。万般无奈之下，主将章邯带着长史司马欣、都尉董翳领二十万秦军全部投降项羽。随后，双方在漳水的支流洹水南面的殷墟上会晤，正式约定停战。

就这样，河北秦军主力被基本消灭。

第七章　　鸿门之宴

当时间到了炎夏来临的汉元年（前206）七月末时，河北战场尘埃落定。

战后项羽对所属部队进行了统一整编，调整了联军和楚军的战斗序列，一直忙到十月份。项羽准备完毕便带着各路诸侯从河内郡南渡黄河，再转而向西准备朝关中进发。到十一月份，项羽大军抵达洛阳新安扎营休整。谁也想不到，当天晚上大军在新安城南驻扎时，项羽一声令下，将二十万秦军全部坑杀！

二十万人，项羽眼也不眨，一夜之间全部杀绝！一夜之间，二十万冤魂，何其之惨！

史书上说这是项羽和英布、蒲将军两人商量之后决定的。然而，作为在联军中有最高权威的项羽无论如何是摆脱不了主要责任的。这样的人要是能得天下，那才是天下真正的灾难。很多人说项羽是英雄，这是哪门子英雄？一介屠夫而已！

至于新安杀降的原因，史书上说是投降的秦军与诸侯联军不和，双方冲突不断。项羽担心秦军内心不服，所以无奈之下才行此下策。其实，秦人与东方六国打了几百年，伏尸百万，短期内难以融洽实属正常。这个矛盾，也不是一两天能消除的。不过退一万步说，人心不服，靠杀就能杀服了吗？只要好好做好思想工作，应该是可以避免的。

其实，几十万秦军将士之所以思想混乱、心有怨气，与章邯没有妥善处理有很大关系。在投降后，秦军中就有不少将士对章邯颇有议论。按秦人制度，秦军出征，必以家属留在关中为质以防叛变。现在一投降，关中的秦军家属如何安置？这不能不考虑。而主帅章邯却绝口不提此事，搞得将士们人心惶惶。所以将士们都认为："将军等诈吾属降诸侯，今能入关破秦，大善。即不能，诸侯虏吾属而东，秦必尽诛吾父母妻子。"可见投降时很多秦军将士相当担忧，认为章邯并没有将袍泽们放在心上。

另外，项羽杀降还有一个重要因素就是军粮不足。要知道，去年楚军在决战时曾"破釜沉舟"，将粮食辎重全部丢弃，因此在与章邯相持时，项羽便不止一次提到"粮少"的问题。而且也正是军粮不济，最后项羽才接受章邯投降的。不说项羽的楚军，其他诸侯联军情况也不好。联军在河北的补给基地巨鹿城早在被围困期间就已经"乏粮"，现在更指望不上。几十万联军人吃马嚼的开销巨大，如今突然增加了二十余万张嘴，粮食压力可想而知。如此，只好对不住秦人了。当然缺粮问题不是无法解救的，需知荥阳的敖仓就在新安东三百来里！那里囤积了大量粮草，完全可以应急。可见，新安杀降是可以避免的。项羽干的这事和白起一样，把自己的名声搞臭了。

自古以来，杀降就为人所不齿，更不用说一口气坑杀几十万。不说道义，单从利益得失的角度看，杀降除了发泄一下怨气，对项羽本人来说没有任何好处。要知道，这二十万人可都是作战经验丰富的精兵，章邯等人也都是久经沙场的猛将，关键是能独当一面、可堪大用的大将。即使不能收归己用也不能就这样直接杀掉，妥善遣散，或让章邯自己解决不就行了？

可如今坑杀令一下，项羽自己便成了所有秦人的仇人，即使得到关中，那也是民心尽失。不过话说回来，大约项羽这时也没有争夺天下的觉悟，同样也没有将关中作为根据地的打算。

长平日日有魂游，新安夜夜闻鬼哭！遥想五十年前长平战场，赵括的数十万赵军被秦军坑杀。如今五十年后，二十万秦军被楚军活埋。天道循环，也算是报应不爽了。只是与这些无辜的将士们相比，白起和项羽死得实在是太轻松了。

我们回过头再说项羽在三川郡的行动。当时，三川郡境内活动的是瑕丘人申阳的部队。河北大战时，申阳多次策应项羽，向秦军发动牵制性攻击。项羽汇合申阳后，整个三川郡这个天下中枢算是被联军拿下了。然而还没等项羽喘口气，刘邦领西路军平定关中的消息传来。听到这个情报，项羽顿时大火在脑门直窜：乃公拼死拼活在河北和秦军主力打了一年！刘邦何德何能，居然乘虚入关。于是，项羽顾不上三川郡的整顿了，带着部队日夜兼程朝函谷关进发，准备将这个老大哥一举消灭。

一个月后，各诸侯反秦联军到达函谷关城外。结果，让项羽更为愤怒的是：当时守关的刘邦部将根本不买项羽的账，坚决阻止联军入关。盛怒之下，项羽也不废话，直接命英布领军攻破函谷关。接着大军一路入关，并在新丰鸿门构筑大营，等休整完毕后即向刘邦发起进攻。

就这样，昔日的盟友成了对手。两军在咸阳附近对峙，战争一触即发。当时，经过初步整编的项羽部兵力大约在四十万（加上听命于项羽的其他诸侯联军，项羽本部楚军最多十万），并且经历大战，战斗力较强。在项羽对面的刘邦军驻扎在咸阳南部霸上大营，总兵力在十万左右。刘邦军除了两三万楚军老部队外，剩下的主要是秦军降兵，无论是战斗力还是人数和项羽的百战精兵都有不小差距。这种情况下，明眼人都不看好刘邦，毕竟实力差距实在太大，何况他项羽又不是无能之辈。

大军压顶，即便是刘邦军内部，也是人心惶惶。当时刘邦军的左司马曹无伤就已经将刘邦的策略全部透露给了项羽，以准备改投新主。

有趣的是刘邦军内部出现叛徒，项羽军内部也出现了叛徒。此人不是别人，正是项羽的叔父项伯！项伯名缠，字伯，为项羽最小的叔父。项伯早年杀人，曾逃到东海郡下邳避难。而一切缘由，便因这次避难而起。

下邳在东海和泗水两郡的交界处，是东南大县，又远离政治中心，因此在六国覆亡后，很多六国贵族和反秦组织隐匿于此。到始皇末年，这里也就成了著名的反秦基地，很多犯罪的游侠、豪强都选择到这里流亡避难。东海郡和项家的基地会稽郡相距不远，大约是基于这个考虑，项伯才来到这里。不过项家实在太有名，想不引起官府的注意都难。在下邳期间的项伯多亏得到张良的收留，才免于一死。

就是因为张良对自己有救命之恩，所以项伯才连夜赶来，把项羽准备进攻的消息告诉张良。要知道两军大营相距八十多里，项伯顶着寒风连夜策马狂奔到达刘邦大营是很辛苦的。可见在项伯心中，事情已经万分危急，一旦贻误，张良恐怕性命不保。此时天下任侠之风甚浓，如果真是那样，自己恐怕难以面对天下英雄。因此，心急如焚的项伯到达刘邦军营后，顾不上寒暄，立即劝告张良赶快跟随自己逃命，不要留在刘邦军中蹚这摊浑水，白白送命。虽然项伯和张良是生死之交，但张良和刘邦也是生死之交，既然得知此时情况危急，张良又如何肯单独逃命？随后，张良便将项伯引见给了刘邦。无奈之下，项伯被张良硬拉到刘邦的大营。

通过项伯了解情况后，刘邦大惊失色，因为此前双方虽有摩擦，但毕竟属于同一个阵营，同在一面旗帜下战斗。而且，项家和刘邦关系还很不错。想当年刚刚起兵时，由于雍齿出卖，刘邦将最重要的根据地丰邑丢了，如不是项氏叔侄借兵给他，这天下恐怕就没有沛公这一号人物了！无论如何，刘邦也想不到项羽会对自己痛下杀手。可是如果真得撕破脸开战，以自己的战斗力，下场很可能是全军覆没。刘邦反应很快，权衡之后果断决定妥协。随后，刘邦先和项伯约为儿女亲家，拉拢到这位项羽阵营中的重量人物。接着，在项伯和张良的建议下，刘邦决定亲自去向项羽请罪，以消弭这场危机。

第二天一早，刘邦带着张良等人在一百多名骑兵的护卫下，前往鸿门大营向项羽请罪。在酒宴中，经过项伯等人的斡旋，再加上刘邦态度诚恳，项羽决心动摇。虽然宴会上项羽的部下多次提议杀掉刘邦以绝后患，但在张良、樊哙、项伯等人帮助下，刘邦终于借如厕从芷阳小路逃遁而去。

汉建立后，因为鸿门宴之功，项伯也捞到了一个射阳侯的爵位。不过，不知道刘邦有没有将女儿嫁给项伯（刘邦见于史书记载的女儿只有一个鲁元公主，嫁给了张耳的儿子张敖）。

如此大好机会，居然就这样被白白放过，难怪范增破口大骂："竖子，不足与谋！"其实对比刘、项两人的性格，可以说鸿门宴这个结果也在情理之中。一直以来，刘邦便善于听取部下意见。在听到项羽将要攻打自己时，刘邦立即向张良问计。在张良的建议下，刘邦最终冒着生命危险亲自到项羽军营向项羽低声下气地解释以换取和平。而当樊哙等人建议借如厕立即逃命时，刘邦也没有矫揉造作而是直接奔逃。乱世之中，其他的都是虚的，只有保住性命才是王道。

反观项羽，缺乏决断，犹豫不决。作战的命令已经下达，而仅凭项伯的一句话就更改了几十万大军的作战计划。在刘邦到来后，项羽不但表现出不知所措，还将曹无伤供出来，以说明自己无错。范增数次示意时，项羽也不为所动。整个过程项羽总想维护自己的名声，实在是妇人之仁。对比刘邦回营之后立即诛杀曹无伤，项羽在政治谋略上差的实在不是一点。不过话说回来，项羽如果真的下定决心，即使在鸿门宴后出击刘邦也不是不可以。也许，项羽当时根本没有与友军火并这个打算吧。要知道，项羽虽有兵四十万，但联军却占了大部分。这些诸侯打顺风仗可以，真要拼命则断无指望。而且，项羽匆忙入关，粮秣补给并不充分。对面的刘邦虽仅有十万人马，但久据关中，乃是主军，补充和士气无虞。另外，对刘邦这个多次合作的兄弟的统兵能力，项羽是非常清楚的，其人老谋深算、屡出奇计，兼之手下猛将无数，贸然开战，自己没有必胜把握。另外，就像刘邦说的，灭秦之战他刘邦没有功劳，多少也有点苦劳。如今刚刚入关便杀掉盟友，这边的诸侯盟友会怎么看，到时岂不遭天下英雄耻笑？

当然，千说万说，没有利益的交换是不行的，项羽又岂是易与之辈？因此鸿门宴后，刘邦军全军退至霸上大营，将咸阳城让给了项羽，以换回和平。

这一让可是一场灾难！

对秦人，项羽可没有任何感情。秦楚两国厮杀了几百年，流出的鲜血足以染红整条汉水，项氏又是楚国军功贵族，可想而知在这几百年里有多少项家儿郎死于秦人剑下？非但如此，自己的祖父项燕就是被秦将王翦所杀。在项羽眼里，秦楚两国就没有宽容的说法。几百年来的国仇家恨，如今一并算来！看着这座让自己刻骨铭心的繁华都市，项羽双目迸发出仇恨的目光。

一个字"杀"！已经投降的秦王子婴首先成为刀下之鬼，接着是整个咸阳！随后，原来刘邦封存的财宝全部被洗劫一空，接着是秦国数代经营的宫室被一把大火烧光。

仇恨的大火在咸阳烧了整整三个月，秦人五百年积累的财富全部化为灰烬！这把大火烧得痛快，却让项羽在关中的民心尽失。自此之后，秦人无不怨恨项羽。不过项羽自然不会想这些，因为关中对项羽来说没有任何用处。

其实，当时就有人向项羽提出建议：关中地势险要，被山带河，土地肥沃。这可是称霸天下的资本啊！

可是，一想到楚地清婉的乡音和秦人冷漠的眼神，项羽脱口而出："富贵不归乡，如锦衣夜行，有谁能见！"

见项羽并无以关中为根据地的打算，此人便私下说：都说楚人沐猴而冠，果然不错。可没想到这句话被项羽知道，于是将此人烹杀。

当然，否决这个提议恐怕也不仅是项羽的见识短浅。要知道，定都关中并不符合这些楚国旧部的利益。事实上，不仅项羽，就是在刘邦进入汉中时，很多原来楚国旧部也因为思乡心切而逃亡。而且，项羽和刘邦不同，由于新安杀降，项羽根本无法在短期内得到秦人的支持，若贸然定都关中，不但丧失老根据地吴楚，而且还要陷入敌对的秦人的包围，这无论如何不是稳妥之计。

第八章　　戏下分封

该杀的杀，该抢的抢，该烧的烧——这就是项羽的做法。

而等关中的事情基本处理完毕，项羽便上书怀王请封功臣诸将。怀王回复项羽也很简单：还是按照以前的老规矩，言下之意是封刘邦为关中王。

怀王的命令传来，项羽极度不爽。本来嘛！项羽本人一直自我感觉良好，认为自己才是封王的不二人选，理由有三：首先，自己在河北苦战几个月，秦军主力大多是自己消灭——这确实是实情。另外，当时分兵时，也一再要求领兵入关，而你怀王却非将本将军调到宋义部下。还有，我项羽出身显贵，想他刘邦乃一介庶民，何德何能为王？此人都被封王，岂不让天下贵胄耻笑？

想你怀王本来就是一个没落王族，要不是我们项家拥立，你无尺寸之功，安能为王？现在却来对我项家指手画脚，还真把自己当回事了！所以看到"如约"两字，项羽心中的郁闷和愤怒可想而知。

既然怀王不听话，干脆一脚踢开。于是项羽尊怀王为义帝，并以"古之帝者，必居上游"为名，将其从彭城打发到长沙郡南部的郴县的原始森林中去了。撇开了怀王这个麻烦后，项羽无视"先入关者王"的约定，开始自行分封诸侯。在项羽的主持下，天下共分封了十八个王。

刘邦的关中王是甭指望了。作为安慰，刘邦被改封汉王，都于汉中郡治南郑。汉国的封国范围为汉中、巴郡、蜀郡共三郡三十二县，大约为今天陕西秦岭以南部分和四川地区。为了安抚这个老大哥，项羽还特意解释：巴蜀本来也是秦国旧地，徙封汉王也不算负约不是？

其实原本项羽只想封刘邦巴、蜀两郡，后经过张良等人的极力争取，项伯从中斡旋，才勉强将汉中郡给了刘邦。如果刘邦只有巴蜀之地而没有得到汉中，那么楚汉战争初期的形势将严峻得多。要知道，汉中平原土地肥沃、灌溉便利，农业还算比较发达。在秦时，汉中便已经是重要的基地。失去这个基地，对实力原本弱小的刘邦无疑是致命的打击。

可即便如此，刘邦的形势也不容乐观。巴蜀、汉中地区地形封闭，交通不便，从汉中出去只有向北和向东两条路可以连接中原。向北则必须走栈道，翻越秦岭，十分不便。如果项羽在关中部署重兵严密防守，刘邦极有可能像自己的后代刘备那样，被封死在巴蜀的崇山峻岭里。要知道，三国时，蜀汉丞相诸葛亮就是以汉中为基地，与曹魏反复拉锯十几年，始终未能打破魏国的封锁。而汉中向东必须要沿着崎岖的汉水谷地，东到荆襄，下楚吴，全程千里，路同样不好走。

辛辛苦苦三年多，被项羽打发到巴蜀流放。可是奈何力不如人，除了发发牢骚又有什么办法？

那么原关中给了谁呢？谁也想不到，原来秦国的关中地区被项羽一分为三，分给了秦军的降将！其中，章邯为雍王，都废丘，统治咸阳以西的内史西部和陇西、北地两个边郡；长史司马欣为塞王，统治咸阳以东至黄河的内史东部，都栎阳；都尉董翳则为翟王，统治秦国北部上郡地区，都上郡中部的高奴。

奋战了好几年，最后果实居然给了原来的"秦奸"，真是滑天下之大稽。除了章邯，这司马欣和董翳何德何能为王？说起来，这司马欣倒不是外人，他原本是栎阳的狱掾。项氏起兵前，项梁曾因犯法被抓，后托曹咎给司马欣写信，才免于下狱。《史记·项羽本纪》上说司马欣"尝有德于项梁"，指的就是这件事。在章邯领军出关时，司马欣担任章邯大军的长史，随军转战河北，并与章邯一起投降。董翳，生平不详，大约在章邯出关时担任都尉，后也随章邯一起投降。在项羽看来，三人本为秦人，对关中地势烂熟于心，且又为秦军大将，统兵临阵经验丰富无比。利用秦国的三个降将镇守关中，必可将不安分的刘邦封锁在巴蜀大山，一举解决这个大麻烦。

接下来将原三晋的黄河以北之地一分为二：分河东、太原、上党三郡为魏国；另外，山西南部和河南西北较为富庶的河内郡则被单独划出来建立殷国。

魏豹被封为魏王，都于平阳。魏豹出身显赫，是正统的魏国贵族。二十年前，王离的父亲王贲指挥秦军决黄河灌大梁城灭了魏国。魏王假被俘后，年少的魏豹和大哥宁陵君魏咎被废为庶民。此后，两人一直像张良等其他六国贵族一样隐匿于民间，寻机起事复国。在陈胜起兵后，魏氏兄弟便前往投靠。随后，陈胜便命他们随同周市率兵攻取魏地。不久，在周市等人的拥戴下，魏咎被拥立为魏王。

虽然复国，但魏氏兄弟手里实力并不强。后来章邯出关首先打的也就是魏咎的魏国。在章邯的雷霆打击下，魏军一溃千里，最后大本营临济也被章邯包围。突围无望之下，魏咎投降后纵火自杀。魏咎死后，魏豹便投奔楚国，后领军随项羽入关。关于魏豹还有段趣事：他的姬妾薄姬后来为刘邦所得，生子刘恒，即后来的汉文帝。

司马卬被封为殷王，建都朝歌。司马卬为赵将，巨鹿之战前后领兵在河内、上党一带活动，牵制秦军。巨鹿之战后，司马卬随项羽领兵入关中。因屡立战功平定河内，故被封王。司马卬就是河内温县司马氏的源头，司马懿的先祖。

原韩国被一分为二：分三川郡置河南国，另分颍川郡置韩国。瑕丘公申阳被封为河南王，都洛阳。这个瑕丘公申阳是何许人也？据楚人习惯，县令称"公"，比如沛公、薛公、滕公。所以，这个人应该是瑕丘县令，名叫申阳，而非姓瑕丘。河北激战时，申阳率部先攻取河南，牵制秦军北上救援章邯。待河北战场平定后，申阳又迎接项羽进入河南。所以在分封诸侯时，项羽便特意将韩国分为两部分，并把相对富饶的河南封给了申阳。

此外，韩成被封为韩王，都于阳翟。韩成，原是战国时韩国宗室。秦末陈胜起义后，张良拥立韩成为韩王，进行复国。不过，这个韩成在反秦战争中没一寸功劳。韩军除了随刘邦入关中的张良的部队，其他的也是屡战屡败（战国时期，韩军就是出名的常败之师）。这个韩成能够封王，主要还是靠着贵族血统。

接下来，原赵国亦被一分为二：北部的代郡、雁门、云中为代国，而南部的恒山、巨鹿、邯郸三郡为恒山国。原赵王歇被赶到北方去做代王，都于代县。赵歇原为赵国贵族，二世二年（前208）时被张耳、陈余拥立为赵王。和韩成一样，这个赵歇也没什么本事，就是靠着贵族的头衔才捞了一个王。

原赵国丞相张耳受封恒山王，都于襄国。张耳本为大梁人，在少年时代曾当过魏公子信陵君的门客。信陵君去世后，张耳便流落到外黄，并娶了外黄的富豪之女，随后利用这层关系在魏国谋了一个外黄县令的职位。张耳做过信陵君的门客，是大家公认的"名士"。到外黄后，很多当地的游侠也纷纷归附，成为张耳的门客。于是，张耳很快在当地成为著名人物，甚至名声震动周围数郡。早年游侠的刘邦的偶像就是门客三千的信陵君，所以对真正做过信陵君门客的张耳无比崇敬。外黄和刘邦的老家丰邑虽分属砀郡、泗水两郡，但两地相距并不远。因此，青年时代的刘邦经常从丰邑赶往外黄联系张耳。

张耳在外黄为县令没多久，魏便为秦所灭。秦人以法治天下，细密而严苛的法律是国家统治的基本特征。而如陈余、张耳这样的"名士"不事生产，蓄养门客，在地方上一呼百应，严重威胁了朝廷统治权威，所以朝廷是严厉取缔的。就这样，张耳又上了秦国通缉的黑名单。眼见这个外黄县令做不成了，张耳便弃官带着陈余跑到陈郡隐姓埋名潜伏下来，并谋了一个里监门吏的职位作为掩护。

隐居的张耳可不是两眼一抹黑。在长期的经营下，张耳在砀郡到泗水附近有极高的人脉。在隐居期间，张耳常年与反秦志士交流。就这样，张耳在这里隐匿了十多年，一直在等待时机。

陈胜、吴广起兵打到陈郡后，张耳、陈余一起前往投奔，因素有名望，两人很快被拜为校尉。没过多久，陈胜便让两人独自带兵入赵。于是，两人便在赵地拥立武臣为赵王，脱离陈胜单干。不久后，赵国内乱，武臣被杀，两人又拥立原赵国贵族赵歇为赵王。巨鹿之战后，两人又一起随项羽进入关中。

从史书记载来看，张耳此人还是颇具政治眼光的。比如，张耳曾经劝陈胜不要过早称王，以免树敌，结果陈胜不听，最后被杀。当自己的建议没有被陈胜采纳后，张耳便提议独自带兵入赵。有一定的政治眼光，应该也是张耳在秦末群雄中能够善终的原因吧。

原齐国一分为三：分临淄、琅琊两郡置齐国，济北郡置济北国，胶东郡置胶东国。完整的齐国被一分为三与田氏内部的复杂斗争有很大关系。

在二世元年（前209）的十月份，田儋和从弟田荣、田横击杀当地县令起兵抗秦。而齐国一切问题的来源，都与这个田儋有关。田儋起兵后自立为齐王，占领整个齐地。前面提到，二世二年（前208）六月，秦将章邯出关以后包围魏国临济，势单力薄的魏咎便向诸侯求援。

由于齐国与魏国离得比较近，田儋第一个率兵来救。于是，秦军与齐魏联军在城外决战。结果，章邯领秦军趁联军不备发动突袭，一战便将齐魏联军打得全军崩溃。这一仗联军是真正的惨败，齐军主帅田儋也被秦军阵斩于临济城外。

田儋战死了也就战死了，兄弟三人还有两个。关键是田儋战死太突然，齐国内部的继承问题出现了矛盾。田儋虽是宗室，但血缘已经比较疏远了，所以齐国当地人便立齐王建（战国时期最后一个齐王）的弟弟田假为王。消息传来，田儋的从弟田荣极为不快：我兄弟三人在前线拼死拼活，这个田假寸功未立，算老几？何德何能为王？于是田荣引兵攻回齐国，将田假轰走，并在当年的八月立大哥田儋之子田市为齐王。

田假兵败后，从齐国出逃投奔楚国。田荣本着做人要做绝的精神，要求楚国交出伪齐王田假，并承认田市的合法性，结果被楚国拒绝。而项氏反对田荣的原因虽史无记载，不过大约与楚国内部的政治斗争有一定的关系。在巨鹿之战前，宋义曾派儿子出使过齐国。当时，齐国主政的便是田荣，看来以宋义为代表的楚国贵族应该是支持田荣这一派，而以项氏为代表的贵族则与宋义是对手，那么项氏自然反对田荣这一支。而且在东阿之战时，项梁曾领楚军救援被围的田荣，可反过来项梁向田荣提出联合作战时，却被他拒绝，最后导致项梁在定陶兵败身死。

就这样，田荣与项羽结下了梁子。在楚军救援巨鹿时，田荣拒绝发兵协助项羽，两人矛盾也越来越尖锐。问题是田荣在齐国指手画脚，很多人不服。在二世三年（前207）的十月，田荣手下的将领田都和齐王建的孙子田安即背叛田荣，随项羽入关。

项羽和田荣两人本来就有矛盾，现在田荣后方起火，项羽当然非常高兴。于是，在封王时，项羽便大手一挥将齐王田市的领土砍成三份：田荣立的田市被赶到山东最东部大海边，改封胶东王，治即墨，而两个投靠项羽的"齐奸"则都被项羽立为王。田都封为齐王，治临淄，统治原齐国西南的领土。田安被封为济北王，治博阳，统治齐国原来济北郡的领土。而齐国的实权派田荣则因为没有随项羽出兵，最后别说王，连个侯都没捞到。

接下来，原燕国一分为二：西部的广阳、渔阳、上谷三郡归燕国，分出原燕国最东北部的右北平、辽东、辽西三个边郡置辽东国。燕王部将臧荼被封为燕王，都于蓟，而原燕王韩广则被打发到东北苦寒之地为辽东王，都于无终。韩广原为赵国上谷小吏，武臣为赵王后，被派往北方安抚燕地。结果韩广这个人在当地很得人心，不久便被当地的贵族拥立为燕王。臧荼原为韩广部将，一直在韩广手下工作。巨鹿之战时，韩广派他领兵救赵。在巨鹿大战后，臧荼便跟随项羽进入关中。为了照顾这个在一起战斗过的袍泽，项羽便封臧荼为燕王。

最后，原楚国一分为四：分衡山郡置衡山国，分江汉地区的南郡、南阳、黔中三郡置临江国，分淮水以南的九江、庐江两郡置九江国。当阳君英布被立为九江王，都于六。番君吴芮则封为衡山王，都邾县。上柱国共敖为临江王，都江陵。

英布，六人，传说他是皋陶的后代。皋陶是黄帝的儿子少昊的后代，在尧舜禹时期担任司法官和教育官，推行"五刑""五教"，是有名的上古贤臣。年代过于久远，这个贵族的身份不知道到底可不可靠。不过即便是贵族，传到英布这一代时，已经过去了千年，上古贵族早已经没落了，这个贵族身份对英布没有任何用处。而且英布和自己的祖先完全不是一类人，是个极不安分的人。据说英布在壮年时犯法，被判处黥刑（即墨刑，就是在犯罪人的脸上刺字，然后涂上墨炭，叫作黥面。所以，英布也称黥布）。过了几年，英布又被征发到骊山修筑秦陵。可见，英布的实际出身是比较低微的。

不过被征发到骊山修筑秦陵对英布来讲也不是坏事。在服役过程中，英布认识了很多豪杰，逐渐在这些人中树立了威望。后来，英布便带着一批人逃亡到老家，落草为寇。陈胜起兵后，天下大乱。英布便去投奔吴芮，并跟吴芮一起起兵抗秦。这个吴芮也不是一般人，相传是吴王夫差的后裔。秦末时，吴芮担任番阳令。由于吴芮推行善政颇得民心，在百越民众中很有威望，被当地人称为"番君"。天下大乱后，吴芮召集了一批越人的部队保卫家乡。见英布作战勇猛而且已有数千人的队伍，又远道而来投奔自己，吴芮便将女儿嫁给他，两人一起反秦。

项氏叔侄起兵后，在二世元年（前209）腊月，吴芮便带着英布和蒲将军等人一同前往投奔。此后，英布和吴芮便一直跟随项羽征战，成为项羽的得力干将。由于英布作战勇猛，深受项羽器重，常常担任前锋。在巨鹿之战中也是英布率部先行渡河，并取得关键的初战大胜才保证了巨鹿的全胜。在项羽入关时，同样是英布担任前锋，为项羽攻克函谷关。所以，项羽对这个老部下也是相当照顾，大手一挥，昔日的罪犯便裂土封王。而同时，九江国西部的衡山国被封给了英布的老丈人吴芮。

临江国则被封给了共敖，都江陵。共敖，南郡人，很早就参加了反秦斗争，在楚国担任上柱国。在楚军主力救赵时，共敖领偏师攻取南郡，战功卓著，因此被封为王。

项羽自立为西楚霸王，建都彭城，统治西楚九郡。那么，这九个郡到底是哪几个呢？据清人姚鼐的考证，项羽的西楚九郡为：砀郡、东郡、陈郡、薛郡、泗水郡、东海郡、东阳郡、郯郡、会稽郡，大约相当于今河南东部、山东西南部、安徽淮北及江南部分、江苏全部地区。

到目前为止，分封还算和谐。经过三年的艰苦奋斗，暴秦终于被推翻了。大家把脑袋别在裤腰带上出生入死，为的就是今天的富贵。然而，项羽精心设计的这个看似和谐的分封方案，存在很大隐患，并不是所有人都能接受。别的不说，首先封王最重要的标准就有问题。项羽将是否跟随自己入关作为封王的唯一参考准则，很多人并不能接受，例如齐相田荣和赵将陈余。在反秦战争中，两人均认为自己出生入死有很大功劳，然而最终都未能封王，心里当然不痛快。特别是陈余，在听说老搭档张耳封王，自己却只捞到个侯（成安君，食邑三县）之后，越想越不是滋味："他张耳与我功劳相当。现在张耳封王，凭什么老子只为侯，这项羽算哪根葱！"连跟着刘邦混的小小别将梅鋗都捞到了十万户的封邑，何况自己这个独当一面的领兵大将！

当时就有人说："张耳、陈余，一体有功于赵，今耳为王，余不可以不封。"可是，项羽坚决不同意。果然，在诸侯就国不久，陈余就联络田荣起兵反叛。

另外，分封并没有考虑到各诸侯的实力对比。一些封王的诸侯手中没有军队，面临着掌握军队的部下的挑战，例如齐国田荣凭借手中的军队赶走了齐王田都、攻杀济北王田安，后来又杀死胶东王田市，丝毫不给项羽面子！不但把项羽封的三个王全部干掉，还自立为齐王。而赵国的陈余也赶走恒山王张耳，恢复代王赵歇为赵王，自己也不客气，自立为代王。在燕国，原燕王韩广则占住地盘，拒不去辽东苦寒之地。臧荼大怒之下与其发生火并，将其击杀，并占据辽东之地。还有彭越，在反秦队伍中也算是老资格，但因未随项羽入关也未能封王，所带一万多人的部队竟然无所归宿，只能还在巨野一带以打劫为生。这些人身经百战，手中掌握着相当多的精锐部队，若是没有被安置好，心中充满怨气，这天下哪能不乱？

　　不管如何，该做的看来现在是做完了。十八路诸侯吵了两个月，到了四月份，各诸侯总算定下来。随后各诸侯兵罢戏下，各就封国。

　　但是，新一轮的混战才刚刚拉开序幕。

第九章　　汉中定策

汉元年（前206），四月。

各路诸侯瓜分了秦人的天下，各回封国。意志消沉的刘邦也必须离开繁华的关中，前往汉中南郑就封。

其实，刘邦根本不愿当这个"汉王"。谁都知道，汉中巴蜀与关中相比实乃偏远之地。封到这里，那和流放有什么区别？事实上，巴蜀一直以来不就是秦人流放罪犯的地方吗？想当年，秦相国吕不韦可不就是被流放到巴蜀的！

项羽欺人太甚，这口气实在咽不下！

尽管一万个不愿意，但在绝对的实力面前，刘邦也只好认怂。要知道，此时刘邦面临的形势已远非数月前可比。项羽经过两个月的休整，所部已经恢复战斗力，而刚刚封王得地的众多部将也暂时拥护项羽。在这种极端不利的情况下，势难与项羽争锋，因此只得委曲求全。

临行前，萧何对刘邦说了一番话。萧何认为："如今我军战斗力远不如项羽，若贸然开战，势必凶多吉少。不如效法商汤和周武（两人曾在夏桀和商纣时韬光养晦）屈居人下，再做打算。大王立足汉中，抚养百姓，招引贤才，经营巴蜀。以此为基地，可回师平定雍、翟、塞三秦之地，再东出中原。如此，天下可定。"萧何都这样说了，刘邦只能先率部前往汉中的南郑就封。就像萧何说的，以后的事权且再做打算吧。

当时，跟随刘邦由关中进入汉中仍有旧部、秦人和诸侯军三类人。项羽分封后诸侯罢兵，刘邦的近十万军队被大量裁撤，原属秦军的几万降军或被就地解散，或被交给三秦王指挥，刘邦直领的军队（现在应该叫汉军了）剩下三万余人。这些人都是追随刘邦征战天下的砀、丰、沛的老部下，也都是关东楚人。此外，还有一些秦国的关中父老也随汉军南下。这些秦国的百姓或是因为对项羽的恐惧，或是对章邯等人失望，或是对刘邦在关中实行善政的渴望而追随刘邦。不过由于项羽的严密监视，这部分人不是很多。

此外，随刘邦一起前往汉中的人中还有一部分比较特殊，他们是因仰慕刘邦而自愿追随的原楚国将士和其他诸侯的部下，大约有数万人。这类人中有不少成为汉军著名的将领，如楚军的执戟郎中韩信。

郁闷伴随着失望，刘邦就带着这些人一路浩浩荡荡南下汉中。

从关中进入汉中必须翻越逶迤的秦岭。主要通道有褒斜道、陈仓道、子午道和祁山道等数条通道。说是通道，也算勉强，因为架设在崇山峭壁上的栈道就是这些深山险道的主要道路。栈道的施工办法是在悬崖峭壁上凿孔，插入木梁，再上铺木板成路。这样的木板栈道盘旋于高耸入云的秦岭大山中，故又称阁道、复道。千百年来，人们就是这样踩着狭窄险要的悬空栈道艰难地翻山越岭，通行于秦蜀之间。

抵达汉中后，刘邦采纳张良的建议，将秦岭栈道一把火烧掉。这是做给项羽看的，以让项羽相信，他没有东归的打算。当然，最重要的是为了防止项羽和关中的三秦诸侯利用栈道南下，突袭汉中。

刘邦率部安全到达汉中后，面临的情况相当严峻：由于随军入汉中的这批人大多祖籍关东，故并不愿意千里迢迢前往汉中。因此，在行军途中便有不少人因思乡心切趁机逃亡了。

本来心情就不愉快，这时候还听到这个糟心的消息，可想而知刘邦的愤怒。再这样下去，不用打仗这部队就散了。这时，站在旁边的韩信便出言安慰："项羽封有功部将，却迁大王之南郑，此与流放何异？我军将士大都为关东之民，无不盼望回归故乡。若用将士归乡之心挥师而出，必可建功立业。若等天下平定，将士懈怠，则大业难为。属下以为，大王当立即决策，率兵东进，与诸侯争夺天下。"其实这番话谁都会说，实质性的东西几乎没有，安慰的味道更浓点，毕竟打仗不是靠着登高一呼就真的无往不利了。

另外提一下，这个韩信应该是韩王信，而不是以后的淮阴侯韩信。韩王信是战国时韩襄王（曾重用法家申不害主持变法）之庶孙。秦末大乱时，燕、齐、赵、魏诸国很快趁机复国，但由于韩国王室没有后嗣，所以推来推去最后立了韩国公子横阳君韩成为韩王。韩国实力弱小，又处在秦军兵锋的直接威胁下。为避免被灭，韩成称王后很快投奔楚国。韩国的遗族也大多投楚，而韩国故地则只留下司徒张良留守。

大约就在张良留守韩地时，韩王信前来投奔。张良便以其为将，攻略韩地。当刘邦率部进攻阳城时，张良和韩王信便一起领兵归附，并随后参加了宛城之战，一直到破武关、定关中。不过，韩王信既为韩将，在两个月前项羽戏下分封时，按规定是要随韩成和张良一起回韩国的，却不知为何此次和刘邦一起入汉中了。

从这以后，韩王信便一直率部追随刘邦，屡立战功。到汉一统天下后，韩成已死，韩王信便被扶正为韩王。

虽然在来汉中之前萧何就安慰刘邦要以汉中为基地图谋天下，但那毕竟目前看来还是比较遥远的事情。如今最重要的问题是来到汉中的将士思归心切，大量逃亡。到了汉中这几个月内，这个问题还是没有解决。今天三五人，明天七八人，眼看着部队就要散了。可面对这个棘手的问题，一向思维敏捷的刘邦也无计可施。

说到汉中将士逃亡，《史记·淮阴侯列传》里倒是有一件很有趣的事。有一次部下报告：萧相国也跑了！刘邦听到这个消息，无异于晴天霹雳，既惊且怒。要知道，萧何可是他最信任的老兄弟。在沛县起兵时，萧何更是举族投奔。一直以来，萧何是他的重要助手。后来起兵抗秦，萧何也一直追随左右，忠心耿耿。更要命的是，萧何手中掌握了汉军所有的后勤补给系统，他这一逃问题可就大了。

实在太可恶了！一个月前才建议说什么图谋大业，现在倒好，来到汉中屁股还没坐热就开溜了！可没想到第二天，萧何回来了。见到萧何，刘邦气得破口大骂："你不是跑了吗？怎么还有脸回来！"萧何很无辜："臣没有跑啊，只是去追跑的人了！""你追何人去了？"萧何回答："臣去追韩信了！"听到这番话后，刘邦更是忍无可忍："将领逃亡的已经有几十个了，没见你去追。现在去追什么韩信，纯属扯淡！"

面对刘邦的愤怒和疑问，萧何敛容行礼，郑重其事地回答："彼辈易得，无需臣追。至于韩信，则为天下无双之国士。大王若老死汉中，韩信自然无用。若争天下，则非韩信不可。臣请大王自决之！"刘邦立刻回答："寡人自然要东进中原，怎么能够老待在这里！"可没想到萧何又说道："如此韩信可留，但还需重用方可。"既然萧何说了，刘邦便表示可拜其为将军。将军是可以独领一军指挥战斗的高级将领，这个任命规格可是不低了。要知道，汉军中公认的猛将樊哙此时才是个郎中，要到还定三秦之战后才拜为将军。仅凭一言，将韩信这个无尺寸之功却有前科的"逃兵"从都尉升为将军，可见刘邦对萧何还是相当重视的。

可没想到萧何又说："仅做将军，臣恐韩信不会留下来。"

将军之上那就只有汉军的最高指挥官大将军了。如果真的拜韩信为大将军，就等于把汉军的全部军权交给他了，自己这条命也算是交给他了。作为汉王，这个决定不可不慎重。最后，刘邦思索再三还是同意了。毕竟，萧何是识人的，如此郑重实非玩笑之语。萧何推荐的人想来即使能力没那么强也断然不会是草包。最后，萧何又提出要求："大王向来傲慢无礼，这也是韩信所以要离开的原因。大王需斋戒沐浴，登坛拜将方可。"意思是韩信这个人好面子，你一定要给足他面子才行。实权都放出去了，难道还在乎这点面子？刘邦大手一挥，便同意了。

次日，汉王要拜大将军的消息传出，将士无不欢欣鼓舞。自沛县起兵以来，这些丰沛的沙场老兵几乎无日不战，战功卓著，特别是曹参，每战无不冲杀在第一线，斩首夺城之功冠绝全军，怎么说也是大将军的不二人选。这大将军还能有旁人不成？

可当天的任命下来，大家都傻了眼，居然是韩信！他打过仗吗？有何德何能统帅全军？

不过早在这件事之前，韩信之才在军中已经为一些人注意到。入汉中时，韩信的职位是连敖。连敖是楚职，与秦军中的军司马的职位差不多，是中低级的军官。有一次，韩信因为犯法要被处斩（估计也是因为逃兵），在头被按到案板上时恰好碰到夏侯婴走过，于是韩信大喊一声："上不欲就天下乎？何为斩壮士！"因此逃过一死。简单交谈后，夏侯婴对韩信的才能佩服得五体投地，于是立即推荐给了刘邦。

滕公夏侯婴是刘邦的老兄弟，又是军中公认的老好人，面子不能不给。不过，刘邦此时并未关注韩信，只给了个治粟都尉（主管粮草的中级军官）的官职，打发他去跟着萧何管理后勤。大约在后勤部门工作期间，韩信结识了总后勤部长萧何，并受到了萧何的赏识。萧何和夏侯婴两人是识货的，两个人都推荐，刘邦这次自然要重视。

当然，大将军是汉军的最高统帅，仅凭萧何、夏侯婴推荐，刘邦心中还是没底。所以，韩信担任大将军后，刘邦便立即询问争权天下的方略，也算是一次正式考察了。

韩信熟读兵法，久经战阵，胸中早有韬略。面对刘邦的疑问，韩信回答："同大王争天下者必项羽，大王以为在勇、猛、仁、强四个方面与项羽相比如何。"刘邦沉默一会，老实回答："不如项羽。"韩信又说："臣亦认为大王不如，但臣久在项羽军中，所以比较了解他。"

于是，韩信向刘邦逐一分析：首先，项羽作战固然勇猛，但却不敢放手任用手下的优秀将领，这只能算是匹夫之勇。而打仗，光靠匹夫之勇是绝对不行的。其次，项羽虽然爱兵如子，但封赏时十分吝啬，印都已经磨平了却不舍得授予有功之人，这是妇人之仁。带兵打仗要赏罚分明，如此有功不赏，便无人用命。再次，项羽虽然称霸诸侯，却违背义帝之约，分封不公。对此，很多诸侯心中早有不满。最后，项羽为人残暴，所过之处无不惨遭蹂躏。这样的军队，民心尽失，岂会有人支持？将者，智、信、仁、严、勇。项羽其实不能算合格的统帅。所以名义上项羽虽为天下领袖，实质上却已失去民心。项羽虽现在强大，但强弱之势会很快逆转！现在如果大王反其道而行之：放手任用天下武勇之人，那么何愁敌人不被诛灭！把天下的土地分封给功臣，何愁天下不臣服！率领英勇的一心想打回老家去的士兵，何愁敌人不被打散！

而且，此时统治关中的三秦王章邯、董翳、司马欣作为故秦将与诸侯征战多年，最后又欺瞒部众投降项羽，致使秦军在新安被坑杀二十万，所作所为无不让关中秦人大为失望。所以，三秦王是断然得不到关中父老支持的。相反，汉王入武关时废除了苛法酷刑，又与关中父老约法三章，所部秋毫无犯，因此秦人无不对汉王翘首以待。所谓师出有名，如果现在汉军行吊民伐罪之举起兵向东，关中父老必箪食壶浆以迎王师。只要号令一下，三秦之地必可传檄而定！

不过，刘邦提出的是"争权天下"，而韩信的回答只到"今大王举而东，三秦可传檄而定"结束。那么三秦平定后，如何扫荡天下呢？

那就是如秦人那样以关中为基地，东出"争权"。关中者，武关、萧关、函谷、散关四关之中也。因关中之地据四方坚关险隘，易守难攻，故素有"四塞之国"之称。同时，关中平原河网密布，依泾、洛、河和郑国渠之利，农业素来发达，号称"八百里秦川"。秦人所以在百余年里侵掠诸侯，无往而不利，正是依靠如此坚关险隘、丰饶肥美之地的数十万带甲之兵。

　　孟子曰："天时不如地利，地利不如人和。"若刘邦占秦人之归心，亦握有关中之形胜而东出函谷，便足以与项羽争夺天下。

第十章　　暗度陈仓

当刘邦等人在汉中纵论天下大势之时，天下却已经大变。汉元年（前206）四月份，项羽分封完毕，各诸侯就国，一直到汉二年（前205）的十月份，中原在半年里接连发生了几件影响天下的大事。

先说第一件事——田荣并齐。

当初陈胜起事后，田荣便跟随从兄田儋起兵复国。田儋阵亡后，田荣在东郡东部的东阿辛辛苦苦收拢溃兵，重建齐国。反秦斗争中，田荣兄弟一直战斗在第一线，可谓劳苦功高。可是，那田安不过是故齐王建之孙，仅复济北数城，又引兵归降项羽，便被裂地封王。再说田都原本是田荣的部下，仅因为跟随项羽入关就得王爵之封，而田荣这真正的三齐之主却无尺寸之封。得知未被封王的消息后，田荣异常愤怒。汉元年（前206）四月份各诸侯回国就封时，田荣就已经与同样对项羽分封不满的陈余暗中联络，准备同时起兵。

说干就干，仅过了一个月，到五月份田荣就真的动手了。经过缜密部署，田荣首先拿"齐奸"伪齐王田都开刀。田荣本人是打过大仗的人，所部战斗力也不弱，远强于田都。一场激战下来，田都不敌，逃到楚国求救。解决了这个叛徒后，田荣立自己的侄子胶东王田市为新齐王，不让他去胶东就封。

然而算来算去也没算到，田荣用心良苦地辅佐侄子，这个侄子却不领情。早在田荣的命令传来时，田市便已经有了自己的打算。当时，田市的部下认为："如果不去胶东被项王知道了，恐怕后果难测！"田市左思右想，认为与自己这个叔叔相比，还是项羽更彪悍。于是，田市便悄悄离开叔叔，跑到胶东去当胶东王。

田荣得知这个消息后，对自己这个不争气的侄子极度失望。想来想去，田荣实在咽不下这口气，便派人追杀田市。最后，硬是在即墨杀掉了自己的侄子。至此，田儋这一支算是完了。

杀掉田市后，田荣回军扫荡北边的济北王田安。

出兵前，田荣还联系了彭越。当时，彭越的一万多人没有编制，军队在砀郡昌邑的巨野泽一带游荡，相当艰苦。当然，据田荣的了解，彭越的部队战斗力并不弱，而且可以争取。于是权衡之后，田荣便遣使拜彭越为将军，让他把部队拉出来，帮助自己进攻济北。

久被排斥在诸侯之外的彭越对项羽早已心怀不满，故起兵共谋项羽，亦是彭越所想。当田荣的命令传来后，彭越当即表示同意，随即领兵从东郡济阴出发，与田荣的部队联合进攻济北的田安。到七月，田安战败被杀。这样，田荣在两个月内兼并三齐，自立为齐王。

田荣反叛这件事可以说是山东复乱的导火索，并直接引发了接下来的第二件事——陈余攻赵。

陈余，大梁人，与张耳同为魏国名士。少年时代，陈余仰慕张耳，故与张耳相交莫逆，甚至以父事张耳（张耳的年纪比陈余大得多）。在陈胜起兵后，两人一起投奔陈胜，又一起前往赵国拥立武臣。赵国复国后，张耳任丞相，陈余便任大将军，两人共同辅佐武臣。武臣被弑后，两人又立赵歇为赵王。一直以来，两人关系都非常好，亲如父子。不过前面提到过，在巨鹿被围困时，陈余大约有万余人屯驻在城外，可一直不敢进兵解围，此举让张耳极为不满。项羽解巨鹿之围后，张耳出城便怪陈余背信弃义，导致自己被围无救，并怀疑张黡、陈泽就是被陈余所杀。结果，陈余一气之下把帅印交出。

而张耳也不客气，真的就收其帅印，并其部众。这下，两人真的就绝交了。陈余一怒之下领兵东退至南皮，驻扎下来，不再和张耳一起入关。可项羽分封时，陈余就是因未随入关，只能捞到个侯。而得知张耳受封为王后，陈余更是极度愤怒。诸侯罢兵后，陈余便准备起兵解决张耳。

就这样，当初的情同父子如今却形同陌路，想想都让人唏嘘。不过，有趣的是在《史记》中，司马迁硬是将这两个死对头合为一传，并在传后辛辣地评论说："两人在贫贱时相交莫逆，富贵之后却绝交，这都是势利导致，怎么能不让人叹息！"也许，此时天下人都在看着这对"父子"的笑话也说不定。

抛开这些琐事不谈，五月份，田荣起兵的时候就曾派人和陈余联络，两人约定同时起兵。当时陈余的部队驻扎在齐国北部的南皮，兵力大约在万余人。而张耳控制的赵国三郡七十余县方圆八百里，大规模动员十万人马不在话下，以陈余当时的兵力攻击张耳当然是不够的。为弥补兵力不足，陈余首先派谋士夏说向田荣借兵。等齐国援军到达后，陈余又在所辖三个县全面动员，扩军备战。

待一切准备完毕后，陈余才领兵北上攻击恒山王张耳。张耳空谈可以，打仗却不行。一场大战下来，部队被打残了。这种情况下，赵国是别想待了。在部下的建议下，张耳带着部队投奔了老朋友刘邦。算来算去，张耳这个恒山王也不过当了半年，真够窝囊的。

击败张耳后，陈余又将原来的赵王歇从荒凉的代国接回来，重新立为赵王。原本被发配到边远地区的赵歇自然对陈余感恩戴德，于是立陈余为代王。不过，鉴于赵国局势尚不稳定，陈余便将部队驻扎在赵国境内，并留下来辅佐赵王，然后派夏说以代相的身份留守代国，主持日常工作。

就这样，一个夏天下来，河北便变了颜色。而就在齐、赵相继叛乱的时候，汉中的刘邦也开始整军备战夺取关中。这就是第三件事——暗度陈仓。

由蜀入秦道路极为艰难。自先秦以来，汉中北上关中的通道主要在两个方向。北上的通道是翻越山高谷深的秦岭栈道直接进入关中，主要有两条：即子午道和褒斜道。子午道，北方关中的出口称"子口"，南方汉中的出口称"午口"，故也称子午谷。子午谷北从汉中郡西城东部出发，翻越秦岭栈道，到内史杜县，全程四百多里，全是崎岖的山路。褒斜道，南口在南郑以北的褒谷，北口在郿县的斜谷，通称褒斜谷，全长五百余里。这两条通道的路程较短，但此时尚未经过大规模整修，故所经过的栈道断断续续，部队大规模展开较困难。

第二便是向西方向了。这里又有两条路：第一条是西出南郑，走阳平一线经出散关故道县到内史的陈仓入关中，称陈仓道或故道。还有一条是西出阳平，溯汉水源而上，翻越祁山，再绕过陇山的隘口进入关中，称祁山道。

但无论哪条路，终点都是关中。在此关东大乱之时，又传出汉中的种种动作。在章邯看来，汉军北攻或许已经迫在眉睫，这让坐守关中的他非常紧张，因为汉军到底走哪条路，章邯不敢轻易确定。

早在七月初，南郑汉军部分集结，由曹参指挥，沿汉水西行，攻陇西下辨。与此同时，樊哙领兵沿汉水攻至白水、西县，正在加大攻势。樊哙和曹参在汉军中素有悍将之称，汉军在两人指挥下，大有席卷陇山、踏平关中之势！

汉军在汉中的种种举动，已经被在废丘坐镇的章邯得悉。章邯富有谋略，而且故为秦军大将，对关中地势烂熟于心。在章邯看来：祁山道全长七百多里，且不说后勤难以保证，长途跋涉七百里翻越陇西大山，即使顺利抵达关中，部队还能有几分战斗力？而且，即便汉军攻占陇西，尚有陇山阻隔，完全可以从容调度，将汉军封锁在陇西大山中。此路劳师糜饷而难以直接威胁关中，实非他所能认可的良策。因此，凭借多年的统兵经验，章邯断定此路汉军为虚招，陇西郡兵坚守城池即可，汉军粮尽自退，不足为虑。如此，汉军真正能走的自西向东只有子午、褒斜和陈仓三条通道。三条路中只有子午道口的杜县离咸阳最近。而且，杜县向东不远处便是刘邦原来的屯兵大营霸上，可谓轻车熟路。另外，杜县的子午道属于实力较弱的塞王司马欣的防区。如此有利态势，那位汉王岂有不用之理？因此这三条路中，汉军最有可能走的就是子午道。

其实，对于在南郑坐镇的那位尚未交手的汉王，章邯也是久闻其名。想那刘邦在楚军诸将中与项羽齐名，是可独当一面的大将，其为人隐忍、老谋深算，屡破秦军，更是一路进入关中，实非简单的对手。虚虚实实本是兵法常理，刘邦此人用兵惯用奇计，祁山道出现的汉军"精锐"莫不是疑兵！甚至章邯怀疑，前段时间汉中传来的刘邦拜韩信为大将军是不是故意释放出来的烟幕？否则，刘邦又如何会拜一个无名之辈为大将军呢？

于是章邯不为所动，仅下令陇西郡兵固守待援即可。同时，陈仓道隘口加紧战备，主力则集结于废丘大营，准备随时增援各部。在他看来，如此部署，四平八稳，可谓万无一失。

到天气渐热的七月末时，陈仓道和子午道均报告有汉军出现。陈仓道的汉军不明，子午道口出现的汉军是灌婴指挥的精锐车骑部队。而且子午道的汉军攻势相当猛烈，司马欣部屡战屡败，已然有招架不住之势。车骑部队必是汉军精锐无疑！得到这个消息后，章邯不再犹豫，立即下令全军集结，兵进杜县，救援子午道。

谁知刚刚抵达杜县不久，陈仓守军来报：汉王旌旗出现在中线，汉军主力正在加紧围攻陈仓县。陇西曹参和樊哙两部在攻克西县后，没有再度进兵，子午道口的汉军也未再前进。这个时候，章邯才恍然大悟：汉军主力正在陈仓道，而不是预想中的子午道！于是章邯匆忙调整部署，全军停止东进转而向西，前往陈仓迎击汉军。可是大军已动，匆忙调整部署，如何不混乱？

陈仓道的汉军早已秘密准备两个月之久！在刘邦的指挥下，汉军经故道县东出陇右，出现在关中西部的谷地上。

第十章　暗度陈仓

第十一章　　还定三秦

八月份的三秦大地还留着夏日的丝丝酷暑，可是自陇西大山吹过来的凉风已经给这里带来了一股肃杀之气。一面面战旗迎风飘起——那就是从故道秘密行军抵达关中的汉军！

汉军已非昔日的义军！

在汉中的这四个月里，刘邦可没有闲着。拜韩信为大将军后，刘邦便开始准备整军建政。史书上多次提到韩信"申军法"，就是在汉中建政时进行的。秦人之所以强大，不光在数百年里君明臣贤，其根本在于繁琐而又异常精密的律法，在于强大的军事体制。凭借高效的战争体制，秦人才能在几百年里无往而不利。这一点，从萧何到刘邦都非常清楚。

要知道，刘邦起兵时各项制度是沿用楚制的。但如今既身为汉王，争夺天下更需要关中秦人的支持，这时楚制便不适合了。再加上萧何从咸阳带来了一整套行之有效的秦国律令、典章，没有理由不用。因此，在四月份到八月份这四个月期间，在刘邦的大力支持下，韩信开始对汉军进行大规模整编训练——申军法。这里的军法既包括秦人的军功爵位制，也包括各种战阵配合，军队的统一装备、作战方式，甚至军士转业为民、田宅分配等一整套体系。

几个月内，汉军在韩信的整编训练下发生了脱胎换骨的变化，战斗力得到飞速提升。

八月初的陈仓一战，汉军在刘邦的指挥下，爆发出异常强大的战斗力，一战便击溃了章邯训练的秦军。初战获胜拿下陈仓后，刘邦命汉军主力短暂休整，以等候曹参等部会合。同时，灌婴的车骑部队也不再犹豫，果断变骚扰为明攻，向司马欣部发动猛攻，以牵制其回援。

汉军全师抵达后，刘邦即命郎中樊哙率部西进，清剿章邯的残余势力。待稳定了侧翼后，汉军主力随即沿渭水稳步向东推进，追击章邯。

章邯也算久经沙场，虽然交战失利，但并未慌乱。面对汉军的凌厉攻势，章邯一面收拢溃兵，重新部署；一面派出轻车部队在雍县一带阻击汉军；同时将尚在杜县一带的主力集中起来，以备再战。

轻车，是一种能够独立行动的轻装战车，速度非常快，能够与骑兵配合作战。在先秦时代，主要作战方式是战车冲阵，徒兵跟随突阵搏杀，此所谓车驰卒奔是也。一般来讲，一辆战车配三个甲士（御手、戟士、弩士各一）七十五徒兵，叫一乘。因为衡量一国的国力在于拥有战车的规模，所以"乘"成了衡量国力的标准，很多大国都叫万乘之国，带甲百万。不过，精良战车不仅制作不易，而且作战时对地形要求很高，并不灵活。因而到战国步兵兴起后，战车渐渐向轻便化发展，轻车就盛行了起来。

所以，章邯派出这支以轻车为主的精锐，就是希望以车骑强大的机动速度向立足未稳的汉军发动突击，最好能一举击溃之，如若不胜，也可赢得重新组织的时间。

可是，秦军的车骑刚刚抵达雍县南部，就遇到了锐气正盛的樊哙。汉军前锋在樊哙的指挥下，如一场狂风向秦军刮来。一场激战下来，章邯寄予厚望的精锐车骑被打得全军崩溃。不幸中的万幸，章邯派出的都是车骑部队，跑得快，虽然大败，损失倒不大。不过话说回来，连战连败之下对秦军士气无疑是沉重的打击，这样下去这仗不好打。

前锋大胜后，汉军主力乘胜攻克雍县和西部的漆县。至此，汉军前锋离章邯的大本营废丘只有一百里，距咸阳也不远了。以汉军车骑的速度，一日便可突进百里，打到章邯眼皮下。仗打到这个地步，刘邦可谓春风得意。下面只要不出昏招，章邯已经很难翻盘了。

雍县战败后，在章邯的紧急求援下，司马欣和董翳的援军很快便抵达废丘。在章邯的部署下，三秦联军迅速完成集结。章邯随即以弟弟章平为统帅，屯兵于好畤县南部平原，与汉军对峙。章邯布阵一向谨慎，这次部署同样不例外。秦军的好畤大营就在汉军驻扎的漆县以北，离废丘也不远，以骑兵的速度，一日可至。如此部署，好畤大营和废丘守军便可以互为犄角，以遏制汉军的攻势。

虽然没有直接交过手，但章邯的赫赫战绩，刘邦是清楚的。面对秦军的部署，刘邦并没有选择冒险进攻废丘，而是留下一部监视废丘守军后引主力北上直接与章邯决战。兵法上说"其下攻城"。只要决战打赢了，咸阳和废丘还不都是囊中之物？相反，这一仗打不赢，他就要带着部队回到汉中，一辈子也别想出来了。所以，废丘攻城倒是其次，主要是主力决战。

为了一战而胜，刘邦不仅动员了汉军的所有兵力，而且连自己也身处第一线。对于章邯来说，这一仗同样重要。打不赢，废丘也别想守了。

决定关中归属的好畤之战正式打响。

汉军主力仍以樊哙为前军，刘邦带着曹参、周勃等将居中军，一路烟尘滚滚向好畤进发。不久，双方便在好畤以南遭遇。汉军前军在樊哙的指挥下，主动向秦军发动冲锋。面对汉军凶猛的攻势，章平的秦军打得很顽强，一次次击退了汉军的进攻。强攻之下，汉军的前军伤亡惨重，连高级将领纪成也在激战中阵亡。双方来来回回拼杀数次，精疲力竭，均伤亡惨重。激战数场，汉军还是无法取得决定性胜利。战至当晚，刘邦命曹参和周勃的全部预备军投入战斗。而此时的秦军兵力不足，已经没有预备兵力，无力再战。在汉军的猛烈打击下，秦军终于被击溃，退入城中。

击溃三秦主力后，汉军一鼓作气乘胜而进，一举攻克好畤县城。在攻城战中，郎中樊哙再次神勇无比，亲自带队攻城，第一个登上城墙，并阵斩好畤的县令和县丞。战后，樊哙因功拜为郎中骑将。统兵大将如此，可见汉军士气之高！在好畤决战获胜后，汉军连战连捷，陆续扫荡壤乡、高栎等咸阳周边据点。

章邯的三秦主力已经损失殆尽，废丘还不是囊中之物？于是，刘邦决定先分兵攻略关中各地，再图废丘。汉军兵分三路：猛将骑都尉靳歙指挥骑兵攻陇西，郦商则领兵北上攻略北地和上郡，周勃部则转攻北部的漆县，清剿章平及章邯部将姚卬的秦军残部。

部署完毕后，刘邦带着曹参领汉军主力从好畤南下，准备围攻咸阳。当时，留守咸阳的是章邯的部将赵贲和内史保。说起来，这个赵贲也是老熟人了，刘邦西征启封和洛阳尸乡时，赵贲曾多次领兵拦截，和汉军中的众多将领都交过手。虽然赵贲打得都不怎么样，但也算得上熟悉汉军的老对手了。

当时，赵贲和杨熊是配合作战的。启封和曲遇两战中，赵贲打得相当难看，二世皇帝还曾派人责问并将杨熊斩首示众。不过，赵贲这个主将却保得一命。大概在四月份诸侯就国后，赵贲便在章邯的军中为将。此次防守汉军，章邯将守备咸阳的重任交给赵贲，可见对其极为信任。不过话说回来，赵贲就是再能打，手中没兵也是不行的。到八月末，咸阳城内兵微将寡的赵贲终于被汉军击败。如此，咸阳再一次落入刘邦手中。

看着满地的尸骸，进入咸阳的刘邦唏嘘不已。几个月前，这里还是一片繁华。如今，昔日的雄壮宫阙化作粉尘，巍峨的宫墙也仅留下一段段残壁断垣。项羽扫荡后，这里已经是一片狼藉，哪有当年天下都会的气势？怪不得项羽不愿意在这里立国。

不过咸阳虽破，此战却是还定三秦标志性的一战。这一次，这位汉王不准备再走了。就像韩信和萧何说的，此处实为夺取天下之基！

就在咸阳被攻克后，各路汉军的胜利消息先后传来。靳歙领兵在陇西大破章平秦军，平定陇西六县。郦商领兵先在内史北部的枸邑县一战击溃秦军部将周类，接着继续北上北地郡大败秦将苏驵，攻占北地重镇泥阳。如此，内史侧翼的北地和上郡两郡也逐渐被汉军收入囊中。周勃东攻频阳后，与汉军主力汇合。

现在，只剩下最后一个目标，即章邯的大本营——废丘。

待各路汉军陆续汇合，刘邦召开作战会议做出部署：必须以雷霆之势拿下废丘，震慑各地诸侯！

汉军斥候早已探明，困守废丘孤城的守军兵力不足。章邯的三秦主力损失殆尽，援军兵力也不足，根本打不开局面。不久前，汉军攻克咸阳后，章邯还派弟弟章平组织反攻。结果章平不但连咸阳城的边都没摸到，还被猛将曹参打得全军崩溃，这进一步消耗了本来就不足的兵力。章邯现在能做的就是老老实实地待着，等着汉军来攻，野战是没得指望的。

其实，更严重的还不仅是兵力不足。就在咸阳被攻克后不久，塞王司马欣、翟王董翳相继降汉。

总之，现在的章邯已经外无援兵，仅靠着这点残存的兵力坐守孤城。无论从什么角度看，废丘都不可能守得住了。兵法上说"外无必救之兵，则内无必守之城"，熟悉兵法、经验丰富的章邯不可能不知道这一点。然而，章邯既没有选择机会突围，也没有选择直接投降，而是选择了沉默。

士气高昂的汉军疯狂地攻城，一次次登上城墙，一次次被章邯打下去。就这样，双方激战了十个月！确实是十个月，直到汉二年（前205）的六月份，汉军主力回到关中后决水淹城，废丘才被攻破。废丘之战，后面会详细提到，此处暂且放下。

除了废丘这一个据点，到汉二年的十月份，经过两个月激战的汉军已经基本全取秦内史、陇西、北地、上郡四郡（刘邦拿下关中后，将秦内史分为河上、渭南、中地三郡。统一天下后进行郡县调整，三郡又被裁撤，复为内史。鉴于三郡存在时间不长，故为习惯，后文仍称内史）。

章邯出关后横扫反秦联军，战绩卓著，也算名将。可还是那句话，为何三秦之战被刘邦的汉军打得毫无招架之力呢？这一仗几乎完全找不到章邯当年的意气风发。其实原因很简单，除了汉军本身战斗力比较强和章邯中暗度陈仓之计外，最主要的原因恐怕还是人心向背。

要知道，章邯的主力在新安被项羽坑杀殆尽。所以，章邯的关中军队主要是后来招募的关中新兵。此外，项羽大约也留下了一部分楚军在关中。可是，项羽留下的楚军是指望不上的。在他们看来，章邯只不过是个降将，凭什么指手划脚。

再看章邯的部下，由于二十万秦军被坑杀，关中秦人对这位新"关中王"不是很认同。反倒是因为刘邦的安民政策，秦人对刘邦的汉军更为欢迎。所以，很可能章邯刚刚组建的军队，一遇到刘邦的汉军军旗便望风而降。大约唯有章邯的弟弟章平原来在关中的这部分嫡系还坚决抵抗，对汉军造成了重大杀伤。可是兵微将寡，又如何能抵抗存必胜之心的汉军呢？

仗打到这个地步，已经没有什么好说的了。

关中基本平定后，刘邦命周勃守备峣关，部将薛欧和王吸则从峣关东出武关，与南阳的义军合兵，准备出击沛县。薛欧是刘邦的老邻居，为沛县丰邑人。刘邦起兵时，薛欧以舍人的身份跟随刘邦于丰，入关灭秦后拜为郎。汉鼎立天下后，薛欧因战功卓著受封广平侯，后为九卿之一的典客，直到惠帝七年（前188）病逝。其孙薛泽在景帝年间官至丞相。而王吸则以中涓随刘邦起兵，入关后拜骑郎将，天下统一后封爵清阳侯。这两人都是刘邦的嫡系老部下，作战勇猛，忠心耿耿。

当时，在南阳一带的是王陵的部队。王陵与刘邦同为沛县人，而且两人早年就相识。由于王陵在沛县当地是有名的豪强，刘邦早年游侠时甚至曾以兄事之。刘邦起兵沛县为沛公后，王陵亦举兵数千人，经沛县西进占据南阳。前两年刘邦西征攻南阳时，两军还曾配合作战。不过有趣的是，也许王陵本为沛县的豪强，对刘邦这个汉王不大看得惯，相反和刘邦的老仇人雍齿关系很好，因此南阳义军并没有跟随进入关中，而是一直在南阳一带活动，不接受刘邦的直接指挥。说起来，两军是盟友关系而不是从属关系。

提到王陵不得不提王陵的母亲。项羽为拉拢王陵，特意将王陵的老母亲从沛县接到彭城，对其礼遇有加。不过，王陵之母并不领情，将项羽大骂一顿后伏剑自杀，以死坚定儿子辅佐刘邦的决心。项羽大怒之下将王陵之母烹煮。这下倒好，王陵一看老母被杀，只得一心从汉。

关中和沛县相距甚远，中间又间隔着项羽的地盘。按常理推测，这一仗不好打。那么，薛欧和王吸的目的是什么呢？

其实此路汉军主要目的倒不是为了进攻彭城，而是准备汇合王陵后，救回刘邦的家小，所以兵力倒不是很多。不过，后来这次营救计划被项羽得知，项羽出兵阳夏迎击汉军，这次军事行动最终以失败告终。

第十二章　　项羽平齐

刘邦在攻城略地，打得如火如荼，项羽在干什么呢？

汉元年（前206）五月，田荣叛于齐；七月彭越进兵济北；八月，刘邦兵出汉中，东北二王（燕王臧荼、辽东王韩广）火并；十月，陈余起兵击张耳。一年之内，天下大乱，项羽的分封秩序遭到全面挑战。

谁也想不到，刚刚回到彭城还没消停几天，这就全乱了。面对当前极端不利的局势，郁闷的项羽不得不重新做出部署：在西线战场，先稳定韩国再说。此时，汉军已经夺取关中，逼降河南王申阳。而且，汉军的韩王信部前锋已经抵达颍川郡的韩国边境。以韩军不忍直视的战斗力，在面临汉军的巨大压力时，能不能顶得住实在说不准。关键是韩国和项羽的楚国仅一墙之隔，战略位置很重要。最重要的是，谁都知道韩王韩成的司徒张良一直在刘邦手下工作。要说韩成没有和刘邦勾结，谁信？所以，项羽对韩成留在韩国很不放心。为了免于以后麻烦，项羽以韩成灭秦无功为借口，将其贬为侯爵，带到彭城看起来，不久又嫌太麻烦，借故杀掉了事。

韩成被杀后，张良从小路逃出彭城，历经千辛万险投奔刘邦。明代的李贽曾评论此事说：为汉驱一好军师。确实，杀掉韩成后，张良从此便一直追随刘邦平定天下，为刘邦出谋划策屡立奇功。留着韩成也不过加双筷子的事情，手中还有一张可打的政治牌，而杀掉却要背上大黑锅，得失轻重一看便知。怎么说韩成好歹也算是一国之君，项羽不过是个楚王，如何敢冒天下之大不韪行诛王之举？这和逼死王陵的母亲一样，都是图一时之快，在政治上没有任何好处。

鉴于汉军前锋已经逼近韩国，韩成死后，项羽便改封亲信郑昌为韩王，将颍川这块战略要地彻底掌握在手中。郑昌在秦时曾担任吴县的县令。早在项氏起兵前，郑昌便利用职务之便，经常配合项氏叔侄从事不法活动。

项氏叔侄起兵会稽时，郑昌便一直跟随项羽。因此，这个郑昌可以看作项羽的嫡系，忠心没什么问题。而且，郑姓源出郑国，即战国时韩国之地。这个郑昌先祖也许是郑国贵族，为韩国人。那么，以郑昌为韩王，也算是抚慰韩人。项羽此举，可谓用心良苦。问题是郑昌从未临阵统兵，无知兵之称，项羽临战将韩国这块要地授予此人，恐怕难以挡住士气如虹的汉军。其实，楚军中最适合带兵守韩的人选应该是钟离眜，不过项羽此时还是将齐国看成重中之重，对韩国并未思虑过多。

安排好韩国后，项羽又命萧公角率部北上，阻击彭越，解救济北王田安。济北王田安被田荣攻击一事，前面已经提到。田安是项羽封的三齐王之一，此时在田荣的打击下已经无法支撑，如果这个时候不拉他一把，对自己的威信将是沉重打击。不过千算万算，就没算出这个萧公角根本不是彭越的对手。一个月还不到，楚军在齐国被彭越打得大败，几乎全军覆没的消息传到彭城。楚军大败后，济北王田安被彭越击杀，田荣兼并三齐，自立为齐王的消息也跟着传来。

此时，项羽面临两难：是北上平齐，还是西进拒汉。史书上说，当时张良（其时韩成刚刚被废为侯爵，尚未被杀，故张良还在彭城）游说项羽："汉王只想得关中，为关中王，应该不会向东进兵。"然后又告诉项羽，目前齐国和赵国才是心腹大患，并且将齐梁的反书展示给项羽。听到张良这样说，项羽于是下定决心首先解决齐国问题。

其实认真分析不难看出，项羽主张攻打齐国并不仅仅是因为张良的劝说，主要是依据客观形势决定的。在项羽看来，西线的郑昌到达韩国后，局势基本已经稳定。且如张良所说，汉军驻兵在河南后确实没有继续发展（韩王信一直停留在韩国边境，进兵颍川应该是十一月的事情）。而且，刘、项两人虽然现属不同阵营，但毕竟没有撕破脸面，刘邦表面上对项羽一直比较恭敬。戏下封王之后，刘邦也是交出关中，解散军队，乖乖地到汉中就封去了。所以，项羽潜意识里也一直没有将刘邦视为最大的敌人。

然而北线就严重多了：萧公角部全军覆没，齐王田都、胶东王田市、济北王田安全部被杀。田荣此时已经基本平定三齐，自立为王，嚣张得很。田荣和项羽素有冤仇，两人梁子结得很深。以田荣的性格，平定三齐后必将引兵攻楚，张良的话倒也不是危言耸听。若田荣真的携三齐之兵越泰山而南下，项羽的大本营即无险可守的彭城可就是砧板上的肉了。所以，即使没有张良的游说，项羽肯定也会首先解决北线。

在出兵前，项羽还有一件事情没有解决，就是义帝熊心，或者称怀王熊心。这是一个悲剧人物。据传，熊心是战国时故楚怀王熊槐之孙。熊槐就是那个战国时为张仪所诈，最后死在秦国的怀王。楚国亡后，熊心则藏身民间，替人牧羊为生。项氏叔侄起兵后，为扩大影响力，采纳范增之计，立其为楚王，又为了吸引楚国旧人，仍号怀王。

怀王虽为项氏所立，但从他的表现来看，并未与项氏叔侄保持一致。项梁死后，怀王一直希望夺回兵权。例如迁都彭城的时候，怀王就借统一整编楚军的机会，"并项羽、吕臣军自将之"。在北上救赵时，怀王也并未让项羽独领一军，而是任命宋义为上将军，项羽为副。又如在项羽请求分封时，怀王倾向于立刘邦为关中王，以抗衡项氏。正因如此，项羽始终对这个自家所立的怀王不放心。在分封诸侯时，便将怀王尊为义帝，并借口"古之帝者，地方千里，必居上游"，将义帝迁至偏远的郴县。为斩草除根，项羽又暗令义帝途经之地的三王（九江王英布、衡山王吴芮、临江王共敖）将义帝击杀于途中。

十月份，仓皇赶路的怀王被英布追上，并被英布的部将弑于封地郴县。当地人缅怀这位可怜君王，将其葬于郴县后山。

熊心带着那个缥缈的复兴楚国的梦想离开了。千百年来，人们对于这位悲情帝王寄予了无限的同情。北宋嘉祐年间张俞撰写《义帝新碑》，对熊心给予了很高的评价："截乱之谓武，除暴之谓仁，知人之谓智，复仇之谓孝。备四者以成大功，则千三百年惟义帝有焉！"他将熊心看成兼具武、仁、智、孝四种品德的贤人，并且认为自楚汉到宋的一千多年来还没有人能超过他。这个评价当然有溢美之嫌，但也不难看出怀王是被不少人尊重的。

可是这真的是好事吗？我想，熊心也许真该一辈子藏匿民间，牧羊为生，别去管什么家国帝业，做一个普普通通的平民，或许无性命之忧，能够平平淡淡地过完一生，不是很好吗？而历史带给他的是一个可怕的玩笑，让他重拾祖父的悲情，让他承担本不属于他的重担。八百年的楚国其实早已随风而逝，为之奈何！

"楼头有伴应归鹤，原上无人更牧羊。"

该解决的都解决了，该面对的总要面对。部下都靠不住，看来任何事情还是必须靠自己才行。得到熊心被干掉的消息后，项羽在十月末便下令楚军动员备战。

楚王一声令下，大楚的战争机器急速开动。首先是彭城外围的屯兵大营人喊马嘶，其他部将的楚军也从各郡集结。羽檄争驰，尽是披坚执锐的勇士，一路烟尘滚滚，集中到彭城外。仅半个多月，剽悍善战的楚军便在彭城集结了近十万人马。准备完毕后，项羽提戟上马，杀气腾腾地宣布北上伐罪，征讨不臣之齐国。十多天内，数万楚军便从彭城北部经东海郡急速机动了三百多里，开到齐国前线。

田荣接到项羽出兵的消息后，也迅速动员，将主力于城阳一带布防。三个月后的二月份，齐楚两军主力便在城阳附近决战。

这田荣恐怕是昏头了，居然敢于和楚军野战，齐军比前年在巨鹿的秦军还能战吗？正确的策略应该是据城而守，然后遣兵截断楚军的补给，逐步消耗强大的楚军。兵法上说："兵之形，避实而击虚也！"敌强我弱时贸然以主力浪战，并不是用兵之道。

果然，在项羽的凌厉攻势下，齐军主力一战便被打得全军覆没。田荣大败，丢掉城阳，带着仅有的残兵向北狼狈溃逃。大约是田荣这个人跋扈惯了，搞得齐国老百姓人人厌，结果在田荣退往平原时被当地的百姓杀掉。没死在大仇人项羽手里，却死在了自己的臣民手中，这齐王当的……

于是，项羽将故齐王建之弟田假（就是原来齐国百姓立的那位）扶正为新齐王，统治三齐之地，恢复了戏下的分封秩序。

应该说项羽北上伐齐还是比较顺利的，战役目标也达成了，下一步应该收兵安民，然后班师解决刘邦了。可是也不知道项羽怎么想的，居然因田荣反叛而迁怒整个齐人。屠城坑杀搞上瘾的项羽一声令下，楚军便在齐国大肆屠杀。结果不但没有解决问题还激化了矛盾，导致整个齐人举兵反抗。除了田假这个"齐奸"，整个齐人几乎在一夜间谋反。形势急剧恶化，项羽不得不将主力分散在齐地，扑灭各地的反抗。可是打正规军可以，对上这些游击队就头疼了。楚军在齐国的镇压一直收效甚微，"连战未能下"，始终无法取得最后的胜利。

更为严重的是，趁着楚军主力被拖住，田荣之弟田横驱逐田假，立田荣之子田广为齐王，然后自立为齐相，收拢溃兵。随后，田横在城阳起兵反抗项羽，并多次击败楚军。随着田横的活跃，齐国的局势进一步恶化。

在田横的号召下，各路游击队逐渐向田横聚拢，形成规模较大的叛军。至此，三齐局势已经完全糜烂，短期已经不可能解决齐国问题了。

总的来看，这一切完全是由项羽的错误决策导致的。其实从田儋死后，齐人拥立田假而不拥立田儋之子田市看，田儋一家在齐国不是很得人心。而且在最后，田荣也是在平原被齐国平民所杀。可见，田氏在齐国的统治基础很薄弱。如果项羽的楚军能行吊民伐罪之举，在击败田荣后收兵安民采取怀柔政策，那三齐百姓一定会箪食壶浆迎接楚军。三齐大地也一定能在楚汉战争中成为楚国坚固的后方基地。可惜，这些都是如果。

总结项羽在这几个月做的事情。首先，弑杀义帝，让自己背上了弑君之罪。

苏轼在《范增论》中说，项羽弑杀义帝是没办法的事情，因为项羽已经有功高震主之嫌，所以"非羽弑帝，则帝杀羽"。苏轼的文才很好，但政论就很一般了。权臣功高就一定要弑君吗？比如曹操，当了几十年的权臣，一直把献帝放在身边没有杀掉，而献帝也成为曹操随时可以动用的一张强大的政治牌。所谓"挟天子以令诸侯"不就是这么回事吗？如果项羽像曹操那样利用义帝打政治牌的话，那位汉王会怎么应对呢？当然，这是个伪命题。

其实弑君，历来都是风险最大的事情，并且形式粗暴，效果低下。项羽行此下策，除了丧失道义，让自己成为众矢之的外，没有任何意义，故司马迁说："羽背关怀楚，放逐义帝而自立，怨王侯叛己，难矣！"

其次，平定三齐，采取屠城，又让自己成了所有齐人的仇人。在楚汉战争中，齐国一直牵制着楚军大量兵力，让项羽陷入疲于应付的境地。

可见汉二年（前205）开头这几个月，项羽的几项工作干得都比较差。

第十三章　　战云密布

就在项羽的主力北上攻齐后，休整补充完毕的汉军也开始了下一阶段的部署。此时刘邦虽然已经平定三秦，兼有八郡之地，兵强马壮，但与项羽的主力正面决战，恐怕还显得有些底气不足，毕竟此时项羽的实力还相当强大。于是，刘邦采取逐步蚕食的战略：拿归附楚国的小诸侯开刀，缩小项羽的势力范围，同时逐步壮大自己。

汉二年（前205）十月份新年刚过，汉军整军经武，东出函谷，兵指洛阳。在汉军的强大攻势下，河南王申阳一个回合都没撑下来，投降了事。一个月后，刘邦命韩王信部开始从河南郡南下，进攻韩国。一时间，平静的中原大地突然战云密布。

在韩国境内，韩王郑昌根本抵挡不住韩王信的猛烈进攻，退守颍川郡阳城。可是没等多久，韩王信指挥汉军攻至。最后，被项羽寄予厚望的韩王郑昌撑不住投降了。于是，汉军彻底平定了韩国。随后，刘邦封韩王信为新韩王（此前韩王信为韩国太尉，刘邦许诺平韩后封其为王），主政韩国。

可以说，汉军的初战打得还不错，一个月便轻取河南、韩两国。截至十一月份，刘邦能控制的疆域已经与彭越的根据地巨野泽地区连接起来。而且，黄河以北的陈余和齐国的田横也已经连成一片。而此时，项羽的主力还深陷于齐国。仅一个月工夫，形势开始对项羽不利。

可问题还不仅如此，更为严重的是项羽的内部出现了矛盾，就在如此关键的时刻，南方的九江王英布突然态度暧昧起来。史书上说，当项羽准备攻齐时，派人前往九江命英布领兵一起攻齐，可英布称病不往。英布原本是项羽的亲信，作战勇猛，一直深得信任，却不知为何在这个时候出了问题。

项羽现在真的是四面受敌了。

面对这一有利局面，刘邦还是没有立即进兵攻楚，而是做了以下几项工作：首先，在十一月份，刘邦对汉军的部署做出了调整，放弃强攻废丘，而改为长期围困。主力退下来后，汉军对关中最后的敌对据点发动了清扫战。到汉三年（前204）二月初，陇西西部、北地北部等残存的敌对据点被彻底拿下，章邯的弟弟章平部也被彻底击溃，章平本人亦被汉军所俘。其次，整顿边防。拿下北地、上郡北部的据点后，汉军就要面对北方草原匈奴骑兵的威胁。为防止匈奴骑兵乘虚大规模南下，刘邦下令将原来蒙恬修筑的秦国防线进行了重新修葺，并屯兵驻守。到二月底，刘邦又下诏大赦天下，并亲自到河东郡陕县抚慰父老以安定民心。

做完这些后，汉国将首都正式由汉中的南郑迁至关中的栎阳，并除秦社稷，立汉宗庙社稷。栎阳，故秦国都。秦献公二年（前383），献公嬴师隰在栎邑修筑了栎阳城，并将国都从雍迁于此地。到秦孝公十二年（前350），秦国才将国都由栎阳迁往咸阳。栎阳作为商鞅变法前的统治中心，各项设施尚算完备。如今，咸阳被项羽一把大火烧了个干净，临时的都城也只能选在栎阳了。

这些表面工作虽然繁琐，但对政权巩固的意义不言而喻。常说的王朝正统，不就是这些虚的东西吗？

在关中忙完了这些琐事后，刘邦没有再给项羽调整的时间。仅过了一个月，到三月份，刘邦便亲率汉军主力从临晋关出关中突袭魏豹。临晋关是关中通向河东的重要关口，经过临晋关东部蒲津渡可以顺利通过黄河，到达河东的蒲坂。

河东，是魏国的领土，此时是在魏王魏豹统治之下。见汉军突然大举渡黄河，深知利害的魏豹倒也干脆，未做抵抗便以国降汉。于是，汉军兵不血刃拿下魏国，随后引兵渡过沁水、越过太行攻河内。殷王司马卬实力不济，也一箭未放迅速降汉。到四月份，刘邦所率主力经河内和河南的平阴津渡黄河，南下洛阳。

当时，项羽的楚军主力还被牵制在齐地，暂时没有办法抽调部队应对西线。于是项羽加封部将陈平为信武君，让陈平领兵攻殷国，以遏制汉军攻势。

这个陈平可是著名人物，后为汉丞相。陈平的老家在河南郡东部的阳武县。少年时代的陈平家境贫寒，与兄长一家住在一起。可由于陈平喜好读书，不事生产，所以不被嫂子所喜。嫂子常常唠叨有这样一个小叔子白费粮食，还不如没有。不过陈平兄弟俩感情很深，哥哥一怒之下将不识大体的嫂子赶回了老家。在兄长的支持下，勤奋好学的陈平在老家渐渐有了名声。

当时，阳武县有个富豪叫张负，非常看好陈平这个青年，便想将孙女嫁给他。可是，张负的这个孙女实在是克夫命，在嫁给陈平之前居然克死了五任丈夫！结果张家虽有钱，这个孙女硬是嫁不出去。不过，自幼贫寒的陈平没有在意，仍然娶了此女。当然，陈平也顺带继承了张家大笔财产。

婚后，陈平利用这笔财产广泛交游，打下了不少人脉基础。陈胜起兵的消息传来，思维敏锐的陈平便辞别哥哥前往追随。陈胜败亡后，陈平又改投到魏王魏咎的手下任太仆。不过因在魏咎处不受重用，陈平又很快改投楚国项氏。

陈平这个人，能力还是有的。但是，从陈平数次易主的经历来看，并不是什么忠贞不二的人。因此，对这样的人要慎用。可是，主力被陷于齐国的项羽手中能用的人已经不多了，用陈平恐怕也是迫不得已。

于是，陈平带着项羽的希望，指挥大军从楚国向西北进发。楚军主力在齐国平叛，无法抽出足够兵力。因此，此次陈平所指挥的并不是楚军，而是原属魏咎的魏军。魏咎在临济崩溃后，不少原魏军撤至楚国境内，项羽便将他们统一整编，加入楚军的战斗序列。此时，项羽动用这支部队大约也是经过慎重考虑的。战国时代，河内为魏国故土，此时以陈平将魏军平殷，也算是希望能让魏、殷两国能真正稳定下来吧。

陈平急速前进，很快渡过黄河，兵临河内。此时，汉军主力已经南下到达河南。见楚军兵锋正锐，殷王司马卬倒也实在，又弃汉降楚。可是到四月中旬，汉中尉曹参又领偏师击殷。这下总不能腆着脸又投汉吧！司马卬只能硬着头皮和汉军在河内决战，结果战败被俘。

乱世中，这些实力弱小的诸侯朝汉暮楚也真是不容易！不过刘邦倒是没有难为这位殷王，废了爵位后留了他一命。就这样，司马家在河内定居下来。几百年下来，司马卬的后代遍布河内，成为河内大族。

司马卬没什么，陈平倒是危险了。项羽可没有刘邦那么大度，本来指望陈平去解决西线问题，这下倒好，刚刚报告拿下了河内，现在河内怎么又在刘邦手里了？思来想去，项羽还是认为陈平心有不轨。

可是，不知道项羽想痛下杀手的事怎么就传到陈平的耳朵里了。西线的局势糜烂，身为主将的陈平自然罪责难逃。左思右想之下，陈平便干脆决定投汉。

当时，汉军的屯兵地在河内修武，从楚国到河内修武必须渡过黄河。谁知夜黑风高，陈平挂印封金后抄小路渡河时，误上了河匪的船。乱世中，这波贼人干的是"待船到江心，且问他是吃刀板面，还是吃馄饨面"的勾当，见陈平细皮嫩肉，衣冠楚楚，大约是个有钱人，便准备黑了他。眼看这些船夫眼珠直转，思维敏捷的陈平又如何不清楚他们打的什么主意？头脑急速转动后，陈平一股脑将身上脱了个干净帮助船夫划船，以示意自己没钱，这才幸免于难。

就这样，陈平凭借自己的急智有惊无险地渡过黄河。投汉之后，在魏无知的引荐下，陈平受到刘邦的接见。简单交谈之后，熟悉项羽军情的陈平立即得到刘邦的重用，被任命为护军都尉。护军都尉虽然是都尉，但因其有监察将军的职权，因而比一般的都尉要高不少。将此重任交给一个刚刚投降的降将，可见刘邦用人之大度。此后，感激涕零的陈平便一直跟在刘邦身边出谋划策。

随着陈平来降，汉军的前线暂时稳定了下来。至此，淮水以北除了楚的薛郡、东海、泗水等地和燕王臧荼所控制的燕及辽东地区之外，已经尽被反楚联盟所控制。到四月份，一切准备完毕，刘邦遂在洛阳誓师，准备对项羽发动决战。

大军刚准备出发，却被洛阳新城县的三老董公拦住："臣闻，合道者可昌盛，违道者则必亡。出师无名，不会成功。项羽行事大逆不道，逐杀义帝，为天下之贼也！仁德之师不逞一时之勇，正义之军不拼一己之力。大王当率全军将士为义帝发丧，并以此通告天下诸侯，共伐项羽。如此，必然四海归心。此乃上古夏、殷、周三王之德也！"

按秦制，乡有三老，主管社会基层教化。一般来说，三老非当地年高德劭的人不能任。因此，三老虽然不是国家正式编制的公务人员（秦的正式官职只到县一级），但在地方上有很高的威望。在中国古代宗法错综复杂的社会里，这些人的意见不可以不听。况且，董公说得确实很有道理。自古打仗，师出要有名不是？

于是在几十万大军面前，刘邦亲自为义帝发丧，袒露胸膛，大哭三日。接着，向天下诸侯发布檄文："天下共立义帝，北面事之。而项羽以臣弑君，大逆不道。寡人亲为义帝发丧并兴正义之师讨之。凡天下有正义之心者，都应该行动起来！"

收到檄文后，已经降汉的魏王魏豹、河南王申阳、殷王司马卬、恒山王张耳立即领兵前往汇合。其实这些人要么在汉军的控制之下，要么已经一门心思地追随刘邦了。檄文传达，不由得他们不听命。另外，韩王信原是刘邦部下，也领韩军赶来。而赵国的陈余却要刘邦杀掉张耳才会出兵（当年陈余还像对待自己的父亲那样对待张耳，现在居然非要置其于死地，真是讽刺）。

不过张耳是老朋友，又不远千里来投，刘邦岂能食言而肥，为利卖友？而且，张耳刚刚来投奔自己，现在就把人杀了，岂不让天下耻笑？如此，又何德何能以义帝之名出兵讨伐项羽？无奈之下，刘邦找到一个与张耳面貌相似的人杀了，割下首级带给陈余。见到首级，陈余信以为真，于是加入反楚联盟。接着，除已随刘邦到达洛阳的汉军外，尚在关中休整的韩信、樊哙、夏侯婴等部除留下周勃镇守关中，其余的也全部调出，向洛阳集结。

四月初，刘邦发布总动员令，征发河东、河内、河南的三河兵至洛阳集结。各路汉军抵达预定位置后，刘邦在洛阳汇合魏、河南、殷、韩、恒山五国联军，一齐朝彭城进发。

至此，集结在洛阳的各路诸侯联军和刘邦的汉军加在一起达到了惊人的五十六万之众。一路风烟滚滚，压向彭城。

中国历史上最著名的大决战即将打响。

第十四章　　决战彭城

彭城，即今江苏徐州，自古以来便是名都大邑。相传上古时代，黄帝公孙轩辕的后代彭祖被封为诸侯，建立彭国，成为屏卫华夏的南方诸侯。而彭城，就是彭祖的国都。春秋时彭城属宋，后属楚。从春秋到战国的先秦时期，彭城一直是东南地区的重要城市。

秦时，彭城城池在泗水郡的东北部平原上。泗水郡北边是薛郡，南边则是九江郡，地势北高南低，其境内有泗水和淮水两条主要水系。泗水自薛郡山区发源，向南注入淮水，进而随淮入海。泗水又有两条主要支流，即北方的谷水和南方的睢水，都自西边的砀郡流入泗水郡。谷水经萧县，于彭城的城北汇入泗水，而睢水则是在泗水郡东南的下相汇入泗水。彭城虽然算是水陆交通便利，但从军事上看是四战之地，不利于防守。要想守彭城，必须依靠北方山地的地形层层组织防御。

刘邦的诸侯联军是自西而来，彭城根本无险可守。

刘邦长期征战，经验极为丰富，不会看不出问题。只要夺取这座城池，一举端掉项羽的大本营，一切问题就解决了。失去大本营，项羽在齐国的十万大军便成为丧家之犬，就是战斗力再强，也不可能打胜仗。于是在刘邦的谋划下，五十六万大军并不打算前往齐国和项羽决战，而是准备直指彭城。

如此雄厚的兵力，恐怕只有当年秦灭楚之战才能相比。不过，当时王翦的六十万秦军是分别部署在不同战场。如今，刘邦可是在彭城一地周围集中了五十六万！兵法虽说"正合奇胜"，但在绝对的实力面前，任项羽有通天之能，也只能束手待毙。刘邦是这么想的，五十六万将士也都是这么想的，恐怕连楚军将士也有不少是这么想的。

刘邦一声令下，在洛阳和河内集结的五十六万联军准备完毕后，分北、中、南三路同时南下。一时间，从洛阳到砀郡境内长达六百多里的战线上尽是奔驰的骑士和披甲执械的甲士。大军所过之处，掀起的尘土遮天蔽日！

自洛阳向西北，北线汉军正在主帅中尉曹参的指挥下自白马津渡黄河。除曹参本部外，北线划归曹参指挥的还有中谒者灌婴等人。北线数万人马除右骑将傅宽领兵留守在河内郡治怀县外，其余诸部全部在曹参的指挥下从河内郡渡河南下。曹参和灌婴都是汉军中一等一的猛将，能战之名闻名诸侯！受命曹参指挥的汉军从沛县一直打到关中，作战经验极为丰富。经过一年前的汉中整编，曹参所部在还定三秦中屡挫章邯的秦军，可谓士气高昂。如今，大军又将奉王命征讨逆贼，以王师之盛，所至还不碾为粉末？

相比兵锋正锐的汉军，当面所应对的楚军力量却很薄弱。由于要征讨田荣，彭城楚军主力已经被调到齐国。如今留守的楚军寥寥，战斗力也不强。可是，面对携雷霆之势而来的汉军，留守楚国的大将龙且、魏相项它也迅速动员北上阻击。

这个龙且可不是一般人。此人向来以作战勇猛、敢打硬仗而著称，是楚军中难得的一员悍将。当年项氏刚刚起兵时，龙且便在项梁手下为将，曾在东阿指挥楚军大败秦军，算是汉军为数不多的一个劲敌。项它是项羽从侄。在项氏家族中，项它是一个比较杰出的将领。楚军就在这两人的指挥下，日夜兼程赶往定陶布防。

定陶，即古陶丘，因陶唐氏而名。后周人封建天下，武王将弟弟曹叔振铎封于曹国，都于此处。春秋晚期，曹为宋并。进入战国后，定陶便为齐魏交界处。秦人并天下，在定陶立县，属东郡治下。定陶城北靠济水，临巨野大泽。定陶其东百里为砀郡昌邑，其西二百里是魏都大梁，水陆交通极为便利。春秋时，范蠡便是"以陶为天下之中"，遂在此地定居经商，称陶朱公的。此时，定陶东部为项羽主力所在的齐国，向南经菏水入泗水即楚国彭城了。如此兵家必争之地，汉军必攻，楚军必守。

四月中旬，两军在定陶城南遭遇，随后发生激战。自秦末起兵以来，这应该算是楚汉两军第一次正式交手。曹参的汉军尽为精锐，而楚军则为二线部队，兵力还不足，结果可想而知。双方激战数场，最终楚军不敌被迫南撤。不过即使是二线部队，楚军也算得上极能打的精锐了。龙且等人交战不利后并未溃散，而是且战且退，退往彭城附近重新布防。败而不溃，单凭这点可看出楚军战斗素质远超其他各路诸侯。

初战得手后，曹参和灌婴很快便接到刘邦的军令：北线主力继续南下，兵进砀郡、萧县等地，并准备在彭城附近汇合汉军主力，以合攻楚国大本营彭城。

而就在曹参休整完毕准备南下时，中线则由刘邦亲率进入砀郡。

十多天前的四月上旬时，刘邦本部汇合郎中骑将樊哙部、陇西都尉郦商部、太仆夏侯婴部、骑都尉靳歙部后，从洛阳誓师出发。大军出成皋关、荥阳，经三川东海大道沿着睢水进入砀郡。同时，各路诸侯军也汇集洛阳，随从出发。

当联军进抵陈留东部的外黄时，碰到彭越的巨野义军。说来也真是命途多舛，汉元年（前206）的五月份，彭越便与田荣联合，把部队拉出来合攻济北王田安。本来打得挺好，可项羽入齐后情况急转直下。田荣在项羽的狂攻下一个月都没顶住，军败身死。如此，势单力薄的彭越仅靠自己当然无法在齐国立足，于是只得又回到了老根据地巨野一带游荡，继续打游击。

听闻汉军讨伐项羽，大军已经抵达外黄，彭越便立即加入联军共讨项羽。

彭越手里满打满算只有三万人马，但因长期作战，战斗力并不弱，而且最重要的是对砀郡一带极为熟悉。故在见到彭越领军来投后，刘邦喜出望外，立即立为魏相，并命其统兵攻打梁地，扫荡砀郡附近的楚军据点。说起来，彭越也算是抗秦诸将中的老资格了，在自己的惨淡经营下才有如今这般家业，更是拼了四五年才终于捞到了个正式编制，实在不容易。

彭越加入后，中线兵力更加雄厚。经过缜密部署，刘邦遣悍将郎中骑将樊哙领兵作为大军的左翼先行出发。

随着羽檄疾驰，樊哙领本部人马向东郡和薛郡一带进发。本着一贯敢打敢拼的顽强作风，樊哙领兵迅速横扫砀郡北部和东郡南部，并攻克东郡东部的重镇煮枣，然后回军转攻外黄北部。

当时，在外黄北部的是楚军王武、程处两部杂牌军。楚军悍将龙且刚刚在定陶吃了败仗，如今更是人心惶惶之际，前线靠这两人根本守不住。轻取外黄后，樊哙从砀郡北部转而向北继续攻至薛郡的邹县、鲁县、薛县、瑕丘诸县一带。在拿下薛郡后，樊哙便在这汇合了曹参的北路军。两军联合后在这里建立了防线，以阻止项羽主力从齐国南下回援彭城。这样，曹参和樊哙便像两把大钳子，死死将项羽钳死在齐国。项羽虽能打，但要突破樊哙和曹参的封锁，想来也绝非易事。

樊哙出发后，中路大军先锋陇西都尉郦商也紧跟其后东出巨野，配合彭越的巨野军合攻梁地。郦商能征惯战，为人沉稳有谋略，所部陈留兵也是精兵。之所以给彭越增兵，还是怕彭越兵力单薄，出意外。因为在汉军行动的数日前，刘邦已经接到战报——楚军大将钟离眜已经率部赶到巨野南部一线组织防御。

钟离眜是项羽部下少数能和龙且、季布等人并称的大将之一，作战经验丰富，而且颇有谋略。钟离眜出身史无所载，不过也能简单推测出来。荆楚钟离姓源出宋国子姓，乃宋桓公之后。当年公子州犁受封为楚大夫，食邑就在钟离。上古时代以封国为姓，公子州犁的后代便以此地为姓，代代繁衍。钟离眜的祖先应该就是由宋入楚的楚人。大约是项氏从会稽渡江后，钟离眜便和韩信等人一起以楚国遗民的后裔加入义军。

当初韩信在楚军中为郎中时，钟离眜和韩信关系很好。后来，陈平向刘邦献离间计时也认为钟离眜是楚军诸将中最优秀的。盛名之下无虚士，楚军既由钟离眜指挥，这一仗不大好打。如果被钟离眜所趁，彭越军败是小，大军士气被夺是大。兵法上说"正合奇胜"，为彭越增援郦商部，便是反其道而行之，要以堂堂之阵击溃钟离眜。

《史记·樊郦滕灌列传》载，此战中，郦商领军"与钟离眜战，疾斗"，却并未交代战役结果，可见此战打得相当惨烈。很可能是楚军给汉军造成重大损失后主动撤出战场的，而汉军也不大好意思宣传自己打赢了，所以才说一个"疾斗"了事。

除北线和中线外，南线应该还是此前就已经到达南阳的薛欧和王吸。前面提到过，两人汇合王陵后曾准备进兵沛县，不过被楚军阻止。这路汉军应该一直留在南线，没有理由放弃南阳这个战略要地，返回洛阳。此路汉军兵力不多，且在史书中也没有见到南线有较大的动作。故南线应该在此战中作用不大，大约也就是牵制作用。

虽有龙且和钟离眜的奋力抵抗，但在汉军的强大攻势之下，楚军仍然不支而退。彭城外围的定陶、萧县、睢阳等据点已经在一个月内全部陷落，而中线兵力雄厚的联军主力也稳步推进。到四月下旬，各部汉军合围彭城之势已成。如今楚军数败，四周一马平川的彭城已经无险可守。

很快，联军便步骑交加抵达彭城城外。楚军精锐基本都随项羽北上伐齐，外围楚军又被汉军不断击退。仗打到这个地步，纵然彭城的守军拼死奋战，也无济于事。兵力悬殊，这座坚城最终被联军攻陷。

到目前为止，战役的第一阶段结束。应该说，战事发展基本如设想的一般顺利。在联军雷霆打击之下，楚军一触而溃，根本不堪一击。如今彭城已陷，任项羽有通天之能亦难逃败亡！

刘邦确实有理由兴奋。

看着项羽留下的这数不甚数的珍宝、美轮美奂的宫殿，兴奋异常的刘邦乐得手舞足蹈，在彭城大摆筵席数日，整天置酒高会。上梁不正下梁歪，各路诸侯无一不在城内纵兵抢掠，生怕错过了这个发财的机会。主将尚且如此，可见联军攻占彭城之后的松懈。

不过享乐归享乐，刘邦并非不通兵事的草包。为防止项羽死鱼翻身，刘邦将联军分为两部：主力屯于彭城外东北大营，并就地构筑营垒防止项羽南下。要知道，从齐国的城阳南下，最为快捷的路线是从城阳经东海郡北部，顺着沂水直下彭城西北。联军屯驻这里，项羽便难以突击联军。刘邦长期和项羽配合作战，深知项羽用兵神速，绝不会放着这条路不用，而若项羽从西线的薛郡鲁县回援，自己同样有所准备。那里可有樊哙、曹参的精锐封锁，项羽熟知兵法，想来断然不会无聊到强攻既定的坚固防线。当然，为以防万一，在彭城西部的萧县，刘邦又设下一个大营，一来保住联军退路，防止出现意外；二是护卫联军粮道，防止粮草被劫。除这两个大营之外，在萧县溯谷水而西一百多里处的砀郡下邑，刘邦还留下了大舅子吕泽领兵屯守，以防意外的意外。

自古以来，料敌当从宽，庙堂多算胜少算。如此稳妥的部署，当是万无一失。

然而，兴奋的刘邦并没有注意到，虽然打下了彭城，项羽的精锐却没有碰到多少。以项羽的性格，他又岂是善罢甘休之人。精兵在手，若无行动，那还是项羽吗？或许，刘邦自认为有五十六万大军在手，项羽那数十万人马根本不在他眼里吧。

刘邦优哉游哉地在彭城聚会时，阴沉的项羽也眯着眼在密切注意着联军的动向。就在彭城刚刚陷落时，项羽便召开作战会议调整了部署，除了留在齐国的主力不动保持齐国稳定外，他亲率三万骑兵疾驰回援。

是的，确实只有三万。在项羽眼里，打刘邦三万就够了。

当然，这三万人都是精锐中的精锐，都是战斗力无比强悍的重装骑兵。

自薛郡到砀郡一路上战马嘶鸣，烟尘不断。三万楚军一日一夜疾驰一百四十里，从鲁县赶到胡陵。此时，樊哙的汉军正在大营休整，防备松懈。项羽一声令下，三万精骑立即扬起长戟列阵突击。一个冲锋，薛郡大营的樊哙被楚军以摧枯拉朽之势打得全军崩溃。樊哙刚刚构建的北线防线还没来得及发挥作用，便被项羽彻底击穿。不过樊哙运气好，逃得一命。

从楚军的行军和战斗过程来看，楚军精锐强大的战斗力已经不能用强来形容了！长途奔袭数百里，到达目的地后迅速投入战斗，并在正面击溃汉军精锐，随后骇人听闻地又奔袭一百多里。如此恐怖的战斗力哪能用简单的精兵来形容？

歼灭北线汉军，并非项羽之意图。项羽的真正目标是彭城的刘邦本人以及那五十六万大军。经过短暂休整，项羽放掉樊哙和没有反应过来的曹参，直奔彭城而去。

三万骑兵再次仅用一两日时间，以令人瞠目结舌的速度从薛郡的胡陵风驰电掣般长驱而进二百多里，于夜间悄悄抵达彭城外围的萧县。萧县在彭城以西七十里，是联军屯兵的一座大营，同时也是联军外围的重要通道。熟知兵法的项羽十分清楚，攻下萧县，就等于封锁了刘邦的退路。

在萧县外围，项羽下令全军下马休整。待楚军短暂休整稍作恢复后，就在当夜，项羽又向萧县的汉军大营发动攻击。在楚军摧枯拉朽一般的猛攻下，萧县大营被楚军瞬间拿下！至此，联军的退路被项羽彻底截断。这一仗称得上真正的闪电战。

人最悲剧的事情，是刀已经架在你的脖子上，你还不知道……

彭城还如往日一样平静，刘邦大概今天还要举行宴会吧。昨天晚上，刘邦和诸侯们畅饮了一夜，早上大概不会起来啦。

红色的朝阳刚刚升起，大地还笼罩在暮春的雾气中。一排排全身披甲的重装骑兵排成严密的阵列，缓缓逼近了还在沉睡中的彭城。灰白的雾气中，能见到的只有长戟微微扬起的偶尔反射的寒光和盔胄中双眼的杀气。四周一片寂静，唯有沉重的盔胄中传来粗重的呼吸和战马不断用马蹄刨地的声音从白茫茫的雾气中传开来。

突然，整个彭城喧闹起来。马嘶人喊，刀剑碰撞，各种声音混杂在一起，向人们传出一个信号——项羽来了。

项羽一马当先，身后万马奔腾。一卷红色的项字大旗迎风飘扬，沉重的马蹄踏在大地上发出整齐而沉闷的轰鸣声。数万匹战马的嘶鸣，上万杆长戟扬起，如同山崩时一泻而下的洪流，冲向联军大营。仅仅一个冲锋，城外的联军大营便被击破。

侧翼遭到楚军突击，混乱之中根本不知道楚军来了多少人。郁闷的是，联军的将领没有一个在军营的。将找不到兵，兵找不到将，上下已经完全失去联系，别说组织抵抗了，人人无不夺路而逃，数十万大军的营垒如山崩一般顷刻全军崩溃。

数十万人大崩溃，何等壮观。楚军骑兵在项羽的指挥下，来回纵横穿插。哪里的联军敢于抵抗，楚军的骑兵便向哪里冲击，坚决不给联军调整部署的时间。逃得快的，奔向联军的另一座大营，引起另一座大营的恐慌。跑得慢的，被自己人踩死。跑得再慢的，被楚军赶上，一个个用长戟刺穿钉死在地上，或直接被战马踏死。此时的战斗已经不能用战斗形容，而是彻头彻尾的屠杀。从清晨至晌午，楚军将彭城打了个对穿。联军被拦腰截为两段，向北逃窜的联军在彭城城北的谷水、泗水汇流处被楚军不断追杀。前有凶猛的楚军重装骑兵，后有波浪翻滚的大河，已是绝路。联军自相践踏，相挤入河及被楚军斩杀的累计有十余万，河水为之不流！

鲜血染红了战袍，整个谷水上漂浮的全是联军的尸体，彭城城北的联军遭到毁灭性打击。可是，项羽并没有兴奋。因为，在这里没有找到刘邦的尸体。刘邦，只有刘邦才是目标。于是，楚军调转马头，全军向南追击。

南路的联军逃得倒快，仅一日之间已经向南狂奔了一百多里，到达灵璧附近。可是，两条腿跑得再快又如何跑得过四条腿？刘邦刚刚停下来，还没来得及喘口气，便看到北方烟尘滚滚。

项羽啊项羽，你这是非要置我刘邦于死地啊！不能跑了，后面就是睢水，再跑就要淹死了，当立即重整军阵，击退楚军。可是，数十万人的大崩溃又岂是人力能挽回的？尚未列阵完毕，联军便在楚军骑兵的冲锋下再次瞬间崩溃。项羽的骑兵像刀子一样在联军中来回切割，蹂躏着这数十万人。大乱之下，联军自相践踏和溺死于睢水，以及被楚军斩杀的又多达十余万。

惨败啊，彻头彻尾的惨败！仗打到这个地步，真是够窝囊的。刘邦无助地看着自己的士兵一个个倒下，一种无力感涌上心头。几天前还是意气风发，如今却反过来被项羽打得如丧家之犬！

　　就在这时，诡异的一幕出现了。《史记·项羽本纪》记载："大风从西北而起，折木发屋，扬沙石，窈冥昼晦。"于是，楚军阵形大乱。汉军连敖缯贺见状立即抽剑在手，杀入楚军军阵，逼退楚军。缯贺，几个月前汉军定魏时，在晋阳加入汉军，为执盾郎。因其作战极为勇猛，刘邦便将其留在身边。此次征讨项羽，缯贺也随军而出。

　　机不可失！刘邦带着十余名骑兵和缯贺趁乱冲过包围圈，以最快的速度向北逃去。可刚刚突出包围，楚军经过短暂的混乱后又恢复了追击，领兵的是楚军大将薛郡人丁固及其外甥季布。几年前反秦时，刘邦的沛县义军和楚军正规军常常配合作战。在作战时，刘邦就和丁固、季布熟识了。形势危急，见越来越近的楚军，刘邦急得脱口而出："丁将军，两条好汉难道非要刀兵相见不成？何以至此？"

　　听到刘邦的这番话，丁固一愣，昔日并肩作战的情谊立即浮现在眼前：刘邦素为长者，为人忠厚，是个英雄。就像他说的，既然如此，何必痛下杀手？思及此处，丁固便勒马而停，向刘邦拱拱手。

　　看楚军居然停止追击，骑在马上的刘邦长舒了一口气，提起缰绳，向丁固拱手行礼，随后绝尘而去。溃军奔出一段距离，刘邦才稍稍心安。岂知那丁固居然视军令如儿戏，若非如此，断无存活之理。可是，不知那丁固如何应对项羽之怒。收起思绪，刘邦环顾彭城四周，到处都是倒毙的尸骸。此时还在危险之中，断不可大意。想到这里，刘邦招来身边的连敖缯贺当场将其爵位升为执圭，将断后的重任交给了这个表现优秀的猛将。

第十四章　决战彭城

第十五章　　胜败之理

带着数十骑奔逃出灵璧之后，刘邦原本打算先经相县北上，回泗水沛县丰邑的老家接上老父亲和妻子，然后退回关中。然而可以想象的是，作为刘邦故里的丰沛之地必然也是楚军的重点打击方向。此时，丰沛的家小还能安全吗？

最后，在楚军骑兵的巨大压力下，刘邦不得不放弃前往丰沛，转而溯睢水向西，前往老根据地砀郡，以避开楚军斥候骑兵。当仓皇逃亡的刘邦领败军渡过睢水时，恰好在乱军中碰到儿子刘盈和女儿，两个孩子都还好！在王陵所部和猛将夏侯婴的拼死保护下，刘邦带着两个孩子终于摆脱了楚军轻骑的追杀。不过，坏消息很快便传来：妻子吕雉和父亲刘太公以及带着他们逃跑的郦食其等人在路上全部被楚军擒拿，成为人质。

得知父亲被擒的消息，刘邦也是无可奈何。五十多万联军一战而土崩瓦解，楚军数万精锐还在彭城虎视眈眈。如此严峻的不利态势之下，又岂能顾得上老父亲和妻子？

数月之前，大将军韩信还曾与刘邦信誓旦旦说那项籍不足为虑，只要反其道而行之，终将"其强易弱"。可谁又能想到在短短月余之内，素有智谋的刘邦居然会以五十多万大军的绝对优势被年轻的项羽在彭城打得如丧家之犬般来回逃窜？以如今之惨败，又谈何"争权天下"？

当然，以刘邦的性格，还不至于坐以待毙。所谓"善败者终胜"，败仗也并非不可接受。话虽如此，作为一个久经沙场的将领，刘邦深知这仗不能败得糊里糊涂。为今之计，当需对此战进行反思，方可卷土重来。首先，需要反思的是联军败在何处，楚军胜在何处。其次则是考虑汉军在短期内面对士气正旺的楚军能否组织再战？

事实上，刘邦之败，一为战力不齐、组织不力，二为虚骄轻敌、防备不严。

几日之前在彭城会师时，刘邦和五诸侯联军总数为五十六万。人数虽多，但诸侯军实在毫无战斗力可言。比如，汉军在十一月到二月，两次渡过黄河，将几个诸侯来回吊打，这些诸侯军望风而降，没打过一场像样的仗。这其中固然有诸侯们保存实力而不肯死战之故，但也不难看出诸侯军的战斗力是不能让人满意的。而既然在对阵汉军时毫无招架之力，又岂能保证彼辈在进攻项羽时能尽心竭力？在绝对的利益面前，让诸侯军在战场上摇旗助威可以，真到决死拼杀之时就别指望了。君不见，当年巨鹿之战时，这些诸侯们都是坐观项羽苦战，无一肯拼命。实际上，进军彭城途中的几场硬仗都是汉军自己啃下来的，诸侯军连个影子都没有。

可见刘邦虽为盟主，但由于时间太短，实际上是不可能完全消化和控制诸侯军的。因各部诸侯联军又不属于汉军指挥系统内，其独立性极强，比如彭越在彭城周围一看情况不利便立即领军逃遁，根本没将刘邦的命令当回事。

不说诸侯军，汉军内部也是战力不齐，难以信赖，比如刘邦新征的三河兵。说到三河兵的战斗素质，不得不说三河之地。三河中的河南、河内两郡原为周、郑、卫之地，而早在春秋时代，浮华淫靡的郑、卫之风便闻名诸侯。甚至天下此时还有"（三河）土地小狭，民人众，都国诸侯所聚会，故其俗纤俭习事"的说法。数百年来，三河之民世故奸猾，既不像秦赵那样民风尚武，亦不像吴楚那样轻骠勇悍。在天下大乱，秦法体制早已崩溃的情况下，以这样的国民组织成军，如何能保证强大的战斗力？而且四月份彭城之战打响，这些三河兵仅在三月份才拿起武器，编练行伍，其战斗素质可想而知。也许打打顺风仗可以，但若放在第一线与项羽的百战精兵决战恐非稳妥之计。

经过整编的汉军虽然能打，但人数众多的新军未附、友军不力、指挥混乱是大大的漏洞。一旦楚军抓准时机突袭，击溃指挥中枢，战力最弱的诸侯联军和新征军必然最先溃败，然后冲乱汉军本阵。如此一来，便会引起连锁反应，最终导致全军崩溃。

而联军之所以参差不齐、组织混乱，与刘邦这个主帅也不无关系。其实，作战经验丰富的刘邦早该知道，战争之胜败根本不是简单的人数对比。实际上，随着战场投送的人数不断增加，将军们所必须考虑的军队部署、后勤补给、部队协调都会成几何级数增长。没有天才的指挥官，是根本不可能做到"多多益善"的。刘邦自起兵以来，凡是指挥十万级以下规模的战役，都打得干净利落。可聚集在彭城周围的联军总数已经达到了五十万规模，只怕早已在刘邦统兵能力之外。

然而刘邦本人迷信庞大兵力，整日与诸侯置酒高会，以至在攻克彭城后虽有部署却执行不力：萧县大营形同虚设，彭城周围漏洞百出。刘邦盲目乐观，无视军中的巨大隐患而轻视楚军，是既不知己也不知彼。这样的统帅指挥这样的军队，岂能打胜仗？

相反，项羽之胜，一为士卒精强、准备充分，二为出其不意、攻其不备。齐国田荣败亡后，其弟田横领齐军残部仍在节节抵抗，齐国形势仍然不容乐观，故项羽回援前必须留下"诸将"在齐国，以保持齐国的稳定。而且平齐的楚军不是小数目，大军的集结、运动、休整都需要长时间的准备，无视这些必须考虑的问题而贸然改变平齐的军令，强制全部楚军南下是完全不可能的。另外，过于庞大的兵力也不利于快速集结和高速机动，更不利于保持战役的隐蔽性。刨除平齐主力，项羽调动的楚军总兵力为三万人。

三万楚军人数虽远不如联军，但在项羽的严密谋划下编制完整，准备充分，士气高昂。观楚军从齐国长驱四百里秘密南下，再到彭城郊外的萧县歼灭战和彭城决战，无一不将楚军骁勇顽强的作风展现得淋漓尽致。楚军能以三万击破联军五十六万，说明其战斗力绝非等闲。

当然项羽之所以能将此战打得干净利落，非仅楚军战力强悍，更是集中使用骑兵之效。如此不按常理作战的战法，大出刘邦预料之外。

要知道，战国时代，骑兵战法和装备都没有成熟，无法歼灭敌军有生力量，故百年间的大战都是以步兵作为主力，骑兵或作为截断粮道的"奇兵"，又或作为骚扰和牵制配合步兵和战车行动的"辅兵"，从未做过正面野战的主力。因此，联军一方虽也编制了骑兵，但主要担任的任务并非集中冲击，而是侦查和骚扰，不过是传统意义上战国骑兵战法的延续。作为联军总指挥的刘邦虽作战经验丰富，但其统兵之法基本沿袭自战国时代的这种"车驰卒奔"的原有战法。

不过，此战项羽反其道而行之，将全军三万骑兵全部集中起来并投入正面使用，将骑兵的高速机动的优势发挥到极致！所以，楚军能在数日之内便长驱疾驰四百里，将联军打得措手不及。在正面作战时，项羽又果断集中骑兵列阵冲击已经混乱的联军主力，最终将联军穿插包围、分割歼灭。

综上可见，联军人数虽多但有不胜之劣，楚军虽少但有必胜之法；刘邦虽深谋远虑但有难以改变之弱势，项羽虽两线作战但有破敌之良策。因是之故，三万楚军能在一日之内击溃五十六万联军。

胜败之理已明，那么刘邦最担忧的最后一个问题大约也不难解决了——只需组织得当，汉军是能够抵挡楚军的。

能有此自信，盖因刘邦对于自己手中的核心力量了如指掌：丰砀旧部加上巴蜀兵、关中兵以及新征的三河兵，二十万汉军虽有损失，但主力未失。

这二十万汉军中，核心是丰沛和砀郡地区的数万楚人。自沛县起兵以来，当年的丰砀楚军几乎无日不战斗在第一线，其战斗力最强，是精锐中的精锐。目前汉军的高层各部将军和中层的各级都尉、司马，也均出自丰砀楚人。其次，五万巴蜀兵和七万三秦降军与汉军作战体系一致，可以最大限度地发挥其战斗力。

只要组成汉军中层的砀泗旧部和组成汉军基层的故秦军主力不失，彭城大败便算可以接受。其实，不说数十万汉军，实际上自沛砀出来的几十个都尉一个都没死，甚至连郦食其这样上了年纪的老人都跑出来了！

赖天之佑，汉军损失不大，主力尚在。而对面的楚军战斗力再强不过只有三万人，即便加上龙且等人的溃兵，也不会太多。如此，只需汉军稳住阵脚大可组织再战，击退士气正旺的楚军实际上还是有可能的。不过，楚军皆为骑兵，行动速度极快，留给刘邦的时间并不充分。为今之计，当速速退往下邑，收拢溃兵，挡住楚军的第一波攻势。

第十六章　　退兵荥阳

　　不管怎么分析，惨败是事实，刘邦现在面临的问题是如何收拾这个残局。

　　当时，刘邦的大舅子吕泽驻军在砀郡东南部的下邑。下邑虽属于砀郡，但离萧县不到百里。于是，经过短暂思考，刘邦沿途收拢溃兵后从沛县一路往西，带着残部败逃至此。汇合下邑的守军后，刘邦才稍微喘口气。

　　空前的大败！这对刘邦的信心无疑是沉重地打击。下邑城内，一片沉默。刘邦沮丧地跳下马，对坐在周围的将军们一遍遍地念叨："寡人欲分函谷关以东之土。只要助寡人败项羽，寡人必不吝裂土之赏。你们看，有谁可以与寡人建功立业？"恐怕到现在刘邦才真正地意识到，项羽不是单凭自己能够击败的。现在要做的，就是寻求盟友。而且，不是像这些无用的诸侯，一定是要有实力的人。

　　有这样的人吗？有！第一个就是英布。

　　前面就已经提到英布和项羽关系恶化的事情。源于英布一再不听项羽的调遣，据《史记·黥布列传》中薛公所说："布故郦山之徒也，自致万乘之主，此皆为身，不顾后为百姓万世虑者也！"认为英布出身低微，目光短浅，不可能有大的格局和谋划。也许真的是英布当上王了，心态不一样了，想过几天安生日子，故而才屡次对项羽的征调置之不理。总之这一来二去的，两人的关系越来越恶劣。

　　不过，此时项羽的日子过得一点不轻松，东西两线同时开打，根本抽不出兵力和精力去针对英布。所以，项羽只是派使者将英布骂几句，出出气了事。

　　但是，英布和项羽都不知道，两人交恶的情况正被张良敏锐地捕捉到。当刘邦说出这番话时，张良便立即上前提出早已设想好的建议：九江王英布、魏相彭越，这两个人都与项羽关系很僵，因此能与我军联盟，共讨项羽。关键是在所有诸侯之中，这两人有地盘、有实力，而且军队比较能打，特别是英布和项羽已经成见甚深，是可以拉拢过来的。而在我军中，真正能够独当一面的是韩信，这个人也一定要放手任用。只要利用这三个人，项羽是可以被打败的。

　　于是，刘邦立即拍板接受张良的建议，并在撤退途中就开始着手处理此事。刘邦认为，只要能打一场硬仗，稳住局面，彭越见有机可乘，想必不会拒绝联合作战之事。何况想当年在反秦战争中，两人还有过联合行动，交情不浅。韩信就是自己的部下，单独让其带兵即可，也不用花什么心思，关键是英布。虽说英、项交恶，可英布对自己并无好感。在战争中，两人一直没有什么交情，甚至还间接交过手。当年的鸿门宴前，就是英布率先出兵击破函谷关的。再说如今刚刚在彭城被项羽打得灰头土脸，让英布加入己方更不容易。

　　所以，出使九江国就是一件棘手的事情了。况且，英布这个人可不是个善茬，早年就是个亡命之徒。当刘邦提出出使九江时，也许很多人都在想，这趟去九江还不知道能不能回得来。都知道这个任务很难完成，一路上没有一个谋士吱声。

　　最后，当大军到达下邑以西的虞县时，还是没有人主动提出去九江，气得刘邦破口大骂："像你们这样的（读书）人全是酒囊饭袋，没有可以共商天下大事的！"刘邦如此大怒，下面的谋士一个个哆哆嗦嗦的更不敢出声了。这时，一个名不见经传的小人物却开口回话："不知大王所指何事？"说这句话的人叫随何。据《史记·黥布列传》的记载，随何当时的官职是谒者。谒者，是君主身边的近侍，主要负责传达君主的命令和朝堂上的礼节。古时亦泛指传达、通报一类的内官奴仆，可见其地位不是很高。听闻出使九江，随何欣然愿往，刘邦担心随何的职位有点低，但此时又是用人之际，就不必计较了。在随何的强烈要求下，刘邦给了他二十个随从，命其出使九江。

　　安排随何动身后，刘邦继续收拢残部，组织退兵。到了五月份，历经千辛万苦的刘邦终于与诸将汇合，安全退至河南郡的荥阳，逐渐稳住了阵脚。同时，萧何从关中、巴蜀征调的预备役部队也到达了荥阳。据《史记·项羽本纪》记载，彭城惨败后，为补充巨大的兵力损失，萧何不得不"发关中老弱未傅者悉诣荥阳"。

所谓"老弱未傅者"，是指不在征发年龄范围的平民。根据秦法，老百姓十七岁便算成丁，需要到官府登记注册，叫作傅籍，然后就要服兵役了。到了汉初年，为了减轻民众负担，傅籍的年龄由十七岁提高到二十岁。后来又考虑到三年之耕才能积蓄一年的粮食，遂将傅籍正式定为二十三岁。成丁傅籍后，百姓便成为国家的正式公民，需要承担兵役。其中，"一岁为卫士，一岁为材官骑士，习射御骑驰战阵"。一直到过了五十六岁，才算为老年，可以免役。入汉以后，这个制度沿用了数百年。也就是说，萧何的这次征发，可以算得上超限度动员了，连不在正常征发之列的十七岁以下的和五十六岁以上的人都被抽调出来了。

经过补充，军势复振，可是彭城大败带来的影响不是短期内能消除的。几个月前初步形成的反楚同盟被项羽打得土崩瓦解，不少诸侯看情况不对，立即改投项羽。从前面的表现看，改换阵营对这些墙头草来说不存在任何心理障碍。其中，最早行动的就是三秦王中的塞王司马欣和翟王董翳，两人在战后便立即降楚。接着，是代王陈余。《史记·张耳陈余列传》上说，陈余因发现张耳没死，便立即"背汉"。当然，"背汉"最主要的原因还是汉军在彭城大败，其他的恐怕都是说辞而已。陈余翻脸后，等刘邦回到关中时，魏豹也趁机开溜，跑回了河东。

除了这些大诸侯，一些地方小军阀也蠢蠢欲动。比如，当汉军从下邑退往荥阳行至雍丘时，附近的王武和魏公申徒两人见汉军大败，便在砀郡的外黄谋反。

刘邦虽然对阵楚军大败，但实力绝非这些小军阀可比的。谋反的消息传来，刘邦立即命曹参、灌婴和靳歙等人前往讨伐。经过激战，叛乱被顺利讨平。之后，诸路汉军在雍丘汇合，平安退往荥阳。

第十七章　　京索之战

　　虽然战局稍稍稳定，可如今的汉军缺乏与项羽正面对决的实力却是大问题。要打赢项羽，没有一支敢于和项羽野战的骑兵是不行的。于是，等补充兵力到达荥阳后，刘邦开始着手建立汉军的骑兵军团。

　　与楚军相比，组建骑兵军团对汉军来说有先天优势。

　　秦人原是上古五帝颛顼高阳的后代。早在殷商时期，嬴氏部落就为华夏族放马，镇守西陲。周穆王时，造父为周穆王驾车，日行千里，讨伐了徐偃王。因此功，造父被周王封于赵城，成为赵氏先祖。而造父的侄孙秦非子也因养马有功，被周王室封赏于秦地，成为秦人立国之始。可见从上古时代起，秦人便善于御车养马，而且如今陇西、上郡、北地三边郡都在刘邦手中，这些边郡地区的北部水草丰美，多出优良战马。所以以老秦人组建骑兵不成问题。

　　于是，刘邦仿效楚军将全军骑士抽调集中于自己身边，同时加强身边的郎卫力量。在故秦骑兵将士的大力支持下，经过紧张的整编训练，汉军以郎中骑兵为核心的骑兵军团终于编成。

　　按制度，郎中骑兵应该属于九卿的郎中令之下的郎卫系统。郎卫的主要职责是出充车骑以护卫天子，因此郎中骑兵就是禁卫骑兵，为天子最亲近的直属武装力量。正因地位如此重要，郎中骑将绝非常人可任。猛将樊哙在好畤之战中先登克敌，故以郎中迁郎中骑将。还定三秦之后，樊哙积功迁将军，刘邦便以郎中周定代之。无论是樊郎中还是周郎中，均为从起丰沛的忠信老将，足以让刘邦信赖。

　　不过，现在重编的郎中骑兵可不仅仅是"掌宫殿掖门户"护卫天子，而是要走上战场，正面击溃强大的楚军骑兵。因而，新编的郎中骑兵作为能够单独行动的野战集团军，其编制和战斗力都比后来的强得多。而且汉军的骑兵军团不仅包括郎中骑兵，还有其他系统。周定这个郎中骑将仅指挥郎中骑兵这支郎卫尚可，但若要指挥包括郎中骑兵在内的整个骑兵军团则远超郎中骑将的职权范围了。且周定虽忠勇善战，但指挥如此规模的骑兵军团怕也是力有不殆。因此，必须要在周定这个郎中骑将之上设一全军总指挥，全权节制汉军骑兵军团。

鉴于骑兵的战斗力主要取决于骑将是否具有丰富的骑兵作战经验，故而军中将士都推荐故秦军校尉李必、骆甲两人为骑将。

李必和骆甲都是关中重泉人，两人对骑兵作战很有心得，而且作战勇猛，可独当一面。从能力上看，是骑将的合适人选。然而面对将士的推荐，两人却都坚决拒绝，并认为："臣故秦民，恐军不信臣，臣愿大王左右善骑者傅之。"这两人很聪明，说的也是实情。汉军的核心都是楚人，打仗时一旦这些老资格不买账就头疼了。而且从朝廷权重上看，将这支精锐放在"外人"手里也并非稳妥之计。

于是，在反复权衡后，刘邦最终选择了中谒者灌婴来担任这支骑军的指挥官。砀郡睢阳人灌婴，出身贫寒，早年以贩卖丝缯为生。沛县起兵后，刘邦领兵三千余人开到老根据地砀郡，并征砀郡兵六千，灌婴便在其中。当时，灌婴以中涓随从刘邦征战沙场。在汉军诸将中，灌婴虽年纪较小但一直以作战勇猛著称。无论是东郡之战还是规模较大的启封、曲遇之战，灌婴无不突阵拼杀于第一线。至霸上时，灌婴便已积功赐爵执珪，号昌文君。

非但作战勇猛，灌婴和军中诸将的关系也不错。所以，在李必、骆甲提出建议后，将军们都认为"灌婴虽少，然数力战"，可以为骑将。让这样的忠勇兼备的猛将指挥这支精锐的骑兵军团，再合适不过。于是，刘邦将灌婴从中谒者迁为中大夫，在李必、骆甲及周定等人的辅佐下，全权节制汉军骑兵军团。

刘邦忙着组建骑兵时，项羽也没闲着。在这数万铁骑的践踏下，从泗水郡到砀郡的广大平原上，除王陵驻守的南阳和泗水郡的丰邑等少数据点仍在汉军掌握中外，其余的均被楚军攻陷。到五月上旬，项羽兵锋已经抵达荥阳城外的京索地区。

京县和索地均在荥阳南部。说到索城的话，还有一段典故。当年周人灭殷商后，周公姬旦的儿子伯禽被封到了鲁国。《左传》记载云："殷民六族，条氏、徐氏、萧氏、索氏、长勺氏、尾勺氏，使帅其宗氏，辑其分族，将其类丑，以法则周公，用即命于周。"即前往鲁国时，殷商的遗民六族都被交给了伯禽统领。而大索城，便来源于这个殷商六族中的索氏。

小索城距荥阳不过几十里，京县也就在小索城南。以楚军骑兵的速度，一个冲锋就到了。可以说，楚军已经打到汉军的眼皮底下，退无可退。于是，楚汉双方在荥阳南部的京索地区展开决战。

刚成军两个月不到的汉军骑兵在灌婴、周定的指挥下走向战场。面对打的五十六万联军全军崩溃的楚军重骑，汉军骑士没有后退，而是毅然发动反击。一时间，荥阳城外万马奔腾，杀声震天，骑兵奔驰掀起的灰尘遮天蔽日。

当此之时，汉军骑士无不人人拼死奋战。结果一战下来，汉军大胜，正面击退了强大的楚军。

此次大胜对于挽回彭城惨败后的危急局面无疑具有重要意义。汉军不但稳定了战线，最重要的是稳定了人心。

为什么在彭城项羽能够以少胜多，现在却被手下败将打得一败涂地呢？其实原因很简单。汉军退至荥阳以后逐渐稳住阵脚，利用荥阳附近的有利地形和关中的兵力补充已经建立了比较稳固的防线，以逸待劳。反观楚军方面，自四月份彭城之战到现在的荥阳之战，项羽带着这三万骑兵长驱奔袭近千里，连续一个多月没有得到休整，战斗力已经耗尽。再加上一线兵力也没有及时补充，其实早已成疲敝之师。此外楚军还有一部兵力被英布牵制在九江。所以在兵力雄厚的汉军前，战败是很正常的。正所谓强弩之末不能穿鲁缟，说的就是这个道理。

楚军在京索进攻失利，不得不退回彭城休整。不过休整归休整，项羽也正打算用这段时间着手彻底解决南方的英布和东方的田横，先稳定后方，再图和汉军决战。而楚军退兵后，汉军也没有追击，而是先立足于守。刘邦很清楚，此战不过是占据了地利，且项羽只有三万余人的骑兵。京索之站虽然打赢了，但不代表真的就能击败项羽了。

于是经过缜密思考，刘邦决定先在荥阳屯驻大量兵力，作为决战的基地，准备通过防守反击击败项羽。为保证荥阳的补给，汉军在一个月内又修筑了从黄河边的广武山到荥阳的甬道，以运输粮食供应荥阳守军。随后刘邦又进行了一系列人事调整，将猛将樊哙提拔为将军，独领一军守备广武山，另外命刚刚代替曹参升为中尉的周昌和都尉郭蒙守备广武山下的敖仓。三个大营互为犄角，构成严密的防御网。

三个大营的主将中，樊哙是老熟人，没什么好说的，受此重任的周昌和郭蒙也不是无名之辈。周昌，是刘邦的老乡沛人，他与堂兄周苛都是沛县的泗水卒史，和刘邦关系很好。沛县起兵后，周氏兄弟一直追随左右，英勇善战。郭蒙，以户尉的身份在薛郡追随刘邦。郭蒙出身虽低，但作战勇猛，特别在西入关中的几场重大战役中表现突出，被提拔为越将，统领越人步兵。可见，和灌婴等人一样，郭蒙虽然年轻但也是汉军中的一员勇将。将敖仓和广武交给这几个人，刘邦还是比较放心的。

那么广武山在什么位置呢？今河南荥阳市北的敖山就是当年的广武山。先秦时代，广武山是黄河和济水的分流处。从这里出荥阳盆地，向南和东可俯览一马平川的颍川和砀郡的大平原，战略位置十分重要。于是，秦人在广武山南修建大型的军用仓库，囤积粮草和物资，这就是有名的敖仓。从敖仓南下顺着魏人开凿的鸿沟，便可将物资从黄河转运至南方淮水支流的颍水，为东出函谷平灭六国的秦军提供补给。在当年的巨鹿之战中，章邯在河北战场和反秦联军相持时，也是修筑甬道，从黄河南岸的敖仓获得补给的。有道是"大军未动，粮草先行"，敖仓的安危才是荥阳防守的关键。

在短短一个月时间里，这一整套复杂的防御工事便宣告完成。可见，无论是汉军的战斗素质，还是刘邦的统兵能力，都是值得称道的。谁也不知道，这套工事在后面的荥阳之战中发挥了多么重要的作用。

到六月份，在荥阳忙完了这一切之后，刘邦经洛阳过函谷，返回都城栎阳。京索之战后，楚汉战争的前期大战基本结束，双方转入更为艰难的相持阶段。

第十八章　　章邯之死

汉二年（前205）的六月份，刘邦回到关中，到八月份才从栎阳返回荥阳前线。这一次回关中，刘邦在栎阳待了将近两个月。为了巩固社稷，这两个月刘邦在关中做了不少工作。

第一件，册立储君。六月初五，刚刚回到关中的刘邦便立刘盈为王太子。刘盈是刘邦和吕雉的嫡长子，此前在沛县逃难时为夏侯婴所救，带回关中。自周人以来，各国沿用的基本都是嫡长子继承的原则。此时的刘邦虽有长子刘肥，但那毕竟是私生子，非到万不得已是不会考虑的。既然有嫡子，那便不存在长幼的问题了。设立储君是国家大事，国有储君便可让那些图谋不轨者静静心了。

在立储之后，刘邦下诏大赦罪犯。这次大赦大约有两个意思，第一是争取关中民心，宣告王朝正统。另外，最重要的可能是用这些罪犯补充损失的兵力。毕竟前期大战的损失不小，而且项羽大军即将压境，荥阳前线的压力太大，急需要补充兵力。接着，刘邦再次下诏命部将、诸侯子全部集中到栎阳，以增加京城栎阳的防卫力量。这应该也有仿照秦法以诸将家小为质的意思。

第三件事情可能是这次回到关中最主要的任务，即清理关中的最后一个敌人——章邯。

从汉二年十一月份刘邦基本平定三秦到现在再次回到关中已经有七个月了，史书中一直都没有提到章邯，现在不妨借着这个机会来说说章邯这个最后的秦人吧。从汉元年（前206）八月份三秦联军在好畤被汉军击溃一直到汉二年的六月份，章邯已经被围于废丘整整十个月了。真不知道，这十个月章邯是怎么度过的。可以肯定的是为了准备彭城之战，关中除了周勃的部队外，能够机动的汉军都已经被抽调一空，包围废丘的汉军兵力应该不会很多。而在这种情况下章邯都没有冲出包围，可想而知被围在废丘的章邯兵力是何等窘迫。毕竟，章邯从来都不是坐以待毙的人。

兵法上说"无援不守"，意思是如果没有援军，孤城是铁定守不住的。可如今外援已断，兵粮已尽，按照兵法，这十个月的坚守其实是毫无意义的，实在不明白章邯到底在等什么。

但该来的总归要来，刘邦此时已经回到关中。而且，关中已经成为新朝的都城。无论如何，汉国的京畿心腹之地绝对不允许盘踞一个异己势力。为此，刘邦集结了绝对的优势兵力，准备以千钧之力碾压小小的废丘城。

废丘，早已成为一座死城。

夕阳下，汉军像潮水一般拍打着废丘的城墙。而废丘，也像海水中的坚石一般顽强地迎接着一波又一波的风浪。有理由相信对于章邯，刘邦应当是劝降过的。如司马欣、董翳彼辈墙头草都能允许投降，魏豹、申阳那样的庸才都能继续为王，何况章邯！也许是看不起刘邦这样的草莽亭长，也许是不愿意苟活，也许是还在等待项羽的援军。总之，可能是数次劝降皆为章邯所拒，汉军只得咬牙攻城。守军早已存必死之心，虽粮尽援绝，但在主帅章邯的激励下始终士气高昂。汉军强攻数次都无法攻克废丘，伤亡巨大。

蚁附攻坚城，是下下之策。这样打下去，不是办法。

最后一次攻城失利，汉军开始决水淹城。当汉军掘开河道，奔腾浑浊的渭水瞬间冲向废丘。一片汪洋，废丘终于陷落。刘邦登上城楼，看着满地的尸骸，叹息一声："章将军，大势已去，降则免死。""我章邯已经投降一次，铸成大错！大丈夫不可反复无信，又岂可再易其主！"说罢，抬头遥望西去的夕阳，回手抽出陪伴自己多年的佩剑，自刎而死。

前面我们讲过，章邯有弟章平。在好畤之战中，章平的三秦联军被汉军击溃。大败后，章平无力为废丘解围，只能退往北地郡，最后就在北地郡被汉军俘获。大约也是出于对章邯的尊敬，刘邦并未难为这位降将。根据《章氏家谱》的说法，汉统一天下后，章平举家迁居豫章郡。章平有子章直，为汉巴东将军。章直有子叫章宜。自汉以来，章氏便世居于豫章。

在秦末群雄中，章邯的经历实在传奇。虽然最后受封为王，估计也没几人拿他一个降将当回事。通观章邯一生，如果没有秦末战争，章邯可能会好好当一个称职的少府，为帝国的发展出谋划策。也许，他会平安地过完这一生。然而，他的人生注定不平凡。领兵出关后，带着一群乌合之众在与秦末豪杰交战中屡战屡胜，不愧为秦帝国的最后名将。然而大厦将倾非一人能扶，加上巨鹿之战后的投降搭上了二十万秦人性命。虽错不在章邯，却也让他背上一身骂名。无怪乎韩信评价说："项王诈坑秦降卒二十余万，唯独邯、欣、翳得脱，秦父兄怨此三人，痛入骨髓！"当然，二十万秦人的悲剧不是章邯造成的，而是那个时代。然而，又有谁能够理解？我想，章邯在关中迅速败给汉军，不仅是因为自己的主力被坑杀殆尽，无兵可用，也是关中父老对这位关中王彻底的失望吧。

有些人，明知不可为而为之。章邯如此，复兴汉室的诸葛亮、北伐中原的祖逖莫不如此。面对江山倾覆，该怎么评价他的选择呢？虽然章邯最后投降了项羽，自己的二十万将士因此葬送，我依然要说章邯不是个彻彻底底的坏人。他是矛盾的，大约也是痛苦的，对大秦的执着，对皇帝昏庸的无奈，对将士被屠的自责，对项羽背信的痛恨。痛苦、无奈，只得以死殉国。章邯，作为最后一个秦人，他或许只是一个殉道者。

史载章邯死后，关中发生大饥荒，人相食。也许，出于对上天的敬畏，废丘战役结束后，刘邦将废丘改名为槐里，以祭祀天地神灵。

第十八章　章邯之死

第十九章　　南线态势

就在刘邦在关中着手巩固政权时，南方的英布终于出现了叛楚的迹象。

九江国之事还要追溯到彭城之战后。项羽彭城一战将楚军异常彪悍的战斗力和顽强作风表现得淋漓尽致。对于刚刚经历大败的汉军来说，想正面击败项羽的精锐几乎不可能。京索之战那样的胜利可一而不可再。因此

在京索之战打响时，刘邦便决定着手实施在下邑的谋划：利用关中的有利地形和丰富的人力物资在荥阳一线构筑防线，拖住项羽的楚军主力与项羽打长期消耗战，同时分军北上击破河北的魏、赵、代、燕，再联合齐国的田横和南方的英布，对项羽形成远距离战略包围。

从南线包围项羽，主要就是能把英布拉过来。

可是刘邦能想到的，项羽没有理由想不到。刘邦对英布的统战工作，并没有获得很好的效果。至少，在项羽的干预下，没有达到利用南线包围项羽的目的。

现在，回过头来说随何在九江国的情况。此行并不顺利，随何到九江国后，一开始没有见到英布。正如当初在下邑时大家预料的那样，英布虽然和项羽交恶，但亦不愿联合刘邦，将自己无端拉下楚汉之间的泥潭。恐怕英布想的是安安静静地过好自己的小日子，在楚汉之间左右逢源而已。九江国态度如此消极，随何自然不易见到英布。可出使九江却见不到九江王本人，这样下去不是办法。于是，随何便对招待自己的九江国太宰说："九江王不召见吾，定是认为楚强汉弱。君不知，这正是吾出使贵国原因。若吾得以召见，话若要是说的对，那正是贵国想听的。若不对，让吾等二十人受死亦可坚九江王归楚之心！"

这个随何还真是不把自己性命当回事的人。汉使这番话都说出来了，还能说什么。于是，这个太宰当即答应帮助引见。就这样，随何终于见到了英布。

见到英布后，随何展示出了如张仪、苏秦般一个策士应有的优秀忽悠技巧。随何开口就说："汉王派臣呈书给大王，是因为吾等愚钝，却不知大王和楚王是个什么关系！"英布道："寡人当然以臣子侍奉楚王，有什么问题？"

然而，这种场面话如何能骗得了随何。随何侃侃而谈："大王与楚王同列诸侯，却北向称臣，定是认为楚强汉弱，如此可为九江靠山。然臣听说项王攻齐，大王只调兵四千。彭城之战，项王未及回师，可大王拥兵数万却未遣一卒渡淮救楚。敢问，此为人臣之道耶？"随后，随何毫不留情地揭露了英布的小算盘：您这是借依附楚国之名而想要行独立自主之实，这样干下去是没有好下场的。

接着，随何论述了当前楚汉双方的实力对比已经发生变化。彭城之战后，汉国已经逐步扭转了颓势，两军开始在荥阳形成相持。并且，随着时间的推移，楚国方面必然会最终失败。如果贸然投楚，估计后果难测。而这些，都是可以预料到的。最后，随何开始给英布开空头支票：只要你跟着我们汉王干，以后少不了你的好处。

在随何强大的舆论攻势下，英布终于招架不住，最终决定暂且和刘邦达成盟约。不过家大业大，也不能单听随何信口雌黄。因此，英布要求盟约必须以秘密的方式达成，而且不得有书面文件。看来，英布此时还没有真正决心和项羽决裂，还是想脚踏两条船。其实这也可以理解，毕竟项羽的厉害，英布是知道的。九江国的地理位置相当尴尬，可以说就在项羽的眼皮子底下，一旦做出决断，来自楚国的压力可想而知。

巧合的是，就在随何到达九江不久，项羽的使者也到达了九江国。而就像接待随何一样，英布也热情地接待了项羽的人。这个英布，如意算盘打得实在响。

随何这趟来九江已经打算把命交待在这里了，岂容英布反复。得知此事后，随何也不啰唆，径直闯入英布和楚使谈判的客舍，大大咧咧地跪坐到楚使者上面的座位上，对着楚使哈哈大笑："九江王已经归汉，你楚国何德何能征调九江军？"一席话说得英布满脸愕然，本王何时归汉了？还没等英布反应过来，随何乘势对着英布大喝道："事已至此，速速杀掉楚使，以绝后患。大王当火速投奔汉王，与我汉军协力作战。否则，后果难测！"事情到了这个地步，也只好如此了。于是，英布杀掉楚使，起兵攻楚。

这个随何确实有两把刷子，与刘邦手下的老资格郦食其对比，水平高多了，居然以区区二十人胁迫英布起兵。虽说其中有英布本人的原因，也可以看出随何绝不简单。事情到了这个地步，应该说随何的任务算是完成了一大半。不过，还有一项需要完成，即"留数月，汉之取天下可以万全！"也就是说，最后还需要说服英布扛住项羽数月的进攻。

楚军说来就来。其实，项羽一方早已经做好了两手准备。五月份，项羽从京索前线退兵后，驻军在下邑。听闻英布反楚，项羽也不废话，立即遣大将龙且和项声领兵前往平叛。

当时，英布的九江国领九江、庐江、衡山三郡，大致范围在今淮河以南的安徽到江西大部。不过，秦汉时南方经济水平比较低，九江国的统治中心一直是偏北的淮南地区。楚军要来必然是沿着淮水向南推进。如此，英布也必须沿淮水布防。可是，怎么算也算不来两军战斗力差距居然如此之大。

九江军未部署完毕，龙且领兵后一路急进，已经直达九江郡。于是，龙且就在淮南直接与九江军决战。结果一战下来，九江军被打得全军崩溃。英布不敌龙且，兵败逃遁。本着做事做绝的原则，击败英布后，项羽又派项伯到九江国收揽英布的溃兵，并杀掉英布家小以绝后患。仅数月时间，九江国便被项羽平定！

至此，原本设想的南方战线也被楚国破坏，胎死腹中。

英布败后，从小路跟着随何一起投奔刘邦。如今南线虽然不利，但为了拉拢这位实力较强的诸侯，在政治上树立一个榜样，英布至汉后，刘邦还是给了这个光杆司令很高的待遇规格。安排好后，刘邦又调一部汉军交给英布，让英布回九江招揽旧部，以备恢复南线战场。《史记·淮阴侯列传》上说："汉王南出，之宛、叶间，得黥布，走入成皋。"看来，英布回九江后确实招揽了一些溃兵。不过无论如何，想从南线包围楚国短期内是不大可能了。

有趣的是随何完成了这么大的任务，却不被一向讨厌知识分子的刘邦认可。天下平定后，有一次刘邦在酒宴中开口就说随何是书呆子，治理天下哪能用得上这号人呢！这句话大约是当着很多人的面说的，所以随何心里很不是滋味，立即反驳道："彭城大败，陛下调步兵五万、骑兵五千，以如此兵力可进击淮南否？"刘邦老实回答："不能。"见刘邦否定，随何马上说："幸赖陛下圣明，臣只带着二十随从出使淮南就完成了任务。如此说来，臣可比步兵五万、骑兵五千，陛下却说臣是腐儒，不知这是个什么意思？"一番话说得刘邦颇有些尴尬，便说："我正在考虑先生您的功劳。"最后，将随何提拔为护军中尉。

第二十章　　韩信平魏

　　汉二年（前205）的五月份，发生的事情真的不少。先是刘邦在彭城大败而回，接着又是京索之战楚军大败，南方的九江国叛楚。楚汉双方来回交锋，让人眼花缭乱。如此混乱的时局之下，夹在两个超级大国之间的小诸侯们日子也不好过，可谓朝汉暮楚。

　　南方战线不断变化，北方的情况也变得扑朔迷离。当时，关中是汉国势力范围。而过了黄河，东边的魏国、代国、赵国、燕国均在彭城之战后倒向了项羽。与英布的九江国相比，魏、赵两国显然更关键。

　　这两国且不说兵力雄厚，关键是地理位置极为重要。当时，魏豹的魏国控制区域为河东、上党、太原三郡，大致在今山西的中部到南部，而赵国（由陈余实际控制）则直接控制了今天山西南部和河北大部地区。正如荀子所说，可谓"形胜之地"！九江国丢了就丢了，对刘邦来说损失不大。楚国就是拿到了，也威胁不到关中。但楚国要是直接控制了黄河以北的赵国和太行山以西的魏国，问题就严重了。楚军可从这里西渡黄河，俯视关中，对汉国形成直接打击。所以出兵荥阳前，必须着手解决魏国问题。

　　魏豹此人，绝不是老实人。

　　汉二年的五月份彭城大战之后，魏豹一见刘邦惨败，便以探亲为由请求归国。这个魏豹也真是滑头，回到魏国后立即封锁蒲津渡口，叛汉投楚，结结实实地打了刘邦的脸。

　　魏豹失信背盟，是实力使然，纵然刘邦震怒也无可奈何。听到这个消息后，刘邦还是派了郦食其前往陈说利害，希望能挽回一二。三个月后的八月份，郦食其一行顶着酷暑到达魏国。不过，这次不像随何在九江国那么顺利了。刘邦的友好态度被魏豹断然拒绝，理由是："人生一世，如白驹过隙。今汉王待人傲慢，责骂诸侯群臣如同奴仆一般，毫无上下礼节，寡人实在受不了他！""白驹过隙"的出处是《庄子》，原句是"人生天地之间，若白驹之过隙，忽然而已。"魏豹借用此句，说明自己对刘邦的极度厌恶，连片刻都待不下去了。

刘邦素质太差这件事情确实没什么好说的，一般人都受不了那脾气。几个月前，英布在随何带领下来降时，不也是被气得够呛嘛！当时，刘邦正坐在床上洗脚，就召英布来见。这个举动在今天看来也是非常不礼貌的，结果气得英布想要自杀。英布就是一个土匪，素质也谈不上高。连英布这样的土匪都受不了刘邦，就更别说魏豹这样的老牌贵族了。

不过，魏豹叛变的根本原因还是彭城之战后，楚汉双方实力对比的变化。这些诸侯个个心思极为精明，如此不利形势之下断然不会遵守和刘邦的盟约。至于素质云云，那就是场面话而已，岂能当真。

既然谈不拢，开战便是。

八月份郦食其回来后，刘邦即命太子刘盈监国摄政，并以萧何为相，辅佐太子负责管理征兵调粮。安排好一切后，汉军开始行动。此次出兵讨伐，刘邦在兵力配置上做出了重大调整：汉军主力由刘邦亲自指挥，东出荥阳赶赴前线抵御项羽。另外，分偏师北上攻魏。与主力不同，北线汉军的任务是平定魏国，开辟河北战场，稳住关中侧翼，同时在一定条件下配合主力决战。在北线汉军统帅的人选上，刘邦听从了张良在下邑的建议，选择了没有什么资历和威望的韩信，将其提拔为左丞相，赋予北线汉军的全权指挥权。

其实早在汉中时，韩信便被任命为汉军的大将军。不过奇怪的是，从还定三秦到彭城之战，乃至几个月前的京索之战，都没有出现韩信作为汉军总指挥的身影。而且我们所熟知的"明修栈道，暗度陈仓"之计，除了在《史记·高祖本纪》中有一句"汉王用韩信之计，从故道还"之外，在韩信的本传中也没有记载。因此个人猜测，在汉中拜韩信为大将军后，刘邦并未将指挥权完全交给韩信，而是将韩信作为参谋留在身边。毕竟，萧何说韩信是人才只是一面之词。兵者，国之大事，岂可轻以予人？将几十万汉军的指挥权交给这个毛头小子，实在太过儿戏。一旦韩信是赵括之辈，后果不堪设想。大约是经过考察，认为韩信确实是个合格的人，再加上后来张良的推荐，刘邦才将兵权交给了他。

此次开辟北线战场意义重大，以防万一，刘邦给韩信找了个副手，即曹参。曹参是沙场宿将，作战经验丰富，能战之名全军皆知，而且为人沉稳，素有谋略。如韩信有什么不妥的部署，有曹参在旁边照顾，不至于出什么大问题。最重要的是，曹参是沛县的老兄弟，绝对忠诚。两人配合，再合适不过。

当时，由秦入晋的通道主要有两条：一条是连接关中临晋关和黄河对岸河东蒲坂之间的渡口，此处渡口水流平缓，河面开阔，而且原来两地之间便有浮桥连接，历来由秦入晋都是走这条通道；另一条是由关中上郡附近的黄河渡河，到达太原郡的离石要塞。从这里再进入汾水上游的晋阳，可迂回河东。此处黄河虽河面较窄，但水流湍急，不利于大军渡河和展开。故而从关中到河东，一般走的都是蒲坂。

八月下旬，韩信和曹参领数万精兵经临晋进抵黄河西岸扎营。此时隔着滔滔河水，韩信已经能看见驻军在蒲坂的魏军飘扬的战旗了。看来，魏豹倒不完全是庸才，还懂得以逸待劳的道理。既然如此，仗就不能这么打了。魏军虽说战斗力不强，但毕竟壁垒森严，贸然渡河强攻坚垒，绝非上策。

兵法上说："兵之形，避实而击虚。"对目前的汉军来说，蒲坂就是"实"，要避开，同时寻找魏军的虚弱处。在观察附近的地形后，韩信选择了临晋关北不远的夏阳。夏阳在临晋以北一百七十里，其对岸是汾水入黄河处。渡河溯汾水而上便是皮氏、平阳两县。如果能从夏阳渡河，便可击入魏军的薄弱后方。于是，韩信留下曹参部在临晋关建立大营与对岸的魏军主力对峙。为了紧紧将魏军吸引在蒲坂，韩信还让曹参领兵在此大张旗鼓地修船造舟。总之，无论做什么一定要让魏豹以为汉军主力就在临晋关渡河。

安排好这些后，韩信自己则领汉军主力秘密沿黄河北上运动到临晋以北二百余里的夏阳附近隐蔽。与临晋关附近的黄河相比，阳夏附近的河段稍显湍急，渡河并不是那么容易。不过，这不是问题。很早时，当地人便有土办法渡河——木罂。木罂是一种用木棍把密封的罂夹起来扎成的简易筏子，一次可以载一二十人。就这样，万余汉军趁着夜色的掩护，坐在几百个木罂上轻松渡过了河水湍急的黄河。渡河之后，在韩信的指挥下，汉军没有前往蒲坂和魏军硬拼，而是再次"击虚"，直驱空虚的魏国都城——安邑。

相传安邑为夏禹的都城，也是战国前期的魏国国都。秦攻取河东后，安邑一直是河东郡的郡治，也是整个河东郡的政治中心和重要城市。可是，由于魏军主力已经前往蒲坂布防，安邑防备很空虚。如此有利之势，焉有不打之理？万余汉军日夜兼程，三日疾行二百里，兵临安邑城下。

安坐城内等待捷报的魏豹突然接到急报——汉军已经抵达城下，准备攻城。

惊闻突变，魏豹大惊，汉军不是在临晋造船吗，怎么打到城下了？这汉军难道都长了翅膀不成？骂归骂，问题还是要解决。魏豹以为中声东击西之计，惊恐之下立即下令蒲坂前线的魏军主将孙速领主力回救安邑。可是，魏豹不知道蒲坂对岸的曹参也是实招。孙速前脚刚走，早就枕戈待旦的曹参便立即变虚为实，强渡黄河，进攻蒲坂。霎时间，整个蒲坂河面上，千舟俱发，金戈战鼓之声响彻几十里。

魏军主力已经被调离，空虚的蒲坂大营被士气高昂的汉军轻松拿下。接着，曹参指挥汉军急速追击孙速，并在蒲坂西北的东张将已经被打得晕头转向的魏军彻底击溃。就这样，数万魏军的主力莫名其妙地被消灭了。

平定蒲坂魏军以后，所有汉军集结于安邑城下。魏豹大惊，引兵出城与韩信野战，结果战败被韩信俘获。安邑被攻克。

到九月末，曹参攻克河东北部的大城平阳，魏豹留在平阳的母亲、妻子、儿女全部被汉军俘获。随后，魏豹自己也被押送到荥阳，成为刘邦的阶下囚。不久，太原郡治晋阳在守将宣虎的带领下，举城投降。接着，东边的上党郡也被汉军所得。这样，魏国三郡五十二城，全部归入汉国治下。消息传来，刘邦以魏国之地分置河东、太原、上党三郡，全部直辖于汉国。

从八月出兵，汉军仅用一月便将魏国平定，这其中固然有韩信避实击虚的功劳，但也可看出魏军的战斗力和统兵将帅的能力实在不怎么样。当然，魏国内部存在的问题恐怕也是不少。《汉书·高帝纪》和《资治通鉴》上说，在决定攻魏前，刘邦曾向出使魏国刚刚回来的郦食其询问魏国的状况。刘邦问："魏国大将是谁？"郦食其回答："是柏直。"刘邦说："柏直此人，乳臭未干，岂是韩信对手！那骑兵由谁指挥？"郦食其答云："是冯敬。"刘邦说："冯敬此人为秦将冯无择之子，虽有贤名，却也非灌婴之敌。步兵将领又是何人？"郦食其回答道："是项它。"刘邦道："项它非曹参之敌。这样看来，寡人无需多虑。"当时在旁边的韩信也问郦食其："魏国不会用周叔作大将吗？"郦食其答道："用的人确是柏直无疑。"得到肯定的回答后，韩信也极为不屑地说："一个竖子罢了！"

不过，除了项它之外，在史书中没有找到柏直、周叔等人的相关记载。在刘邦等人看来较有统兵才能的周叔，未见于史书。而且，《史记》中所记录的魏军主将是孙速也不是柏直。当然，《汉书》和《资治通鉴》都言之凿凿的将这件事记载下来，想来也不是空穴来风。如此，倒可以看出，魏国内部的腐败和相互倾轧、君上识人不明等情况还是有的。

平魏之战，汉军打得非常出色，接下来就是代国了。

随着捷报传到刘邦手上的还有韩信的一份疏奏。疏奏中，韩信建议应一鼓作气消灭代、赵、燕三国，彻底解决河北问题。这三国虽然尚未与项羽联系，但迟恐生变，而且长期拖下去对荥阳前线也不利。如果现在消灭北方代、赵、燕之后再与齐国的田横取得联系，就能切断楚军补给线，对楚军实施远距离战略包围。于是，刘邦立即同意，并另调张耳领恒山兵三万北上加入河北战场，增援韩信。

此时，韩信尚在平阳休整。张耳领援兵抵达后，韩信立即结束休整，部署新一轮的伐代之战。其实讨伐兵微将寡的代国比魏国容易多了。

此时代王陈余尚在赵国主政，代国由代相夏说留守。夏说这个人前面提过，是陈余的谋士，曾为陈余向田荣借兵。不过不管夏说水平如何，打仗没兵是不行的。由于主力被陈余留在赵国，夏说手下能用的兵力不多。所以，代地的防备十分空虚。何况代军的战斗力还远不如汉军，更没有什么能统兵打仗的良将。

部署完毕后，韩信坐镇平阳，由曹参领兵出击。一个月后，捷报传来：汉军在前敌总指挥曹参的指挥下，于阏与大获全胜，当场擒代相夏说。代军主力覆灭后，余部在太尉冯解敢的带领下全部归降。至此，代国悉定。

其实不管细节如何，仗打到这个地步，魏、代基本被平定了，今山西全境基本为汉所得，北线战事第一阶段告一段落。汉军在韩信指挥下，两个月灭两国，共得五郡，获得空前大胜。

第二十一章　　井陉之战

山西春秋时属晋，战国分属魏、赵、韩三国，故称三晋。秦人统一天下后，分山西南部置河东、上党，山西中部置太原，山西北部置雁门、代郡。像关中一样，山西之地也是易守难攻的形胜之地。它东有太行，西有吕梁，南有中条、王屋，北有管涔、恒山。群山中间，便是丰饶的汾水谷地。

《山海经》载："管涔之山，汾水出焉，西流注于河。"《水经注》云："汾水出太原汾阳县北管涔山。"古汾水发源自晋北的吕梁余脉管涔山，向西南皮氏县的汾阴邑附近注入黄河。而在秦汉时，晋地的城邑大多沿着这条汾水分布。由于山西地形比较封闭，而且易守难攻，故而古来就有"表里山河"之称。另外，山西对西边的关中平原和东边的华北平原有俯览之势，地理位置极为重要。

由于被群山环抱，自先秦以来，出晋通道必须翻越高山峻岭，走山间小道。这些通道极为艰难，有的比秦蜀栈道还难走。它们蜿蜒穿梭于高山深谷，被称为"陉"。顾祖禹的《读史方舆纪要》载："太行山首始于河内，自河内北至幽州，凡百岭，连亘十二州之界，有八陉：第一曰轵关陉，今属河南府济源县，在县西十一里；第二太行陉，第三白陉，此两陉今在河内；第四滏口陉，对邺西；第五井陉；第六飞狐陉，一名望都关；第七蒲阴陉，此三陉在中山；第八军都陉，在幽州。"

这就是著名的"太行八陉"了，自南向北分为南三陉（轵关陉、太行陉、白陉），中二陉（滏口陉、井陉），北三陉（飞狐陉、蒲阴陉、军都陉）。南三陉向南渡过黄河便抵达河南郡的洛阳、陈留，自古由晋入豫都是走这三条通道；中二陉可东出太行，直达赵国的邯郸、邺；而北三陉主要和长城关隘有关，飞狐、蒲阴二陉位于太行山北段的恒山上，军都陉则转向燕山山脉，都是扼守晋、燕的重要隘口。

如今，山西全境被汉军平定。按刘邦计划，若讨伐太行山以东的赵国，则必须从这些极为难走的险道东出太行。

不过，讨伐赵国这一仗不好打，最大的问题就是兵力不足。此时韩信能够调动的在魏国境内休整的汉军其实不多。汉军攻代后，荥阳前线传来汉王军令：楚军增兵在即，荥阳吃紧，为增兵拒楚，北线汉军必须南调。于是，刚刚跟着韩信平魏的包括曹参在内的精锐汉军又被大部调到南线。

随着一队队汉军紧急南下，韩信手中的兵力急剧下降。除此前平代抽调的张耳的三万恒山兵外，韩信手里不过万余精兵。也就是说，作为北线总指挥的韩信手里最多只有五万人，而这五万人还要减去必须守备魏国各地的守军，真正能够投入讨伐赵国前线的不过三万来人。

不过，再困难，这一仗还要咬牙打下来。

经过一个月的休整，汉三年（前204）十月份，韩信便再次下达紧急动员令。数万汉军立即结束休整，全军转入战备状态。经过简单部署和准备，汉军很快便出动了。经过十多天的紧急行军，张耳、韩信两人带着数万汉军沿太行小道安全进抵井陉口。

汉军动作快，赵军动作也不慢。一个月前，赵王赵歇、代王陈余便已经得到汉军出动的消息，故集结二十万主力进抵井陉，以抵御汉军。此时，赵军早已抵达井陉口，并构筑好营垒。站在高垒上向下俯视险要的井陉口，赵军主将陈余胸有成竹：目前赵军以逸待劳，且兵力雄厚；相反对面的汉军连续征战，长途远征，且兵力少于己方，明显处于不利的地位。这一仗，只要不出太大失误，打赢韩信没问题。

不过，汉军绝非乌合之众。战前的作战会议中，陈余手下的谋士广武君李左车建言："韩信、张耳俱为沙场勇将，特别是韩信，诡计多端，令人防不胜防。前段时间，汉军仅用两个月便平定了魏、代两国，连战连捷，士气旺盛。目前看来，敌军兵锋正锐，势不可当。然彼辈劳师远征，连续征战，将士必然疲惫。如今井陉地势险要，粮秣转运极为不易，汉军的后勤补给线一定非常脆弱。故而，我军不宜与韩信硬拼。请大王坚守营寨，利用深沟高垒拖住汉军主力。另外，给臣三万奇兵，抄小路切断汉军补给线。不出十天，汉军必然粮尽。彼时我军再全力出击，可获大胜，否则我军形势不利！"李左车的计谋和韩信平魏的主张相似，都是避实击虚，应该说是一个不错的计划。

据史书记载，李左车是柏人人，为鼎鼎大名的赵国名将李牧之孙。秦末大乱，张耳、陈余在河北拥立赵歇为赵王。作为赵国遗民的李左车便在这个时候来到赵国，辅助赵歇。因其屡出奇谋，立有军功，被封为广武君。传其著有兵书《广武君》，不过已经佚失。有趣的是，李左车死后被民间尊为雹神。据《聊斋志异》的记载，传说李左车曾去龙虎山张天师处赴宴，席上，在张天师和王筠苍两人请求下，李左车施法让降在章丘的冰雹全部落满沟渠而不伤庄稼。当然，这些都是传说。要是真的，韩信这仗也别打了。

可惜的是，对于李左车的建议，主将陈余不以为然。陈余道："吾闻兵法，十则围之，倍则战。今韩信兵号数万，其实不过数千。能千里而袭我，亦已罢极。今如此避而不击，后有大者，何以加之！则诸侯谓吾怯，而轻来伐我！"

陈余提出了两个必须出关决战的理由：一是赵军有二十万之众，兵力充足，有兵法上说的"倍则战"的条件；二是如果不迅速出战，在政治上会陷入不利地位。如此悬殊的兵力都不敢主动进攻，天下都会笑话赵国啊！老实说，陈余的两条决战理由算能说得通，不过只是知己不知彼而已。

看到陈余的布置四平八稳，并无奇兵，特别是听闻李左车的事情后，韩信大喜，命汉军立即进至井陉口外三十里扎营。当夜，韩信召开军事会议调整部署：两千精锐轻骑人人携带一面军旗乘夜出动，隐蔽于赵军大营附近的山岭中，并交给他们一项很简单的任务——插旗子。

"明日我军交战时，赵军见我军退逃，必会倾巢出动追击我军。如此，你等便即趁机迅速冲入赵军营垒，拔掉赵军旗帜，遍插我军旗子！"韩信侃侃而谈，对摸不着头脑的诸将却不做具体解释。等两千骑兵趁着朦胧夜色出营之时，韩信又拔出缳首与诸将立誓："今日击溃赵军，我等再畅饮一场！"主帅如此乐观，大家却都将信将疑，毕竟陈余不是草包，而且相比魏军，赵军还是很能打的。一天就能击败二十万赵军，总有些夸大之嫌，可军令如山，容不得疑虑。就这样，两千骑兵人衔枚、马裹蹄，带着莫名其妙的使命越过崎岖的山间小道，悄悄地消失在静谧的黑夜中。

次日清晨，山间稀薄的晨雾尚未散尽，在韩信的指挥下，汉军两万多步兵踏着鼓角之声出营列阵于绵蔓水边。

绵蔓水是一条小河，水流较为平缓。不过在大型决战中，根本不存在水小水大的问题。背水列阵就是兵家大忌，一旦不利很可能就是全军覆没的下场。所以，当营寨内的陈余手搭凉棚见到汉军出营后居然背靠河水列阵时，不禁指着对面的汉军大阵哈哈大笑：都说韩信用兵如神，看来言过其实啊！韩信居然连基本的布阵道理都不明白，刘邦也是有眼无珠，用了这种草包，焉能不打败仗？

朝阳初升，透过山间晨雾射在汉军军阵中。短暂休整之后，汉军开始变阵：张耳一万多人继续在河边守住阵形，而万余汉军前军则在韩信的亲自指挥下向前缓缓推进，向赵军主动进攻。千余大橹甲士在前，材官列成方阵在后，两翼则是身披扎甲、手持缳首的材士。长戟如林，橹盾如墙，跟着战鼓的节奏缓缓前进。

陈余久经沙场，作战经验丰富。从列阵的情况，陈余便可轻易看出这数万汉军训练有素，战斗力较强。不过汉军军阵也不是无懈可击：汉军两翼没有骑士，缺少决定性的打击力量。如此，陈余迅速做出判断，只需以绝对优势兵力围住汉军前军，另遣骑兵看住张耳的后军，便可慢慢磨死韩信。

于是，陈余挥手打出信号旗，赵军各部依次向前，主动进攻。就这样，两军便在井陉口展开激战。在关口前，陈余严令赵军将士不得后退，全力进攻，务必全歼韩信！在陈余指挥下，赵军来回冲杀了一个上午，可未能克敌。未想汉军如此难打，无奈之下，陈余只得陆续投入赵军预备兵力，以保持攻势。

战至中午，汉军终于露出不支之象，逐步后撤。看样子，韩信是想退回河边与后军本阵汇合了。见汉军不敌溃退，兴奋的陈余立即下令赵军守关部队也全军出动，彻底击溃韩信。

不过，汉军并非溃败。在韩信指挥下，汉军丢下金鼓，且战且退，很快便进入河边的阵地和张耳的后军汇合。随后，韩信登上高台，戴上铁胄，命中军打出变阵的信号旗。军旗来回飘动，全军各部也打出信号应旗。接着，后阵全军两万余人立即结为利于防御的严整方阵。重装甲士执大橹列阵于前，材官则执戟在后，中军蹶张士和骑士在阵中待命。号角声刚停，汉军列阵已毕，全军背对河水，面朝赵军。

无一声杂语的军阵中，唯有中军主将高台偶尔传来刀剑碰撞之声，透出丝丝杀气。

此时，汉军前有强敌后无退路，再有主帅坐镇，顿时士气大振。当如潮水一般涌来的赵军冲入七十步内，韩信一声令下，数排汉军蹶张士立即引弦开弩，依次向赵军轮番射击。汉军装备的弓弩种类繁多，有臂力引弦的臂张弩，有以腰力引弦的蹶张弩，杀伤力极强。在这强大的弩矢覆盖下，冲锋的赵军被一批批射翻在地，损失惨重。

"临阵不过三矢"。很快，赵军冲入阵前，蹶张士收弩入阵。随着一阵阵刀剑撞击之声，汉军甲士和赵军短兵相接。在主将的亲自指挥下，汉军将士无不拼死奋战。依靠严密的阵形，汉军打退了赵军一次次冲锋。汉军坚韧，对面的赵军打得也相当顽强。在陈余的指挥下，赵军顶着巨大的伤亡打了近一天，居然还有力量向汉军发动反复冲锋。在河边战场，双方又激战良久，始终未分胜负。

如今，陈余骑虎难下。没想到，汉军的战斗力实在太强。这次赵军也算超水平发挥了，吊着一口气不吃不喝向汉军连续发动了十几次冲锋。可是，这仗从早上打到夕阳西下，汉军的旗帜仍然高高飘扬。奋战了一天，赵军将士已经非常疲惫。见取胜无望，陈余准备退回大营稍作休整，待机再战。

等到陈余回过头来，才猛然发现营垒中已遍是汉军军旗！

原来，就在双方河边激战正酣时，汉军两千精锐骑兵向空虚的赵军大营发动猛攻。由于赵军主力都已出动，寨内守军寥寥，汉军骑兵一个冲锋便攻克了赵军大营，随即拔掉所有赵军旗帜，插上两千面汉军军旗。

晴天霹雳，大营易手！打了一天，赵军全靠一口气吊着。现在看见营寨上飘扬的都是火红的汉军军旗，十多万赵军将士无不以为汉军已擒赵王。这一口气泄了，士气瞬间全面崩溃！赵军像炸了窝般四处乱窜。统军的赵军将领数次阵斩溃兵，妄图重整阵形。可是，十多万大军的全面崩溃岂是短时间能阻止得了的。

按照计划，占据赵军大营的汉军骑兵见赵军溃乱，立即出击，从侧后出营切断赵军的退路。同时，韩信的汉军主力也全线发起反击，两支汉军像铁钳一样紧紧钳住像无头苍蝇般乱窜的赵军。最后，仓皇向泜水方向败退的数万赵军被汉军追上。就在泜水边，汉军对赵军展开大规模围歼。此战中，韩信有一个部将勇猛无比，当场擒斩陈余，军功为各部汉军第一，此人便是时任恒山郡守的张苍。

张苍与陈平是老乡，都是三川郡阳武人。在秦末，阳武县可是天下闻名。秦始皇二十九年（前218），始皇帝第三次东巡，在博浪沙被张良的死士投掷的大铁锤砸中了副车。这个博浪沙就在阳武县境内。

　　而这个张苍，也算是个奇人，据说后来活了一百多岁。早在秦时，张苍便在咸阳担任过御史，掌管宫中的各种文书档案，后来不知为何犯罪，逃回老家。等到刘邦的义军过阳武时，张苍前往投靠，并参与了南阳之战。实在不明白，这个张苍一直从事文职，怎么打仗也这么猛。

　　不过张苍可不是个老实人，在汉军中再次犯法，这次没能逃掉，依律当斩。当张苍被扒下衣服按到案板上时，凑巧被路过的王陵看见，保了一命。原因是"身长大，肥白如瓠"。意思是，身材高大，皮肤白得像葫芦籽（看来人长得漂亮确实有好处，古人也重貌啊）。后来，张苍还参加了武关、蓝田、还定三秦等历次大战。张耳投汉后，刘邦便任命张苍为恒山郡守，配属给韩信的北线。

　　仗打到这个地步，陈余及其所部算是完了。

第二十二章　　平灭赵国

井陉之战，二十万赵军全军覆灭。赵军主将陈余被张苍擒杀于河边，李左车也被汉军生擒。赵王赵歇很快也被汉军斩杀。

就在井陉之战打响的同时，荥阳前线的刘邦也开始从河南郡的平阴津渡过黄河，经河内向赵国发动进攻，配合韩信（当年秦灭赵就是南、北两路对进的方案）。除了樊哙等人防守荥阳城外，随从刘邦出战的有靳歙、周绁等，都是汉军的精锐部队。这样，赵国就受到了两面夹攻。要知道，面对渡河而来的汉军，黄河以北的赵国一马平川，根本无险可守。如果国都丢了，赵王被擒，陈余在井陉前线打得再好又有何用？所以，后方受到威胁才应该是陈余急于决战的根本原因。

好吧，让我们来看看南线汉军的动向。汉军主力出荥阳后，前锋以百战百胜的猛将靳歙为指挥，刘邦自己则亲领大军随后跟进。从平阴津渡河后，对面就是为赵国所控制的河内郡了。

河内郡的郡治在怀县，可由于项羽分封时将殷国的首都定在了东边的朝歌，所以赵军主要集中在政治中心朝歌，守将是一个叫贲郝的人。面对全师而来的汉军，兵微将寡的贲郝根本守不住。

靳歙挥军猛攻，力克朝歌。此战汉军大胜，不但拿下城池，还阵斩赵军两个骑将，缴获完好的战马二百五十匹（马匹是极为重要的战略资源，优良的战马更为难得），顺利地为汉军主力打开了通向赵国内地的大门。随后，在靳歙的指挥下，汉军相继攻克安阳、棘蒲。不久，邯郸郡南部重镇邺城亦被靳歙拿下。

随着赵国城市一座座陷落，赵国的都城邯郸很快暴露在汉军眼前，此时守御邯郸毫无可能了。因为井陉之战刚刚结束，赵军主力被韩信全部吃掉的消息已经传来。赵国君臣心惊胆裂，这个孤城怎么守？终于，在各路汉军的联合进攻下，邯郸陷落。邯郸城被拿下后，刘邦兵分数路，平定赵国各地。周绁部北上攻襄国，并在此和南下的韩信北线汉军胜利会师；猛将周勃部则沿邯郸广阳道向恒山郡急进，一举攻克恒山郡重镇曲逆。

此次灭赵之战，打得如此顺利，不但是庙堂运筹完备，亦是汉军全力以赴之功。要知道周绁绝非普通将领，此人与刘邦同为沛县人，起兵后一直担任刘邦的警卫，忠勇善战，深得信任。连自己的警卫部队都随从出战了，可见刘邦对此战的重视。

到汉三年（前204）十月底，汉军将赵国四郡之地悉数平定。河北战场如此重要，项羽不可能不知道。可是，为何从头到尾都没有看到楚军到达河北战场呢？其实很好理解：此时楚军的兵力分成了三部，一部在齐国；一部在九江；一部由项羽亲自统领，在彭城休整。而从九月份汉军进逼井陉到十月份两路汉军会师全面平定赵国，平赵之战前后只打了一个多月。这一仗打得如此干净利落，就是项羽意识到也没有能力在这么短的时间内从这三个地方调集兵力进入河北。

其实当项羽反应过来时，也做出了一些努力，比如《史记·淮阴侯列传》上说："楚数使奇兵渡河击赵。"但是河北战场已经平定，楚军数次挑战，均被防守严密的韩信击退。

平定赵国几个月后，刘邦便立张耳为赵王，主持赵国政局；又将表现出色的张苍从代相迁为赵相，在赵王张耳手下工作。

到这个时候，北线战场算是稳定了。

116

第二十三章　　兵困荥阳

就在汉军在河北打得如火如荼时，项羽在磨刀四顾。京索之战后，威胁项羽后方的主要有齐国的田横、九江的英布还有梁地的彭越三股势力。彭城之战时，项羽的主力部队是留在齐国平叛的。英布叛乱以后，楚军除齐国留守一部分，一部由项声、龙且率领平定淮南的英布叛乱，一部由项羽亲自指挥，围攻下邑。

平定九江的战事，我们前面已经提到过，仅仅一个月，素有悍将之称的英布就被打得全军覆没，逃到汉国。英布不是草包，居然被一战打得毫无还手之力，可见龙且指挥的楚军兵力和战斗力都是比较强的。另外，龙且是项羽的心腹大将，这场重大战役断无指挥弱兵之理。所以，集结在南线的应该是楚军的精锐。而在九江战役打响的同时，"田横复得收齐城邑"，这段记载出现在《史记·田儋列传》中，反映了齐国的实力变化。由于齐军正规军已经基本被项羽消灭，田横指挥的可都是由战斗力并不强的齐国溃兵重新整编的部队。大约只有楚军在齐国已经被调走不少，控制力大为下降的情况下，才会出现田横以疲弱之师克城夺地之事。通过以上可以推测，项羽的主力已经由齐国南调，加入到了淮南战场。

平定英布的淮南之战中，楚军打得很痛快，虽未擒杀英布，但将英布在淮南的势力连根拔起，收效显著。可就在楚军主力纵横在九江、淮南时，汉军陆续平定魏、赵的消息传到项羽的耳中。真是"是可忍，孰不可忍！"鉴于淮南战场已经基本解决，河北战场始终无法开辟，为扭转不利局面，项羽休整完毕后集结主力，整军经武，进军荥阳。

荥阳，属河南郡，其东有战国时魏惠王开通的鸿沟连接淮水、泗水，经此南下，便可出砀郡泗水直下吴楚；北边是邙山、黄河，黄河对面就是河内郡，经河内郡即可北上河东、上党、太原等地；而其南面则依靠索河、嵩山，地势相当险要。从荥阳往西，通过成皋经巩县，便可抵达洛阳。

自先秦以来，从中原进攻洛阳，必须先攻克荥阳。同样，出关中向东争夺天下，也必须将荥阳彻底掌握在手中。所以说，荥阳和陈留一样，都是天下要冲。不过，荥阳周围的地势以西南、北部稍高，自西向东渐低，形如月牙，对防御方较为有利。因此与陈留相比，荥阳更有易守难攻的优势。早在汉二年（前205）五月份，刘邦便看到了荥阳的这个优势，故就在此利用有利地形构筑工事，使荥阳成为遏制项羽进攻的首条防线。

刘、项俱为知兵之人，自然明白荥阳的重要性。项羽行动很快，汉三年（前204）十二月，楚军主力的前锋以摧枯拉朽之势再次兵临荥阳附近。鉴于形势危急，刘邦也顾不得河北战场尚未完全平定，在留下韩信、张耳在赵国主持日常工作后，亲率汉军主力从河内匆匆返回荥阳布防。

楚汉战争中最激烈的，持续两年的荥阳成皋争夺战就此打响。

荥阳是有数的大城。如今，汉军又据坚城而守，行伍极为严整，楚军虽有一定的兵力优势，但正面强攻难度较大。强攻坚城历来为兵家大忌，项羽熟知兵法，自当尽力避免。所以，作为客军的项羽并未急于进攻坚城。经过缜密地分析，项羽将目光投向了荥阳以东的广武山、敖仓以及连接两地的甬道。四年前，他就是先击破章邯的甬道，削弱秦军战斗力，最后才有巨鹿战役的大胜。只要拿下甬道，切断荥阳的补给，城内汉军再能战也是不战自溃。

此时，驻守在广武山的是樊哙和后来又调到广武的都尉元顷的两部汉军。元顷，是从留县便和张良一起随刘邦起兵的老将，作战经验相当丰富。

当然，光守广武还不够，储备大量军需物资的敖仓也是守备重点。除了中尉周昌和都尉郭蒙外，刚刚从河北战场返回的周勃也被调到这里。一时间，广武和敖仓一线聚集了汉军大批精锐部队。

但无论是精锐还是杂牌，对于项羽来说，敖仓甬道必须拿下，该打还是要打。于是在当月，刚刚抵达荥阳前线不久的项羽就向敖仓的甬道发动了空前猛烈地进攻。楚军的战斗力确实强悍，远非那些诸侯杂牌可比。驻守在甬道的汉军也都是相当能打的精锐，而且甬道有比较完善的防御体系，可即使是这样，也没顶住楚军的狂攻。两个月的甬道激战打下来，守备甬道的汉军损失惨重，终于不支，放弃甬道，一部分退回荥阳城内，一部分退守敖仓大营。如此，楚军便夺下了甬道，切断了汉军的补给。在甬道激战的同时，项羽又分兵向驻守敖仓的周勃等人发动数次强攻，准备拿下敖仓。

敖仓有大批的粮草物资，如楚军拿下敖仓，不但可严重削弱汉军战斗力，打击汉军士气，而且能就地取粮，提高楚军战斗力。不过，敖仓的战事并不理想，敖仓和广武山大营始终没被拿下来。

至此，战役的第一阶段结束。应该说，楚军的战绩还算不错。虽没有攻克敖仓，但彻底切断了荥阳城内守军的补给，形势开始对汉军不利。毕竟，有粮食运不进去又有何用？

到四月份天气转暖之时，战事更加激烈。丢失甬道后，汉军顶着惨重的伤亡数次发动反击，希望夺回这条补给线，但均被防守严密的楚军击退。如此，城内的刘邦本部与城外的樊哙、周勃的联系都被彻底切断。

从兵法上说，荥阳已经成为一座孤城。

于是，在分出一部兵力监视广武和敖仓后，项羽开始向荥阳发动强攻。楚汉双方围绕着坚城，拼死搏杀。自古以来，攻城战、巷战都是最惨烈的，《孙子兵法》上就特别强调"其下攻城"，因而在历次战争中，统兵大将都会尽量避免直接攻城。不过，战争打到这个地步，除了硬拼外，项羽也没什么办法。

在项羽的命令下，楚军将士像潮水一样冲向高耸的城墙，"蚁附攻城"。可荥阳被汉军经营这么长时间，又岂是容易被攻克的。一次次攻城，一次次被反击下去。士兵成了一次性的消耗品，尸体在城下铺了一层又一层。如此惨重的伤亡，拼的就是双方实力和指挥官的忍耐。谁更狠，谁就赢。惨烈的消耗就这样持续了一个多月！终于，刘邦先撑不下去了。要知道，汉军兵力虽多，可被分在各个战场，荥阳城内刘邦身边的守军倒是不多了。按照这个速度消耗下去，别说各个战场配合了，荥阳失守那是板上钉钉的事。

取胜无望，刘邦决定割让荥阳以西的土地给项羽，以求休兵。不过，仗都打到这个份上了，项羽怎会放弃？

求和没指望，只能硬着头皮继续打下去。虽然城池还算稳固，可形势一日比一日紧急。最主要的是粮食问题，荥阳城内的储粮不足，根本架不住数万人马的消耗。如今，敖仓的粮食运不进来，城内的粮食可是吃一天少一天。万般无奈之下，刘邦再次命守军展开反击，试图夺回甬道，打通城内守军与樊哙、周勃部的联系。可是城外楚军联营一片,汉军刚刚出城便遭遇楚军密集的弩矢齐射,瞬间被射翻一片,连甬道的边都没摸到就狼狈退回城内。

楚军营垒几十里长!如此强大的封锁下,突围的难度可想而知。到七月份,荥阳城内的守军终于面对断粮的状况,刘邦面临空前危机——要么饿死,要么战死!

绝望笼罩着整个荥阳。此时,久经战阵的将军们都知道城已不可再守。当断速断,荥阳已经守不下去了,若不及时突围,迟早被围死。不过,突围也是有讲究的,特别是现在楚军防备甚严,一旦组织不善,突围就会变成全军崩溃。于是,部将纪信建议由自己冒充刘邦从东门出,而刘邦则化装成士兵趁机从西门小路出城,同时,城内仍留下部分兵力,以牵制楚军。

确实,纪信的想法没错。看着疲惫的将士,刘邦也没有别的办法,情况万分危急,也不是效那妇人之仁之时,是时候决断了。于是在陈平的安排下,纪信当夜乘着插着左纛的黄屋车装作刘邦,从东门大张旗鼓出城。左纛,即皇帝乘舆上的饰物,多以牦牛尾或雉尾制成,设在车衡左边或左骖上;黄屋车,即天子所用的黄色马车,这些都是天子的仪仗,足够以假乱真。可这样还不够,为了制造混乱,与纪信同时出城的还有两千多披甲的妇女,伪装成汉军士兵。

数十万楚军将士咬牙苦战了几个月,这时候就着昏暗的营火看到刘邦的仪仗出城,均以为汉军要投降了,战争就要结束了,无不兴奋无比,全部聚集到东门,山呼万岁。一时间,荥阳城下一片混乱。可是等项羽赶到刘邦的仪仗前时,才发现这根本不是刘邦,而是当年在鸿门宴上见到过的老熟人汉军将领纪信。这下可是结结实实被刘邦骗了!明白过来的项羽铁青着脸问纪信:"刘邦人呢?"纪信老实回答:"汉王早已出城。"辛辛苦苦打了几个月,到头来一场空,还是被刘邦涮了一把!

纪信的结局是被项羽活活烧死,成了荥阳争夺战中第一个牺牲的汉军高级将领。唐人卢藏用曾作《吊纪信文》,以悼念这位忠勇无双的汉家将军。宋人王禹偁也有诗《荥阳怀古》:"纪信生降为沛公,草荒孤垒想英风。汉家青史缘何事,却道萧何第一功。"

纪信虽死,荥阳还在汉军手中。这仗,还要继续打下去。

第二十四章　　斗智斗勇

随着荥阳正面战场的进一步拉锯，双方的谋士也在各出奇谋，竭尽全力削弱对方的实力。刘邦手下的谋士主要有萧何、张良、陈平、郦食其四个人。荥阳之战时，除萧何留在关中辅佐太子监国外，其他三位都在身边。如此，这三个人就构成了汉军决策的中枢。不过，同样是谋士，水平还是有高下的。

汉三年（前204）四月份，当双方争夺敖仓粮道的战役打得如火如荼的时候，为了减少正面战场的压力，刘邦先向郦食其询问如何削弱楚军。郦食其认为："当初商汤讨夏桀，将夏的后代封在杞国。武王伐纣，也将殷商子孙封于宋。如今秦人失德背道，侵伐诸侯，却未效法上古贤君，使先代贵族无立锥之地。陛下若扶立六国后裔，今六国君臣必会感恩戴德。如此，项羽亦会南面称臣。"

郦食其的这条计策真是不太高明，有点一厢情愿的味道。姑且不说能不能找到六国的后裔，如果分封了六国诸侯，那项羽分封的这些诸侯怎么处理？他们可都是有兵有地的实力派，占据的也是原来六国的地盘。怎么让这些实力派把土地让出来，交给六国诸侯？再说刘邦从前承诺过要将关东的土地封赏给英布、彭越，离现在才几年就反悔，如此无信岂不遭天下英雄耻笑？以后还会有人联合刘邦讨伐项羽吗？别的不说，只要这个建议一实行，汉内部必然分裂，离失败就不远了。

不过，刘邦当时没有想到这一层。当张良回到大营后，刘邦兴奋得直搓手，乐呵呵地将这个计划告诉了张良："子房，此计可行否？"没有想到，身为正统六国贵族后裔的张良却明确表示反对："若行此计，则大事去矣!"

张良指出：反秦时，大家拥立六国贵族，主要是用于未来扩大政治影响力和借此培植自己势力。如今，征战天下依靠的不是六国贵族，而是我们自己的将士。所以，理应给我们自己的将士们封赏，而不是六国贵族。如果采取郦食其之计，恐会导致人心涣散。无功得封，人心不服啊！张良说的这番话确实正中要害。毕竟，大家脑袋别在裤腰带上，不就是图以后荣华富贵吗？你现在封了毫无寸功的六国贵族，将征战将士置于何地？

一语惊醒梦中人。刘邦的反应极快，立即否决了前面的计划。史书上说，当时刘邦正在吃饭，听到张良的话后，一口吐出口中食物，拍案破口大骂："郦食其这个书呆子差点坏了老子的大事！"

待郦食其的建议被否决后，刘邦又去向陈平询问有何良策。陈平这个人的大局观和谋略虽不如张良，但是搞阴谋诡计很有一手，而且陈平久在楚营，对楚军诸将极为熟悉。于是，陈平立即向汉王提出了反间之计："项羽可用之人并不多，除亚父范增、钟离眛、龙且、周殷数人外，其他都是庸庸无为之辈，威胁不大。如能借项羽猜忌之心离间楚国君臣，使楚国内部离心，那么我军压力就会小很多。"

对比陈平离间之计和郦食其的纵横计策，郦食其的建议类似于一种运用"势"的阳谋，而陈平的计策则是典型的阴谋。两人计谋之所以不同，是由两人的性格特点决定的。郦食其性格奔放，称"高阳酒徒"，行事随性而动；而陈平则相反，处处小心谨慎，又爱贪便宜，当然更习惯于阴谋诡计。所以，三国时刘邵就评论陈平说："术家之流，不能创制垂则，而能遭变用权，权智有余，公正不足，是谓智意。"这个评价其实不是很高。后面会提到陈平的其他事迹，会发现陈平确实更偏向运用阴谋诡诈之术。

话虽如此，可陈平将范增列为楚军中对汉军威胁最大的人倒是很实在。那么这个范增到底是什么人，有何能耐？

范增，九江郡居巢县人。秦末陈胜、吴广起事时，范增已经七十岁高龄，但深谋远虑异于常人。项氏叔侄起兵到达江北时，范增便前往投靠。对这个谋士，项梁一直非常尊重，并让项羽以父事之，称其"亚父"。在当时的楚国阵营中，这是相当高的荣誉了。项梁确实有识人之能，纵观范增追随项氏叔侄后所献之计，无一不是正中要害。项梁起兵之初，范增提出拥立楚国王族后裔扩大政治影响力，项梁采取此计，迅速壮大成为所有反秦势力的盟主；在鸿门宴时，又是范增看出能与项羽争夺天下的只有刘邦，所以极力劝说项羽击杀刘邦；荥阳之战，范增又看出刘邦兵力已疲，只要加大攻势，刘邦必亡。史书中记载的范增所出三计，无一不中，确实是秦汉之际杰出的谋士。

可见，陈平的担忧不是没有道理的。那么，这条离间计的效果怎么样呢？据《史记》记载："项羽果意不信钟离眜等。"可见，陈平进行离间的结果是比较成功的。当然，离间计实施成功，更多的是因为对方本身性格的缺陷，比如战国时，齐人对乐毅实行反间计，遇到燕昭王就没用，而同样的话被燕惠王听到就奏效了。不巧的是，项羽就是一个比燕惠王猜忌之心更甚的人。

陈平离间范增的计谋可不高明，在我们看来甚至有些幼稚。如当项羽的使者来到汉营时，陈平先让人准备丰盛的饭菜，然后又换上粗劣的饭菜款待，并说："还以为是亚父的使者，原来只是项王的使者。"如此简单到儿戏的局，就让项羽"疑范增与汉有私，稍夺之权"，这简直令人无法理解。最后，郁闷愤怒的范增对项羽说："天下之事已定，大王好自为之！请准臣告老还乡。"

不过如果细细分析，陈平离间成功的原因不仅是项羽多疑，还要知道，范增的政治主张和项羽是很不一样的。当年项氏起兵时，项梁非常看重范增，就是在范增的主持下，项氏才拥立熊心为怀王。所以，项梁的政治主张和齐桓公、曹操等人很相似，都是有点"挟天子以令诸侯"的味道。不过，项羽可就直接了：怀王什么的，放在身边太麻烦，直接杀掉。而这与范增的主张是背道而驰的，可想而知范增在接到怀王被杀消息时的郁闷。如此大政上的重大冲突，项羽和范增不可能没有矛盾。看来，即使没有陈平之计，两人的关系也不会有多和睦。

其实到怀王被杀时，两人的冲突只是停留在大政方针上，具体的兵略上，范增还是尽心尽力，积极辅佐项羽的。不过此次荥阳之战，两人又出现了分歧。史书上说，当荥阳城的粮道被切断后，刘邦曾向项羽请和，范增便向项羽建议拒绝，相反应增加兵力加紧攻打荥阳。接着，项羽采纳了范增的建议，加紧攻打荥阳，然后才有刘邦让陈平实施反间计离间范增的事情。

四月末，带着无尽的孤独和郁闷，范增离开了荥阳前线。荥阳的烽火，已经与这个老头子没有关系了。归去兮！与巢湖的鱼儿同乐，和冶父山林中的鸟儿相伴，岂不快哉？算尽心机图谋什么天下大势，何苦来哉？可是，项羽以后必定没有好下场，没有我在他身边，他如何斗得过精明的刘邦！可惜啊，项梁公，是我有负重托！即使九泉之下，亦无面目再见你了。

史载，范增在至彭城的路上背部急性化脓去世。一代杰出的谋士，就此陨落。

当然，人无完人，智谋高远的范增也不是没有缺点。在项羽的阵营中，他最大的问题就是说话耿直，这往往让性格高傲、刚愎自用的项羽无法接受，比如在鸿门宴后，范增直接当着部下的面说项羽是竖子，不足与谋；再如遭到猜忌后，直接说让项羽自己看着办。虽名为亚父，但君臣之仪是不能随便僭越的。在这方面，刘邦的谋士张良做的就好多了，不但提出计策，而且让君主乐于接受，谏诤的艺术远高于范增。故范增和项羽的悲剧绝不是某一人的责任。

苏轼在《范增论》中说道："'增之去，善矣。不去，羽必杀增。独恨其不早尔。'然则当以何事去？增劝羽杀沛公，羽不听，终以此失天下，当以是去耶？曰：'否。增之欲杀沛公，人臣之分也；羽之不杀，犹有君人之度也。'"范增这样的人，留在君主身边最终是没有什么好下场的。

不知为何，看到范增，总让人想起三国时袁绍的谋士田丰。两人都智谋高远，性格都是那么耿直；悲剧的是两人辅佐的主公都是所谓的傲慢多疑、刚愎自用；最后，两人都是壮志未酬，只不过田丰的下场更惨而已。

第二十五章　　局势艰难

抛开那些深谋远虑的谋士之间的阴谋算计，让我们继续回到血腥的战场上。

汉三年（前204）七月份，刘邦从荥阳西门出城后，带着陈平等人向西一路疾行退往成皋，同时收拢残兵，构筑第二道防线。荥阳城内则留下了御史大夫周苛、枞公和韩王信以及一部分兵力继续坚守。有趣的是，那个被汉军俘虏的魏王魏豹也被留在了荥阳。

这下就要了魏豹的老命了！

刘邦前脚刚走不久，周苛便和枞公商议："魏豹此人反复无常，背叛我王也不是一次了。如今局势艰难，彼辈如在城中有什么动作，后果不堪设想！"随即，两人就将魏豹秘密杀掉。虽说如今魏豹这个王是虚的，毕竟也是堂堂一个诸侯王，居然就这样不声不响的被杀了。

其实，魏豹并非该死之人。确实，如周苛所言，魏豹的反复无信让人厌恶，可是在那个乱世，这确实不能算什么。起码，在史书中还没有找到关于魏豹有多么不堪的记录。抛开魏豹本人来讲，当给魏家更多的尊敬。要知道，魏豹的哥哥魏咎在临济大败后和章邯约定的投降条件是"不要伤害城内的百姓"。在秦末那个视人命如草芥的年代，如此仁义之人实在是个异数。魏咎在举城投降后，自焚殉国。单凭这一点，就比当时的很多诸侯强多了。

魏豹终于死了，放心了吗？恐怕不是。周苛、枞公不见得好过多少，荥阳始终被楚军紧紧围困，陷落只是时间问题。

虽说如今在成皋的刘邦仍然准备回救荥阳，不过汉军新败未久，此时若贸然再度和楚军开战，胜算实在不大，搞得不好别说给荥阳解围，这数万人性命恐怕都要一战而没。

主君昏头，手下的谋士们却很清醒，一个叫袁生的便立即表示反对："我军与项羽已在荥阳反复拉锯数月之久。以我军当前之兵力，正面野战根本无法击败项羽。正确策略应该是凭借坚城，打防御战。大王可领兵南下武关，以调动项羽的主力南下。如此，成皋一线便可获得休整之机。同时，让北线韩信定赵地，联合燕、齐，然后再赴荥阳增援。如此一来，楚军多处设防，兵力分散，而我军以逸待劳，压力必减。"

最终，刘邦采纳了袁生的计策，领兵南下出武关到宛县、叶县一带。当时，在南线的是英布的数千残兵。于是，汉军和淮南军在宛城一带汇合。

听闻刘邦领汉军南下，项羽立即从荥阳大营抽调兵力，南下追击。在三川荥阳和南阳宛城中间，虽然只隔着一个颍川郡，但此时汉军扼守在巩县一带，楚军必须绕道砀郡，再穿过颍川，才能抵达宛城。这一路奔波，至少七百里。即使是骑兵，加上中途休整的时间，大约也要十日。没想到，项羽快马加鞭南下刚刚抵达南阳郡界，便接到汉军已经返回成皋的消息。大概到这时，项羽才明白汉军南下是虚招：刘邦必然是利用荥阳前线兵力被抽调的时机，妄图减轻周苛的压力。想到此处，项羽立即领兵返回荥阳前线。

项羽的返回，让刘邦紧张起来，因为他知道不管有没有调动楚军，项羽的实力并没有削弱多少，还是很强大，靠来回调动是消灭不了这个强大的敌人的。思前想后，刘邦开始将目光转向项羽的后方，项羽在荥阳切断他的粮道，他也可以断了项羽的粮道不是？

于是刘邦召开作战会议，调整部署：主力坚守成皋，同时另调一部精锐深入敌后，摧毁楚军粮道。

不过现如今，荥阳前线的楚军联营几十里，汉军想要强行突破如此强大的封锁，实非易事。要知道，楚军的补给线是从彭城、萧县入睢水，经睢阳、陈留过鸿沟以水运运抵荥阳前线。这条补给线的主要路段在砀郡境内，距成皋有五百多里。如此，汉军突破楚军后必须以最快的速度前进打到砀郡，否则起不到作用。这种高强度的作战，非机动能力极强的郎中骑兵不可。可是深入敌后，便等于在没有补给的情况下在敌方领土作战，压力极大，必须利用速度优势在楚国后方开辟战场，站稳脚跟。可以说，这

126

一战异常凶险，一旦不慎便是全军覆没的下场。有鉴于此，刘邦选择了靳歙和灌婴这两个经验丰富的将领来指挥此次作战。

带着刘邦的期望，万余精锐骑士背弓执戟，在两位将军的带领下，从成皋趁着夜色悄悄出发了。

然而，项羽作战经验丰富，汉军数万规模的行动声势浩大，又岂能瞒得住？汉军刚从成皋出发，就被楚军发现，遭到拦截。靳歙与灌婴都是汉军猛将，特别是灌婴的郎中骑兵，更是精锐中的精锐，战斗力非常强。成皋城下，汉军骑士一鼓作气，一战便突破了楚军的封锁，打开了通向楚国后方的大门。

楚军主力大部集结在荥阳前线，后方相对空虚。突破荥阳的楚军防御网后，汉军从河南郡最东部的阳武县渡济水南下，迅速突进至砀郡的襄邑。襄邑是连接睢阳和陈留两个重镇的中转站，楚军在这里屯有大量物资。于是，汉军骑士立即向襄邑大营发动猛攻，一战便将楚军大营击破，摧毁了这个重要粮站。

接着，汉军骑兵充分发挥速度优势，在项羽柔软的后方纵横切割，大肆破坏。攻克襄邑后，经过短暂休整，灌婴和靳歙领汉军长驱奔袭三百里，从砀郡一直打到薛郡中部的鲁县。

汉军刚到鲁县，项羽派往后方围剿汉军的精锐骑兵也尾随到达。如果此战汉军不胜，不但局势难以打开，而且深入后方这近万骑士将会陷入极为危险的境地。于是，汉军将士们在灌婴、靳歙的指挥下在鲁县附近和楚军正面决战。一战下来，汉军大破楚军的项冠部，临阵击杀楚军司马、骑将等高级将官，获得辉煌胜利。此战大胜后，形势瞬间好转。要知道，项羽的后方已经没有得力部队了，除非从前线调兵。

待形势稍稍稳定后，灌婴、靳歙分成两部行动。其中，靳歙部继续南下深入到东海郡北部的缯县、郯县，对楚军的大本营彭城进行迂回骚扰。靳歙的速度非常快，短短数日之内即突破了楚军的层层封锁到达东海郡中部，和彭越的部队会师。

彭越的老根据地在梁地。汉二年（前205）四月份彭城之战后，彭越在巨野、外黄的根据地全部丢失。为了避开楚军锋芒，彭越将部队全部拉到黄河南岸地区打游击，不时骚扰楚军的补给线。但由于兵力不足，彭越无法对项羽的楚军发动规模较大的攻势作战。如今，汉军在楚军后方打得轰轰烈烈，彭越坐不住了，开始派人联络汉军。取得联系后，两军商议联合作战。八月初，彭越的梁军整军经武，从砀郡境内渡过睢水，向楚国的腹地发动强大攻势。当靳歙南下的消息传来，彭越便绕过彭城，到下邳与靳歙的汉军汇合。

下邳是东海郡西北重镇，也是泗水和沂水的交汇处，从这里溯泗水而上不过七八十里便能抵达彭城外围。以汉军骑兵的速度，一天即可打到彭城城下。这个威胁已经相当严重了。故接到战报后，项羽立即令彭城周围守军向下邳方向出动，截击汉军，保卫都城。为了打好这一仗，项羽将下邳楚军交由项声和薛公指挥。

项声这个人我们前面提到过，是项羽族人，当初就是他和龙且一起平定淮南的，是一员知兵能战的勇将；薛公生平不详，史书上说当时为楚国的令尹，令尹是楚国官职，在楚王之下负责全国政务，相当于秦制中的丞相，地位不低。楚军由这两人指挥，估计不是什么临时拉来的民夫，极有可能是项羽将后方主力全部托付给两人了。

就这样，两军在下邳城外决战。在靳歙和彭越指挥下，连战连捷的联军将士异常骁勇，无不拼死奋战，以一当十。结果楚军再次被打得大败，几乎全军覆灭。

主将项声、薛公跑得倒是快，算是捡了一条命。不过，全军覆没之下，主将纵然逃得性命，也无关大局。可以说，这次靳歙打得相当漂亮。南线汉军一路破敌，留在北线的灌婴也不弱。靳歙的消息传来后，灌婴大胜的消息也随后传来。和靳歙分兵后，灌婴返回砀郡，先在这里破坏楚军在梁地的补给基地，然后截击梁地周围的楚军残部。

当时，砀郡境内楚军最大的势力是在彭城之战后叛汉投楚的王武。这个人前面已经提到过，此时已经被项羽拜为柘县的县令。王武的军队主要驻守在砀郡北部到东郡西部一带，战斗力虽可以一战，不过要对上汉军真正的精锐就吃力了。两军遭遇后，在东郡西部的燕县决战，汉军再次大胜，王武的军队被打得几乎全军覆没，五个楼烦将以及楚军连尹均在此战中被汉军斩杀。

大胜之后，灌婴又向北疾驰七十余里，向王武的部将桓婴发动突袭。一仗下来，桓婴大败，全军崩溃。汉军趁大胜之势进占白马，彻底将这块咽喉要地掌握在手中。要知道，这里的燕县和白马、濮阳等城和韩信所在的赵国接壤，是渡河的首选区域。汉军拿下这里，便可和北线的韩信协同作战。

在前线僵持的时候，后方却打得如此精彩，不能不说是刘邦战略的胜利。虽没有彻底截断楚军粮道，但也大大震慑了楚军，严重削弱了前线楚军的战斗力。

如果再这样发展下去，荥阳没攻克，楚军倒是要粮尽而溃了。实在坐不住的项羽在前线留下终公守备荥阳、成皋大营后，自己匆匆带着骑兵赶赴后方，解决后方大乱的问题。项羽本部的战斗力确实强悍，刚刚回到砀郡没经历什么休整便投入战斗，仅一战便打得在后方耀武扬威的彭越全军溃逃，楚军重新恢复了补给线。

时不我待！严密注视楚军部署的刘邦见项羽领军回援，立即集中所有能够动员的兵力，向守备成皋大营的终公发动猛攻。在刘邦的亲自指挥下，汉军一战击溃终公，将成皋牢牢掌握在手中。

防御失利后，楚军东撤二十多里后才稳定下来，重新部署防线。从成皋渡汜水向东七十里便是荥阳。这一带可利用三川大道机动，部队行动比较便利。可是，楚军沿着汜水东岸联营一片，早已将荥阳围死。七十里看着不远，但刚刚大胜的汉军死活攻不动。如此，两军在周边争夺反反复复，惨烈的拉锯战进行了一个月。汉军虽然拿回了战役主动权，却始终无力打破楚军严密的封锁，为荥阳城内的周苛解围。到八月底，项羽平定彭越，带兵返回荥阳。这种情况下，想要再为荥阳解围已经不可能了。

而此时的城内已经万分危急，守军兵力本就不足，激战一个月更是伤亡惨重。虽然夏日暖暖，然而肃杀的气氛笼罩全城，酷似寒冬。实在无法理解，毫无希望的荥阳守军是如何以坚定的意志顶住楚军疯狂攻势的。

外无援兵，内无粮草，毫无希望。可是，刘邦给的命令是死守荥阳，就是死也要死在城内，不可能突围，惨烈的攻城战就这样进行了三个月。最后，汉军弩矢全部射完，城内死伤累累、尸骸遍地，整个荥阳已经没有一片城墙是完整的了。能战之兵仅余数百，而他们活着的目的就是多杀几个楚军而已。荥阳，已经成为一座死城。项羽回兵后，再次向荥阳增兵……

楚军又一次发动了进攻。城墙上，两军将士短兵相接，相互扭打撕咬，呐喊声响彻天际。这场战斗，已经不能用战斗来形容。激战一天，战场归于寂静。项羽在满地的尸骸中找到周苛："周将军，投降吧，封你三万户！"周苛双手撑地，仰天大笑道："竖子，尔非汉王之敌！"

竟有如此冥顽不灵之人！大怒之下，项羽命部下搭起大锅："若不降，这便是你的下场!"然而周苛拒不投降,从容赴死,接着枞公亦被烹杀。不过也有失节降楚者,如韩王信、汉军大将惠侯孙赤。不过,在粮尽援绝的情况下,荥阳已经苦苦坚守了几个月。此时投降,的确也不该说什么。

孙赤绝非一般大将,而是随刘邦在沛县起兵的老兄弟,早在荥阳之战前便已经当上了将军,并封爵惠侯。可见,孙赤此人在汉军中地位不低。要知道,素有骁将之称的灌婴还只是个中大夫而已。不过局势艰难,得到孙赤投降的消息后,刘邦也没说什么。后来孙赤重新归汉,刘邦仅废了这个老兄弟的爵位,仍然拜其为郎,留在身边。

对孙赤尚且如此,更何况阵亡殉国的周苛。周苛与刘邦是同乡,都是沛县人。周苛和堂弟周昌曾担任秦泗水卒史,在曹参的手下工作。刘邦在沛县起兵之时,周昌、周苛兄弟俩一同追随,生死不离。两人随军转战中原,进入关中,无不冲杀在第一线,战功显赫。刘邦汉中建政后,周苛担任御史大夫,周昌则接替曹参担任中尉。统一天下后,刘邦念周苛之功,封其子周成为高景侯。周昌后来接任周苛的御史大夫一职,随后又迁赵相辅佐赵王如意成为汉初名臣。周昌被如此看重,这里面未必没有死去的哥哥的功劳。

史书上说周苛、枞公两人被杀后,有异星出现于大角星旁,这是大凶之兆。《史记·天官书》则云:"大角者,天王帝廷。"《晋书·天文志》说:"大角者,天王座也,又为天栋。"大角星代表着天子,而如今却被一颗妖异的乱星冲击,这不是天子有难的先兆吗?异星是不是代表着项羽呢?而荥阳失陷,也许正是刘邦的凶兆刚刚开始。

惨烈的战争还在继续。项羽没有留给自己多少休息的时间,也几乎没给对面的刘邦喘息的时间,刚刚拿下荥阳后,未经休整又马不停蹄地进攻成皋。从荥阳退出后,刘邦准备在成皋一线依据虎牢关有利地形继续组织抵抗,可连城墙都没站稳,楚军转眼又攻至成皋外围。要知道,楚军在荥阳城下可是苦熬了几个月!惨烈的攻城之后,又一路打到成皋城下,到达成皋后立即投入战斗,一战击溃数支汉军。可见楚军只要在项羽的指挥下,往往会爆发出异常强悍的战斗力。

半个月内经历两场血战,汉军伤亡惨重,极为疲惫。如今,刘邦身边已无多少可用之兵了。见楚军攻势如此凌厉,刘邦只好再次匆忙出逃。在项羽没有彻底完成合围前,刘邦连夜带着夏侯婴从成皋北边的玉门出城,渡过黄河来到河内郡的修武。

河内郡属于北线汉军的作战区域，此时正在韩信、张耳两人的管辖下，应该是安全的。不过这个关键时刻，左丞相韩信兵强马壮，刘邦身边倒是没有多少兵了。主弱臣强之势已成，颇有点尴尬。但战事紧急，顾不得那么多了。鉴于北线赵国基本平定，刘邦休息一夜后马上召开作战会议，决定立即调北线汉军精锐南下支援荥阳战场，同时在楚国后方的灌婴也因荥阳吃紧而被提前调回，经燕县、白马渡过黄河，到达河内与主力会合。到八月初，各路汉军冒着酷暑汇集修武。

兵强马壮，可以南下解成皋之围了。

然而大军尚未出动，南方战报已至——成皋失守。其实成皋守军本来就兵力不足，如何能顶得住连战连胜的楚军？刘邦北撤后，空虚的成皋在项羽的狂攻下没撑几天便被攻克了。守军一部分被迫退守巩县，一部分渡过黄河来到河内与主力汇合。

自成皋到洛阳仅有七十余里，渡过洛水便是一马平川。历来，成皋的虎牢关是洛阳的门户，成皋若失，洛阳则危如累卵，鲜有见丢失虎牢而守住洛阳的。若此时汉军再失巩县，洛阳真的就完了。要知道，前线战事紧张，此时的洛阳兵力基本被抽空，已经成了一座空城。此时偌大的洛阳城内只有沛嘉一部人马。沛嘉是追随刘邦参加过秦末战争的老将，在汉中建政后为郎中，汉元年（前206）平定三秦后迁将军，随从平定河南王申阳和殷王司马卬，屡立战功。

沛嘉虽然能打，但手里兵力不足，以沛嘉和退守巩县那点残兵败将，就是他再能打，洛阳也是铁定守不住的。真要到那时，只能退回函谷以西的关中了。鉴于成皋已失，此时南下救援已无任何意义，故修武大营大军未动时，郎中郑忠便提出反对意见：此时我军与楚军在成皋正面硬拼，意义已经不大。在荥阳战场还是立足于守，同时在其他战线分散楚军兵力。

确实，楚军兵锋正锐，绝对不能硬拼，否则就是避虚击实了，划不来。郁闷的刘邦只好接受郑忠意见再次调整部署：汉军主力直接南下巩县，先依靠巩县稳住防线再说。另外为彻底贯彻侧翼迂回的战略，刘邦又调刘贾、卢绾领两万精兵，由河内修武从白马津南渡黄河，联络彭越。

刘贾是刘邦远房堂兄，参加过还定三秦、平定诸侯等重大战役，屡立战功，后来封荆王。卢绾，丰人，与刘邦同日出生，且是同学，加上卢、刘两家是世交，故两人从小就交情极好。在秦末战争中，卢绾一直追随左右，可以说是铁杆心腹。天下平定后，卢绾则受封燕王，镇守北方。

这两万精兵承担着削弱楚军，牵制项羽的重大任务，不容有失。除了刘贾、卢绾的偏师外，刘邦自己则带着灌婴的骑兵从修武到平阴津渡河南下回到洛阳，统一指挥各个战场配合作战。

战争还远没有到结束的时候。双方都在积蓄力量，准备下一阶段更加惨烈的厮杀。

第二十六章　　韩信郦生

中线的荥阳、成皋一线打得轰轰烈烈，北线的韩信也没闲着。

不过对比中线刘邦被项羽压着暴打，韩信的北线就风光多了，几乎是一路平推。汉三年（前204）的九月份，韩信、曹参一战而平魏国，擒魏豹；一个月后，韩信又在井陉背水一战，全歼赵军主力，阵斩代王陈余；之后，韩信与刘邦汇合，横扫赵国。一时间，北线韩信的声望真可谓如日中天。

截至汉四年（前203）十月份，黄河以北的魏、代、赵、燕四国只剩下一国，即东北的燕国。燕王臧荼心狠手辣，绝非易与之辈。前几年，燕王臧荼起兵攻杀自己的老上司辽东王韩广，合并辽东国。所以，燕国实际控制范围包括了渔阳、上谷以及原属辽东国的右北平、辽东、辽西五郡之地，大致相当于今天的河北北部和东北辽宁一带。幽燕之地虽然不如中原发达，但在秦末战乱中还算比较安定，不少中原难民逃难至此。另外，臧荼利用燕幽之地出产优良的战马，组建了一支战斗力较强的骑兵，还招募了很多北方渔猎民族的雇佣兵，而且在诸侯混战中，燕军未经大战，编制完整，战斗力很强。

总的来说，燕国不大好打。

其实，早在井陉之战刚刚结束，韩信就准备着手解决燕国问题，这是原本就定下的策略。当时，广武君李左车已经投汉，韩信向其询问灭燕之策，因李左车早已思考过，韩信一问，他便提出建议："将军两月灭三国，井陉之战一日全歼二十万赵军，兵威正盛。然我军将士连续征战数月，疲劳不堪，若继续北上攻燕，恐有不妥。一旦燕军据守坚城，加上北方严寒，时间一长，士气必衰。若此时燕军遣轻骑截断粮道，后果将不堪设想。而一旦燕国不肯屈服，对攻齐必然会产生极为不利的影响。燕、齐两国无法平定，汉王战略方针恐将无法实现。"

李左车进而指出，这就违背了兵法上说的"以己之长攻敌之短"的原则。接着，李左车提出了解决方案："现在我军不如按兵不动暂作休整，在赵国做好经济恢复工作，同时将部队向北移动。如此，可扼守赵、燕两国道路，向燕国保持威慑，然后派人向臧荼陈说利害。臧荼迫于压力，定会屈服。收服燕国后再用同样的方式解决齐国，那么我军方略便可实现。"

李左车不主张直接进行军事打击，除了刚刚提出的几条不利条件外，最重要的还是整体战略所需。北线虽然打得很风光，但纵观整个战局，汉军的局势还是不容乐观。在汉三年（前204）四月份，荥阳战场的汉军主力便被项羽包围。实际上，荥阳一带的包围圈到现在还没有打破，更为严重的是，几个月前成皋又丢了。可以说，中线形势已经相当危急。

此时若北线汉军再被拖在燕国，局势就不妙了。缺少了韩信这支精锐的机动兵团作为整个战争的战略预备队，中线的刘邦就会非常危险。事实上，两个月前，刘邦不就带着夏侯婴从河内抽调北线兵力，加入荥阳战场了吗？

北线精锐南下后，为弥补韩信兵力不足的问题，刘邦迁韩信为赵相，在赵国征兵。不过，此时征招的动员兵训练不足，短期内还难以形成战斗力。正因精兵被抽调，形势也不允许韩信再一次发动大规模攻势作战。故北线看似平静，却承担着更重的负担。对于这几点，不仅李左车，甚至刘邦自己也清楚。所以成皋前线稳定以后，刘邦又抽调了御史大夫灌婴的郎中骑兵增援到北线。

一句话，虽然汉军兵力不少，但要负担几个战场的消耗，压力很大。因此，对燕国进行直接的军事打击可能对局部战场有利，但对总体战局不利。

其实战争从来不是单纯的军事打击，特别是这种旗鼓相当情况下。兵法上说："上兵伐谋，其次伐交，其次伐兵，其下攻城。"意思是如果真的要到刀兵相见的时候，便是落了下乘，最理想的就是所谓的不战而屈人之兵，以"势"胁迫敌人屈服。李左车战略眼光确实高人一等，既做到了知彼，也做到了知己。提出的建议也相当明智，且具有极强的操作性。

韩信当然不糊涂。作为北线战场的总指挥，韩信对整个战局有清醒的认识。因此，对李左车的建议，韩信深表赞同，随即派使者出使燕国。果如李左车所料，燕国听到消息便立即归降了。这样，当初在下邑的谋划只剩下最后一步，就是联系齐国的田横，彻底包围项羽。

此时，在齐国主政的是田荣之弟田横。田荣被杀后，田横立田荣之子田广为齐王，随后自领丞相，继续扛起田氏反项的大旗。与自己的哥哥田荣相比，田横这个人打仗很有一手，他没有和楚军硬拼，而是采用运动战和游击战结合的策略逐步消耗楚军。最后，硬是借着楚军主力被抽调的有利时机，将留守在齐国的楚军正规兵团打得节节败退，收复了三齐之地。

不过，与楚、汉这两个超级大国相比，齐国的国力显得相当薄弱。因此，想在这个两极格局中自立门户有点难，毕竟项羽、刘邦都不是什么善男信女。以如此国力挑战两大诸侯，实属不智。摆在田横面前的路很简单，要么投汉，要么投楚，断然不可能单干。当然，项羽是不用想的。齐国的田氏与楚国的项氏之间仇怨甚深，互相敌视不是一两天的了，自田荣起兵以来，两家便一直打到现在。可是，田氏与刘邦的关系也说不上好。赵国被灭，燕国归降后，田横便深为忧虑，深恐韩信渡河攻齐，故遣齐国大将华无伤、田解等人率重兵驻扎在黄河南岸的历城附近，以防备汉军南下。如此，两军虽没开打，但一直相互防备着。

如此状况实非刘邦所乐见。看来，改善汉、齐两国的关系迫在眉睫。不过，当时成皋一线压力极大，刘邦忙得焦头烂额，没空专门去管齐国。因此，郦食其主动提出了自己设想的联合齐国方略。

郦食其提出："我军当加大攻势，收复荥阳。打通与敖仓的联系，占有敖仓大营，守成皋之险。同时，北线汉军据白马津，南锁黄河渡口，北克飞狐陉，再联系天下诸侯伐楚。如此，大事可成。"

郦食其认为，目前燕、赵均已被汉军悉数平定，唯有齐国态度不明。齐国东临大海、北靠河济、西依泰山、南邻吴楚，战略地位极为重要。且田氏为齐国贵族，势力强大，三齐之民又向来彪悍骁勇。北线汉军抽调南下后，韩信兵力不足。如强攻齐国，短期内断难奏效。如能说服齐王归降，自然最好。

于是，刘邦拍板同意，让郦食其前往齐国，全权负责联系齐国之事。

韩信驻军济水北岸是在汉三年（前204）八月份，而郦食其应是到九月份才抵达齐国。郦食其上路时，汉、齐两国虽然对峙，但还是和平状态。不过，韩信作为北线汉军的总指挥，拥有北线汉军的全权指挥权。且对齐国的战事，刘邦在六月份时就已经和韩信商量过，甚至在中线压力这么大的情况下还将灌婴指挥的郎中骑兵调到了北线，以增强韩信的力量。可见，用武力解决齐国，刘邦是考虑过的。如此，现在谈齐国问题，当然不能避开韩信这个事实上的攻齐总指挥。郦食其前往齐国前，于情于理应该绕道去一趟赵国，和韩信见一面。然而，郦食其好像没有想到这一层。

到达齐国后，郦食其开门见山，建议齐王应立即归降汉国。理由有三：首先，刘邦兴兵讨逆，天下归心；项羽为臣弑君，丧心病狂。其次，刘邦宽仁大度，贤才为用；项羽嫉贤妒能，刻薄寡恩。最后，刘邦兵锋正锐，据守险要；项羽局势窘迫，难逃覆亡。如现在齐国不降，在两大强国的夹攻下，难逃覆亡厄运。况且汉军的韩信部就在济水北岸，以韩信军的战斗力，齐国上下该当知道何去何从。

这番道理倒不用郦食其陈说。以齐国之国力，在这样的大势下是无法单独存活的，只能依靠一方生存。对比刘、项两家，当然刘邦是更好的选择。田横在战场上摸爬滚打了好几年，这些道理自然是懂的。既然郦食其提出来了，田横经过短暂的思考，便顺水推舟，决定和汉结盟。事情到这个地步，算是皆大欢喜了。两国一旦结盟，韩信屯驻在黄河以北的平原渡口准备用于进攻齐国的汉军便可解放出来，现在这部兵力既可以抽回支持荥阳一线，也可以从齐国借道攻入楚国后方。可以说，齐国归降后，刘邦的形势一片大好，甚至胜利已经遥遥在望了。

然而，如韩信之辈注定不甘寂寞。

韩信大营中，谋士蒯彻正在唾沫横飞地游说："将军在河北拼死拼活一年多，才打下赵国五十余城。郦食其一介无尺寸之功儒生，凭三寸不烂之舌，一张嘴便拿下了齐国七十城。将军您到头来反倒不如一个竖儒的功劳大，这让人情何以堪！干脆我们乘机干他一票。反正汉王下令让将军攻齐，又不曾下诏停止前进。我等为何不继续进攻，白白便宜了郦食其？"

这个蒯彻何许人也？

史书中对蒯彻早期经历提到的不多，我们除了知道他是著名的辩士外，其他的不甚了解。

不仅如此，蒯彻的出场也很有意思。二世元年（前209）的八月份，在张耳、陈余的辅佐下，陈胜部将陈人武臣北上攻赵。当时，武臣已经快打到燕地。在蒯彻游说下，范阳县令徐公降武臣。接着，蒯彻又跑到武臣的身边为武臣分析形势，让他以高规格的待遇接受徐公投降，扩大政治影响力。结果在蒯彻的计策下，武臣不战而下赵地三十余城。可见，这个蒯彻的纵横之术实在厉害。

大约在武臣败亡后，蒯彻便来到齐地。《汉书》上说，蒯彻有个朋友叫安其生（亦作安期生），是琅琊人，师从战国著名学者河上丈人。秦末天下大乱后，安其生和蒯彻一起南下投靠了项羽，不过他并未得到项羽的重用。项羽曾想给蒯彻和安其生爵位和封邑，被两人拒绝了。可见蒯彻回到齐国后，大概曾短暂投入了项羽的阵营，随后才辗转来到韩信身边。至于转投韩信的原因，大概也和安其生一样未受项羽重用。

从蒯彻的经历看，此人对大势的把握是相当精准的，政治目光相当敏锐。不过，劝韩信攻齐这一招就太损了。要知道，齐国刚刚和郦食其达成盟约，防备一定松懈。此时举兵攻齐，齐国是铁定守不住的。可要命的是郦食其现在还在齐国，这日子恐怕就不大好过了。当然，郦食其的死活并不在蒯彻考虑的范围内。

而韩信也没有考虑郦食其的兴趣，一听蒯彻说的确实有道理，于是立即拍板，领军渡河。果然，因当时两国已经达成盟约，齐国正在将历城的守军南调。于是，汉军一路所向披靡，长驱直下打到齐国内地。

此时，郦食其还在临淄和田横喝酒开会！谁知飞来横祸，汉军已经打到临淄城外！这下田横不干了：我国刚刚和你结盟，墨迹未干，你们汉军便南下攻我！你等是商量好的阴我，要图谋我齐国？盛怒之下，田横一脚踢翻酒案，抽剑在手，对郦食其大骂："你若能让韩信停止进攻也就罢了，否则饶不了你！"郦食其倒也干脆："成大事者不拘小节，有大德者不怕别人责备。我是断然不会替你去游说韩信的，你死了这条心吧！"最后，郦食其被盛怒的田横用大锅活活煮死！

不知道为什么郦食其不去游说韩信，以求活命。不过，笔者以为郦食其即使去游说韩信也不会改变什么。以韩信的为人，大军出动，岂能因一人之言而罢兵？

滑稽啊！郦食其从高阳开始追随刘邦，尸山血海都蹚过来了，没想到阴沟里翻船，被自己人给阴了。从史书的记载来看，郦食其并不是刘邦身边最杰出的谋士，他的大局观不如张良，政略不如萧何，阴谋不如陈平，有时候出的主意也不甚高明。但他性格豪放，当初郦食其去见刘邦时就自称是高阳酒徒。这种不拘礼节、随性而往的性格，与刘邦颇有些相似之处。因此，郦食其可能是与刘邦关系最好的谋士。

统一天下后，刘邦非常怀念郦食其，甚至每当上朝看到郦食其的弟弟郦商，就会想到郦食其。郦食其之子郦疥，由于军功不足，不能封侯，可刘邦还是因为郦食其之功，封郦疥为高梁侯。要知道，汉承秦制，封侯的硬指标就是军功，若不是皇亲国戚，没有军功是绝对不能封侯的。不惜破坏制度给其封侯，可见刘邦对郦食其的怀念。

郦食其死了。幸运，辅佐明主；遗憾，壮志未酬。

李白的《梁甫吟》对此评价道："东下齐城七十二，指麾楚汉如旋蓬。狂生落拓尚如此，何况壮士当群雄！"

第二十七章　　一错再错

韩信不顾郦食其已经说降齐国，悍然对准盟友齐国发动大规模攻势作战。以韩信的统兵才能，又是突然袭击，打不赢反而奇怪了。

开战前，齐国的主力屯兵于济水南岸的历城，而汉军则在济水北岸和齐军隔河相望。齐军和项羽拉锯数年，战斗力不算弱。有鉴于此，韩信没有指挥汉军主力冒进，而是采取分进合击，逐步推进的策略。

在齐国开打之前，刘邦曾将灌婴的郎中骑兵调到邯郸，配属给了韩信。有这样的精锐在手，没有理由不用。经过缜密思考，韩信命灌婴以骑兵为前锋，作为主要突击力量。骑兵突击后，主力步兵随后逐步跟进，稳扎稳打，寻机歼灭田横主力。

对于汉军的部署，南岸的齐军毫不知情。在和郦食其达成盟约后，历城附近的齐军正在准备南调。谁知齐军刚刚出历城，便与渡河而来的灌婴遭遇。与灌婴一起行动的猛将柴武大发神威，率先领军突入敌阵，将齐军前军田既部打得全军崩溃。

这个柴武是汉军中有名的猛将，算是老资历了。在刘邦起兵不久，柴武就拉起了两千多人在薛郡单干。二世二年（前207）东阿之战时，柴武带着自己的人马加入战斗，援助陷入苦战的反秦联军。此次对齐国行动，久经战阵的柴武也被派过来，担任灌婴的助手。

柴武取得进展后，灌婴指挥主力骑兵立即投入战斗。齐军毫无戒备、阵形混乱，结果被一战打得全军覆灭。齐军主将车骑将军华无伤以及大小四十六名齐国官吏被灌婴照单全收。

主力覆亡，临淄面临无兵可守的尴尬局面。田横倒也实在，烹杀郦食其后，带着骑兵迅速逃出临淄。不过，大约觉得就这样出逃不太好看，田横出逃之前留下了部将田光负责守城。田光当时的职位为"守相"，这是个什么官职呢？《史记·秦始皇本纪》记载，始皇帝东巡时"左丞相斯从，右丞相去疾守"。两个丞相，一个外出，一个留守后方。大约，田光的"守相"即是负责镇守临淄的丞相。

可问题是，田光身为守城主将，手下无可战之兵，如何守城？于是，灌婴到达城下，田光干脆直接投降了事。

灌婴攻下临淄后，便马不停蹄迅速南下追击田横。长期在以弱敌强的环境下作战，田横深知不胜则走的战场料敌之理。当临淄正在开打时，田横已经领骑兵逃到济北郡的南部。可是，汉军精骑行动速度更快，很快便在嬴县、博阳一带追上了仓皇逃命的田横。一场激战下来，齐军骑兵被打得一溃千里。田横运气好，再次逃脱了。

待歼灭田横的骑兵后，灌婴又回军与韩信的主力汇合平定济北。不久，汉军主力在临淄西北的千乘击溃了齐军田吸部，再次获得大胜。战至此时，齐军的正规军基本被消灭，剩下的散兵游勇已不足为虑了。

由于汉军战斗力强悍，加之齐军准备不足，此战斩获颇丰。就当时来说，总体形势还算不错。不过，田横毕竟和项羽对打了好几年，虽说没取得什么较好的战绩，但临阵经验还算丰富。当年田荣被项羽打得大败，是田横千辛万苦奋战在第一线，才恢复了齐国的家业。所以，这场大败还不能击倒田横。再者，齐军虽非精锐，但也算是"久经沙场"了，好歹比韩军强。田横应对不利局面的经验丰富，一旦反应过来，彻底取胜殊为不易。博阳大败后，田横带着残部退往博阳南部，依靠泰山附近的有利地形布置了防线。于是，田横掌握齐国南部的薛郡、琅琊郡部分地区，和占领了齐国北部的济北郡、临淄郡和胶东郡北部的汉军隔着泰山对峙。

此时的田横应该是很痛苦的，齐国刚刚从项羽的打击中恢复过来，现在又遭汉军打败，国事何其艰难啊！临淄陷落后，侄子齐王田广下落不明。另外，齐军已经在汉军的凶猛攻势下损失惨重，除了屯驻胶东的田既手里还有一支残兵，其他的别指望了。而汉军一旦抽出兵力南下，靠手下那万把溃兵绝对是挡不住的。思前想后，田横只得派遣使者去向曾经的仇人项羽求援。可以想象，这对田横来说是多么艰难的抉择。项氏可是田氏的世仇，自己的哥哥田荣就间接死在项羽手下。而且，楚军在齐国犯下的滔天罪行罄竹难书。现如今，却要向这个世仇低头，真是世事难料！

数十天后，田横的使者抵达楚国，刘邦最不愿意看到的情况出现了——楚、齐联盟。

现在不妨做个假设：如果项羽抽调精锐援助齐国，并在齐国歼灭韩信部，下一步会怎么做呢？按军事常识，齐、楚两军可能会从齐国渡河，北上经河北过河内南下攻击洛阳。如果真是这样，那就等于项羽在刘邦背后猛插了一刀，这绝对是致命的。或者可以更直接点：联合齐国后，楚军北渡黄河，经赵国越过太行，进逼关中。无论如何布置，汉军在成皋前线是绝对打不下去了，只能直接退回关中。鉴于形势将急剧恶化，无奈的刘邦再次给韩信增兵，以求尽快平息齐国战事。

不过，现在刘邦自己能用的兵力并不多，而且荥阳、成皋一线压力巨大，不可能大规模调兵给韩信。经过思考，刘邦选择了右丞相曹参所部兵力。决定后，刘邦下令曹参立即带兵从河北赶赴齐国，增援韩信。

刘邦之所以抽调曹参，是因为在平魏之战中，曹参曾在韩信手下工作过，两人配合起来得心应手，能够保证最大程度发挥汉军战斗力，而且在这个敏感时刻不至于让韩信起疑。另外，曹参打仗很有一手，所部也都是汉军的精锐，战斗力有保障。最关键的是曹参是刘邦的铁杆心腹，忠心耿耿，一旦韩信有二心，有曹参在可保万一。

接到刘邦的紧急动员令后，曹参立即领步骑从成皋前线出发，渡河到河内，再穿过河北的赵国，经平原津抵达齐国前线。等曹参抵达后，齐国前线直接受韩信节制的汉军总兵力将近十万。如此雄厚的兵力，这仗要是再打不赢，韩信也别回去了。

抢的就是时间。汉军行动的同时，项羽也没闲着。汉四年（前203）新年刚过，项羽以平定淮南的悍将龙且为援军主将，周兰为副将，领兵二十万，浩浩荡荡出彭城，经东海、琅琊到胶东郡南部的高密，与齐军汇合。龙且素称猛将，领兵征讨九江国时，打得英布一溃千里，威震诸侯。

此次出兵可能是项羽后方动员的极限了。有意思的是，这所谓"二十万"兵力，连司马迁也注明是"号称"，看来水分很大。其实稍加分析，不难看出这是个虚数。要知道，楚军的精锐都集中在成皋前线与汉军对峙。在高强度的消耗战下，项羽本部的兵力已经捉襟见肘，甚至到了要靠征发罪犯补充兵力损失的地步。如果后方还留有二十万可用之兵，早被项羽调到成皋去了，岂会留给龙且。所以，龙且的部队绝不是什么精兵，而是紧急征召的动员兵，而且动员兵的数量还要打折扣。要知道，彭城之战前，刘邦动员汉中、巴蜀、关中仅得十余万人，这还是在没有受到战乱破坏，人口比较稠密的情况之下，但项羽的后方就不一样了。从秦末战争到楚汉战争，梁、楚九郡战乱频繁，社会经济破坏严重。因此，在如此短暂的时间内，即使紧急动员也不可能一次动员二十万人。比照汉军的动员能力，楚国江北地区能动员的，估计最多也就十万人，而且这已经是极限了。这所谓的"二十万"大军，恐怕除龙且自己从淮南带来的数万楚军精锐外，剩下的动员兵战斗力堪忧，估计和陈余的"二十万"大军一样，用来打防御可以，出城与汉军正面野战恐怕凶多吉少。

所以说在齐国战场，刘邦在咬牙硬撑，项羽也好不到哪里去。其实，楚军阵营内部有很多人清楚自己的实力。在楚军到达高密后，就有部下向龙且建议：暂不宜与汉军硬拼，当深沟高垒，坚守不战，然后让田横派人招抚失地。如此，齐国各地见故主尚存，必会叛汉投楚。这样一来，汉军粮草补给就会出现问题。等汉军粮尽，楚军便可不战而胜。

总的看来，这确实是一条稳妥之计。

然而身为援军主帅的龙且却不这么想。听到这番话后，龙且牛气冲天："本帅很了解韩信，彼辈易与尔！这竖子曾经靠着漂洗丝绵的老太太分给他饭吃，否则早就饿死在街头。本帅还听说这竖子曾受胯下之辱，毫无勇气。如此懦夫，怕他什么。"

龙且这个人久经沙场，当年他能将彪悍的英布打得抱头鼠窜，可见打仗颇有一手。如此沙场宿将，岂会以年轻时候的落魄作为轻视敌军主帅韩信的理由。而且韩信领兵北灭魏、代，东伐燕、赵，战绩卓著。龙且作为项羽身边的高级指挥官，岂会不知？故而"胯下之辱"云云大约是场面话，并非龙且急于求战的根本原因。

在《史记·淮阴侯列传》上记载了龙且的一句话，笔者以为这应该才是龙且主张决战的根本原因。龙且说："吾平生知韩信为人，易与耳。且夫救齐不战而降之，吾何功？今战而胜之，齐之半可得，何为止！"

龙且说这番话的意思可能是指自己已经研究了韩信的用兵之道，并且已经找到了对付韩信的方法，所以才敢于说"易与耳"。不过，关键是"且夫救齐不战而降之，吾何功？"这句话的意思是，我千辛万苦到齐国来，就是指望来打仗捞军功的，如今一仗不打，我图个啥？

龙且犯了和韩信同样的错误：贪功。身为主将，贪功之害，祸及全军。要知道，龙且手里有"二十万"大军，他这一错可使全军尽灭。

龙且战心不正，此战前途难测！

新年刚过一个月，在齐国的汉军结束休整，全军集结，到潍水西岸扎营迎击楚军。同时，龙且的楚军联合齐军后经高密出发，到达潍水东岸列阵，准备与汉军决战。决定齐国命运、楚汉战争走向的潍水之战就此拉开序幕。

在主力决战的前数日，两军侦骑四出，打探对手的实力。不过，汉军骑士的战斗力明显更强，潍水南、北两岸三十多里全被汉军侦骑控制，楚军骑士付出沉重的伤亡也没有完全摸清汉军的部署。不过，汉军骑士战斗力虽强，但攻击欲望并不旺盛，仅仅逼退楚军，便不再深入楚军阵地。如此一来，战前的斥候战对整个战局影响不大。

冬日初升，温暖的阳光照射在汉军扎甲的甲片上，折射出温和的光芒。汉军前锋在韩信的命令下，主动向对岸的楚军发起攻击。冬天的齐国降雨较少，当时的潍水水位其实不深，有些地方虽然泥泞，但徒步涉水不难通过。就这样，汉军轻骑击退楚军斥候的骚扰，掩护步兵顺利涉水到达东岸列阵。于是，双方就在潍水东岸展开激战。

果如龙且部下所料，汉军的战斗力是很强的，龙且的本阵前军一度被汉军强大的攻势压制住。不过，经验丰富的龙且迅速投入中军，遏制了汉军的攻势，稳定了战线。随着楚军投入生力军，战至半晌，疲惫的汉军终于不支，开始溃退。

汉军阵形上的变化，立即被密切关注战局的龙且捕捉到。此时，汉军必须步行涉过泥泞的河道，才能安全返回本阵。兵法说半渡击之，汉军如此不利，焉有不击之理？斩将夺旗，正在今日！于是，龙且命令后军看守大营，主力渡河追击，趁势向对岸的汉军大营发动总攻。就像汉军一样，楚军前锋在龙且的指挥下，迅速渡过了浅浅的潍水。可是就在龙且踏上西岸时，突然听到一阵轰鸣声，没等他缓过神来，只见上游浑浊的大水夹杂着泥沙奔腾而下，将正在涉水的中军主力一口吞掉。

龙且想破了脑袋也不知道，原来早在前一天夜晚楚军到达前，韩信便命汉军连夜赶制了一万多个袋子，装满沙土，在上游堵住潍水。汉军侦骑将整个潍水南北完全笼盖，使楚军对韩信的部署浑然不知，等楚军半渡之时，韩信便按计划挖开堵塞在潍水上游的沙袋，放水冲敌。

浑浊的河水瞬间改变了战场形势，不说中军主力被大水吞没，已经踏上西岸的楚军前锋和尚在东岸的后军被这突然暴涨的河水隔开，首尾不能相顾。大惊之下，楚军顿时失去指挥，全军大乱。

此时不打，更待何时！见楚军大乱，韩信立即命等候多时的灌婴、曹参指挥精锐骑兵对已经渡河的楚军前锋发动冲锋，剿杀龙且。灌婴部将丁礼接到命令后，带着所部骑兵直接向在河边指挥的龙且帅旗冲去，仅一个冲锋，楚军混乱的前锋就被打了个对穿。丁礼手起刀落，楚军主将龙且一颗大好头颅飞向半空！前军完了。

随着骑兵大胜，汉军主力步兵也迅速渡河，向楚军的后军展开攻击。在汉军的凶猛攻击下，混乱的楚军就这样被一截一截吃掉。等厮杀一天的战场归于沉寂时，除了潍水两岸堆积如山的尸体，号称"二十万"的齐楚联军已经不存在了。楚军副将周兰和右司马、连尹以及楼烦将十几人都成了汉军俘虏。

至此，二十万齐楚联军全部覆灭，汉军获得空前大胜。

谁曾想，被寄予厚望的龙且居然被打得全军覆没。楚军大败后，已经绝望的田横立即开溜。田横前脚刚走，汉军尾随追至。在士气高昂的汉军的打击下，齐国的城阳、博阳等重镇被陆续攻克，齐王田广也被汉军所俘。

仗打到这个地步，田横还是不肯放弃。听说齐王田广已死后，田横便自立为齐王，并在胶东和济北郡收拢溃兵，准备继续拉起抗汉复齐的大旗。军势复振后，田横便回头迎击灌婴。可是田横如何是灌婴的对手！刚刚喘过气来的齐军在嬴下很快被迎面赶到的灌婴的骑兵再次打得大败。乱军中，田横只身逃亡，投奔彭越。

可以说到目前为止，汉军获得了平齐之战的最终胜利。

都说"韩信将兵，多多益善"，韩信带兵打仗的能力确实是神鬼莫测，阴谋诡计层出不穷，虚虚实实，让人防不胜防。在韩信用兵的特点上，确实很能看到"兵者"是诡诈之术的道理。但是总的看来，韩信的缺点也不少，如功利心强、政治觉悟低、缺乏大局观。

韩信这次擅自将兵攻齐是一个典型的败笔，战役上屡战屡胜不能掩盖战略上的重大失误。首先，刘邦在成皋和项羽对峙压力本身就很大，作为高级指挥官的韩信不可能不知道，而在兵力不足的情况下又开辟新的战场，这从全局上看就进一步分散了已经不足的兵力。另外，更为严重的是，这种背信之举在其他诸侯中产生了极为恶劣的影响，谁敢保证你不会再一次背后捅刀子，军事上是打赢了，政治上却陷入极为不利的境地。最后，就韩信个人而言，此举也是有弊无利，纵观历代统兵大将，长期掌握兵权本身就是一件很敏感的事，现在倒好，韩信手握兵权又不听指挥，这让身为汉王的刘邦情何以堪？此外，郦食其之死，韩信也要负直接责任。一个只顾自己打胜仗，不管同僚死活的人，以后谁还敢和你合作？真不知道，郦食其的弟弟郦商日后如何与韩信同朝为官。

好在不管怎么样，到目前为止，齐国算是彻底平定了，战局也没有恶化。事情到了这里，算是给刘邦一个满意的交代了。然而关键时刻，韩信的老毛病又犯了。韩信以"齐伪诈多变，反复之国也，南边楚，不为假王以镇之，其势不定"为理由，遣使要求刘邦封他为"假齐王"。理由倒是冠冕堂皇，确实也有一定道理。但都知道攻齐之战本就是韩信自作主张，现在倒好，平齐之后又要求当齐王。联系前后两件事情，这将刘邦置于何地？

果然，刘邦见到韩信的使节后简直就要暴走，气得破口大骂："乃公被困在这里，日夜盼你来协助。你倒好，还想自立为王！"不灭了韩信实在难消刘邦心头之恨。此时，谋士张良和陈平都在旁边，见情况就要恶化，连忙暗踩刘邦的脚，低声说："我军形势紧张，韩信拥兵自重，不能硬来，否则一旦发生兵变，情况就更加危险了。"

刘邦反应很快，立即改口骂道："大丈夫建功立业，扫平诸侯，要做就做真君王，当什么代理齐王！"过了两个月，到二月份开春之时，刘邦即派张良带着印信去封韩信为齐王。

这样看来，刘邦暂时还是选择了妥协。确实，张良和陈平说得很对，形势所迫，没有办法。但刘邦封了韩信为齐王，心里恐怕也不是滋味。哪有这样的臣子？到底谁给谁打工？

韩信日后被杀，天下人总认为是刘邦行"兔死狗烹，鸟尽弓藏"之事，但此事与韩信自己的所作所为不无关系。

第二十八章　　成皋争夺

　　北线韩信打得风生水起，而中线的刘邦却在度日如年。荥阳西部的成皋已在汉三年（前204）八月份被楚军攻克了。

　　成皋，本东虢国，春秋时属郑。相传周穆王在此养猛虎，故又名虎牢。要说成皋，很多人可能不太熟悉，但要说起此地的雄关虎牢关，却是人人尽知。春秋时晋悼公在此筑虎牢城，屯兵驻守。到秦时，因此地西北为河，东南靠山，遂称之为成皋。从成皋东部的荥阳向东，便是千里平原；而从成皋险关西去，就是地势较高的洛阳和关中了。成皋被楚军拿下后，项羽曾向巩县发动过试探性进攻，虽均为汉军击退，但对目前的汉军来说，形势没有明显改善。

　　不过前不久刘邦从北线调回汉军经河内南下，进入成皋西部的巩县。经过补充，巩县防线暂时算是稳定了。可是，巩县的地利远不如成皋。因此，楚军控制成皋，就像在汉军头顶上悬着一柄随时会落下来的利剑。如此威胁之下，巩县防线其实并不能保证。当然，双方此时都已经精疲力竭，项羽也无法在短期内突破巩县。于是战线西移二十里后，楚、汉双方便又在成皋以西陷入拉锯。

　　成皋作为洛阳的门户，一定要夺回。可是此次虽在巩县小胜，但想要夺回项羽坐镇的成皋，何其艰难！然而相较于项羽，刘邦的情况或许还不算太坏，毕竟作为后方的关中还算稳定。可项羽就不一样了！从河内修武出发的刘贾和卢绾部两万汉军自白马津渡过黄河，经短暂休整后，南下到达东郡，再一次威胁到项羽的后方砀郡。

　　前面讲过，彭越在和靳歙联合后曾攻下邳。不过，项羽回援后，彭越作战失利，被迫再次退回自己的老根据地梁地、巨野一带。刘贾的汉军南下后，彭越随即派人前往联络。如此，在彭越的引导下，汉军没有受到任何损失，顺利抵达东郡。

两军汇合后，立即对项羽的后方展开攻势。联军先在东郡西部的燕县一线击败留守楚军，烧毁了楚军储存在此的大批粮草物资。接着，两军又分兵攻略附近的城池。在汉军的配合作战下，彭越的部队接连攻克砀郡的郡治睢阳以及砀郡北部重镇外黄等据点。要知道，项羽的补给线就是从彭城经砀郡境内的鸿沟漕运至前线，而睢阳恰恰就是漕运的中转站。睢阳一丢，楚军的补给线可就真的被切断了。

粮道被截是兵家大忌。后方不稳的消息传来，楚军在前线的优势立即发生动摇。要知道，大军作战每日消耗的物资可是天文数字。比如按最低的作战烈度计算，数十万楚军若有二万弓弩手，每个弓弩手每日仅发弩十次，每日弩矢便达二十万支之多！除去这些必备的军资，就是数十万楚军每日所需粮草也是无比庞大的数字。楚军就是再精锐，也不可能在没有补给的状况下持续保持攻势。距楚军大营不远的敖仓倒是储存有大批物资，可在樊哙的严密防守下，伤亡惨重的楚军始终无法攻克。因此，取粮于敌之举根本无法实现。在几十万楚军的急速消耗之下，前线储存的物资飞速减少。如此一来，楚军反而陷入不利境地。

后方的问题必须解决，否则战争无法进行。可是在后方的汉军兵力相当强大，派去后方的军队基本有去无回。这个情况持续了一个多月后，项羽在前线实在是坐不住了。可是，派谁去后方才能打败彭越呢？手下能独当一面的大将还是太少。对项羽来说，什么事都要自己干才能放心。无奈之下，项羽只得决定亲自回一趟后方，彻底解决彭越。下定决心后，项羽将守备成皋的重担交给了大司马曹咎。

这个曹咎是什么人呢？据《史记·项羽本纪》的记载，曹咎和曹参是同行，也是主管司法工作的。早年，曹咎曾在泗水郡南部的蕲县担任狱掾。当初，项梁曾因犯法被抓，便请曹咎写信给栎阳的狱掾司马欣，才免于被罚。可见，曹咎与项氏应该很早就熟识，并且关系还很好。要知道，秦人法律森严，如果关系一般的话，曹咎断然不会为项梁冒这个险。可能也正因如此，项氏起兵到楚国复国后，曹咎被项氏叔侄予以重用，一直做到大司马一职，并晋爵为海春侯。可以说，曹咎是项氏的铁杆嫡系，深受信任。如此看来，留下曹咎防守成皋大约也是项羽深思熟虑的，毕竟成皋一线至关重要，一定要掌握在自己人手中才能放心。至于曹咎的能力，那不要紧。以骑兵的速度和战斗力，最多半个月就能解决彭越那群乌合之众。只要曹咎坚守不出，刘邦奈何不得曹咎。

在临走前，项羽还是不放心，特意把曹咎喊过来："曹将军，成皋地势险要，易守难攻，这是我军压制刘邦的重要据点，绝不容有失。寡人估计，刘邦休整完毕后，一定会回攻成皋。若真是如此，将军不要出战，坚守城池拖住汉军就算大功。我军骑兵行动速度很快，半个月之内必定平定彭越与你汇合。"

为了保证曹咎不出意外，项羽还特意将曹咎的老朋友司马欣和董翳任命为曹咎的助手。司马欣虽说是降将，可也是久经战阵，作战经验丰富。两人配合，应当不会有什么问题。当然，没问题的前提是主将曹咎坚守不出，司马欣和董翳配合。

得知项羽离开成皋一线后，刘邦反应很快。只要项羽在，那就没得打。可楚军没了项羽，那就会被汉军吊打。机不可失，失不再来！项羽前脚刚走，紧紧盯着项羽的刘邦便立即在巩县、洛阳紧急动员，向成皋发动全面攻势。豁出去了，全部拼上！这次若是拿不下成皋，恐以后再难以挽回颓势。

不过成皋城坚墙高，易守难攻，硬拼划不来。所以，进抵城下后，刘邦没有急于攻城，而是每天派人到城下挑战。

刚开始，曹咎谨遵项羽的叮嘱，楚军始终坚守不出。曹咎不出来，汉军无可奈何，虽然有兵力优势，但毕竟楚军顿守坚城，正面强攻攻不下，长期围困也不是办法。一定要想办法让楚军出城！于是，接下来几天里，刘邦每天派数百人到城下百般辱骂曹咎，连续骂了五六天。不知道刘邦骂了什么，总之最后曹咎实在坐不住了。

刘邦实在欺人太甚，是可忍孰不可忍！暴怒之下的曹咎早将项羽的叮嘱抛到千里之外了，随即领兵出战。

此战中汉军主力部署于汜水边，等楚军刚渡河一半，养精蓄锐多时的汉军便向楚军发动冲锋，结果刚刚半渡的楚军被打得大败，全军覆没。

自楚汉战争以来，楚军还没有如此大败！即使是京索之战那样的大败，楚军在兵力上并未损失多少。故在战后，羞愤交加的大司马曹咎和司马欣、董翳均拔剑自刭而亡。

曹咎身为主将，死了没什么好说的。毕竟数万精锐楚军都没了，他不死，项羽也不会放过他。司马欣是副手，倒是不用负主要责任。但是，这个人的死，总让人感觉是迟早的事。纵观司马欣的一生，在数年里以一个地方官吏成为统兵大将，甚至最后封王。生涯之传奇，莫过于此。更具讽刺意味的是，居然是被自己敌人封王，而自己的封地又是以前的故国。当初，项羽封司马欣为塞王的说法是因为"尝有德于项梁"。所谓的有德，就是指当年项梁犯法时得了司马欣的人情才免于被罚。秦法严酷，司马欣经手的案件多了去了。然而，这一次人情做得未免太巧合，恐怕司马欣自己都想不到数年后两人会在战场上相见吧。

总的来说，司马欣是个很灵活的人。当年，极力促成章邯投降项羽的正是此人。刘邦出汉中定关中，司马欣没有经过什么抵抗就直接投降了。彭城之战刘邦大败后，司马欣又积极投靠项羽。屡次背叛的人，是不会让人放心的。不知道项羽到底是如何考虑的，让毫无经验的曹咎做久经沙场的司马欣的上司，大约也是对司马欣不信任吧。

有趣的是，据《史记·高祖本纪》，在汉四年（前203）的十一月，刘邦回栎阳后将司马欣枭首示众。这样记载的话，司马欣又死了一次。也许是司马欣自杀未遂被汉军生擒，也许自杀后被汉军割下头然后传首栎阳，谁知道呢。

楚汉开战以来，投降刘邦的诸侯不少。不过刘邦从没有对这些墙头草下狠手，都是被很好地安置，而像司马欣之辈，仅有这么一位。这一方面确实有收买关中秦人民心的意图，但也可以看出刘邦对这种反复无常的小人极度痛恨。无论如何，司马欣死了，他是一个善于见风使舵的人，或者说他是"识时务者为俊杰"或"良禽择木而栖"，但他不是一个高尚的人，更不是一个纯粹的人。与章邯相比，司马欣的"识时务"，难以让人尊敬。

死的死了，死不了的还要继续折腾。

随着楚军大将曹咎、司马欣自杀，损失惨重的楚军态势进一步恶化。汉军挟大胜之势收复成皋，观兵荥阳城外。没过多久，汉军前锋又突入广武，设大营驻兵，打通了与敖仓守军的联系。此次成皋之战形势虽未彻底改善，但毕竟这是从荥阳攻防以来汉军获得的首场真正意义上的大胜，对全军士气的振奋作用不言而喻。

而当成皋被汉军攻克时，项羽尚在梁地一路疾驰。从成皋前线回援后方后，项羽向后方的反楚势力发动空前凌厉的攻势。楚军在项羽的指挥下，经砀郡的陈留、外黄、睢阳一线向东狂飙突进一百五十余里，以每日攻克一座城池的速度迅速收复了所有沦陷的重要据点。

彭越的巨野义军以及卢绾、刘贾的汉军被打得丢盔弃甲、抱头鼠窜。在项羽凶猛的攻势下，卢绾、刘贾领汉军据城坚守不出，彭越则一路向北逃了三百里，退至谷城一带才稳住阵脚。收复梁地之后，项羽采纳了外黄士绅的建议，放弃了屠城，改而实行了正确的安抚策略。这样，楚军迅速在整个梁地站稳了脚跟。

可正当后方凯歌高唱之时，丢失成皋的消息传来。这如同冬天里浇了一瓢冷水，从头凉到脚。成皋战略要地的丢失，前线大败，这让后方所有的胜利黯然失色。各地的反楚势力将更加猖狂，形势瞬间被逆转。

要知道，曹咎指挥守成皋的应当是楚军的精锐。毕竟，成皋一线如此重要，不大可能留守弱兵。可是现在，曹咎死了倒不要紧，数万楚军精锐却一战而没！这损失的精锐兵力到哪里去补充？曹咎啊曹咎，真是成事不足败事有余！想到这里，项羽恨不得曹咎没死，好让自己亲手捅个七八剑。好吧，不幸中还有万幸：荥阳还在楚军大将钟离眜的手中。怎么当初就没想到用钟离眜守成皋呢？骂归骂，曹咎已死，这残局还得靠自己慢慢收拾。于是，项羽只得放弃梁地，匆匆收兵回荥阳。

此时的荥阳前线已经恶化得不能再恶化了。汉军整顿完毕后，正在加紧围攻荥阳的钟离眜。论打仗，钟离眜比曹咎可靠多了。虽然成皋大败，可钟离眜仍然顶住了压力，牢牢守住了荥阳。在钟离眜的顽强坚守下，汉军虽发动数次猛攻，但始终无法像拿下成皋一样拿下荥阳。听到项羽回军后，汉军立即放弃攻城，全军西退二十里，构筑壁垒就地转入防御。

于是，两军又在广武一线陷入对峙，而这又将是长达数月漫长而枯燥的拉锯。

第二十九章　　广武交锋

汉四年（前203）的新年刚过，刘邦大败曹咎，重新夺回成皋。楚汉战线向东移动六十余里，至荥阳—广武一线。

如此长期对峙的阵地战对后方不稳的项羽而言，显然不是个积极的信号。在项羽看来，此前虽给彭越沉重打击，可是随着曹咎兵败，自己不得不提前赶回成皋。这样，剿灭彭越的战略设想又功亏一篑，而彭越这个人造成的危险绝对不比刘邦小。

果然，项羽一走，彭越又活跃起来，四处截击楚军粮道，简直如恶狗一般。派往后方的兵少了，那是有去无回；派去多了，前线又兵力不足。

就在项羽焦头烂额之时，齐国战场龙且一战负于韩信的消息又传来。短短月余时间，楚军在两个战场损兵折将十余万。家业再大也架不住如此折腾！项羽终于坐不住了，遂以刘邦的家小为威胁（刘太公和吕雉都在彭城之战中被项羽擒获），企图迫使刘邦让步。历观刘、项数次交锋，项羽都没有以质相胁。项羽毕竟是贵族出身，对这种胜之不武的非"君子"做法向来比较排斥，这次恐怕真是被逼急了。

广武大营外，项羽当着两军十数万将士的面架起大锅，然后把刘太公扔到肉案上，对刘邦撂下狠话："刘邦，汝今不降，寡人就煮死汝父！何去何从，汝看着办！"

看着热气滚滚的大锅，刘邦不为所动："项兄弟，吾曾经和你一起在怀王手下工作，约为兄弟，吾父自然便是汝父。如今天一定要煮，便请分一碗肉汤。"

汉二年（前205）彭城之战前，刘邦曾特意派王吸、薛欧联合王陵经南阳营救家小。两军在广武刚刚对峙时，刘邦也曾派陆贾专门营救刘太公。如刘邦果真如此冷血无情，不可能大费周章数次派人营救。天下常以"分一杯羹"说明刘邦歹毒不念亲情恐怕站不住脚，也不太客观。彼时，刘邦要是真的投降了，下大锅的恐怕就不止刘太公了，而是刘氏一家了。

当然，项羽的这个办法并不是什么高明的计策。以刘邦为人，怎么可能因家弃国？所以项伯说："像刘邦这样志在天下的人，是不会顾及自己家人的。大王你即使杀了刘太公，刘邦也不会投降的，徒遭天下英雄耻笑罢了！"这番话虽有通敌之嫌，却不是没有道理。

说降不成，军粮不济，长期对峙又不行。数日后，项羽又在数万将士的阵前对刘邦叫阵："天下动动荡荡地折腾了好几年，搞得民生凋敝，全都是因为我们两个。不如你我今日单挑，一决雌雄，给天下一个交代！"

单挑，是先秦时代战争的优良传统，称"致师"。据《逸周书》《史记·周本纪》的相关记载，当年武王伐纣时，周、殷两军在牧野决战，周武王姬发曾派姜尚与商王的猛将伯夫致师。不过可以看出，单挑早在商周时就存在了，确实源远流长。到了春秋时期的贵族战争，单挑更是在各国流行。据《左传》记载，在鲁宣公十二年（前597）晋楚邲之战时，楚军主将多次向晋军单挑，结果晋军不敌，士气大跌，最后输掉了战争。

一般来说，单挑得胜的一方军队士气大振，失败的一方则士气低迷，在这种不利的情况下，一般都会遵守约定认输投降，两军罢兵休战。当然这是春秋时期的贵族战争，大家还讲风度、讲素质。到了战国，战争强度急剧增大，都是无所不用其极的置敌于死地，战争形式由贵族战争向全民战争迅速转变。因此，单挑也就慢慢退出了历史舞台。现在都什么年代了，项羽却问刘邦敢不敢与自己单挑，真是让人哭笑不得。

项羽的勇武，天下无人不知。而且，刘邦如今有五十多岁了，和项羽这样力能扛鼎的人单挑，岂不是自寻死路？刘邦自然不是一介莽夫，只见他披甲出阵后，指着项羽哈哈大笑道："大丈夫斗智不斗力！"

不过，在楚军将士看来，这是汉军示弱的表现，顿时士气大振。于是，项羽继续派军中的猛士出阵，向对面的汉军挑战。可刘邦既然连"宁斗智不斗力"这样的话都说出来了，还提什么单挑素质，直接命楼烦士将出寨挑战的楚将一一射杀。

只见楼烦士跃马阵前，拉弓引弦，这边的楚军猛将无不应弦而倒。

堂堂汉王的"素质"如此低下，如此不遵守规则，使项羽勃然大怒，亲自披甲持戟出阵挑战。见楚军主将出营，楼烦士又想要抽箭射杀。可还没等楼烦士弯弓，项羽瞋目而视，大喝一声，这一声如晴天打了个霹雳！楼烦士大骇之下双眼不敢直视，手脚发软，随即策马奔回营垒，不敢再露面。

项羽在两军阵前耀武扬威之时，刘邦再次站在营寨上出面叫阵。

"受命怀王，先入定关中者王之，项羽负约，王我于蜀汉，此罪一；矫杀卿子冠军而自尊，罪二；已救赵，当还报，而擅劫诸侯兵入关，罪三；怀王要求入秦无暴掠，项羽却烧秦宫室，掘始皇帝冢，私收其财物，罪四；又强杀秦降王子婴，罪五；诈坑秦子弟新安二十万，罪六；王诸将善地，而徙逐故主，令臣下争叛逆，罪七；出逐义帝彭城，自都之，夺韩王地，并王梁楚，多自予，罪八；使人阴弒义帝江南，罪九；夫为人臣而弒其主，杀已降，为政不平，主约不信，罪十。""项羽，你乃乱臣贼子，大逆不道，整个天下亦无法容忍你的滔天罪行！如今，你这种逆贼尚残活于世，只能为天下英雄所耻笑！你这逆贼还想和寡人单挑，配否？"

要论骂人，刘邦的水平比项羽高多了。这番话骂得有理有据有节，骂得畅快淋漓，甚至十万汉军将士听了后都觉得自己身在汉营是无比正义的，顿时士气大振。另外，这段话是当着两军数十万将士的面骂的，大大地扫了项羽的面子，让项羽羞怒难掩。于是，项羽暗命楚军中弓弩手射杀刘邦。结果，一箭将正在破口大骂的刘邦射翻！还没等两军惊呼，刘邦立即拔掉箭杆站起来后摸着脚大叫："这贼子射中老子的脚了！"

这一箭不是射中脚，而是正中胸口，不知道楚军用的是臂张弩还是蹶张弩，不过刘邦在两军阵前骂人，距离应该不远，如此即便有披甲，这一箭射的伤势当不轻。

由于伤势较重，为保密起见，刘邦紧急赶往成皋养伤。此次交锋，项羽虽然没有取得多少战果，但射伤对方主帅，也算是个不大不小的胜利了。

不过话说回来，虽说是小胜一场，但在对峙一个多月的时间里，项羽千方百计却终究未能打破僵局、挽回颓势。

随着楚军后方局势逐渐恶化，战争的优势和主动权开始慢慢转向汉军。当然，汉军想要获得战争的最终胜利，恐怕也是殊为不易。长期对峙拉锯，对汉军将士的士气影响很大，军中普遍存在厌战情绪。就在刘邦中箭受伤时，军队中立即出现了不稳的迹象。若非张良建议，刘邦强撑病体巡视军营，数十万汉军很可能立时土崩瓦解。另外，楚军虽然后勤补给被完全切断，汉军方面在后勤上也基本精疲力竭。《三辅故事》载，在楚汉相持的这几年里，刘邦"身被大创十二，矢石通中过者有四"。连身为全军主帅的刘邦都浑身是伤，可见战斗之残酷。如此烈度的消耗战持续数年之久，关中转运的物资、补充兵员也基本枯竭。若不是关中雄厚的人力和萧何竭力支撑，汉军早就崩溃了。

最关键的问题：各个战场虽然都取得了胜利，但韩信在平定齐国后的态度相当暧昧。而韩信所部汉军实力较强，一旦出现问题，后果不堪设想。

在如此巨大的压力下，即使在养伤期间，刘邦也在为这场战争殚精竭虑，不敢稍有懈怠。一个月后的十一月份，待箭伤稍愈，刘邦便重新跨上战马。从成皋出城后，刘邦先西入关中栎阳，以处理必要的军务。算起来，从汉二年（前205）的八月出关到现在，刘邦已经三年没回关中了。离开成皋前，刘邦做了周密的安排：樊哙主守广武、周勃主守敖仓。樊哙、周勃都是心腹，作战勇猛，并且都可以独当一面。只要他们坚守成皋不出，应该没有什么问题。

到达栎阳后，刘邦先将司马欣枭首示众，以安抚关中父老，接着便立即回到了成皋前线。算来，刘邦在关中只逗留了四天。史书中没有记载刘邦此行的目的，但如果仅仅处决司马欣，大可不必特意返回关中。根据《史记·高祖本纪》的记载"关中兵益出"，可以推测刘邦回关中的目的就是再次动员，以补充前线兵力，为最终决战做准备。不过，从刘邦停留的时间看，萧何应该已经将补充兵员整编完毕了。

随着关中汉军增援部队陆续抵达前线，项羽的处境变得更为不妙。要知道，楚军兵力已经动员到极限，损失根本无法弥补。长达一年的荥阳、成皋争夺战，不知道项羽被消耗了多少兵力，但近期的几场大败，确实使项羽元气大伤。另外，楚军的后勤补给已经被完全切断。

现在，三齐之地已经被韩信完全平定，他极有可能从齐国向楚军后方发动全面进攻。韩信的军队可不像齐军那样的乌合之众，而是真正的百战精锐。韩信也不是田广、田横，不但身经百战，且诡计多端，令人防不胜防。一旦韩信将兵南下，只需一个月，楚国便会土崩瓦解。

一时间，刘、项两人的目光不约而同地转向了齐国。此时，能决定天下最终归属的只有韩信。那么韩信会作何选择呢？

第三十章　　举棋不定

汉四年（前203）十月，接到田横的求援后，项羽派遣龙且所部救援齐国。

对项羽来说，齐国同样重要。如果龙且部能够击破在齐国的韩信，并和齐国结盟稳定住后方，将会大大缓解前线压力。到时再以齐国之兵北上河北迂回刘邦侧后，甚至攻入空虚的关中，那么大势尚可挽回。然而等来等去，一个月后却等来了龙且全军覆没的消息。

龙且算是知兵之人，不知道这仗怎么就打得一败涂地。龙且是没得指望了，一团糟糕的局势还是要项羽自己收拾，而现在最关键是已经没有充足兵力去解决齐国问题了。于是，等广武前线稍稍平静之时，项羽谋求和平解决齐国问题。经过反复权衡，项羽决定派武涉去齐国，游说韩信。项羽给武涉的任务是，最好能说服韩信和楚军结盟，最坏也要让韩信保持中立，好让自己的后方不至于受到太大压力。

那么这个武涉是什么人呢？由于史书记载不详，只知道武涉是东海郡盱台人，为楚汉时期辩士，其他的一概不知。不过，在如此紧要关头，项羽想到要用他去游说韩信，可见此人应该是有能力的，起码是项羽信任之人。

韩信要求自领齐国是在汉四年十一月份，武涉说齐应该在这之后，他到达齐国的具体时间，大概在十二月至一月的深冬时节。

见到韩信后，武涉开门见山：秦灭之后，大家"计功割地，分土而王之，以休士卒"，到了该放马南山共享富贵的时候了。可是，刘邦却不珍惜来之不易的和平局面，"侵人之分，夺人之地，已破三秦，引兵出关，收诸侯之兵以东击楚",让天下重新陷入动荡之中。刘邦这个人贪得无厌,不拿下整个天下是不会罢休的!

将发动战争的直接责任推给刘邦后,武涉接着分析刘邦的性格。他认为:"刘季这个人是断然靠不住的。他屡次被我军所败,我王怜悯,饶他不死,但彼辈一脱身就背弃盟约。为人如此无信无义,大王还能接受吗?"

然后,武涉站在韩信的角度,为韩信考虑:我知道大王您"与汉王为厚交,为之尽力用兵",但是如果您一点都不为自己考虑的话,后果难测。您之所以能够"须臾至今者",实际上是因为我们项王还存在的缘故。

紧接着,武涉为韩信认真分析了当前的形势:目前楚、汉两国都已经精疲力竭,天下归属关键就在齐王的态度。齐国如果西附汉王,汉王即胜;东靠项王,项王即胜。最后武涉总结道:如项王覆灭,以刘邦如此无信无义的性格,齐国恐怕没什么好下场。大王,您和项王曾经有过交情,为什么不与我国联合,三家瓜分天下,各立为王呢?

平心而论,武涉的话不是没有道理。无论是天下大势,还是目前的局势,武涉都说到了点子上,特别是指出现在天下已有三分之势。不过,韩

信思考过后拒绝了武涉的建议,理由是自己曾在项羽手下工作,但一直不被重视,而投奔刘邦后,刘邦待己甚厚,"我倍(背)之不祥"。

韩信决心已下,武涉始终没有办法将其转变,最后只得带着失望离开了齐国。武涉没能完成项羽交代的任务,天下大势已难以挽回。

但是,韩信的真实想法是否像他所言对汉王"虽死不易"呢?韩信这个人,绝对不是什么老实人,特别是如今手握数十万大军,主宰天下局势,以他贪功图利的性格,不可能没有一点想法。要真如他所言死了也不会背叛刘邦,又怎么会让项羽的说客来到这里,还交谈了这么长时间。所以,所谓的"虽死不易"就是场面话,说说而已,当不得真。

其实,就在武涉刚刚离开齐国后,那个曾劝韩信攻齐的蒯彻就又在为韩信谋划了。蒯彻以相面之术劝谏韩信道:"臣曾经学过相面之术,所谓'贵贱在于骨法,忧喜在于容色,成败在于决断'。臣相大王之面,以后不过是封个侯,而且还很危险;相您的背,却是高贵得无法言表。"言下之意很明确,是让韩信"背"汉自立,才能大富大贵。

接着,蒯彻也为韩信认真地分析天下大势:"楚、汉两军在成皋相持了三年之久,两军都已精疲力竭。如无才智高绝之人,战乱短期内必然无法平息,两军相持的局面也很难打破。"随后,蒯彻为韩信提出了先三分后

统一的行动策略：先稳住楚、汉双方，让他们继续相持，我军则兵分两路，一路北渡黄河，平定河北的赵、燕两国；一路西进梁地，牵制楚、汉两军的兵力，最后经营齐、梁后方，以此为基础消灭刘、项，统一天下。

并且蒯彻认为，楚、汉两军久战疲乏，只有韩信所部建制完整，且连战连捷，士气高昂，因此成功的可能性极大。说完这些后，蒯彻总结道：所谓"天与弗取，反受其咎；时至不行，反受其殃！"这可是上天赐给我们机遇，千万不要错过！

然而，韩信以不忍背汉为由拒绝了。早知韩信有此一说，蒯彻便立即以张耳、陈余和文种、勾践的例子来反驳，并告诉韩信："大王如今已有功高震主之嫌，封无可封。如果依附楚国，估计不会见容于楚；归附汉国，恐又遭人猜忌。所以，以大王现在的功绩，已经到无路可退的地步了，只能单干，才能保全自己。"韩信还是犹豫不决，仍然以不忍背汉为由推脱。见韩信不肯下决心，蒯彻简直把嘴皮子都磨破了，就差像范增那样指着鼻子骂了，又苦劝道："做大事的人一定要善于决断，决不可在旁枝末节上计较，否则后果难测。"

但是，韩信仍然不忍心背叛刘邦。

谈到这里，已经没有必要再谈下去了。蒯彻心灰意冷，终于知道韩信无图谋天下的打算，于是装疯离开了韩信。

从蒯彻所献之策来看，确实是在为韩信个人考虑。大约，蒯彻是将韩信作为可以托付的君主侍奉的，希望能辅佐明主成就一番大事。然而，所托非人，明主难遇，终究壮志难酬。其实与郦食其一样，蒯彻作为辩士，最大的成就应该就是辅佐一位明主，施展所学，成就大业。然而他千挑万选的明主竟然如此不中用，可想而知蒯彻的失望、苦闷。从某种程度上说，蒯彻甚至还不如被烹杀的郦食其幸运……

就在武涉来齐之前的汉四年（前203）十一月份，韩信挟功求封，要刘邦封自己为齐王。单以此事便可看出，韩信并不是真的对刘邦毫无二心，起码不像周苛那样赤胆忠心，更非韩信所说的"虽死不易"。不忍背汉这句话，估计没人相信。那么，到底为何韩信一再犹豫呢？如果说武涉是项羽的人，所献之计还需推敲，尚可理解。蒯彻确实是为韩信考虑的，可以说毫无私心，这一点韩信不可能不知道，又为何拒绝？韩信之所以拒不采纳，是真的不忍背汉，还是另有他虑？

有时候，历史的魅力在于我们可以从先人细微的笔迹中推测、辨别，以探寻历史的真相。

现在来做一个假设：假设韩信接受了蒯彻的建议，背叛刘邦，另起炉灶单干。现在，韩信必须解决第一个问题，那就是兵。要知道，韩信的北线汉军，除了有一部分是韩信在赵国招募的，其他均是刘邦抽调的，特别是其中战斗力较强的精锐。韩信在河北的时间比较短，从汉三年（前204）井陉之战到汉四年（前203）十月攻齐，只有一年，刨去其中休整和准备战争的时间，最多只有半年。因此，在河北招募的这部分军队成军时间较短，不但兵力不多，战斗力也不强，远不能与刘邦调拨的汉军精锐相比。也就是说，韩信手中的大部精兵是不会跟着他走的，他可以放手动用的，最多就是他在河北招募的赵兵。可是这样的军队，又有多少战斗力呢？

好吧，再次假设，如韩信用了矫诏或者其他非常手段控制了军队，现在要面临另一个问题，那就是将。韩信可以欺骗基层官兵，却无法隐瞒曹参和灌婴这样的高级将领，只要二人稍加思考，再联系韩信与楚国使臣走动频繁，便不难猜出韩信图谋不轨，所以即使韩信能够以诈术调动军队，但绝不可能长期隐瞒所有人，也不可能调动忠于刘邦的汉军将领及其手下的部队，更不可能调动精锐的郎中骑兵。一旦阴谋暴露，这支思想混乱的叛军能保留多少战斗力，能不能打下河北，都是个问号。

另外，如果曹参、灌婴发动兵变或者领兵出逃，那后果将更不堪设想。这两人可不是庸将，相反作战勇猛，都可独当一面，且所部骑兵战斗力极强。一旦这支骑兵迅速北上，再联合河北汉军南下，韩信的齐国将危如累卵。此外，刘邦在楚国后方还有刘贾和卢绾指挥的二万建制完整的精锐步骑，这部汉军战斗力也不弱。刘贾和卢绾久经沙场，这两人也不太好对付。如果这部汉军从梁地北上与曹参和灌婴合兵，直接进攻韩信，以韩信本部的战斗力是难以抵御的。

所以无论武涉还是蒯彻，确实都看到了天下大势所在，即楚汉相持，齐王韩信就是天下权重所在，这一点是没有问题的。但是这两个人，特别是蒯彻，还没有真正看出己方的困难。所提出的战略设想看似正确，却缺乏实际的可操作性。作为一个谋士，蒯彻的大局观不错，但对兵略还是有所欠缺，仅做到了知彼，而没有做到知己。

韩信所谓的不忍背汉，恐怕正是考虑到了这点，才不敢轻举妄动。当然，这一切都与韩信的性格有关，即关键时刻缺乏敏锐的政治眼光和政治决断能力，权衡利弊后既不敢背叛刘邦，又无法控制权力的诱惑。

韩信的基本力量都是刘邦调拨的，包括手下的将领。因此，刘邦不可能不知道韩信与项羽的人私自接触，这样左右摇摆、举棋不定的后果是只能让刘邦更加猜忌而已。

第三十一章　　鸿沟议和

　　蒯彻出走后不久，到汉四年（前203）二月份开春之际，刘邦派张良去了一趟齐国，为韩信送去齐王的仪仗和印玺，正式承认了韩信的齐王。

　　其实这件事情，派一个使者去办就行了，不必让张良这个首席谋士去，而且张良身体不好，刘邦在国事上都很少麻烦他，更别说去千里迢迢出使齐国了。要知道，此时从成皋前往齐国可不轻松。由于楚军还占据着荥阳，河南郡到齐国的驰道不通，张良只能走平阴津渡黄河，绕道河北走平原津，一路长途跋涉近千里，极为辛苦。之所以在这个时候特意让张良前去加封韩信，一方面可能是安抚韩信，以免他起疑激起兵变；另一方面也有探听虚实的意思，毕竟这个韩信太让人不放心了。

　　安顿好了韩信后，回过头来看刘邦这段时间在忙什么。刘邦从成皋前线回了一趟关中，征调关中的后备兵力出关，直到汉五年（前202）七月份夏日来临时，封英布为淮南王。这中间近半年的时间，中线汉军一直与楚军在广武紧张对峙，不过相比前番数场大战，此时双方颇为克制，除了每天向对面的敌人大骂，没发生什么大的冲突。而刘邦则充分利用这半年时间加紧训练，以提高关中动员兵的战斗力。就这样，广武一线平静地过去了半年。

　　封英布为淮南王之后，刘邦让他南下九江重建根据地，以图开辟南方战线，合攻项羽。一个月后，刘邦又派人联络燕王臧荼，征调燕军南下。由于臧荼已经加入汉军阵营，联合作战自然没什么好说的。接到刘邦命令后，臧荼便调集精锐的辽东骑兵和貊人步兵赶赴成皋前线。

　　其实早在四个月前，臧荼便派燕相昭涉掉尾和将军温疥领兵南下，协防成皋。在击灭曹咎的战斗中，骁勇的燕军表现很出色，所以此次刘邦才又想起调燕军南下助战。不过，为了准备最后的决战，这次调兵规模显然比以往大得多。

随着诸侯军的加入，前线兵力不断得到补充，单从兵力规模上看，汉军已经占据压倒性优势。接着，刘邦下令："凡将士在战中阵亡者，官吏要为他们用衣被棺木殓尸，并转送家中。"这免除了士兵的后顾之忧，大大鼓舞了汉军的士气。

九月，刘邦对人事进行了调整：中尉周昌接替了灌婴的御史大夫一职。由于灌婴长期出征在外，根本没有时间参与朝政，而御史大夫又位高权重，不能长期空着，所以此次调整是稳定政权的重要举措。周昌，就是死在荥阳的前御史大夫周苛的堂弟。兄弟两人都为刘邦同乡，也是在沛县起兵时就追随刘邦的老革命。史载周昌"坚忍质直"，"为人强力，敢直言，自萧、曹等皆卑下之"，可见其性格率直。而御史大夫有一项主要职责就是监察，因此让周昌担任御史大夫一方面有纪念周苛的意思，另一方面确实是看中了他的性格。

相比刘邦从容不迫地协调各个战场，调整人事，项羽此时窘迫的多。在韩信被正式封为齐王后，楚国就没有后方了。和武涉谈崩了之后，韩信便开始了下一步行动。在韩信的部署下，灌婴指挥精锐的郎中骑兵结束休整，自齐国南下。

灌婴部经薛郡中部的鲁县南下，进抵泗水郡西部的下相，然后攻至东海郡南部的广陵。在灌婴的指挥下，汉军一路高歌猛进，长驱直进五百里，直接把楚国打穿。如此雷霆打击下，楚国后方从泗水到东海的所有城邑均为汉军攻克，项羽的大本营彭城被彻底孤立成为一座孤城。

为挽救危局，项羽紧急命令留守彭城的项声、薛公（并非在下邳之战战死的薛公）主动出击，还从原本就很紧张的成皋前线调拨了一支骑兵南下以协助反攻。彭城守军可以说是楚军最后的精锐了，依靠这支楚军，在彭城以南击败了汉军的淮北守军，收复了不少失地。虽说形势有些好转，但项羽的这个部署是很有问题的。要知道，项声的楚军一旦被调出，彭城可真成了一座不设防的空城，而且楚军需要面对的是汉军的精锐骑兵。放弃守城，选择与骑兵在平原决战，无论如何称不上明智之举。可能是形势严峻，把项羽逼急了。

可是，一旦这支部队失败，那就是彻底的大败。

果不其然，项声部刚刚抵达下邳，便遭遇到早就渡淮水而上的灌婴部。无奈之下，项声便在下邳城下和汉军展开决战。结果楚军被打得一败涂地，主将项声被生擒，副将薛公被临阵斩杀。决战大胜，士气如虹的汉军骑士又向北疾驰三百里，在平阳截住了项羽增援的那支精锐骑兵，并再次大胜。

彭城，终于陷落。

仗，打到这个地步，已经没有必要硬撑了。都城彭城都陷落了，人心浮动，还有必要打下去吗？在这种情况下，项羽被迫与刘邦讲和，两军约定停战，楚、汉遂以鸿沟为界，东楚西汉，中分天下。

鸿沟是河南郡西部的古运河，在荥阳故城东南三十里。魏惠王十年（前360），魏惠王将国都从安邑迁至大梁后，开挖广武山，引河入淮，即为鸿沟。其故道经荥阳北，流经大梁，东南入于颍水。这样的话，中原地区的六个郡，鸿沟西部的河南郡、颍川郡、陈郡划给了汉，而东部的东郡、砀郡、泗水郡则归楚。

《史记·高祖本纪》记载："项羽恐，乃与汉王约，中分天下。"如此，应当是项羽主动向刘邦提出议和。而据《史记·项羽本纪》记载："汉遣陆贾说项王，请太公，项王弗听。汉王复使侯公往说项王，项王乃与汉约，中分天下。"似乎是刘邦方面先提出议和之事。从政治上说，谁先提出议和，谁就处于被动地位。那么，到底是哪方先提出议和之事的呢？

笔者以为，应当是项羽先提出议和之事。从此时两军的形势可知，项羽的楚军虽占据荥阳地利，但困据一隅，并且补给早已被彭越切断，而楚国都城彭城前不久被攻克，这件事情对前线楚军影响极大，直接造成了军心不稳。综合看来，楚方的劣势远大于汉方，汉方虽说主动进攻的能力不足，不过好在补给还算充足，守应该不成问题。在这种有利情况下，以刘邦的性格，无论如何不会主动提出议和。然而，《史记·项羽本纪》较《史记·高祖本纪》详细的多，不但记载了前后经过，还记载了交涉双方主要人物，应当确有其事，这里又作何解释呢？

笔者以为两则记载是可以放在一起的。因为刘邦的家小为项羽所擒，而且刘邦确实也不止一次提出要解决人质这个问题，所以事情的经过大概是刘邦方面先主动接触项羽的。刘邦先派了陆贾前往楚营，请求项羽释放人质。不过，此时刘邦可能并未提出议和之事，而彭城尚在楚军手中，故释放人质一事理所当然被项羽拒绝。不久，彭城被汉军攻陷，刘邦又派侯公前往楚营，重提此事。项羽鉴于形势危急，于是提出必须以议和为前提，才能释放人质。刘邦同意，议和遂成。这样，项羽释放人质，楚、汉双方罢兵，中分天下。

所以，鸿沟议和之前，确实是汉方主动接触项羽，但明确提出议和的应当是楚方。都知道，此时刘邦是占据绝对优势的，除成皋前线的汉军，北方赵国的张耳、东方齐国的韩信、梁地的彭越、楚地的卢绾和灌婴完全将项羽封锁在荥阳孤城了。刘邦久经沙场，不可能看不清项羽已经陷入绝境。然而议和一成的话，鸿沟为界，原属汉方控制的鸿沟以东的梁、齐则必须让给项羽，这对刘邦来说是实实在在的赔本买卖。

那么，刘邦又为何同意议和之事呢？史书中未记载刘邦的真实想法，但根据史书的细微之处可推断出刘邦可能出于以下几个方面的考虑：首先，虽然项羽陷入绝境，但楚军毕竟战斗力较强，又据有荥阳地利，强攻之下伤亡惨重是少不了的。而一旦成皋的汉军主力损失过大，齐国的韩信恐怕会有所动作，这就得不偿失了。在这个关键时刻，一旦伤了元气，则全局陷入被动。即使拿下荥阳，甚至击杀项羽，也算是赔本了。权衡之下，还是先缓一缓的好。另外，长期的对峙拉锯致使汉军将士普遍厌战。从《史记·高祖本纪》中说议和达成之后"军中皆呼万岁"的记载来看，广大基层将士确实是希望刘邦与项羽达成议和的。此时项羽提出议和，如果拒绝，对士气会产生不利的影响。最后，可能与刘邦个人的思维定势有关。彭城之战，刘邦被打得大败。后面历次作战，汉军一旦对上项羽本部，多少都会显得有点底气不足。所以当项羽提出议和，刘邦直接的反应大概就是"居然项羽这竖子认怂了"，赶紧同意……

促成双方议和的关键人物是陆贾和侯生。这两人是什么人呢？陆贾这个人在刘邦所有的谋士中比较神秘。在《史记》中，司马迁将其与郦食其合为一传。据其本传记载，他是秦末楚人。又据司马贞《史记索隐》注引《陈留风俗传》的说法，陆贾出自春秋时陆浑国之后。据说，陆浑国是黄帝的后裔，封国范围大致在今河南中西部。春秋时代，晋国称霸，陆浑国遂为晋所并。国灭后"故陆浑子奔楚"，而陆贾就是这些逃散在楚国的陆浑国人的后代。

接着，《史记·郦生陆贾列传》又说，陆贾"以客从高祖定天下"，至于什么时候，在什么地方追随刘邦，都没有记载，可见陆贾这个谋士真的是很有意思的人。另外需要提一句，陆贾是《楚汉春秋》的作者，《楚汉春秋》就是记载楚汉争霸相关历史的，是司马迁记录楚汉之事的第一手资料。

与陆贾相比，侯公这个人更加神秘。他在《史记》中连本传都没有，生平不详。据《金乡守长侯君碑》记载，侯公名成，字伯盛，为山阳郡防东人，楚汉时期辩士。不过，山阳郡的设立要到孝景年间了，秦汉之际还没有山阳郡。所以，这个说法尚有些问题。据《楚汉春秋》记载，鸿沟议和后，侯公因功被封为平国君。至于议和的具体经过又是史无所载，我们也不得而知。不过，宋代苏轼作有《代侯公说项羽辞》，假想了侯公与项羽之间的激烈交锋。既无正史记载，也可权作参考。

无论如何，鸿沟议和的达成，使持续两年之久的楚汉荥阳争夺战画上了一个并不那么完美的句号。然而，等待两军将士的不是久违的和平，而是真正的决战……

第三十二章　　回天乏术

汉四年（前203）九月份秋日来临之际，楚、汉约定罢兵停战。项羽交还人质，引兵东撤，刘邦亦领兵西归。在天下万民看来，两家握手言和，天下的动荡纷争就要结束了。

然而《礼记》有云："天无二日，士无二王，家无二主，尊无二上。"所以天下只能有一个天子，这一点刘邦阵营的谋士们非常清楚。鸿沟议和墨迹未干，张良、陈平便建议刘邦撕毁鸿沟和议，趁楚军疲师东返之机自其背后发动追歼，必获大胜。张、陈二人均认为："今天下已大半为我军控制，燕、齐、梁也都偏向我方。项羽兵尽粮绝，这是灭楚的大好时机。若现在放过，那是养虎遗患！"一旦项羽缓过来，后果难测。现在我们"不如因其机而遂取之"，如此，大事可成！

平心而论，张良和陈平两人的建议确实有违道义。刚刚签订条约就背信弃义，实在说不过去。可是话说回来，乱世之中，谁和你讲道义？讲道义的早死了。

在这两人的建议下，刚刚平息的战火再次燃烧起来。

现在做个假设：刘邦若真的拒绝张、陈二人的建议，鸿沟和约终究能够维护吗？笔者以为，答案是否定的。要知道，这场战争不只是刘邦和项羽在打，谁都不能单方面决定战争的终止，当时在砀郡和齐国还有彭越和韩信的势力存在，韩、彭二人手中的实力不可小觑，这两人不会同意刘邦单方面和谈，特别是野心勃勃的韩信。所以，仗打到这个份上，是绝对停不下来的。这一点，项羽也很清楚。

我们从项羽回彭城的路线选择上就很能看出问题。从河南郡的荥阳回彭城，一般情况下都会沿着鸿沟—睢水一线的秦驰道南下。从大梁、外黄，经砀郡郡治睢阳，再到泗水郡郡治相县，回到彭城。这条路平坦好走，距离也近。事实上，项羽前几次回后方都是沿着这条路走的。然而，此次项羽从荥阳退兵后，却从陈郡北部的阳夏绕了一个大圈回彭城。为何绕道？因为砀郡北部和东郡西部的梁地被彭越占据着，而彭越并没有答应停战。

可是，项羽算来算去也没想到刘邦翻脸比翻书还快。项羽领着十万楚军，刚到陈郡北部，便接到二十万汉军以泰山压顶之势全军而来的军报。

到汉五年（前202）十月份，气势汹汹的汉军急进至陈郡，在阳夏县境内追上项羽的后军。两军遭遇后，汉军以迅雷不及掩耳之势发起进攻。汉军前锋在都尉虫达的指挥下突入楚军军阵，展开激战。

虫达，属丰沛系的老资格了。刘邦的沛县义军到达砀郡后，虫达带着手下的兄弟们加入，并随后转战进入关中。汉元年（前206）以后，虫达长期在刘邦大舅子吕泽手下为将，参加了还定三秦之战及东征诸侯和楚汉的历次大战，是一员久经沙场的骁勇猛将。

此战中，虫达异常勇悍，带头向楚军发动冲锋，将楚军阵形打乱。随后，坐镇中军指挥的刘邦命樊哙领前军投入战场，向项羽的后军发动猛攻。一战下来，楚军大败，被俘四千余人。接着，汉军主力继续前进，在阳夏以南的固陵追上了项羽的楚军主力。

这一战看来是不可避免了。无奈之下，项羽只得回军迎战。于是，两军便在固陵附近列阵决战。

楚军仓促应战，兼之士气低落，军心不振，断难取胜。然而，此战的结果却是拥有绝对优势的汉军吃了大败仗，不得不就地转入防御。汉军作战不利这件事情在《史记》《汉书》《资治通鉴》均有记载，应该确有其事。

可汉军到底损失了多少，司马迁并没有明确记载，只在《史记·项羽本纪》中提了一句，说此战"楚击汉军，大破之"，对战斗的具体经过则无一字记载。如此，楚汉之际这场著名的固陵之战便披上了重重迷雾。

对于固陵之战的记载，笔者以为《史记·项羽本纪》有夸大之嫌。毕竟，这与双方军队的战斗力和战局发展状况不符。因为在数日之前的阳夏之战中，由于士气低落和仓促应战，楚军被打得毫无还手之力，被俘了四千余人。这证明汉军的战斗力确实有了较大的提高，在大规模的正面野战中已经不再畏惧楚军。相反，楚军的战斗力和作战意志是在下降的。就是退一万步讲，再不济，汉军在固陵附近还有卢绾、刘贾的数万精锐可以随时增援。在如此有利的态势下，汉军似乎不太可能遭到大败。

另外，从《史记》的记载来看，从此战结束到项羽败亡，汉军都没有撤兵休整的记录，而且从固陵之战到垓下决战，汉军各部建制完整，能够持续保持攻势，这也从侧面反映了此战中汉军的损失的确不大，否则就要后撤休整了。反观项羽一方，固陵之战后并没有摆脱被动态势，各处丧师失地，就是在此战之后，大司马周殷降汉。打了大胜仗，而高级统帅却降汉，这是无论如何都说不通的。而且，历观彭城大败后刘邦之用兵，处处小心谨慎，也不太可能在如此紧要关头再犯同样的错误。最后，《史记·功臣表》上也给出了最有力的证据，据记载，汉军勇将郎骑将丁义在固陵之战中指挥骑兵，向楚军发动猛攻，大败楚军悍将钟离眜部。钟离眜是项羽部下少数可与周殷、龙且等人并称的大将，自荥阳之战以来，指挥的一直都是楚军中战斗力较强的部队。能大败钟离眜，并被作为侯功记载在《史记·功臣表》中，说明这场胜利不小。如此说来，固陵之战汉军根本没有大败，至少还获得了局部胜利。

那么历史的真相是什么呢？笔者以为，大概是刘邦原本计划与韩信、彭越合兵击楚，然而此时联军失约未至，项羽遂抓住战机，以猛将钟离眜为前锋趁汉军立足未稳突然回头反击，汉军仓促接战不利，被迫后退，但汉军毕竟兵力充足，在稳住形势后，刘邦便派丁义领骑兵向楚军发动反击。汉军击退楚军后，刘邦命令全军就地构建工事，转入防御，同时以骑兵监视和骚扰楚军行动。转入防御一方面是为重新部署做准备，一方面也是等待韩信、彭越的援军，共击项羽。而且，这正是刘邦擅长的防守反击战法。

所以，刘邦应该是小挫之后，主动转入防御，而不是被项羽打得大败，被迫防御。总的来看，由于刘邦小心谨慎，固陵之战的规模其实算不上太大。但是在如此极端不利的局面下，项羽还能一挫汉军锐气，仅凭这一点，项羽就算得上是杰出的统帅。不过，这一仗也让刘邦注意到楚军战斗力还是不能小视，最好不要硬拼，虽然目前汉军能够取胜，但还是小心为妙。

原本约定好共击项羽，可在关键时刻，为何韩信、彭越两人不服调遣？
张良分析认为："楚兵且破，二人未有分地，其不至固宜；君王能与共天下，可立致也！"我们知道，虽然此前刘邦立韩信为齐王，但这并不是刘邦的本意，而是韩信挟功自立，尽管事后刘邦派张良前往齐国正式册封，但毕竟有得位不正之嫌，韩信心中忐忑，有所疑虑是可以理解的。再说彭越，当年项羽分封时，连个侯都没捞到，心中着实郁闷，直到彭城之战前，才以平定梁地之功被刘邦封为魏相，但如今魏豹这个领导已死，刘邦却未将他这个二把手扶正为王，这就不地道了。要知道当年出生入死反秦的英雄，要么已经死了，要么大多封了王。现在彭越也算老资格了，却还是顶着个魏相，难免心中有些不快。说到底，还是两人心中的欲望没有得到满足。

对此，张良提出建议："将陈县以东的土地封给韩信，立韩信为楚王；将睢阳以北到谷城的土地封给彭越，给彭越也封个王。如此，两人为封王得地，必会领兵前来！"

如此关键时刻，退一步则粉身碎骨，容不得刘邦疑虑。既然张良提出建议，不管怎样也只得如此了。不过，刘邦的诏书大约也是咬牙切齿发过去的：此前韩信擅自攻齐，忍了；要自立为王，还是忍了；现在最紧要的关头，却还讨价还价，可想而知刘邦心中的愤怒。估计刘邦此时已在考虑消灭项羽之后拿彭越、韩信开刀了。

诏书送达后，两人果然立即领兵前来共击项羽。其实，以汉军目前的兵力，步子放缓一点，应该可以做到独自消灭项羽。不过，如此急切地让彭越、韩信领兵前来助战，其中未必就没有检验两军战斗力，让他们消耗的意思。

韩信、彭越的齐梁联军行动的同时，固陵大营又发出一道命令：在陈郡周边活动的刘贾、卢绾军团二万步骑立即南下渡淮，抢先一步截断项羽楚军和淮南楚军的联系；淮南王英布则以本部顺江水直下淮南，配合刘贾和卢绾。此时，淮南楚军尚有数万可战之兵，分屯于寿春、舒、六等县，其中周殷部屯于南部的舒县。

汉五年（前202）十一月份，汉军两路并进，北线二万汉军精锐在刘贾、卢绾的指挥下冒着严寒渡淮南下，一战而克寿春。寿春重镇被克，楚国淮南地区的防御体系立即土崩瓦解。而就在此时，南线英布率万余步骑，直逼淮南南部的舒、六。

见势不妙，周殷以军降汉，并配合英布攻克六县。如此看来，周殷确实不是什么忠义之人。对比周苛在荥阳陷落后宁死不降，这周殷实在差的太远。项羽用了这样的人，焉能不败？无论如何，周殷这一投降，汉军则不战而得淮南，项羽的退路被彻底堵死，在陈郡的项羽十万楚军和江东基地也被完全割裂开来。

夺取九江后，刘贾与英布会合北上攻克城父，逐步钳死项羽。城父是泗水郡最西边的县，距离固陵二百多里，它此刻就挡在项羽东归彭城的路上。因为过了城父，就是陈郡界了。项羽虽强，可也架不住这背后一刀！

第三十三章　　命运决战

　　有时候，历史真的是巧合。在汉五年（前202）这一年，东、西方最杰出的统帅以不同的方式上演着他们的谢幕战。迦太基人和罗马人在北非扎马决战，被誉为战略之父的汉尼拔一生中第一次也是最后一次战败。这次决战，成就了大西庇阿的"非洲征服者"，同时确立了罗马长达四个世纪的地中海霸权。而在东方，一代战神项羽也将落幕。

　　十一月末，项羽终于冲破了汉军的层层包围，经固陵、城父一线仓皇南退。此时，北方是刘邦十多万大军步步紧逼，东北是韩信、彭越虎视眈眈，南方则是刘贾、卢绾、英布的数万步骑枕戈待旦，还有灌婴的数万精锐骑兵从彭城滚滚而来。江北四郡，包括大本营彭城，都已被汉军攻陷。而江东五郡呢？其实项羽也清楚已经无法回到江东了……

　　十二月份，项羽退至垓下时终于被汉军追上。刘邦会合韩信、彭越、英布等人后，总兵力达到五十万之众，一路旌旗蔽天，烟尘滚滚，以泰山之势压向项羽。而此时，楚军可战之兵约只有十万，而且长达数年的征战已完全耗尽了他们的精力，又处在没有补给的危险境地。面对绝对优势的汉军，项羽下令停止撤退，就地构建营垒，整军备战，准备在此与对面的刘邦一决雌雄。

　　夜沉沉，唯有对面星火绵绵长达几十里——那是汉军营寨里的灯火。这注定是一个不眠之夜！夜已深，伴随汉军昏暗的灯火，来自燕幽之地凛冽寒风咆哮而来，挟带着大股的砂砾和冰渣拍打在项羽的铠甲铁叶上，发出细密的轻响。

　　此情此景，让这位霸王思绪万千。自二世元年（前209）和叔父起兵，天下汹汹已有七年之久，是时候和对面的刘邦做个了结了。项羽默默地注视着汉军，而此时的刘邦也在注视着对面的楚军。

十万楚军，非同小可。再如汉二年（前205）彭城那般大败而归的话，遭天下英雄耻笑是小，身死国灭是大。对阵项羽，便如张良所说，唯有韩信。故在战前，刘邦将五十万联军的指挥权交给韩信。

前一日，韩信在作战会议上调整了部署。按照韩信的部署，汉军各部已经完成了初步调动：以韩信的三十万齐军步兵为前军主力；孔藂、陈贺指挥的数万骑兵分为左、右两个大方阵，护住前军两翼；主力中军则由刘邦亲自坐镇；大将周勃、柴武等人指挥后军，随时接应各部。

中军虽是主力，但按照韩信的部署，锁定项羽的将是左右两翼的突击力量，兵法所谓"正合奇胜"便是这个道理。值此大战之际，承担左右两翼突阵的主将负担不可谓不重。那么，指挥大军两翼的孔藂、陈贺何许人也？这几人在《史记》中并无本传，不过好在《史记·功臣表》都有简单介绍。据记载，刘邦沛县起兵后，孔藂和陈贺两人都在砀郡加入义军，当时两人的地位不高，一个是执盾郎，一个是舍人，不过都属于刘邦的贴身亲卫，在汉中建政时都担任左司马，后来和曹参一起配属给了韩信的北线，参加平齐之战。

当然，汉军将领绝对不止这几位，据《史记·功臣表》记载，汉初的一百多个军功侯，参加此战的竟达到七十多个。可见，汉军是精锐尽出，成败在此一战了。

虽兵多将广，还需严密部署，方可一战而胜。从汉军的部署来看，韩信对项羽的用兵习惯是进行过详细分析的。楚、汉历次大战，项羽都喜欢集中使用重装骑兵，进行中央突破，正面击溃敌军后，再发挥骑兵的速度优势，纵横穿插，逐步歼灭，往往一个突击下来，强大的重装骑兵便已经将敌人的阵形撕得粉碎了，可谓直接有效。不过这套战法算是一锤子买卖，正面冲不下来，后面就不大好打了。

项羽虽强，可韩信在前锋线布置了三十万兵力，这下总能扛得住了吧！简单、暴力、高效，就是要用雄厚密集的兵力优势迟滞楚军攻击的锋芒，最后耗死项羽。

冬日升起，弥漫在两淮大地上的迷雾逐渐消失。垓下空旷的平原上，两军同时出营列阵决战。作为全军统帅的齐王韩信单手扶车，立于轻车上，看着前方延绵数十里严整的军阵，心中思绪万千。天下归属，便在他一念之间！

韩信回头看了看后方数十里之外的汉王仪仗，收起思绪，深吸一口气后抽出腰悬的环首镊指前方。接着，传令兵飞奔下高台，纵马奔去。片刻后，代表前军的各部将旗升起，接着各都尉、各司马依次升起战旗。随着指挥前军三十万步兵的战旗全部竖起，汉军阵列犹如一片海洋。

韩信平静地戴上铁胄，再次下令，震天的战鼓随即响起。轰一声，数万材官齐刷刷地起立，如同原本的阵列突然长高一截一般。

鸣鼓则进，重鼓则击。鼓声逐渐转急，传达出前军开始前进的信号。随着鼓声，汉军前军的重装甲士手执大橹排成无数密集的方阵，依次向前推进。沉重的战靴踏在厚实的平地上，发出沉闷的轰鸣声。在步兵前军出动同时，两翼骑兵也开始缓缓跟进，护住步兵两翼。各军司马、校尉、都尉的号令声此起彼伏，传达出一个目标——楚军大阵。

大战的序幕就此拉开！汉军严整的阵形如同天边的一条黑线，整个军阵的气势压得人喘不过气来。看来半年里，汉军的战斗力确实有所提高。

整齐的轰鸣声一路传来，惊得楚军骑士战马昂首嘶鸣。项羽戴上铁胄，轻轻安抚坐下急躁的乌骓，然后将长戟轻轻提起，跃马前进。随后，楚军骑士也纷纷带上铁胄，缓缓催动战马。看着越来越清晰的汉军大阵，项羽大喝一声，提马加速，数万楚军骑士也紧随加速，向汉军奔驰而来——目标是三十万汉军之后的汉王刘邦。如此逆境必须阵斩汉军最高统帅，至少击溃汉军的指挥中枢，才能像彭城之战那样败中求胜。关乎命运的决战，开始了……

迅猛加速到极致的重装骑兵展现出惊人的破坏力，仅一个冲锋便将组成汉军前锋的第一线重装步兵方阵直接击穿！在战马强大的冲击力下，很多步兵被直接撞得血肉横飞。破阵杀敌，正在此时。楚军步兵在骑兵冲破汉军阵线后也突入敌阵，展开肉搏。

两军前军接战后，完成冲锋的楚军骑兵来回纵横，配合步兵迅速分割包围汉军的前锋。在楚军步骑的联合打击下，韩信的前军承受巨大伤亡。汉军法度森严，而且此战乃与项羽的决战，后退者死！在韩信的严令下，前军数十万将士苦苦支撑，维持防线。

数万楚军骑兵以项羽为锋锐，向前疾驰。楚军的战斗力确实强悍，在这种混乱的局面下居然数次重整阵形，继续冲锋。就这样，一波波强大的破坏力不断冲撞在汉军的步兵方阵上。在楚军不顾伤亡的野蛮打击下，整个汉军三十万前军被项羽打得摇摇欲坠，数道防线被击溃。

如果一直这样下去，楚军离胜利已经不远了。可是，这毕竟只是韩信的前军。刘邦手里还有十万中军没有投入战斗，那才是真正的精锐。不彻底击溃汉军本部，战斗就绝对不能算胜利。果然，就在项羽准备向韩信的前军发动最后突击时，迎面而来的一排排精锐重装甲士挡住了楚军骑兵前进的通道。他们全部手持长铍，跟着鼓声，如墙而进。看着他们严密的阵形和精良的装备，楚军将士们很清楚这必是汉军中军的长铍甲士到了。

正是如此，这部汉军就是都尉周灶指挥的长铍营。见前军交战不利，刘邦已经下令中军投入战斗，增援韩信。同时，柴武和周勃的后军向前推进，递补中军。对方投入生力军，楚军当也要调整部署，调上楚军擅长近身格斗的后备军步兵。然而，此时的项羽还在和汉军的前军惨烈搏杀，根本没有办法调整部署，而且楚军已经投入了所有的力量，手里已经没牌了。

几十万汉军，杀完一批，又冲上来一批，杀之不尽。随着汉军中军精锐投入战斗，项羽完全被汉军黏住，而这就是韩信想要的！虽在强悍的楚军打击下，汉军整个前军节节后退，损失惨重，但项羽期望的战况始终没有出现。更为严重的是，楚军步骑之间的距离逐渐拉长，后面的步兵已经跟不上前军的骑兵。整个楚军几乎失去指挥，处于极为危险的各自为战的境地。

双方从清晨拼杀至太阳西斜，都已经精疲力竭，特别是楚军骑兵，马力已乏，根本无力冲锋。到这个时候，战斗力的强弱已经不重要了。而韩信等的就是这一刻！见楚军不支，韩信立即下令左右两翼的骑兵出击，锁死项羽——这才是真正的杀手锏！

两翼骑兵养精蓄锐已久，接到命令后，孔聚、陈贺指挥两翼同时出发，向项羽的后军步兵发动了猛烈突击。战场上，数万匹战马嘶鸣奔驰，激扬起的尘土遮天蔽日。随着战马加速，铠甲的甲叶铿锵作响，无数铁胄鍪上的鹖羽和背后的负羽交汇在一起随风不断摆动，便如灰褐色的海洋。很快，千余骑从烟幕中现出身形，在孔聚、陈贺指挥下以万钧之势冲向楚军。

久战疲敝，特别是楚军步兵，早已成为强弩之末。此时，汉军突然投入两支生力军，胜利的天平立即向刘邦倾斜。数万匹战马冲锋，马蹄下扬起的尘土将西下的夕阳也遮蔽起来。汉军骑兵排山倒海般冲向楚军，仅一个冲锋，楚军的后军便露出不支之象。随后，两支骑兵在楚军后军中来回切割，准备截断项羽步、骑兵的联系。

随着后方惨烈的嘶喊声传来，项羽知道后军已经无法抵挡了。战至此时，胜利已经无望。见后军已经崩溃，全军即将被围，无可奈何的项羽只得放弃那遥遥在望的汉王中军，领军后撤，救援后军，避免全军崩溃。

一鼓作气，全歼项羽，正在此时。见楚军后退，韩信立即组织全线反击：主力中军、后军周勃等部以及所剩前锋不管多么疲劳，只要能站起来的，全数投入战斗。几十万汉军向项羽绝尘而来，前后夹击之下，楚军立即崩溃。战至夜幕降临，项羽率数万残部冲开重重包围，退回营中。

汉军大胜后，韩信率领全军压上，彻底包围了楚军的垓下大营。项羽已经绝无突破汉军包围的可能。垓下，已成死地。

当天，楚军阵亡八万！尸积如山……

第三十四章　　霸王别姬

随着决战失利，这位叱咤风云的霸王即将走向末路。这一切难道就结束了吗？流星，在即将坠地时才会发出最耀眼的光芒。有道是成王败寇。确实，失败者是无权左右舆论的。不过，在历代文人的眼里，这位霸王的失败远比刘邦的成功更让人震撼。

不妨回到那个冰冷的夜晚，看看这位百战百胜的名将是怎么走完最后旅程的吧。

白天的垓下慷慨悲凉，而夜晚的垓下更显得孤独寂寞。激战一日，将士们身心俱疲，按理说应当趁夜休息，力图再战。然而此时楚军大营，没有人能够睡得着。这群已经征战近十年的将士们都知道，大势已经难以挽回。而等待他们的将是什么，却没有人知道。

"出不入兮往不反，平原忽兮路超远。带长剑兮挟秦弓，首身离兮心不惩。诚既勇兮又以武，终刚强兮不可凌。身既死兮神以灵，魂魄毅兮为鬼雄！"

在这宁静的夜里，凉风习习，慷慨悲凉的楚歌从对面汉军大营正中伴随夜风传来，疲惫不堪的楚军将士们纷纷随歌声侧目击节。听到这熟悉的歌声，项羽也走出大营向南张望，难道江东五郡都已落入汉军之手？如若不然，汉军怎会唱楚歌？

看来真的要败了！想当年，项羽随叔父起兵江东，带着八千子弟纵横中原，那时的他是何等意气风发！可是如今，叔父早已离他而去，八千子弟所剩无几，唯有他还苟活残生。想到这些，项羽不禁悲从中来，泪流满面。大势当已去，这位叱咤风云的人物，此时也是如此的无助，流露出儿女情长、英雄气短的哀叹："力拔山兮气盖世，时不利兮骓不逝。骓不逝兮可奈何，虞兮虞兮奈若何！"

虞姬啊虞姬，我该怎么办！项羽唱罢，身边的虞姬遂拔剑起舞，以歌和之："汉兵已略地，四方楚歌声。大王意气尽，贱妾何聊生！"这曼妙的舞姿，凄婉的美人，仿佛将项羽带离了金戈铁马的战场。看着陪伴在身边的这位红颜知己，项羽泪如雨下。

歌声渐传渐远，终于消逝，唯有躺在怀抱里已经香消玉殒的红颜。

伊人已去，月如钩。

英雄一世，到头来却连心爱的女人都无法保护，此时项羽心中该是何等悲怆。争天下，到头却是一场空。王霸雄图，尽归尘土！

突围已无望。当晚，意气消沉的项羽决定连夜弃军而逃。为了减轻负担，随从的只有项羽的近卫骑兵八百余人。

直到第二天天大亮时，汉军斥候才发觉项羽已经逃遁。几十万汉军，联营几十里，如铁桶般的包围，居然还让项羽逃出，可以想象刘邦的雷霆之怒。必须擒杀项羽！无论死活，凡得项羽者，封万户！在刘邦的严令下，灌婴、郎中骑将周定率最精锐的五千郎中骑兵迅速追击。周定这个人在前面提过，在京索之战前，便被拜为郎中骑将，和灌婴一起指挥郎中骑兵。如今，刘邦将这两个最擅长运用骑兵的人派出来——务必擒杀项羽。

汉军虽快，但项羽更快。仅一天时间，项羽便从垓下向南疾驰了二百里，渡过淮水，到达九江郡的阴陵。按这个速度，汉军很难追上了。也许真是天意，项羽在到达阴陵附近时迷路了。无奈之下，项羽向路边的一位农夫问路。这位农夫或许是亲人为项羽所杀，或许是受到刘邦仁义的感召，给项羽指了一条错误的道路。就这样，项羽的骑兵最后走到了一片沼泽中，被汉军的前锋追上。随后，双方就在这片沼泽中进行了一场遭遇战。项羽亲自突阵，楚军骑士们浴血拼杀，终于打退了汉军的前锋，八百勇士几乎用血肉之躯为自己的王趟开了一条生路。

击退汉军前锋后，惶惶如丧家之犬的项羽掉头向东，继续匆忙赶路。可是，当项羽到达东城时，还是被狂奔而来的汉军主力骑兵追上。

英雄末路，也须畅快淋漓！大丈夫当如是，虽千万人吾往矣！也罢，就痛痛快快的死去吧。想到这里，项羽平静地转身对身边仅余的二十八名骑兵道："寡人随叔父起兵，八年来大小七十余战，攻无不克，战无不胜，未有一败。如今我等困于此地，此天之亡我，非战之罪也！诸君，今日我们痛痛快快打完最后一仗吧！寡人在此为诸君斩将夺旗！"

随即，楚军二十八名骑兵分为四队，向绝对优势的汉军发动冲锋。项羽提起长戟，催动乌骓马，向对面的汉军绝尘而去。手起戟动，汉军一员将领便被挑落马下，随后又击杀一名汉军都尉。在项羽的带领下，楚军的二十八名骑兵如入无人之境，将汉军骑阵打穿。

就这样，二十八名勇士血战一日，全部阵亡。最后，仅余项羽一人一马突破汉军重重包围，来到了乌江边。

血战之后，百死余生。项羽牵着乌骓马，孤独地踱步在乌江边。西下的夕阳照在这位没落霸王的身上，留下长长的影子。江面上，这个孤独的影子随着水波不断荡漾，就像这西下的夕阳，虽然美丽，可是终究都要结束了。

江上，一叶扁舟飘来，那是乌江的亭长。"大王，江东虽小，亦有土地千里，民众十万，足够称王。如今仅臣有船渡江，汉军无船。"看着这位白发苍苍的亭长，项羽仰天大笑道："这是上天要亡我项羽，渡江又能怎样。想当年我和叔父带着八千江东子弟渡江灭秦，现在却是我一人生还，又有何颜面见江东父老？"

是啊！想项羽英雄一世，此时却无颜见江东父老了。乌骓马啊乌骓马，以后他也没有办法和你一起征战天下了。抚摸着和自己在一起征战了五年的乌骓马，项羽抬头道："吾知公长者。吾骑此马五岁，所当无敌，尝一日行千里，不忍杀之，以赐公。"

战马嘶鸣和奔驰的声音远远传来，这是汉军的骑兵，他们终于来了。真正的勇士敢于直面惨淡的人生，敢于正视淋漓的鲜血。也罢，便让我痛痛快快的死去吧！项羽嘱托完毕，随即单手持剑冲入汉军中拼杀。

不知道杀了多少人，鲜血染红了战袍，顺着利剑滴在他的脚下！周围已经是一片寂静，唯有那江边的芦苇在苍白的月光下微微摇动，显得颇为可爱。突然，项羽目光猛的一颤。借着苍白的月光，项羽看到了一个熟悉的面庞，那不是自己的老朋友吕马童吗？没想到在这里还能遇到老朋友！"听说我那兄长刘季用千金万户买我一命，也算看得起我，不枉兄弟一场。也罢，如今做件好事吧，把这个大富贵送给老朋友！"

项羽在吕马童这位老朋友和数千汉军面前哈哈大笑，随即拔出宝剑，自刎而死。等这位震动天下的霸王缓缓倒下去时，呆若木鸡的汉军将士们才意识到战争终于结束了，震天般的万胜之声随即响起。接着，汉军军司马杨喜、吕马童和郎中吕胜、杨武为争夺项羽的尸体展开火并。最后，这几人各自夺得项羽的一部分肢体，回到刘邦身边，而刘邦也兑现了诺言，当着全军将士的面将这万户劈成四份封给他们。

就这样，主宰秦末天下的项羽死了。千百年来，很多人对这位失败者却报以无限的宽容。在《史记》中，司马迁专门将其本传列为本纪，并排在刘邦之前。在这里，我们不难发现太史公对项羽的无比崇敬。在乌江项羽自刎之地，后世的人们建祠立庙，代代祭祀。时至今日，安徽和县的乌江镇尚有霸王祠，祠中有唐武宗会昌元年（841）的宰相李德裕题写的《项王亭赋》。

李德裕认为："自汤武以来，后之英雄莫高项氏！"李德裕是中唐著名的宰相，他对项羽的评价有些许溢美之嫌。不过，从中可以看出，非仅今人，便是古人对项羽这个"英雄"也是相当的神往。

霸王已逝，唯有霸王祠静静地立在江边，诉说着两千年来的往事。

第三十五章　　成败是非

笔者一直不认为项羽是英雄，因为一个英雄是不应该乱杀无辜的，是不应该视生民如草芥的。自古以来，没有哪个英雄是以杀人为乐的。还记得，巨鹿之战后，项羽在新安一夜坑杀二十万秦兵；平定齐国后，又是一声令下，使整个三齐大地生灵涂炭，而这些人不是必须死的。一个统治者，如果一再被自己的感情左右，那是失败的。

"亡秦鹿走，伪楚狐鸣。云郁沛父，剑挺吴城。勋开鲁甸，势合砀兵。卿子无罪，亚父推诚。始救赵歇，终诛子婴。违约王汉，背关怀楚。帝迁上游，臣迫故主。灵璧大振，成皋久拒。战非无功，天实不与。嗟彼盖代，卒为凶竖。"

这是唐人司马贞对项羽的评价，还算中肯。不过所谓"战非无功，天实不与"，将项羽失掉天下的原因归结于上天就有待商榷了。而同样的话，项羽好像也说过。

《孟子·公孙丑》云："君子不怨天，不尤人。"项羽却将自己的失败归咎于上天，这不是君子所为。其实，又有什么失败是上天注定的呢？

当年，司马迁在写完《史记·项羽本纪》时，在后面附上了他对项羽的评价："及羽背关怀楚，放逐义帝而自立，怨王侯叛己，难矣。自矜功伐，奋其私智而不师古，谓霸王之业，欲以力征经营天下。五年，卒亡其国，身死东城，尚不觉悟而不自责，过矣。乃引'天亡我，非用兵之罪也'，岂不谬哉！"

司马迁指出了项羽失败的几个重要原因：放逐义帝，导致诸侯反叛，政治上陷入孤立；不善于任用人才，刚愎自用，过于迷信武力。结果到死都不知道自己失败的根本原因，这实在是一件悲哀的事情。

司马迁可以说是项羽的崇拜者，甚至在著史时硬是将项羽的传提升为本纪，放在汉高祖刘邦之前，可是他也毫不讳忌地指出项羽的失败，而且还辛辣地批评项羽到死都不肯承认失败——这实在是荒谬！

一千多年后，司马光在《资治通鉴》里直接引用了司马迁的原话，可见司马光对《史记》的观点是赞同的。接着，司马光又引用了汉代大学者扬雄所作《法言》里的原话："汉屈群策，群策屈群力；楚憝群策而自屈其力。屈人者克，自屈者负，天曷故焉？"直接指出项羽之败就是过于刚愎自用。

虽众说纷纭，但可以肯定的是项羽的失败绝对不是什么天命，而是他咎由自取。在击败项羽的半年后，刘邦在洛阳召开盛大宴会，参加宴会的都是大汉的开国元勋和刘邦的亲朋好友。酒至半酣，刘邦举起酒杯突然开口问在座的开国功勋们："吾所以有天下者何？项氏之所以失天下者何？"并让大家畅所欲言，不必顾忌。于是，大家纷纷讨论。

讨论了一会儿后，王陵和高起站起来道："陛下慢而侮人，项羽仁而爱人。然陛下使人攻城略地，所降下者因以予之，与天下同利也。项羽妒贤嫉能，有功者害之，贤者疑之，战胜而不予人功，得地而不予人利，此所以失天下也。"说完，大臣们无不山呼万岁。

意思是陛下您虽然素质不高，但赏罚分明，仅凭这一点，大家都愿意追随您，项羽则正好相反，所以大家都不愿意替他卖命。王陵是老熟人了，那这个高起是什么人呢？据裴骃《史记集解》，高起也是随刘邦打天下的老臣，当时的爵位是都武侯，但在《史记·功臣表》中并未找到此人。

听到老朋友都这么说，刘邦沉吟半晌，最后还是摇摇头，提出了完全不同的观点："你们只知其一不知其二啊！运筹策帷帐之中，决胜于千里之外，吾不如子房；镇国家，抚百姓，给馈饷，不绝粮道，吾不如萧何；连百万之军，战必胜，攻必取，吾不如韩信。此三者，皆人杰也。吾能用之，此吾所以取天下也。项羽有一范增而不能用，此其所以为我擒也。"

一句话，人才！

刘邦的统兵能力远不如项羽，正面对阵项羽鲜有胜绩。但是，汉军中的谋臣部将的水平比楚营的高得多。楚军空有项羽这样杰出的战术领袖，其他部将中却找不出一个深谋远虑并能独当一面的大将。其实这一点，与项羽的独断专行、不肯放权有很大关系。不敢放手任用手下有潜力的大将，他们如何能在战争中成长？楚军一旦离开项羽由部将独领，几乎都是全军溃败。一个阵营如此缺乏人才，怎能成功？而汉军中人才济济，可称得上是猛将如云、谋士如雨，他们来自社会的各个阶层，如贵族出身的张良，如基层公务员的萧何、曹参，还有和刘邦一样出身寒微的草根阶层，甚至还有来自项羽阵营和其他诸侯中的降将。而无论是什么人，刘邦都会放手任用。他们或是杰出的谋士，或是机敏的策士，或是杰出的统帅，或是英勇的武将。各种力量汇聚起来，终于战胜了强大的项羽。

其实项羽一方，看似强大，可内部却危机重重。有他叔父留下来的一整套班子，不好好利用，却用不该用的人。大约在项羽看来，亲信才能相信，不是亲信，即使再有才能，那也是不能让人放心的。比如，在成皋之战中，项羽将守备成皋的重任交给了曹咎这个草包，而放着就在旁边的钟离眛不用。任人唯亲，而不是任人唯贤。自古以来，这样打仗哪有不失败的？如果刘邦自沛县起兵后，仅仅信任他从丰沛地区带来的那几千老部下，那当然也是不能成功的。

海纳百川，有容乃大。李斯说："泰山不让土壤，故能成其大；河海不择细流，故能就其深；王者不却众庶，故能明其德。"这个道理，项羽却不明白。当然，身边再有人才，也要好好利用才行。所谓"兼听则明，偏信则暗"，身为领导，刚愎自用自然也是不行的。项羽虽说身边的人才不多，但不是没有，范增就是其中最杰出的一个，范增不但料事如神，而且忠心耿耿，可是结果如何呢？事实上，范增的悲剧就是项羽本人的悲剧。

那么，为什么有人才却不用呢？这大约与项羽的出身有一定关系。项羽的家族为楚国贵族，贵族的矜持让他在关键时刻总是为自己的颜面考虑，他不肯过江，无非是"无颜"使然。而且，宗族的亲情纽带也将项羽牢牢束缚，因贵族"亲亲尊尊"，他所重用的多是项氏族人，而将大多才能卓异而出身草莽的英雄豪杰排斥在外。另外，家族的荣誉让项羽背上了沉重的负担。项羽的祖父是楚国名将项燕，而项氏更是楚国几百年的大贵族，所以项羽习惯了被人尊重，而不习惯尊重别人，他的刚愎自用、狂妄自大与此有一定的关系。

反之，刘邦在秦时只是一个小小的泗水亭长，出身寒微。青年后，刘邦又出外游侠，深受"患难与共"的任侠风气影响。正因为这样，刘邦清楚地知道，必须得到周围一群兄弟们的帮助，才能取得成功。所以刘邦素质虽差，但确实注意团结一切盟友。对能够帮助他的人，他都不吝重赏。汉初的一百多个军功侯，大多是追随刘邦征战天下的草莽之辈。汉初君臣共治、天下共享，大约就是源于刘邦的任侠性格。如此，天下贤才自归于汉。

《史记·项羽本纪》里记载了在项梁起兵前的一件轶事。当年，秦始皇东巡置会稽郡，大家都去大街上看皇帝的仪仗，项羽叔侄也在人群中，见到这壮观的天子仪仗，项羽说："彼可取而代也。"

史书上没有记载此事发生的时间，不过始皇帝数次巡游只有一次到达会稽，那就是最后一次巡游天下，具体时间是在秦始皇三十七年（前210），而项羽死于汉五年（前202），死年三十一，这样倒推过来，当时的项羽应该只有二十三岁。一个二十来岁的小伙子，居然敢指着皇帝的仪仗说出这样的话来，可见其狂妄。所以，《史记·项羽本纪》说："虽吴中子弟皆已惮籍矣！"这么狂的人，又力大无比，大家当然都怕。而刘邦却"仁而爱人，喜施，意豁如也"。大争之世，不仅君择臣，臣亦择君，而贤臣所择的不是明君，就是仁君。

182

历史没有宿命说！相信项羽的失败与其出身有一定关系，但并不代表出身贵族就一定不能成功。毕竟，后天的教育和磨练也是成功与否的重要因素。如果项梁不死，经过几十年磨练的项羽大概会有一个很好的结局吧。

不知道为什么，看到楚汉就想到三国。项羽喜欢杀人，是毫无理由的杀人，毫无目的的杀人。在三国里，董卓是这样的人。当然，项羽出身高门，并从家族直接继承了一大笔人才，而且从小各方面的素质很好，在地方颇有名望，但外宽内忌，这又与袁绍极为相似。可是，董卓和袁绍最后也都失败了。项羽结合了这两人的缺点，不败是不可能的。而刘邦则出身低微，屡败不馁，终成大业，这不是和他的那个编草鞋的后代刘备很相似吗？不过，刘备的素质貌似更高一点，起码不骂人。另外，刘邦还善于发现和驾驭人才，善于团结一切可以团结的力量，这又与曹操何等相似！刘邦结合了这两个人优点，具备一个君主应有的优秀素质，自然会成功。

李清照说："至今思项羽，不肯过江东。"这两句成为历代文人追捧项羽的为人熟知的诗句而流传千古。然而，李清照到底是单纯的文人，对政治和军事并不了解。退一万步讲，项羽就是听了亭长的话，回到江东，真的能翻盘吗？答案是否定的。江东的会稽、鄣郡等郡那时尚不发达，其人力、物力均无法与中原诸郡相比。比如，亭长也说以江东这数郡才有十多万人口，可是在中原如颍川、河南等郡，一郡便能达到上百万人口，可见发展水平的差距。在这样的差距下，江东政权是绝对无法生存的。三国时，中原大乱的情况下，东吴的孙权联合巴蜀的刘备才能抵抗北方的曹操。然而，一旦北方经济恢复，东吴便无法抵挡了。可见亭长的话也是靠不住的。事实上，就在项羽死后不久，汉军便渡江南下，仅一个多月便平定了江东。

当然，那段金戈铁马、英雄浪漫的岁月，距我们已经有两千年了。历史的沉淀，让我们今天可以以更理性、更客观的眼光去评析。对于古人，像钱穆先生所言，我们应该抱有起码的温情和敬意。但煮酒论史，评述是非成败，又有何妨？

威加海内

第一章　天下归汉

项羽已灭，天下遂安，于是群臣劝进，希望刘邦能够为天下万民计，稍微委屈一下自己，即皇帝之位。

按照上古礼法，群臣劝进后，刘邦是不能厚着脸皮直接登基称帝的。想当年尧、舜、禹三代圣王禅让：舜"三辞"乃受尧之位，禹"三辞"乃受舜之位，均为后人所称颂。由古推今，刘邦虽有扫平天下之功，但其本人也不敢说能与三代圣王比肩，所以推辞说："寡人闻古之圣王非贤者不能当之，而寡人德行不够，实不敢即皇帝之位！"

最后在群臣的苦劝下，刘邦"三让，不得已"，才继位为帝。实际上，众臣们想的是你当皇帝，我等升官，各取所需而已。不过，为了彰示天命所归，保证政权的合法性，在舆论上保持有利，该走的程序还是要走。所谓"三辞而不许，然后受之"，这套程序走完，天下就不会有什么议论了。后来，这套"三让"的套路基本成为历代的定制，沿用下来。

汉五年（前202）的二月初三，风和日丽，五十四岁的刘邦在东郡境内的氾水之阳继位，定国号为汉。此时天下百废待兴，刘邦的登基大典既不在咸阳，也不在洛阳，必然十分寒酸。要知道，定陶虽有天下之中的美称，素称繁华，但经历多年战乱后差不多成了一片废墟。想必皇帝登基也不过是在野外的某片空旷之地的土台上匆忙举行。不过，无论如何，这个简陋的仪式都将载入史册，千载流传。

站在高台上，俯视仆服在下的几十万臣民，此时的刘邦真如上天之子，不免感慨万千。算来，他自四十八岁起兵，纵横沙场数十年，如今已年届半百了，而这个年龄在古代不算小了。以天命之年纵横天下，扫平诸侯，成就帝业，不能不说是个奇迹。在写《史记·秦楚之际月表》时，司马迁对这件事简直没有办法理解，他说：虞、夏的兴盛，是积善累功数十年，积累了无上的人望，才得天子之位；汤、武为王，乃由契、后稷修仁行义十余代人才有王业；秦人更是自襄公以来，艰苦奋斗了几百年才有天下；可是，我高皇帝提三尺之剑，五年内便扫平诸侯，定鼎天下。自古以来，尚未见过得天下如此快速的。凡此种种，大约只能用张良的话"沛公殆天授"来解释吧。

不管怎样，自始皇帝之后八年，天下复有共主。崩溃的社会秩序能够在一个意志之下得以恢复，天下臣民也即将能够安定地生活，一切预示着天下将逐渐趋于安定。《孟子·公孙丑》云："五百年必有王者兴。"从平王东迁洛邑，礼乐征伐自诸侯出，天下大乱至此正有五百年矣。

当然，王者虽兴，可天下毕竟已经动荡了几百年，百废待举。摆在这位"王者"面前最重要的问题既简单又艰巨——让天下老百姓都能吃饱饭。

其实在登基之前，刘邦已经下了大赦令。赦令称：八年以来，天下动荡不安，征战不休。今天下已经安定，理应休养生息，使士民安居乐业，故朕赦免天下所有非死刑罪犯，以回家从事生产。

就像诏令说的，这几年，老百姓的日子过得很苦。比如，在楚汉战争最艰苦的汉二年（前205），关中爆发了大饥荒，甚至出现人相食的惨剧。这固然有自然灾害的影响，但长期战乱带来的危害确实不容忽视。要知道，关中虽不如关东富庶，但农业不算落后，在秦人统治这么多年里，还没有出现过"人相食"的惨祸，可见惨重的战乱对经济造成的严重破坏。不说汉二年的"人相食"，便是刘邦从垓下战场北返的一路上，大概也可以看到到处都是两军将士横七竖八的尸骸和随处散乱的兵器。虽然风和日丽，但那乱世气象如何掩盖得住？此时此刻，如何让天下安定，百姓安居？如不能妥善处理，亡秦之弊就在眼前。其实不用谋士们提出，长期从事基层工作的刘邦对此有深刻的认识：让老百姓安定生活才是社稷能够长治久安的根本！

然而树欲静而风不止，天下太平，经济建设虽然重要，但未到放马南山、刀剑入库的时候。就在刘邦登基前不久，临江王共尉起兵叛汉。

这个共尉是前临江王共敖之子。共敖在汉三年（前204）的七月份去世，王位便由其子共尉继承。共氏的临江王和臧荼的燕王，都是项羽封的。不过，如果共尉能与臧荼一样共尊刘邦，应该也能安坐王位。此时以忠于项羽之名举兵，实非上策。临江国不过一郡之地，如何能对抗挟天下之众的刘邦？当年楚汉战争时不去搏一把，如今天下一统时却跳出来，真不是明智之举。

汉五年（前202）十二月份，垓下硝烟刚刚散尽，刘邦便下令征讨临江。鉴于灌婴、周勃正在领兵平定江东，主力又需休整，故刘邦调屯驻淮南的刘贾、卢绾军团二万步骑为主力，平定临江。

命令下达，刘、卢二人立即领兵溯江水而上，穿过衡山郡，很快进入南郡境内。当时，共尉的临江国所辖主要是秦之南郡地，其北部为汉治下的南阳郡，南部则是刚刚设立的长沙国。整个临江国，北部为略微平坦的汉水平原，西部的巫县等地处于三峡之间，而东南大部则为浩瀚的云梦泽。故南郡虽辽阔，但其经济发展水平远不如北方的南阳。不仅人口不多，军队也不足，因此临江国的军队主要屯驻国都江陵，余部则沿北方的汉水和南方的江水诸县分布。汉军只需步步推进，便可将临江军压死在国都。

不过，此战并不顺利。汉军刚刚打完垓下之战，将士疲惫，共尉又据城而守，以逸待劳。结果在共尉的激烈抵抗下，汉军虽伤亡不断，但进展甚慢。见前线战事胶着，为尽快平定临江国，刘邦又增派靳歙部。援军抵达后，汉军再次恢复攻势，激烈的战事一直持续到次年开春。在汉军的优势兵力打击下，江陵城被攻破，临江王共尉和临江国的柱国、大司马以下共八位高级官吏被靳歙生擒。至此，汉朝的第一次地方叛乱被彻底讨平。平息叛乱后，共尉在被解往洛阳后斩首示众，临江国被收归，改置南郡。

此次叛乱规模谈不上大，但这表达的并不是一个积极的信号：各地诸侯手中还有相当大的力量，这可是一个不容小视的不稳定因素。据《史记·汉兴以来诸侯年表》记载，此时汉朝共有原秦郡三十六，但属于直接控制的仅有十五郡，余者皆为诸侯所有。也就是说，整个天下有近三分之二的领土不在朝廷管辖范围内，这是相当严重的。一旦这些人如共尉一般心存不轨，天下必将再度陷入动荡中。现在，如何解决这些个手握重兵的藩王，已经成了刘邦不得不面对的现实问题。当年，项羽戏下分封就是没有解决好诸侯的问题，才导致败亡的。所谓前事不忘后事之师，不能再犯项羽的错误。

在这些诸侯中，燕王臧荼原为项羽所封，可以说是老资格了，在楚汉战争中表现还算积极，加上实力不是太强，威胁不大，而且臧荼的燕国毗邻匈奴最为强大的左贤王部，一旦草率行动，难保臧荼不引匈奴为助，若真是如此，整个河北将极为危险，因此要处理臧荼必须慎之又慎，不到万不得已决不能妄动刀兵。河北的赵王张耳归降后一直在赵国主持工作，为人诚恳，关键是手下的军队都是汉军，而叛乱没有军队是不行的。总的来讲，这两个人实力不强，为人还算忠厚，所以可以先不动。

另外，英布在项羽分封时被封为九江王，也是老牌藩王。不过后来和项羽翻脸，一家被项羽夷灭，最后彻底投靠了刘邦。后来，汉四年（前204）被正式封为淮南王。英布受封后立即前往九江，建立根据地。项羽覆灭后，英布据有九江、庐江、衡山、豫章四郡，都于六。英布虽然彪悍骁勇，但其精锐部队都已被项羽所灭，现在所统领的部队都是刘邦后来调拨的，所以不足为虑。

原韩王信依旧封为韩王，都于阳翟。韩王信的部队本为韩军，战斗力不强，而且在荥阳之战中被打光。战后，韩王信降楚，不久归汉。在汉廷中，韩王信和英布都没有多少势力，和张耳一样没兵。所以，也不必过多担忧。

除了这些不必特意去动的诸侯，刘邦在即位后不久即下诏，把原衡山王吴芮改封为长沙王，都于临湘；原粤王无诸则改封为闽粤王，统治闽中故地，都于东冶。吴芮是老好人，没什么好说的，这个无诸何许人也？

无诸，驺氏，为越王勾践之后，是个地地道道的贵族之后。秦末大乱时，无诸追随吴芮起兵抗秦。不过不知为何，项羽分封时没有将其封王。所以在楚汉战争中，无诸又叛楚归汉。其实，无诸不是什么特例，汉军中有不少南方越人，比如贳侯吕恭和海阳侯摇毋余，这两人都是越人的步兵将领，参加了还定三秦、垓下等重大战役，所指挥的越人步兵战斗力也相当强悍。

虽然吴芮和无诸有一定的实力，但两人都不是什么胸有大志的人，且长沙、闽粤地处南蛮，人口稀少，不具备对抗朝廷的条件。一旦心有不轨，王师一到，彼辈必然灰飞烟灭。

所有诸侯中，实力最强的是韩信和彭越，这两人兵力雄厚，且战斗力极为强悍，关键是这两人都不是什么易与之辈。其中，最让人不放心的就属韩信。韩信的厉害，刘邦心里是非常清楚的，他自己也说："连百万之军，战必胜，攻必取，吾不如韩信。"韩信这个人足智多谋，从带兵以来攻无不克，战无不胜。打下齐国后，所部兵力扩充非常快，且经过垓下之战的检验，战斗力不容小视。

有能力不怕，怕的就是你有能力又有心思。韩信从平赵攻齐以来的所作所为，没有哪一件是让人省心的。特别是擅自攻齐到挟功自立，让刘邦心里非常不痛快。用一句话说，就是这个人从来桀骜不驯，总是叫人不放心。让这样的人在齐国做大，刘邦的背心能不发凉吗？

所以，削弱韩信是头等大事。其实在垓下之战后，刘邦便已着手此事了。当大军班师到达东郡的定陶县时，刘邦突然行动，拿回了韩信的兵权。由此可见，对韩信的不信任是深入到骨子里了。要知道，此时垓下之战刚刚过去才几天，江东诸郡还没有被平定。

解除韩信的兵权后，刘邦开始想方设法整人，就在登基前几天，他下诏将齐王韩信改封为楚王，统治淮水以北的广大地区，都于下邳。改封的说法是韩信原为淮阴县人，现在他这个楚人自然当楚王更合适，毕竟他"习楚风俗"，对治理楚人肯定有心得不是？人尽其才的同时，让他荣归故里，衣锦还乡，够意思吧？

话虽如此，可人人都明白韩信的日子怕是不好过了。要知道，上一任楚王不是别人，正是刚刚被消灭的项羽。楚地原就是项羽的势力范围，特别是江东，更是项氏的老根据地。虽然刘邦也是楚人，但楚人对新政府其实抱有疑虑，不是很合作。韩信作为项羽的最强大对手之一，从某种程度上说，楚王项羽和他的数十万楚人士兵就是覆灭在他手里的。在这种情况下，楚地百姓会怎样看待这位新楚王呢？所以，此时的"楚王"好听却不好做。要想在齐国那样打开局面，何其艰辛！做好这个楚王，更是难如登天。而如果做得不好，激起民变，则正好授人以柄。所以，将韩信从齐国迁封于楚，不无削权之意。韩信徙封楚国后，最为富庶的齐国被收归。要知道，郡县调整后，齐国共领有济北、胶东、临淄、琅琊等七郡七十余县，为天下最富庶的藩国。齐国被收归直辖，将会大大扩充汉廷的实力。

安置好韩信后，刘邦又下诏将彭越晋封为梁王。梁国即原魏国故地，都城为定陶。彭越此前的职位还是在汉二年（前205）四月被封立的魏相，不过这个魏相没当几天就遭到了彭城大败，因此，刘邦许诺的魏相其实只是空头支票，当不得真。如今，就封的梁国可是实打实的封国了，并且它的疆域和经济水平都不错，实为天下数一数二的美郡。

其实，彭越的梁王也是值得分析的。实际上，彭越所封之梁国已经被大大削弱了。彭越原为魏相，按常理应为魏王，刘邦却王其梁，这等于削去了原属魏国的河东、太原、上党三郡而仅给予砀郡一郡，他无形中被削了三郡，可谓元气大伤，其兵力也将难以扩充。砀郡、东郡虽为美郡，但由于楚汉战乱，人口已经远不能与秦时相比，没有十年是难以恢复的。虽然彭越所部战斗力不弱，但在项羽的巨大压力下扩充不易，这几年一直发展不起来，自始至终只有三万余人的规模，根本不能和拥兵数十万的韩信相比。梁军虽有三万余人，但没有人口充足的大郡可征兵，可以预料短时间内很难发展起来。因此，将中原封给彭越并不用太担心。另外，梁国的砀郡是一马平川，无险可守，梁国一旦有风吹草动，汉军东出函谷可立时平定。因此，梁国无须忧虑。其实，以目前实力，刘邦是无法同时对付韩信、彭越两人的。先封彭越为梁王，暂时稳住他，待以后再作打算也算是权宜之计。

天下长期动荡，民心思安。对这些诸侯是能安抚则尽量安抚，但同时也做好准备以应对变局。

第二章　故国故人

天下动荡，民心思安，所以平定天下后行安民之仁政实有必要，特别是原楚地，更需如此。在垓下之战结束后的一个月，楚地基本归降，唯薛郡的鲁县却坚持不降。

当年怀王曾拜项羽为鲁公，因此一直以来，鲁县名义上是项羽的封邑。今天下大势已定，这些圣人故里的民众却依然秉承孔子的教诲，明知不可为而为之，坚持为自己的主君守节，拒不降汉。

愚忠，抑或愚蠢，但他们都是可敬之人。孔子说："君使臣以礼，臣事君以忠。"曾子说："夫子之道，忠恕而已也。"孟子说："生，亦我所欲也；义，亦我所欲也。二者不可得兼，舍生而取义者也。"面对这些忠信之民，怎能不肃然起敬？当然，除了"鲁公"政治感召力之外，垓下之战时，汉军在楚地实行的一些错误的屠城政策也是鲁县拒不投降的重要原因。

当刘邦亲领大军抵达城下时，在一片金戈碰撞的声音中却隐隐听到城中礼乐弦诵的声音不绝于耳。民不畏死，又奈何以死惧之？

周室东迁以来，礼崩乐坏，可这天下居然还有如此忠信之民！刘邦感慨万千，用公侯的规格将项羽安葬于谷城，并亲自为项羽发丧举哀。如此，鲁县臣民最终归于汉廷治下。

对抗汉廷的非独鲁县，在几个月后的九月份，原楚将利几在颍川谋反。利几，生平不详，原为项羽部将，曾担任陈县县令。利几归降后，汉廷将其封到颍川为列侯。颍川是天下数一数二的美郡，户口殷实、经济发达。可见，刘邦对此人相当不错。可不知为何，利几始终心有疑虑。

汉五年（前202）秋天，按照惯例，刘邦要在洛阳召见受封的列侯。

诏书下来后，不知为何利几以为刘邦要秋后算账，惊恐之下仓促谋反。如今天下大定，此时谋反实在不是时候。接到报告后，刘邦立即遣军平叛。不过，利几的势力实在太弱小。汉军大部队都没有出动，仅凭大将灵常的人马便讨平了利几。

说来有趣，这个灵常其实和利几一样，是楚军的降将。垓下之战后，灵常以楚国荆令尹的身份归降汉军。令尹是楚国常见的官名。楚国文化自成体系，所以很多官职和中原有很大区别。楚国中央的最高行政长官就叫令尹，与秦制的丞相差不多。荆令尹，大约是荆地的最高长官，相当于秦制的郡守。

利几谋反规模谈不上大，平叛的过程也乏绩可陈。不过，其背后的问题却很值得思考。虽然是个例，却也说明归降汉廷的原项羽阵营的人，对汉廷相当的不信任，否则不会"惊恐谋反"。可见，项氏族人、旧部乃至整个楚人，这些故国遗民对汉廷还存有很大疑虑。

垓下决战后，江北虽平，但汉军尚未渡江，江东数郡仍处于汉廷治外。江东是项氏根据地，特别是江东的会稽、吴等地民风彪悍，从来不是什么善民，如果不采取妥善措施，可能会激起更大的民变。所以在鲁县厚葬项羽是一个前兆，即汉廷对敌对政权的遗民是宽容的，皇帝也是以天子应有的气度来对待天下万民的。因此汉军南渡江东，打得更多的是政治仗而不是军事仗。

垓下之战后，刘邦命灌婴领骑兵经历阳渡江，平定江东的吴、会稽、豫章等郡。汉军渡江南下后，先在吴县大胜，生擒郡守。随后，实行了安抚政策，吸引了大批当地的豪强归附。最后，在项羽降将、楚国柱国陈婴的带领下，江东五十二县全数归汉。

陈婴也是很有意思的人。陈婴原是秦东海郡东阳县的狱史。秦末这些地方法官还真是人才辈出，要知道，曹参、曹咎、司马欣等人都是出身于基层法官。

陈婴此人品德高尚，在县中一向很有名望。陈胜起兵的消息传到东阳后，群情激奋的东阳县轻侠聚集了一千多人，也就地起义。杀死东阳县令后，大家便推举素有"信谨"之名的陈婴做主。可有趣的是，陈婴的基层公务员做得很逍遥，并不愿意起事。不过，这些轻侠可不管这些，拿着刀逼着他上任。

由于陈婴声望太高，当周围的反秦势力听说东阳县是陈婴当家后，纷纷来投奔。最后，东阳义军一路聚集了两万多人。

东阳县的反秦大旗树起来了，按照程序，下面应该就是像陈胜那样自立为王了。不过，在这个时候，陈婴的母亲出来阻止，她对陈婴说："自从我嫁到你们陈家做媳妇，就从未听说你家祖先有过贵人。如今你骤得高位，此非好事。不如找一个领头的，你做他的属下，事情成功还能封侯。事有不测，你不是被人注意的头面人物，也容易逃亡。"贸然出头称王，就是像陈胜那样将自己置于秦人的重点打击之下。此时天下刚刚大乱，秦人还有极强的力量。东阳义军虽有两万人马，但绝不是秦人之敌。若集结在齐楚两地的秦军四面合围，小小的东阳断不可能存活。故在母亲的建议下，陈婴权衡利弊后便带着这支义军投奔了刚刚渡江未久的项梁。于是，东阳义军被统一整编为楚军，陈婴也被项梁拜为柱国。

从这件事可以看出，陈婴的能力并不是很强，率众投楚也是在利用项家谋取个人利益，而不是对项家有什么忠义。可能正因如此，项氏一直将陈婴留在后方工作，没有带到彭城。垓下之战后，项氏败亡。对陈婴来说，如今这个形势下，换个阵营实在是太自然了。就这样，陈婴弃楚归汉。汉军便在陈婴的带领下，迅速平定了江东。

就在灌婴南下的同时，周勃部则引兵东进平定江北地区。在强大的政治攻势下，楚地江北的泗水、东海等郡共二十二县悉数被平定。

平定楚地后，为了进一步做好安抚工作，刘邦还出台政策，优待项氏族人，特别是将项羽的叔父项伯和侄子项它等四人都封为列侯，并赐刘姓。这一切都宣告楚人以及天下人，现在天下安定，朝廷对以前的旧事概不追究。

当然也有例外的……

钟离眜，原为项羽部下猛将。据《史记·淮阴侯列传》的零星记载，钟离眜是伊庐邑人。当年陈平离间范增时，就曾说"彼项王骨鲠之臣亚父、钟离眜、龙且、周殷之属"，陈平本为楚臣，对项羽身边的将领才能了如指掌，他将钟离眜排在亚父范增之后，可见其能。在项羽的部将中，能够独当一面的恐怕也就是钟离眜了。要知道，在成皋之战时曹咎的主力被打得全军覆灭时，就是钟离眜指挥荥阳楚军在极端不利的局势下击退汉军，为项羽保住了荥阳这个战略要地。

韩信原来在楚军中时，和钟离眜的关系一直很好。因此，项羽败亡以后，钟离眜就去投奔韩信。可不知道怎么回事，此事被刘邦得知，便下令让韩信擒杀钟离眜。

消息传至楚国，钟离眜主动求见韩信，并说："刘邦已认定你要谋反，之所以不来攻你，就是因为我们在一起。如果你把我杀了，你也不会有好下场。"钟离眜所谓"汉所以不击取楚，以眜在公所"的话有点过于看高自己了，但说韩信最后不会有好下场倒不是危言耸听。话虽如此，此时的韩信进退两难，又不敢公然违背刘邦之令，反复权衡后，还是把这个老朋友给绑了。愤怒的钟离眜大骂韩信"公非长者"，自刭而亡。其实，从刘邦对待项羽旧部的态度来看，钟离眜可能不至于死。之所以要杀钟离眜可能还是因为韩信，我们后面会说。

据说钟离眜死后，其后代改姓"钟"，迁居于颍川郡长社。因此，钟离姓的郡望便是颍川郡的长社。三国时期，颍川长社的钟氏出过不少名人，如大书法家、曹魏名臣钟繇和他的两个儿子钟毓、钟会。另外，东吴的江东地区钟离姓也有著名人物，如东吴将领钟离牧。当然，这都是后话了。

与钟离眜待遇相似的就是季布。他原为项羽部下将领，早年"为气任侠，有名于楚"，当地有"得黄金百斤，不如得季布一诺"的说法。项氏起兵后，季布一直追随左右，忠心耿耿。在楚军阵营中，季布是数一数二的名将，曾多次击败汉军，甚至有时候搞得刘邦丢盔弃甲，相当狼狈。所以，消灭项羽后，刘邦对这个人非常痛恨，特意下令各地务必缉拿。

刘邦的想法，季布当然知道。项羽败亡后，季布从垓下辗转逃到濮阳，在周氏的协助下，季布剃去头发，伪装为奴隶，把自己卖给鲁县豪侠朱家，隐匿起来。

鲁县是孔子的故乡，儒学之风兴盛，汉时出过很多大儒。有意思的是，齐鲁的游侠之风也相当兴盛，很多大侠也都生活在这里，他们游离在朝廷法令之外，在地方有很大的号召力。比如，当年东阳的陈婴便是被民间轻侠"绑架"，强逼反秦，可见民间游侠势力之强。更有势力强大者，上通王侯，直接改变法令政策，比如当年窃符救赵的信陵君，从某种程度上说就是游侠的一种。

也正是如此，商君之法明令禁止游侠。不过关东六国秦法实行时间不长，而且齐鲁临近大海，向来民风开放，因此天下统一后，齐鲁的游侠之风并未受到太大的打压。

任侠者，轻生死，重义气。当时，朱家是天下有名的大侠之家，故许多藏匿的豪杰都慕名来投。这些豪杰其实大多是有案在身的亡命之徒，均得到了朱家的庇护，而朱家却对这些豪杰不索求任何回报。所以有意思的是，朱家虽名震天下，但生活很简朴，甚至到了"家无余财，衣不完采，食不重味，乘不过轺牛"的地步。

这次周氏建议季布隐匿于朱家，说到底就是希望借朱家的力量保得一命。可朱家长期与游侠打交道，季布就是装得再像又如何能骗得了？不过朱家并未揭穿他，而是像帮助以前的豪杰一样保全了他。可是，季布毕竟是天下皆知的要犯，光靠朱家的力量是无法保全的。而且，如果不妥善处理，甚至会招来身死族灭的下场。

为了救下季布，朱家特意到洛阳求见滕公夏侯婴，并对夏侯婴说："臣僚各为君主效力，此乃常理，项羽旧臣亦非人人可杀。如今天子平定天下未久，更不应以私仇相报！且以季布之贤，若不能用而让他'北走胡，南走越'，是朝廷的损失。今上圣明，将军为何不向陛下说说这些道理呢？"

在汉军诸将中，夏侯婴与樊哙、周勃等人不一样。他为人低调，从来不争权夺利，是个地地道道的老实人，而且特别重视人才，比如当年推荐韩信。见朱家说的有道理，夏侯婴便向刘邦进言。在夏侯婴的建议下，刘邦最终赦免了季布，并将季布征调入朝为郎中。而如朱家所说，季布确实是人才，后来当到中郎将、河东郡守，成为一代名臣。季布有个弟弟，叫季心，干到中尉司马。兄弟二人在关中颇有名望，和孝文时的名臣袁盎、郅都等人都有很不错的交情。

说到季布，就不得不说季布的舅父，同为项羽手下勇将的薛郡丁固。前面说过，彭城之战时，丁固曾带兵追击汉军。当时情况极为危急，两军短兵相接，刘邦便回头对丁固说："两个好汉难道要相互为难困斗吗？"于是，丁固引兵而还，放过了刘邦。

此时项羽已灭，天下一统，丁固便来谒见刘邦。按理说，丁固对刘邦有救命之恩，给他封个王都不为过。可看到这个老朋友后，那不堪回首的一幕幕立即浮现在眼前。看着当年那个勇将如今仆服在自己脚下，刘邦思绪万千。

楚军中救过刘邦一命的有项伯和丁固两人。鸿门宴时，项伯不为名利，顶着寒风一夜跑了几十里来救张良，颇有侠气。而这丁固却在天下大定之后，跑来邀功请赏，岂是大丈夫所为？更何况丁固深受项羽器重，现今做出这般背主之事，如此卖主求荣之人如何能留？

"丁公啊丁公，汝之洛阳，却不知是否取道谷城？"惶恐抬头的丁固不知这位昔日的老友、今日的天子是何意，不敢接话。随后，刘邦将丁固带到城外的军营中参观，最后将其斩首示众，并对将士们说道："丁公为项王臣不忠，使项王失天下者，乃丁公也。"并告诫道："后世为人臣者不可效法丁公！"

同样为项羽的降将，两人下场却各不相同。司马光在论述此事时便论述了为君之道：刘邦起兵以来招降纳叛不计其数，为何唯独杀掉了丁固呢？这是因为"夫进取之与守成，其势不同！"群雄并起之时，天下没有定主，为广招人才，自然是量才而用，但是当天下统一之后，如果还不明确忠义，身为臣子的，人人怀有二心以图求取厚利，那国家岂能长治久安？

所以"断以大义，使天下晓然皆知为臣不忠者无所自容；而怀私结恩者，虽至于活己，犹以义不与也！"丁固被杀固然不是一件大事，但它透露出来的信息非常重要——此时的刘邦已经不是当年的义军首领，而是天下万民之主，必须为自己一手创立的大汉呕心沥血地谋划，以避免秦人二世亡国之祸。

第三章　　田横之死

项羽既灭，但自战国以来的六国贵族影响短期内无法消除。从秦末战争中可以看出，这些六国贵族在各地的影响力还相当强。他们有各地民众的支持，手中积累了惊人的财富，并且有一部分私兵，成为各地豪强。如若不妥善处理，谁也说不准别有用心者会不会以此作乱。不过所幸，秦末战争中原六国贵族的表现都不是太理想，都被打得一败涂地。但是，无论如何，既然皇帝是天命所归，那么朝廷也需要他们表示忠心。

就当时的情况来看，原六国贵族中影响力较大的大概只剩下齐国的田氏了。田儋兄弟是狄县人，为齐国田氏的后裔。但是，从齐国民众对田儋兄弟的态度来看，田儋这支大概与原齐国王室离得比较远，血缘关系也比较淡了。不过，秦末大乱中田氏兄弟一直战斗在第一线，确实劳苦功高。

韩信擅自将兵攻灭齐国后，田氏被打得一溃千里。在齐国的田氏家族连同齐王田广在内，基本被一锅端了，但不巧的是田氏中影响最大的田横逃出了齐国。田横出逃后，先投靠了彭越。后项羽被灭，彭越被封为梁王，成为诸侯王。在几个月前，命途多舛的田横又不得不与部下五百多人辗转逃入茫茫大海，居住在海岛上。

现在九州一统，这股不稳定的敌对势力虽然不大，但总归不太和谐。刘邦认为"田横兄弟本定齐，齐人贤者多附焉，今在海中不收，后恐为乱"，多附者倒是不至于，但长期脱离朝廷的管辖，不服王化，"后恐为乱"倒是真的。经过考虑，刘邦遣使前去招抚。

在刘邦看来，用项氏族人可以安抚楚人，让田氏归汉大概同样可以安抚齐人吧。可是，使者宣扬了刘邦的旨意后，田横却坚决拒绝，并对使者说："请转呈圣上，臣只求为庶民留守海岛之中，实不愿入朝为官。"

回朝后，使者只得将情况如实禀报。刘邦当然明白田横是什么意思。要知道，在韩信攻齐时，郦食其正是被田横所杀。如今，郦食其弟弟郦商可是卫尉，位高权重。对郦商来说，田横就是弑兄之凶手。如果田横入朝，那整天上朝和郦商面对面站着，背心发凉啊！因此，田横的担忧也是人之常情。

想通了其中关节后，刘邦便下诏："齐王田横即至，人马从者敢动摇者致族夷！"并特意警告郦商，一定要保证田横的安全。接着也不和田横啰唆了，派使者再次前往。这次，使者带了一份诏书："田横来，大者王，小者乃侯耳；不来，且举兵加诛焉！"又为了能顺利招揽到田横，刘邦还特意命使者持着节前往。

节，又称旄节。颜师古注《汉书·高帝纪》云，汉节"以毛为之，上下相重，取象竹节"。天子不能事事躬亲，所以必须指派人代行，然空口无信，辄以节为凭。在汉时，有"假节""持节""使持节""假节钺"之分。但无论哪一种，只要使者受节，便代表天子亲临。持节就可以代表天子诛杀违命之人，硬抗没有好处。万般无奈的田横只好离开东海，前往洛阳觐见新天子。

由于刘邦催之甚急，田横只带了两个随从便和使者匆匆动身了。一行人从琅琊郡登陆，经薛郡向洛阳进发，很快进入河南郡界。当田横到达离洛阳还有三十里的尸乡驿站时，觐见皇帝的队伍停下来休息。三十里的距离，一日便可走完。洛阳的宫阙已然遥遥在望，而更近的首阳山更是若隐若现，已经不用那么急了。

可是，当见到首阳山葱葱郁郁的苍松翠柏时，田横心中无比惆怅。当年兄弟三人起兵抗秦，何等意气风发，如今兄长已去，剩孤身一人残活于世。想到这里，田横不禁无比怅然。首阳山，首阳山，当年周武王取殷商天下，伯夷、叔齐不就是不食周粟，采薇而食，最后在此绝世的吗？

"登彼西山兮，采其薇矣。以暴易暴兮，不知其非矣。神农虞夏忽焉没兮，我安适归矣？于嗟徂兮，命之衰矣！"轻轻地吟唱着先贤留下的诗歌，孤寂而又惆怅的田横泪如泉涌。"先贤的话总是有道理的！我田氏兄长子侄为复国大业，前赴后继，到头来却是国破家亡，无力回天，我有何面目再见九泉之下的兄长啊！我田氏为东方之宰，世代贵胄，如今时运不济，兵败国灭，却要低头向刘季这匹夫叩拜以求活命。如此辱及先祖之举，岂是大丈夫所为？故国不复，随先贤而去吧！"

去意已决，田横对随从的宾客缓缓开口道："想当初起兵抗秦，我与汉王一样南面称孤。如今汉王为天子，我却是亡国之臣，面北称臣其耻固已甚矣！何况当年郦食其为我所杀，今天又有何面目能与郦商同朝为官？纵彼畏天子之诏，不敢动我，我独不愧于心乎！"最后，田横平静地说："我死后，你们将我的头送到洛阳，圣上见到后就会放心了。"说完拔出佩剑，自刭而亡。无奈之下，使者只好带着这颗人头和门客回到洛阳。

当看到这熟悉而又陌生的面孔时，刘邦长叹一声："起自布衣，兄弟三人更王，岂不贤乎哉！"接着将护送田横的两个门客拜为都尉，并调拨士兵两千人，以王侯之礼厚葬田横，可谓极尽哀荣。

可谁知，将田横安葬后，两位门客却在田横的坟墓旁挖了个坑，自刎而死，陪葬田横。此事上报，刘邦大为震惊。自先秦以来，为富贵而屈节的不可胜数，田横的门客居然如此忠义！而如此忠臣一定要为朝廷所用！思虑再三，刘邦遂派使者去招抚还在海岛上的五百人。可是当得知田横已死，这五百义士全部自杀殉死！

读到这段历史，我只能想到一个词：悲壮，悲凉而壮美！有时候，世界上有比我们生命更重要的，那就是"节"。"时穷节乃见，一一垂丹青……当其贯日月，生死安足论！"天下死节之臣何其多！

苏轼在《拟孙权答曹操书》里说："昔田横，齐之遗虏，汉高祖释郦生之憾，遣使海岛，谓横来，大者王，小者侯，犹能以力自刭，不肯以身辱于刘氏。韩信以全齐之地，束手于汉而不能死于牖下。自古同功一体之人，英雄豪杰之士，世乱则藉以剪伐，承平则理必猜疑。与其受韩信之诛，岂若死田横之节也哉！"

苏轼的话很辛辣，同样是齐王，韩信这个有实权的却也没什么好下场，不亦悲夫？古人如此推崇田横，我想也是对田横和其门客的"节"予以肯定吧。

死者已矣！

第四章　　迁都之议

九州混一，立国定都为头等大事。其实早在登基时，刘邦就曾与群臣讨论过定都之事。

作为都城，要有两个条件：一是比较优越的国防优势，即比较险要的地形；二是比较发达的经济水平，以养活大量不事生产的人口。具备这两个条件的有两个地方，一是地形险要的关中咸阳，一是经济发达的河南洛阳。

当时，刘邦最中意的是洛阳。洛阳原是周人东都，成周所在。周公辅政，曾迁九鼎于洛邑。自西周以来，洛阳便是天下之都会，周室东迁后更是成为天下独一无二的政治中心。到秦时，洛阳是故三川郡郡治，经济相当发达，素有"崤函帝宅，河洛千里"之称。因此，洛阳作为都城的基础不错。

此外，洛阳周围的地形易守难攻，有所谓"八关都邑，八面环山，五水绕洛城"的说法。洛阳自西向东，有函谷、伊阙、广成、太谷、辚辕、旋门、孟津、平津八关环绕，又西靠秦岭，东临嵩岳，北依王屋，可谓"据河之险，南望伏牛。河山拱戴，形胜甲于天下"。有如此有利的条件，以洛阳为都城，再合适不过了。而且跟随刘邦的功臣大多是关东人，不喜欢秦风浓厚的关中，都支持建都洛阳。

于是，在汉五年（前202）五月末朝议选择都城时，公卿们大多支持洛阳。可是谁知朝议结束后，刘邦却出人意料地决定迁关中。而促使刘邦改变想法的是一个谁也想不到的无名小辈——娄敬。

娄敬这个人相当奇怪，司马迁虽为其专门立传，可是他是什么人，死于何时，又均无记载。而且，这个人在历史中出镜率不高，不过每次出场都是在重要场合。可以毫不夸张地说，他的只言片语甚至影响了大汉社稷。

《史记》本传开篇说："刘敬者，齐人也。"看来娄敬是齐人，不过在齐国何郡何县就不清楚了。前面说了，能在史记中专门有传的，地位应该不低，起码也是当时的知名人物。可司马迁却搞不清楚这个人的籍贯，仅以一句"齐人也"就打发过去，实在有点匪夷所思。

接下来，司马迁说："汉五年，戍陇西，过洛阳，高帝在焉，娄敬脱辕辂。"此事大概指的是汉五年（前202）春天征调关东戍卒戍守陇西，当时娄敬也在征发之列。从这段记载可以推测，娄敬这个人的社会地位可能不是很高，否则也不可能被征发戍守边疆。

不过，娄敬对关中和洛阳地势以及历史烂熟于心，显然并非一般的黔首。如果没有接受良好的教育，没有游历天下的经历，断然不会有如此深谋远虑。笔者以为，娄敬应该属于战国末年游走天下的策士一类的人。不过，自秦人统一天下以来，这类人已经失去了生存空间。此时的娄敬已与黔首无异。

无论如何，既然朝廷命令已经下达，娄敬这个黔首便必须和老乡们一起从大海之滨的齐国前往遥远的陇西。当征调的队伍经过洛阳时，娄敬解下绑在车前牵引的横木，穿着羊皮袄，通过齐人虞将军请求谒见天子。这个虞将军又是什么人呢？翻阅《史记·功臣表》，没有找到有姓虞的将军，可能是此人军功不足，并未封侯。不过，既然司马迁说他是齐人，看来大约是娄敬的故人或老乡。

有意思的是，这个虞将军居然一口答应了这个看似不可能的要求。可是见老朋友穿着寒酸，虞将军就让娄敬换套衣服再去见天子。这娄敬倒也实在："臣衣帛，衣帛见；衣褐，衣褐见，终不敢易衣！"意思是，我是什么人就穿什么衣服，不搞这些虚的。就这样，娄敬穿着一身烂衣破衫去见刘邦。

其实，汉去上古未远，民风质朴，如后世般繁文缛节并不多。别的不说，当时的天子刘邦也不是什么身份显赫的上古贵族，据说召开宴会时还和功臣们开怀畅饮，毫无人君的规矩。因此，穿着破烂见天子不是什么大不了的事。不过话说回来，娄敬这点倒和郦食其有些相似。

看到这样的一个奇人，刘邦大惑不解，便问娄敬有何见教。娄敬立刻指出定都之事："陛下建都在洛阳，是想像周人那样兴盛？"得到肯定回答后，娄敬则提出不同观点——本朝夺取天下与周人相异，故不能照搬周人套路。

周人的祖先为上古贵族，早在后稷时代，便被唐尧封在邰。积德十代，到太王、王季、文王、武王时期方天下归心。想当年，周人先祖公刘为避夏桀的暴政而迁居到豳。太王时，因受狄人侵扰，故又迁至岐，国人举族相随。文王为西伯，吕望、伯夷更是从大海之滨来附。正是如此天下归心，武王伐纣时，八百诸侯不期而会于孟津。天下归心，周公辅成王，故营建洛邑。洛邑为天下中心，便于各地诸侯入贡朝见。周人强盛之时，天下和睦，诸侯臣服。然百年后周人衰微，天下无人朝贡，不可统御天下矣。

所以一句话，当年周人以洛邑为都，并非基于安全考虑，而是考虑到交通和经济因素。进而娄敬论述道：我朝初立，长期征战，民生凋敝，根基不牢，还无法与当年周成王、康王时代相比，所以建都一定要考虑国防安全。而这样的话，明显关中更加合适，所谓"秦地被山带河，四塞以为固"，一旦天下危急，只要稳住关中，便可从容调兵平叛，稳定社稷。另外，关中"资甚美膏腴之地，此所谓天府者也"，这可是大汉建都最理想的地方！

娄敬的论断有理有据，洛阳虽为天下之中，却是四战之地。在楚汉战争中，双方在这里反复拉锯了近三年，使这里的经济破坏严重。别的不说，洛阳的门户荥阳已经基本被夷为了平地。如此惨重的损失，恢复尚需时日。而关中虽也经历了战祸，但损失比洛阳一线小得多。另外，洛阳东部仅有一墙之隔的这些藩王个个都不是易与之辈，一旦心有不轨，那就是大问题。为长治久安计，刘邦也不得不慎重考虑。于是，便有了这次五月份的迁都朝议。但当时朝中公卿大多来自关东，均支持定都于洛阳，并提出比较充分的理由：首先周立都洛阳，国祚数百年，秦以关中为都却二世而亡。另外，洛阳东有成皋，西有崤山、渑池，背靠黄河，面向伊、洛二河，且城防坚固，也具备建都的优越条件。

这个论断是有问题的，周人立都洛阳不假，但宗周仍在关中镐京，而且周人也是以关中为基地统一天下的。周王室东迁洛阳后，虽然维持了数百年，但诸侯征伐，王室极度衰微。另外，秦虽二世而亡，但秦人立国数百年，也正是以关中为根据地。所以，当时群臣的说法其实说到底，还是

204

关东人在感情上无法接受关中而已。

朝议无法解决问题，刘邦无奈之下便询问张良。

张良认为："洛阳虽固，但中心地区狭小，方圆不过几百里，田地贫瘠，四面受敌，故非用武之地。但是，关中就不一样了，其有殽函险关之固，又有陇蜀沃野千里。若定都关中，南掌巴蜀丰饶之地，北可以以北地、上郡的牧场组建骑兵。依靠三关隘据险而守，则可以东出函谷，制约天下诸侯。若天下安定，则河渭漕运也可供给关中。一旦诸侯有变，关中兵力则可顺流而下，平定中原。此所谓金城千里，天府之国也！"

张良的这段论断简要明晰，详尽论述了洛阳和关中的利弊。看来，张良是赞成立都关中的。话又说回来，以张良的眼光，不可能不知道关中和洛阳的优劣。那么，现在有一个问题：即为何在娄敬之前，张良不向刘邦提出立都关中呢？

笔者以为，原因有二：首先，张良身体一直不好，后期逐渐淡出政坛，定都立国如此敏感之事，还是少提为妙。另外，前面说过，主张立洛阳为都的大多是跟随刘邦打天下的关东人，而张良出身是前代贵族，身份比较尴尬，若主动提出立都关中，难免招来这些开国元勋的不满，以张良的性格，是根本不愿意趟这浑水的。现在刘邦主动询问，娄敬也在朝议上提出了这个问题，张良就顺水推舟了。

从反秦以来，张良言无不中。对于张良的意见，刘邦是相当重视的。果然，经过张良的分析，刘邦态度立即转变，赞同立都关中。齐人娄敬因积极献策，在定都这件事中表现杰出，被赐姓刘，封奉春君，拜为郎中。

做好这些琐事后说干就干，当天刘邦就起驾向西进发，考察关中形势，决定营建新都事宜。

都城决定建在关中，但选择关中哪个城市呢？以前刘邦为汉王时，汉国的正式都城是汉中的南郑。全取关中后，在汉二年（前205）的十一月份，刘邦将政治中心由南郑迁至栎阳，并在栎阳建立社稷。从汉二年到汉五年（前202）这几年里，栎阳一直作为汉的都城和后方基地。如此，用原来的栎阳为都不就行了吗？

实际上，栎阳的功能应该偏向于一个军事据点，作为都城是不太合适的。当年秦献公将栎阳定为秦国国都，便是此意。秦献公认为，栎阳西有周人旧都岐周、丰、镐，其地势"北却戎狄，东通三晋"，是战略要地。到秦孝公时代，栎阳因规模较小，地势较偏，作为秦都就不合适了，所以在渭水的北岸建了新都咸阳。算来，栎阳作为秦都自秦献公二年（前383）至秦孝公十二年（前350），前后仅三十年时间。秦孝公时期栎阳就不适合做都城，那到刘邦统一天下时当然更不适合做都城了。

可是，咸阳早就被项羽一把大火烧了个干净。既然栎阳不适合作为都城，咸阳又已被毁，那就必须营建新城了。方案定下后，便征发关中百姓在渭水以南、秦兴乐宫的基础上开始重修宫殿，并命名为长乐宫。

两年后，刘邦又命相国萧何在秦章台基础上兴建未央宫，并正式定新都名为长安。

第五章　　臧荼之叛

长期战乱严重破坏了社会经济，北到河北，南到两淮，东到齐鲁，西到关陇，天下一片萧条。据统计，在秦末到楚汉八年的战争中，天下人口从秦始皇统一时的两千万下降到一千余万，损失率高达百分之五十。这个统计虽然只是今天史学界的大致推测，并没有直接的第一手资料佐证，但数据由客观而严格地计算推出，应该是比较可靠的。

人是社稷之本。鉴于国家编户的人口遭受大量损失，经济恢复工作的压力极大，故到汉五年（前202）五月份决定迁都时，同时颁布了诏书："天下动荡数年之久，战乱频繁。百姓为避战乱，藏匿于深山大泽，未登记入户籍者，皆赦免其罪，允许返乡，并可恢复爵位、田地和住宅。七大夫爵位及其以下的，可免除个人及一户之内的赋税徭役，七大夫以上的则赐予田宅。"这就是著名的《高祖五年诏》。

长期的战争必然导致人口损失，不过损失的人口并不是真的全部死在战乱中。为躲避战乱，肯定还有大量人口隐匿在深山之中，这也是人口锐减的重要原因。要知道，按秦以来的法令，编入朝廷户籍的人口是赋税徭役的主要承担者。一旦人口锐减，朝廷的财政便无法保证。若能将隐匿在深山中的人口全部重新编户，分配田宅，便可大大提高经济恢复速度。另外，按秦制，爵位从最高的彻侯到公士为二十等级。其中，七大夫以下为民爵，以上则为等级较高的官爵。通过赐田和免税，可以大大调动民众的生产积极性。

诏令下达的同时，开始大规模裁军，让士兵复员回乡从事生产。为了配合好社会恢复工作，诏书还特意强调要地方做好配合工作，"有不如吾诏者，以重论之"。《高祖五年诏》的推行迅速稳定了社会秩序，促进了经济的恢复和发展，而此诏令的内容和精神也成为汉赐爵和赐田宅的基本法律依据。

汉以仁孝治天下。《高祖五年诏》颁布后，为进一步安定人心，于汉五年（前202）六月初三再一次下诏大赦天下。

然而大赦诏书刚下一个月，就传来一个不和谐的消息：东北地区的燕王臧荼谋反！

那么臧荼为何谋反呢？要知道，韩信灭赵后采纳了李左车的建议，以势迫降了臧荼。臧荼归汉后，表现一直比较积极。群臣劝刘邦进位为皇帝，臧荼也有参与。当年天下纷争、群雄并起时不反，现在天下一统却谋反，这不是自寻死路吗？臧荼是一时枭雄，不可能看不清形势，为何在这种极为不利的形势下仓促谋反呢？叛乱之事过于突然，之前没有丝毫预兆，再联系臧荼在楚汉战争中的所作所为，要说谋反之事早有预谋似乎不太可信。看来，臧荼谋反还真是个未解之谜了。不过，史书有时候总会留下一些线索。

翻阅《史记·功臣表》，大概能够找到一些蛛丝马迹。

一切，都与一个叫温疥的人有关。此人是谁？当年成皋之战时，臧荼曾奉诏遣燕军南卜助战，当时统帅燕军南下的就是时为燕国将军的温疥。大约是温疥在此战中协同击杀曹咎有功，后来被拜为燕相，并封为栒侯。接着，《史记·功臣表》上说温疥"告燕王荼反"。可见在臧荼谋反前，正是此人向刘邦告了一状。或许，正是这一句话，让臧荼铤而走险了。温疥本是臧荼的老部下，为何告发自己的领导？史书中没有记载，我们也不得而知。也许是温疥在汉军中待得久了，收到了刘邦的某种"暗示"；也许是温疥和臧荼之间产生了矛盾。当然，这些仅是个人猜测。

不过臧荼原是前辽东王韩广的部下，后来项羽分封后，是他动手杀掉了自己的老领导韩广，兼并了辽东。如今，他的部下也给他小鞋穿。天理昭彰，报应不爽啊！

无论是被迫还是主动，反正是反了。如今之势，造反是没有回头路的。臧荼一世枭雄，自然明了于心。既然已经起兵，那就必须好好谋划。那么，这一仗该怎么打呢？

臧荼的燕国领有广阳、上谷、渔阳、右北平、辽西和辽东六郡，都城蓟县为大本营。从燕国南下，便是赵国的恒山、巨鹿诸郡。除恒山郡外，赵国中南部都是一马平川的平原，无险可守。燕国在楚汉战争中远离战火纷飞的中原，经济破坏远不如赵国，而且燕军在楚汉中建制完整，战斗力不弱，一旦发挥出强大的战斗力，自恒山郡到河内郡七百多里的漫长战线没有地利，势必难以阻挡。臧荼久经沙场，富有统兵之能，起兵后是断然不会取坐蓟县而等汉军来攻的自毙之策。臧荼只需遣一支偏师牵制代郡，主力在蓟县集结后可直捣赵国邯郸。一旦攻克邯郸，燕军的骑兵便可长驱直下，以骑兵的极限速度，在五天内便可打到黄河。

面对打了十多年交道的臧荼，刘邦不敢等闲视之。听闻臧荼起兵后，刘邦"自将征之"。如今新朝刚立未久，必须御驾亲征，要以雷霆万钧之力讨平臧荼，维护天子至高无上的权威，否则会让不轨之徒心存觊觎。没等太长时间，到七月下旬，汉军便在关中完成集结。全军以刘邦为统帅，周勃、夏侯婴、樊哙、郦商、灌婴等猛将都随驾出征。

自关中出发后，汉军进展神速，在八月即到达河北战场。抵达前线后，汉军立即投入战斗，以迅雷不及掩耳之势击溃了燕军的前锋。到九月份，汉军前锋推进至燕国境内。于是，两军便在易水附近决战，结果燕军大败，臧荼被汉军俘获。到九月末，叛乱被彻底讨平。

汉军仅用了一个多月就平定了叛乱，这场战争的过程确实没什么好说的。不过，臧荼虽亡，他的家族却很有意思。据《史记·韩信卢绾列传》，臧荼有子臧衍，在父亲败亡后逃亡匈奴，并在后来引发了汉初的另一件谋反大案，这个在后面会提到。另据《汉书·外戚传》记载，臧荼有孙女臧儿，嫁槐里人王仲，生女王娡，后王仲死，臧儿改嫁长陵田家，生子叫田蚡。几十年后，长大的王娡成为刘邦之孙孝景皇帝刘启的美人。王美人后来生子，即孝武皇帝刘彻。而田蚡为孝武皇帝的舅舅，官至太尉、丞相，掌控大权近十年之久。当然，这都是后话了。

臧荼虽平，燕地如何善后则成了问题。上古时代，这里是流放罪犯的苦寒之地。《尚书》《山海经》和《淮南子》都说上古时帝舜平四罪："流共工于幽州，放驩兜于崇山，迁三苗于三危，殛鲧于羽山。"这四罪都是威胁华夏的强大敌人，其中共工氏被流放到了古幽州，古幽州便是燕国的旧称。流放罪犯的当然不是物阜民康之地，不但天气严寒，经济发展水平也远不及中原。所以，燕国在所有的封国中并不算美封，当年项羽将韩广封为辽东王，韩广就是因为辽东太苦了，才不愿意就封。

不过，这里虽是苦寒之地，却是断然不能放弃的。自大禹定九州以来，燕地便是华夏族抵抗游牧民族的第一线。周人分封时，将此地封给了近支宗亲召公奭，虽然贫弱，但也是最重要的姬姓诸侯之一。自召公奭的儿子姬克以来，子子孙孙一直在这里爬冰卧雪扼守了八百年，保护了华夏文明免受北方戎狄的冲击。到秦时，燕人的渔阳、上谷、右北平、辽东、辽西被嬴氏接收。秦人将燕人修筑的长城重新修葺，构成了中原抵御匈奴和东胡的第一线。

现在若是放弃燕地，草原民族的骑兵便可在半个月内南渡黄河。真要到了那时，河南、河北的富庶之地都将成为战场。这个负担，将难以承受。

所以，为长治久安计，将燕地彻底掌握在朝廷手中实有必要。于是在叛乱平息后，刘邦迅速做出了人事调整。在汉五年（前202）九月二十六日，立太尉长安侯卢绾为燕王，镇守北方。在刘邦看来，卢绾是他最好的朋友，对他忠心耿耿。有他在北方，就等于自己在北方了。

安顿好一切后，刘邦带着燕军俘虏班师回朝。不过，谁也不知道，这些俘虏中有一个叫栾布的人，后来成为安定大汉天下的社稷之臣。

第六章　　异姓诸侯

　　或许是对刘邦秋后算账的恐惧，在臧荼谋反不久，赵王张耳和长沙王吴芮两个异姓王相继去世。

　　张耳归汉后，在汉四年（前203）十一月正式受封为赵王。大约在早年寒微时，仰慕信陵君的刘邦经常从泗水来到砀郡的内黄，投奔这位真正当过信陵君门客的老大哥。对这位相交几十年的老大哥，刘邦是很关照的，不但正式裂地封王，还特意将唯一的女儿鲁元公主嫁给他的儿子张敖，结为亲家。然而，从受封为赵王的这几年看，张耳在政治上没有什么突出的表现。可见，张耳为人是比较低调的。宦海沉浮几十年，从游侠、门客到封王，深通政治险恶的张耳当然知道伴君如伴虎的道理。如今安安稳稳地离开人世，对他来说也是一种解脱吧。

　　张耳死后，谥为景王。据《逸周书·谥法解》，"景"应该算一个美谥，"由义而济曰景，布义行刚曰景，德行可仰曰景"。几百年后，晋人陆机说："张耳之贤，有声梁魏。"说张耳有贤名于梁魏，大概与他早年曾做过战国四公子的魏信陵君无忌的门客有很大关系。当然，张耳应该也是个很有人格魅力的人，否则在内黄时不会有那么多人去投奔他。或许，在刘邦看来，这个"景"字大概是对张耳这个老大哥一生的评价吧。

　　张耳死后，张敖嗣赵王之位。张敖与鲁元公主生子张偃，后被吕后封为鲁王；张敖有一女张嫣，即孝惠帝刘盈的皇后。

　　与张耳不同，长沙王吴芮死后，谥号为"文"。根据吴芮一生保境安民，此谥应当解为"慈惠爱民"。吴芮向来不争权，宽和爱人，所以刘邦对他十分敬重。据《汉书·韩彭英卢吴传》记载，刘邦数次"贤之"。在听到吴芮去世的消息后，刘邦特意下诏嘱咐御史："长沙王忠，其定著令。"吴芮死后，长子吴臣嗣长沙王位，一直传了五代，直到文帝后元七年（前157）才因无后而除国。在大汉初年的异姓诸侯中，能够善终且传至数代的大概只有长沙王吴芮了。所以，班固感慨说："吴芮之起，不失正道，故能传号五世，以无嗣绝，庆流支庶。有以矣夫，著于甲令而称忠也！"

相传吴芮的妻子是毛苹，即《汉乐府诗》中《上邪》的作者。毛苹和吴芮泛舟湘水，留下此作，不知道是否确然。不过这首诗歌情真意切，的确感人肺腑。诗作如下：

"上邪！我欲与君相知，长命无绝衰。山无陵，江水为竭，冬雷震震，夏雨雪，天地合，乃敢与君绝。"

当然，不是所有的异姓诸侯都像张耳和吴芮一般低调做人，更不是所有的异姓诸侯都那么叫人放心。说起来，让刘邦最不放心的当然就是楚王韩信了。前面就说过，刘邦登基后不久就将韩信徙封为楚王，以削弱韩信的影响力。可是对于韩信这样才智卓绝之人，仅仅是这样简单徙封当然是不够的。

说起来，刘邦和韩信的隔阂如此之深，倒也不能单纯地归咎于某一人。讲到底，刘邦对韩信的不信任关键还是在于对兵权的敏感。早在汉三年（前204），刘邦从成皋到河内修武调韩信的北线汉军南下时，君臣之间的不信任就已经体现出来了。当时，刘邦带着夏侯婴到达军营后，韩信和张耳还不知情，于是刘邦"自称汉使，驰入赵壁。张耳、韩信未起，即其卧内上夺其印符，以麾召诸将，易置之"，最后才"夺两人军"。

意思是刘邦自称汉王使者，趁着韩信还在睡觉时偷了兵符，这才拿回军队。《史记》记载如此详细，且此类事后面再次发生，应当是可信的。刘邦作为汉军最高统帅，调韩信军南下居然还要以诈术窃取兵符，可见两人之间的信任危机是多么严重，而此后韩信擅自将兵攻齐，更是加重了两人之间的不信任。无独有偶，垓下决战后，刘邦立即前往定陶，"袭夺齐王军"，解除了韩信兵权。大约在刘邦看来，韩信一旦手里有了兵权，便可翻手为云覆手为雨，不可不防。

在这种情况下，便发生了前文所说的钟离眜被杀一事。原楚将钟离眜与韩信有旧，在天下统一后，逃亡至韩信处寻求庇护。对这件事情，刘邦心里非常清楚，所以史书说"闻其在楚，诏楚捕眜"。

命令下达，下面就要看韩信到底怎么去应对了。如果身为楚王的韩信此时不将钟离眜擒拿归案，则正好落下口实；若擒拿钟离眜，卖友求荣，势必为天下人所轻。然而，踌躇不决的韩信最后还是选择了擒杀钟离眜。据《史记·秦楚之际月表》记载，这是在汉五年（前202）九月份发生的事，距垓下之战还不到一年。

不过，要说韩信不厚道，大概也不至于。至少，从史书的记载看，韩信还算知恩图报。《史记·淮阴侯列传》上说，韩信就封楚王后的第一件事就是找到曾经分给他饭吃的那位老婆婆，赐给千金。然后，韩信又召见了那位叫他从胯下爬过去的地痞，任命他为楚国中尉，并对将士们说："此壮士也！方辱我时，我宁不能杀之邪？杀之无名，故忍而就于此。"当然这做派有一点表演的意思，不过还是能看出韩信本质上并不是个卖友求荣的人。话虽如此，韩信却是毫无政治智慧且极为胆小之人。皇帝诏令如此，若是不从，那就是公然抗命！如此非但保不住钟离眜，恐怕他自己也将身陷泥潭。钟离眜说他"非长者"，可是韩信也实在是没有办法啊！

但就像钟离眜说的，事情还没完，钟离眜被杀只是个开始。到汉六年（前201）的十月份，发生了有人上书告发楚王韩信谋反之事，事关重大，刘邦随即召开廷议，征求朝臣意见，结果军中武将"争欲击之"，甚至有人当众大喊"赶快发兵，坑此竖子"。这大概是郦商说的吧，毕竟有间接的杀兄之仇。

看来，韩信在军中人缘也不怎么样，紧要关头竟无一人肯为其说情，反而都是落井下石之辈。《史记·淮阴侯列传》中记载了一件轶事，说是韩信被贬为淮阴侯在长安闲居时，曾去拜访樊哙，两人都是武将，自然有共同语言，而樊哙也是老实人，对韩信打仗的本事是口服心服的，见到韩信来了，居然用跪拜的礼节送迎，自称臣，并说："未期大王竟肯光临鄙处，实在是蓬荜生辉！"实在是给足了面子。然而韩信前脚刚出门，便自嘲道："想不到我韩信英雄一世，居然与樊哙这等人为伍！"可见，韩信是相当看不起樊哙的。不过我实在想不出，和樊哙这样的老实人为伍有什么见不得人的。若这番这么不给面子的话给樊哙听到了，真不知他会作何感想。

当然，不知道这个记载是否属实，毕竟韩信已经被贬为淮阴侯而不是楚王了。可能樊哙是个粗人，不太清楚朝廷礼仪，所以说出了这样的话。可是，韩信对樊哙如此绝对不是个例。以前一起奋战沙场的灌婴、周勃等人，没有一个是韩信看得上眼的，韩信甚至经常对这些人嗤之以鼻，"羞与绛、灌等列"。

其实想想，这也正常。有些人是恃才傲物，有点本事就不大看得起人，韩信大约就是这样的人吧。从那些零星的记载中，可以看出韩信为人处事确实不怎么样，可能正因为如此，韩信在军中人缘极差，因而无人肯为其说情。不过话说回来，刘邦对韩信的不信任由来已久，不是一两个人说情就能解决问题的。

《史记·陈丞相世家》上说刘邦听到将领们的反应后"默然"。刘邦没有立即同意发兵攻打，而是沉默不语。到这个时候"默然"，当然不是不相信韩信谋反，而是对韩信还有所忌惮，拿不定主意到底打不打。大概这种情况下，才发生了刘邦去向陈平问计的事情。在商讨时，两人不是商量韩信有没有谋反，而是商量怎么擒拿韩信。可见，如今在刘邦等人心中，韩信是确实"谋反"了。

因此，当刘邦说明事情后，陈平先问被告发一事韩信是否知道。得到否定回答后，陈平认为如今不宜妄动刀兵，因为"今兵不如楚精，而将不能及"。这两句话有些夸大，但说明韩信的实力确实相当强大。而这种情况下，如果一旦泄密逼反了韩信，后果难测。于是，陈平提出建议："上古时代，天子可巡视藩国，会见诸侯。如今陛下可巡游云梦泽，在陈县会见诸侯。陈为楚国西界，如此韩信必前往觐见。待韩信前来时，陛下可趁机将其擒拿，这样就简单了。"

云梦泽，为先秦时代江汉平原上的大型沼泽湖泊，自两汉时期开始日渐萎缩，今湖北境内洪湖、洞庭等大小湖泊便是云梦泽退化而成。《史记·河渠书》云："于楚，则西方通渠汉水云梦之野。"《水经》认为，云梦泽"在南郡华容县之东"。据以上简单推测，两汉时期的云梦泽大约在江陵以东的江汉平原上，汉水和江水交汇的数百里地区均为浩瀚的古云梦。先秦时代，楚王经常在云梦一带狩猎巡游。所以，刘邦到云梦巡游，这个理由正当合理。

其实，当刘邦缉拿钟离眜的命令下达后，韩信就感到了一丝危机，于是他"行县邑，陈兵出入"。汉初，藩王权力甚大，上马统兵，下马治民，藩国之政无不尽属之。藩王在自己的藩国内，可以像郡守一样巡查郡县，这就叫行县。

可是韩信巡视所辖县邑时，每次出入都必须要有大批披甲执械的兵士护卫才能放心。可见，韩信对时局是相当疑虑的。不过，韩信的政治斗争水平确实远不如其兵略，听到皇帝不是派兵前来，而是巡游云梦时，还是放下了警惕。"毕竟自己没有什么大错，皇帝陛下让我擒拿钟离眜，我也照做了。而且在战争中，我韩信立下汗马功劳，皇帝陛下应该不会痛下杀手吧？"

汉六年（前201）十二月份，刘邦的銮驾到达陈县，韩信怀着忐忑不安的心情带着钟离眜的首级去觐见。"臣拜见陛下！"看着站在高台上威严的刘邦，韩信惶恐地跪下行礼，山呼万岁。可是跪了许久，发现高台上的人没有丝毫回应，周围那些熟悉的大臣也都闭口不言。

沉默，良久的沉默让人窒息。

终于，那个威严的声音响起："左右武士，将此人拿下！"想不到该来的还是躲不过啊！韩信心中无比悔恨："陛下，韩信何罪之有？难道真如所说'狡兔死，良狗烹；高鸟尽，良弓藏；敌国破，谋臣亡'吗？现如今天下已定，我辈到底难逃一死吗？"

见韩信在下面大呼小叫，刘邦缓缓开口："楚王韩信，有人告你谋反！"随即不再废话，命左右卫士用镣铐枷锁锁住韩信，带回洛阳交付有司审理。

所谓欲加之罪，何患无辞！韩信固然是没有谋反的，起码史书中没有韩信谋逆之举的记载。就连《史记·功臣表》也记载韩信被废除王爵的原因是"坐擅发兵"，而不是明文记载谋反。但不管有没有，现在需要你谋反，百口莫辩而已。

可能是确无证据，到了洛阳后，为以示宽大，朝廷赦免了韩信。不过楚王是不能当了，降封为淮阴侯。楚王之封想来也够滑稽的，从一月份封楚王，到十二月被降为淮阴侯，这楚王的位子正好坐了一年，整个过程像走了个过场一样。

就这样，刘邦最担心的人被干净利落地解决了。

在长安的韩信形同软禁，一个毫无实权的侯，养老而已。韩信也知道自己有功高震主之嫌，所以"常称病不朝从"。不过即使是这样，锋芒毕露的性格还是改不了。有一次，刘邦与韩信闲聊，议论朝中的将军们能带多少兵。刘邦问："你看朕能指挥多少人？"韩信回答："陛下不过能带十万兵。"韩信这个评价是很精准的，楚汉战争中，刘邦凡指挥十万以下的决战打得都相当漂亮。而且，能指挥十万已经是难得一见的军事人才了。

刘邦又问："那你呢？"韩信倒不谦虚，洋洋自得道："臣自然是越多越好！"听到这个回答后，刘邦笑着调侃道："越多越好，那如何为朕所擒？"韩信反应很快："陛下虽不善于带兵，却善于驾驭将领。陛下之才，乃受自上天，岂人力能得？"反应虽快，可怎么也掩盖不了那种不服输的性格。

从汉六年（前201）十二月到汉十年（前197）陈豨谋反，韩信平平安安地度过了五年。如果，韩信真得能够吸取教训，处处低调，最后可能就不会惨遭毒手了。但是，历史没有如果。

第七章　　刘姓天下

擒拿韩信后，田肯向刘邦上奏："陛下已擒韩信，朝廷又决议关中建都。三秦地形势险要，披山带河，地势便利，此所谓高屋建瓴之势。而齐地，东有琅琊、即墨之饶，南有泰山之固，西有浊河之限，北有渤海之利，地方二千里，持戟百万，可算东秦。臣以为，如此重地非陛下嫡亲子弟不可王。"言下之意，让朝廷再立封国，但所封诸侯一定要是同姓诸侯。这个田肯是什么人呢？史书并未记载，后来也没有出现过。不过，能在如此敏感的事情上向刘邦当面进言，应该不是一般人。其人姓田，又如此熟悉齐国状况，想来可能是出于齐国的田氏。

实际上，田肯的建议不是什么新鲜主张。当年周人得天下后，大封诸侯，亦是以同姓为主。周公立国七十二，姬姓独居五十三国。周人的想法很实际，就是要用同宗藩国作为天子的屏卫。不过有趣的是，汉、周还是有异的，这最大的不同就是同宗的质量远不如周人。《史记·高祖本纪》上说："当是时也，高祖子幼，昆弟少，又不贤，欲王同姓以镇天下。"这段记载很有意思，司马迁还真实在，直接说大汉开国之君的兄弟们不像样子。

话虽难听，但确实不假。除已经去世的大哥刘伯外，刘邦这一辈的兄弟还有个二哥刘仲、小弟刘交。除了老四，老二种地有一手，但让彼辈治国真是难为人了，而且整个刘姓宗室中也实在找不出几个治国安民的。再说皇子们，同样靠不住。刘邦前半生说好听点是个游侠，说难听点就是不事生产的地痞流氓，也是个老光棍，直到年届半百才生了儿子。现在，这些皇子们最大的也才几岁而已。几岁的孩童懂得什么治国之道？

为了妥善解决这个问题，刘邦颇花了一番心思。

在汉六年（前201）正月初，刘邦下诏将原韩信的楚国一分为二。以淮水以东的会稽、东阳、鄣郡三郡五十三县置荆国，而薛郡、东海、彭城等淮西三十六县为新楚国。荆国应该就是原江东的吴越之地，而新楚国即原楚国的江北地区。

荆楚之地原为项羽的地盘，且民风彪悍，当好这个家可不容易。有鉴于此，刘邦封家族中上过战场的刘贾为荆王，而以小弟文信君刘交为楚王。

在楚汉战争中，刘贾是和卢绾打配合的。从战争中的表现看，刘贾此人尚可，毕竟上过战场，荆国让他守着，应该没什么大问题。不过，小弟刘交能当好这个楚王吗？

刘交，字游，是刘邦的异母弟，也是刘邦的四兄弟中素质最高的一位。在兄弟四人中，刘邦和老四的关系最好。刘交小时候就很聪明，少年时代和鲁穆生、白生、申公一起在浮丘伯门下学习。这几个人都是当世大儒，学术水平很高，特别是浮丘伯，是儒学发展承前启后的重要人物。如果《汉书》的记载属实，那实在是个异数。要知道，刘太公和刘邦一样，是个不事生产、好斗鸡走狗的游侠一类的人物而已。在这样的家庭环境中，刘交居然有如此之高的学术水平，或许他继承的是那个在历史中没有留下名字的刘邦异母的素质吧。

不过，刘交重视文教这件事是有的。史书上说，刘交就封楚国后，以师友穆生、白生、申公为楚国的中大夫，并特意派儿子刘郢客到长安向昔日老师浮丘伯学习《诗经》。为倡导楚地的好儒之风，还带头在楚国整理研读《诗经》等先秦典籍。在刘交的带动下，楚地风气骤然好转，社会经济也得到迅速恢复。不过，楚地民风骠勇好斗，光行文教而无良将镇守也不是办法。为了能让弟弟刘交在南方当好这个家，刘邦特意将素有谋略的猛将冷耳拜为楚相去辅佐他。冷耳是刘邦的老乡、沛县人，在打仗上颇有一手，是一员有勇有谋的大将。当年韩信平齐时，便是此人领兵大败齐相田解，是"丰沛系"的干将。有这样的猛将镇守在南方，只要不是大变，可保无虞。

处理完南方后，到汉六年正月末，刘邦又下诏以云中、雁门、代郡五十三县为代国，立宜信侯刘仲为代王。

刘仲是刘邦的二哥，不过这个二哥和老四刘交相比实在差得太远，根本不具备治理国家的能力。无能之人骤登高位，往往不是什么好事。不过，刘仲虽然无能，刘仲的两个儿子却很争气，老大刘濞、老二刘广都英武善战，颇有声望。特别是刘濞，孝景年间七国之乱便是此人掀起的。

安排好两个兄弟后，刘邦又安排儿子们：以胶东、胶西、临淄、济北、城阳等七郡七十三县复置齐国，立庶长子刘肥为齐王，都于临淄。虽是长子，但刘肥出身不是很好，是刘邦寒微时与情妇曹氏所生。史书中未详细记载曹氏，而且刘邦发达后也从未提及这个女人，想来已经不在人世，而且其人出身应该也不好。可能是出于对曹氏的补偿，封给刘肥的齐国是所有封国中人口最多、领土最广，也是最富庶的。

为了让刘肥妥善治理齐国，刘邦还特意让自己的得力干将曹参到齐国做齐相，辅佐这个庶长子。"齐王年轻，国政皆有齐相曹参主持。"而曹参在齐国做得也很好，特别采纳了盖公的建议，采取休养生息、清静无为的施政方针，结果"齐国安集"。

这样，南方有刘贾、刘交，东方有刘肥，北方有刘仲，同姓诸侯的基本格局算是搭起来了。和周人相比，同宗的子弟们虽然弱了点，但用心良苦的刘邦都为他们调配了能征惯战的猛将为国相。只要藩国的君相一心，当可理好国政。

如此，大汉王朝便形成了郡县、封国并存的局面，史称"郡国并行"（汉初郡国地位和汉武帝以后郡国平行不同，更像国辖郡的体制）。刘邦以同姓诸侯分理天下，从短期的效果来看还不错，特别是楚、齐两国政绩颇优，最重要的是出现了如周人那般"广建诸侯，以藩屏周"的局面。大家同出一脉，一旦朝廷出现危急，各地诸侯一定会出兵勤王，当不会出现秦人宗室屠弱，二世而失天下的情况。然而，关于分封同姓诸侯是否像设想的那样稳健，这个问题早在秦人统一时就已经有人提出过了。

在秦王政二十六年（前221），秦统一天下不久，针对地方采取什么行政制度，秦廷召开了一次著名的朝议。当时的丞相王绾认为，燕、齐、楚三国过于遥远，若不设诸侯，不便镇抚，不如分封诸子到这些地方为王。而廷尉李斯则提出反对意见，说了一句很有名的话："周文武所封子弟同姓甚众，然后属疏远，相攻击如仇雠，诸侯更相诛伐，周天子弗能禁。今海内赖陛下神灵一统，皆为郡县，诸子功臣以公赋税重赏赐之，甚足易制，天下无异意，则安宁之术也。置诸侯不便。"意思是，随着时间的推移，血缘会慢慢淡化，所以指望靠血缘稳固分封的同姓是绝对靠不住的。

就这样，双方针锋相对，互不相让。最后，在始皇帝的支持下，秦人决定在全国推行郡县。

确实，诸侯在封地内可以建立军队，设置官职，有的甚至可以自行铸币。军、政、财一手抓，权势熏天，若稍有不轨之心，则天下震动。更为重要的是，此时朝廷直辖仅有原秦地关中、巴蜀、河东等十五郡，其余皆为各地诸侯所有，隐约有强枝弱干之势。

在巨大的权力诱惑面前，血缘关系再亲又有何用？自古以来，在最高权力面前，是从无亲情可言的。远的，殷商自仲丁以后，宗室争权导致九世之乱不说；秦人简公、出子夺政，致使献公流亡在外二十多年的事，距当时不过二百来年。若这些同姓藩臣真的图谋不轨，犯上作乱，那问题可就大了。

此时刘邦尚在，可以震慑天下，而一旦他百年之后，天下恐怕将难保长治久安。

第八章　　剖符封功

　　刘邦得天下，虽有其讨平群雄、可定四海之德，但臣子在沙场御敌之功亦不可没。故在汉六年（前201）十二月，即大封同姓藩王几个月后，又发布诏书，叙功封功臣。

　　这一天，刘邦带着功臣们进入宗庙，祭祀祖宗神灵。功臣们则小心翼翼地捧着用朱砂书写的半块记功铁券，和刘邦齐声盟誓："使河如带，泰山若厉。国以永宁，爰及苗裔！"诵毕誓词后，侍从在侧的谒者庄重而肃穆地将另外半块铁券高举头顶，收于特制的盒子中，然后将盒子放在宗庙中。

　　仪式完成后，这些进入宗庙的大臣们便是被皇帝认可的大汉元勋，可以世世代代、子子孙孙安享富贵，与汉朝同始终。自汉六年到汉十二年（前195），先后有一百四十三人获此殊荣。百余年后，他们的功勋事迹被司马迁完完整整地记载于《史记·功臣表》中。

　　在这百余位军功侯中，有趣的是"从起"者大多来自刘邦的龙兴之地"丰沛"。而历史上从丰沛和砀郡地区走出的良将名臣的确是数不胜数。事实上，这就是汉初著名的"丰沛元从集团"。

　　"丰沛元从集团"，可以追溯到二世元年（前209）刘邦隐匿于芒砀山时。该年九月份刘邦出山攻克沛县后，丰沛地区的故人、下属纷纷前来投靠，部队的规模从几百人发展到了三千人。到二世二年（前208）的二月，刘邦的沛县义军向砀郡附近发展。砀郡与泗水虽是两个郡，但离刘邦的老家丰邑并不远。刘邦早年常到砀郡南部游历，因此对砀郡比较熟悉，在这里有不少老朋友。故而刘邦军到达砀郡后打了几个胜仗，立刻得到砀郡军民的大力支持，部队规模也发展到了万人。

这些"丰沛元从集团"将领，自起兵以来便在刘邦的指挥下一直活跃在战争的第一线，资格较老。另外，由于"丰沛元从集团"成员大多和刘邦是同乡、好友等关系，因此深得刘邦信任，在军中有较大势力。而在大汉初年，左右朝政的就是这个集团。

不过军功集团中，除了"丰沛系"，还有关东集团和关中秦人集团。关东集团是从二世二年（前208）九月刘邦西征到楚汉战争期间加入的各诸侯国军民，如郦商兄弟、陈平等人。这一派的人数也不少，但身居高位的不多，而且受到"丰沛系"的挤压。比如，郦商虽屡立战功，但在朝廷中始终明哲保身，从不多说话；陈平就更别说了，和"丰沛系"关系的恶劣是人所共知的。因此在开国之初，这一派在政治上少有作为。

与关东集团不同，关中的秦人是构成汉军的主力，但是秦军的大规模投降要到汉元年（前206）刘邦攻占关中以后了，因而资历最浅，地位也最低。比如刘邦在京索之战前组建骑兵，秦人李必、骆甲坚决推辞担任主帅，很大的原因就是资历太浅，指挥不动"丰沛系"。

此外，军功集团中还有几个比较特殊的团体，其中属于吕后的兄长吕泽领导的，则可以称为"吕泽系"或"诸吕系"，也可称之为"外戚系"。

其实刘邦在沛县起兵时，吕氏家族也单独组织了一支武装，由吕泽领导，活跃在吕氏老家砀郡单父一带。据《史记·惠景侯表》记载，有一位叫周信的功臣，在单父追随吕泽，是吕泽的门客。秦汉时代，舍人门客和主人之间的主仆关系很明确，主人恩养舍人，舍人则随时以生命为报。如周信这样的舍人，他们誓死追随吕氏，成为征战沙场的马前卒。大约后来吕泽追随刘邦，周信因此被编入汉军的战斗序列，在灭秦平楚的战争中以汉军的身份上阵杀敌，立下赫赫战功。吕后执政时，特意将这位忠心耿耿的老部下封为成陶侯。

不过，虽然加入了汉军，吕泽这支部队的独立性应该是很强的。《史记·功臣表》的记载很有意思，在战争中凡是受谁指挥的都会记为"属某人"，比如某将领被调到齐国战场划归韩信指挥的话，便会记为"属淮阴侯"，因为在齐国战场，有全权指挥权的统帅是韩信。像韩信一样，《史记·功臣表》中有"属悼武王"的不在少数。

《史记·功臣表》中吕泽的全部档案为"以吕后兄初起以客从，入汉为侯。还定三秦，将兵先入砀。汉王之解彭城，往从之，复发兵佐高祖定天下，功侯"。这个记载有两个要注意的地方：一是"将兵先入砀"，应该指的是在彭城之战前，吕泽带着自己的部队在刘邦还在关中时便先行进入砀郡，可见吕泽部队的独立性确实是很强的；二是"复发兵佐高祖定天下"，指的是在彭城之战刘邦主力受到重大损失后，吕泽指挥自己的军队帮助汉军平定天下。这句"复发兵佐高祖定天下"是很值得推敲的，从中可以看出，吕泽的部队不是直接隶属于刘邦的，否则不可能说"发兵佐高祖"，而应该直接记载为调兵了。

可是由于种种原因，吕家部队逐渐消失在历史长河中，我们只能利用现存资料大致还原这支部队。结合史书中个人传记和《史记·功臣表》，这支军队的建立大约可追溯到反秦战争开始时。天下大乱后，吕泽的人马在沛县北部一带活动。到刘邦从河南郡南下后，这支部队离开根据地南下，与刘邦配合攻击南阳。汉军中与刘邦关系不好的雍齿、王陵等人大约就属于吕泽的部队。

到刘邦进入汉中后，吕泽的部队开始和汉军混编。当时军队中有"吕氏"印记的将领倒是不少，如汉军猛将郭蒙。这一派虽然在军队中有不小的势力，但与"丰沛系"自然不能相比。比如，"吕氏集团"从未担任过太尉，就连将军一级的都很少，大多是都尉这样的中层将领。当然，"吕氏集团"势力急剧膨胀，那是要到吕后掌权的十几年里了。在整个楚汉战争时期，"吕泽系"在政治上的要求不大，我们也很少看到他们活动的影子。

所以，在汉初，"丰沛系"一家独大，代表了整个朝廷的声音。但是，朝廷上的分歧还是有的，涉及具体利益，即使是"丰沛系"内部，也有不小的矛盾，比如汉六年（前201）的首功之争。

我们知道，汉承秦制，封爵的标准是战功，想要授爵，必须有硬指标，即斩敌首级的军功。没有军功，你就是说破天也没用。

所以在汉六年（前201）十二月甲申，刘邦所封的十多个侯基本都是上阵杀敌的将军，可问题是到第二批分封时，萧何也被封为酂侯，实封八千户。消息传出，将军们大多心有不快："我们脑袋别在裤腰带上，拼死拼活的才有千把户的封地。想他萧何一介书生，舞文弄墨，寸功未建，现在动辄八千户,是何道理？"面对将军们的不满，刘邦给出了两个理由：首先，萧何虽然没有上战场，但是出谋划策也有运筹帷幄之功；其次，你们追随我起兵时，不过两三人，人家萧何家族数十人，全部奋战在第一线，忠心无比，你们哪个能比？听到这番话后，"群臣皆莫敢言"。

这个"莫敢言"恐怕只是表面现象，私下牢骚只怕不少，因为随后就出现了首功之争。

当时所有人都在争论，功臣中谁的功劳最大。"丰沛系"的将军们一致推举猛将曹参为第一等功，理由是"平阳侯曹参，身被七十创，攻城略地，功最多"。据《史记·曹相国世家》记载：曹参攻下两个国家、一百多个县，生擒国王两人、国相三人。按照秦法，这个指标够硬。

可若以曹参为首功，就意味着以斩首夺地为封侯的唯一标准，文官集团必然无法接受：你们武将靠斩首破敌获得军功，我们文官如何叙功？像萧何那样被特别照顾的毕竟是少数。但就像刘邦说的，出谋划策、治理国家都是靠文官。如若不算功，难免让人心寒。对文官来说，首功之争更是事关政治地位和以后的政治利益，不可不争。

就在大家争论不休时，鄂千秋向刘邦提出不同意见。这个鄂千秋很有意思。《史记》没有本传，所以生平不详。据《史记·功臣表》，当时鄂千秋虽然有关内侯的爵位，但他的正式官职应该是谒者。谒者为郎中令的属官，掌宫廷传达等事。鄂千秋基本没上过战场，属于正儿八经的"文官系"。

鄂千秋认为："齐相曹参虽然能打，可也不过一时之功。和项羽打了五年，我军败仗打得不少，可若无萧相国转运粮草，我军焉能得胜？所以如曹相国之辈少一两个没问题，但少了萧相国必然不可！"

言下之意，还是刘邦的老话。曹参虽有攻城略地之功，但从大局来讲，若无萧何在后方转运粮草，就是曹参百战百胜也无济于事。最后刘邦采纳了鄂千秋的建议，以萧何第一，曹参次之。不过，实封曹参的户数比萧何的多。

首功解决了，剩下的就好办了。除萧何外，还有人并非以战功封侯。比如，第一批封侯的户牖侯陈平和第二批封侯的留侯张良。

在秦楚之际的无数次大战中，张良屡出奇策，深受刘邦器重。因张良言无不中，智计百出，刘邦认为："运筹策帷帐中，决胜千里外，子房功也！"所以，在确定萧何的功劳后，刘邦让张良自己挑选齐地三万户作为封地。在汉朝，三万户规模的封地真可谓空前绝后了。面对这样的巨赏，张良却推辞了："始臣起下邳，与上会留，此天以臣授陛下。陛下用臣计，幸而时中，臣愿封留足矣，不敢当三万户！"最后，仅接受了"留侯"的爵位。

刘邦所有功臣，大多出身较低，而张良则是一个例外，身为贵族，却甘为刘邦这样的草莽之辈出谋划策，尽心辅佐，实属难能可贵。要知道，张良一生最大的愿望就是复兴故国，然而当刘邦听从郦生之言复六国贵族时，身为前代贵族的张良却审时度势，断然拒绝，不能不说"尽公不顾私"。所以，明人王夫之说："良虽多智，而心固无私。"这个评价是比较公允的。据《史记·留侯世家》记载，张良"性多病，即道引不食谷，杜门不出岁余"。或许是因为身体不好，或许是身为贵族特有的谦和，在打败项羽后，张良逐渐淡出政坛，不再过问政事，专心学习道家的导引辟谷之术。

说到张良淡出政坛，《史记·留侯世家》上还记载了一件很有意思的轶事，说当时分封列侯二十多人后，其余人日夜争功，一时决定不下来，便未予及时封赏。有一次刘邦在洛阳南宫的阁道上走路时，看见将军们三三两两地坐在皇宫广场的沙地中指指画画地谈论着什么，于是迷惑不解的刘邦便问身边的张良他们在说什么。张良回答："陛下不知乎？此谋反耳！"刘邦大吃一惊："天下刚刚安定，何故反乎？"张良道："陛下起布衣，以此属取天下。今陛下为天子，而所封皆萧、曹故人所亲爱，而所诛者皆生平所仇怨。今军吏计功，以天下不足遍封，此属畏陛下不能尽封，恐又见疑平生过失及诛，故即相聚谋反耳！"

言外之意，你刘邦分封的都是自己的亲朋好友，可对大批将士却无尺寸之赏，岂不令人心寒？其实，张良这是间接指出了刘邦分封不公，所以将军们心中有疑虑。可见，在分封功臣时，不仅文武两派的矛盾没有调整好，就是武将内部也没有做到公正对待。

最后，在张良的建议下，刘邦封雍齿为什方侯以平息矛盾。雍齿是刘邦的同乡，在沛县起兵时，刘邦便委以重任。结果，雍齿却转手就以丰邑投了魏将周市，将刘邦最重要的据点卖了。

那时刘邦带领沛县义军正在亢父、方与一带活动，尚未攻城便听到老窝丢了，于是匆匆领兵返回，结果两次都没打下来。刘邦一气之下，一病不起，差点一命呜呼。说起来，这也是刘邦起事以来最危险的一次。幸亏最后向项梁借了五千兵，才夺回根据地。此事之后，雍齿便叛出义军，可是如此反复数次，最后雍齿还是投靠了刘邦。然而，如此大辱，岂能说放下就放下？以至于刘邦经常说雍齿"数尝窘辱我，我欲杀之！"

雍齿和刘邦之间的那点不愉快，大家都知道，如今连雍齿尚且封为侯，其他人自然也都没有什么可担忧的了。一场严重的政治危机，就这样被简单消弭了。

张良作为刘邦最杰出的谋臣，对这个分封不公产生的危机早应该是心知肚明。等到刘邦亲自去问，张良才述说这件事。作为臣子的，张良这样被动当然不应该。而此前迁都关中，也是刘邦亲自去问，张良才据实以告。从这些零碎琐事，大概也稍微看出张良对朝政确实不大上心了。

这些琐事暂且放下不说。首功确定之后，作为文官的鄂千秋因建言之功而被刘邦破例由关内侯升为彻侯。鄂千秋死于九年后的孝惠年间，爵位一直传至玄孙鄂但。孝武年间，鄂但因卷入淮南王刘安谋反一事而被弃市，最后国除。

现在国家建立，朝廷最需要的已经不是征战沙场的猛将，而是善于治理天下的文臣。以武定邦，以文治国，天下已经到了偃武修文的时候了。当然，除了萧何等少数文官之外，捞到爵位的，大多还是"丰沛系"的这些武将。大家随刘邦出生入死，脑袋别在裤腰带上图个什么，不就图个荣华富贵、封妻荫子吗？

让我们回过头看看这些"丰沛元从集团"的将军们。他们当中在秦末时身份最高的算是曹参，在秦时为狱掾；王陵为沛县豪强，周勃以织薄曲、发丧吹箫为生，樊哙为屠狗贩肉之辈，夏侯婴为沛厩司御，余者大都起自草莽庶民。不说和传承几千年的上古贵族相比，就是和王氏、蒙氏那样兴起仅百年的军功新贵相比也远远不如。

所谓"王侯将相宁有种乎？"实际上，秦楚之交，自上古传承了数千年的贵族时代已经无可挽回地走向崩溃了。也许在参拜宗庙的功臣们并不知道，他们迎来的是一个布衣卿相、布衣天子的平民时代。

第九章　　叔孙定礼

布衣君相终归是布衣君相。

汉六年（前201）的秋天，封完第四批军功列侯后，刘邦在宫中举行了一场宴会，大宴群臣。被邀请参加宴会的，除了皇亲国戚，都是大汉的开国列侯。君臣奋战近十年，由一介布衣成为万乘之尊，天下还有比这更痛快的吗？简陋的栎阳宫内觥筹交错，从天子到大臣们的兴致都很高。

可是酒酣之际，大臣们喝得酩酊大醉，随后便丑态百出：有的在殿内胡喊狂呼，更有甚者"拔剑击柱"。要知道，追随刘邦的这些功臣的素质比较低，刚开始大家都比较反感繁琐的礼仪，大碗喝酒、大口吃肉，岂不快哉！于是刘邦登基后曾特意下令废除前朝礼仪，一切从简。但是，再怎么从简，也断不能如此毫无君臣之仪啊！

如此朝堂之上，哪还有天子应有的威仪？刘邦看到治理万民的大臣们都如流氓一般，心里很不是滋味。一场本该开心的宴会最后只得草草收场。朝廷当有朝廷的礼仪，天子也要有天子的威严。毕竟已不是芒砀山起事之时，如此放浪形骸成何体统，君临天下的天子岂不被万民嘲笑吗？礼仪，还是要有的。

宴会结束后，刘邦立即召见了叔孙通，把设计宫廷礼仪的事情交给了他，希望叔孙通能完善朝廷的各项法度。叔孙通，为薛县人。早在秦时，叔孙通在齐地颇有名望，是研究儒术的专家，因此被征召为秦帝国的待诏博士。

可是这个博士官没当多久便遇到陈胜起事，东方大乱。有一次，二世胡亥在朝会上问群臣关东民乱怎么处理。群臣都说陈贼势大，当赶紧发兵剿灭，否则后果不堪设想。光顾着享受生活的胡亥听到这些糟心的事当然不高兴。

于是，叔孙通进言："此特群盗鼠窃狗盗耳，何足置之齿牙间。郡守尉今捕论，何足忧！"意思是，这些盗贼成不了气候，各地郡守尽可自己讨平，陛下您该享受就享受，不用太操心。

好话谁都爱听。结果，那些说该发兵征讨的都倒了霉，被胡亥骂得狗血喷头，而叔孙通却因说好话而受到胡亥的称赞，不但没挨骂，居然还捞了二十匹帛和一件衣服的奖励。不过，如此谄媚之行自然不光彩，待叔孙通出了宫门，其他人都鄙视说："先生怎么能那么拍马屁呢？"叔孙通却说："你们不了解啊，我差一点儿就掉进虎口出不来了。"秦廷真乃是非之地！叔孙通说罢就卷起铺盖赶紧逃回了老家薛县。

可见，这个叔孙通也不是老实人。项梁的部队攻克薛县后，叔孙通便离开老家跑去追随项氏叔侄。彭城之战后，叔孙通又归汉并西入关中。当初叔孙通投靠刘邦的时候，跟着他一道前来的弟子有一百多人，可有意思的是叔孙通一个也不向朝廷推荐，而是专门推荐了一些旧日的土匪强盗。这下这些弟子们就不干了，都在背后破口大骂："跟了老师这么多年，如今发达了，却不推荐咱们，而专门去推荐那些贼人，真不知道这是什么道理！"叔孙通听说后没有生气，而是平静地对弟子们说："汉王如今正在打天下，你们能去打仗吗？我现在只有先给他推荐那些能够冲锋陷阵、斩将拔旗的勇士才行。你们要等一等，老师是不会忘了你们的。"这番话说得颇有些道理。前面提到，魏无知推荐陈平时也说，现在最需要的是有能力的人，而不是有品德的人。两人的想法倒是有些异曲同工之妙。

如今新朝既然需要制定礼仪，自己的这些弟子终于可以派上用场了。于是在刘邦询问后，叔孙通便拍着胸脯说："臣那班学生，冲锋陷阵是指望不上的，治理天下却用得着。臣愿意去征召鲁地儒生，同弟子们一起为陛下制定礼仪制度。"

齐鲁是孔子的故乡，儒学的影响比较深，自先秦到汉以来的很多大儒都出生于齐鲁。秦人焚了一批书，坑了一批儒生，接着又是关东大乱，各项礼仪制度大部流失。所以，叔孙通必须要到自己老家去请一些熟悉先秦礼仪的儒生才行。千挑万选后，叔孙通在鲁县前后召集到了三十余名精通各种礼仪的儒生。

然而有趣的是，其中有两个拒绝加入。他们不但不去，还把叔孙通骂

228

得里外不是人："先生数易主君，以阿谀取富贵，非忠义也。今天下安宁未久，社稷残破，先生又闹着制订什么礼乐。礼乐制度的建立，那是'积德百年而后可兴也'。我们实在没法和先生一起干，您的行为不合于古人。我们不去，您自己去吧！别玷污了我们！"话虽有些难听，却不是毫无道理。毕竟如今国家残破，首要任务的确是恢复生产，而不是搞什么礼乐。不过，叔孙通听了却不生气："你们可真是些榆木脑袋，根本不懂时代的变化。"

回到长安后，叔孙通开始着手制定礼仪。传统的礼应该是周公制定的周礼，这套礼仪非常繁杂，连什么等级的人穿什么衣服、吃什么食物都有详细的规定。可问题是周公已经死了八百年了，即使是周朝也已灭亡了近半个世纪。经过秦始皇的焚书，很多礼仪规范都没有流传下来。如今想要恢复古礼，谈何容易！不过，叔孙通有自己的一套。

叔孙通认为，礼制是根据时代、人情的变化对人们的言行所确定的节制规范。因此，确定礼仪的原则是符合各个时代的要求即可，而不需完全遵循古法。最后，叔孙通邀请了一批在关中德高望重的学者加入，在制定程序的过程中参考他们的一些意见，借鉴一些古代礼制，又掺糅了一些秦人的仪法，从而制定了新朝的基本礼仪。

确定指导思想后，叔孙通带着弟子、儒生共一百多人，用绳索拦出演习场所，插立茅草表示出尊卑位次，在野外演习礼仪。这样反复演习一个多月后，叔孙通向皇帝陛下汇报基本成果。刘邦到场一看，确实尊卑有序，肃穆庄重，大为高兴，随后便下诏让群臣在叔孙通的教导下练习宫廷礼仪。

大约过了一个月，汉七年（前200）的新年，朝廷将举行新年大朝会。由于长乐宫刚刚建成，这次新年大朝会将会非常隆重。于是，朝廷下诏让各地诸侯、文武大臣都按朝廷新定礼仪前来长乐宫，参加新宫落成的朝会。

仪式是在天亮之前举行，郎中令的属官谒者主持典礼。所有大臣均按次序在谒者的引导下依次入殿，分列东西，而郎中令所属的宫廷侍卫均手持兵器庄重而肃穆地按规定站列于殿下台阶。随后，皇帝乘坐辇车经宫门入殿。各级官员无不震恐肃敬，依次朝拜。看着威严的天子，百官缓缓山呼万岁。整个朝会庄严而肃穆，无不体现了皇权的至高无上和不可僭越。看着仆服在脚下的朝臣，出身草莽的刘邦此刻终于体会到了始皇帝那般君临天下的感觉。

朝会后，刘邦非常满意，得意地对身边的叔孙通说："朕今天才知身为皇帝的尊贵啊！"为了表示奖励，刘邦拜叔孙通为太常，主持朝廷宗庙的一切礼仪。

不过对于叔孙通定礼，史家的评价却大相径庭。司马迁在《史记·刘敬叔孙通列传》中说："叔孙通希世度务，制礼进退，与时变化，卒为汉家儒宗。"意思是，叔孙通不拘小节，定制礼仪，不愧为汉家儒学一代宗师。而过了一千多年，司马光则提出相反的观点，他认为："惜夫，叔孙生之为器小也！徒窃礼之糠秕，以依世谐俗取宠而已，遂使先王之礼沦没而不振，以迄于今，岂不痛甚矣哉！"这段话是相当不客气的，司马光认为正是因为叔孙通为求富贵，匆忙制定礼仪不合古法，致使上古礼乐失传。

即便是汉代，也有不少人对叔孙通持否定态度，比如著名学者扬雄，他说："哎呀！从前鲁地有大儒，可惜史书中没有记载他们的名字啊！"有人问："怎么说啊？"扬雄回答："叔孙通打算制定君臣礼仪，便到鲁地去征召儒生，请不来的有两个，堪称大儒啊！"有人问道："既然如此，那孔子足迹遍及诸侯国也是不对的了？"扬雄解释："孔子周游列国，是按照自己的意图行事。倘若放弃自己的立场来顺从迁就他人，那么即便是确定出了规矩，又怎么能够拿来应用呀？"言下之意，对叔孙通屈从富贵而擅自更改礼仪很是不屑。当然，孰是孰非，我们今人倒是很难说了。

朝廷制度的完善是一个方面。在叔孙通制定礼仪的同时，新都的大规模建设也在加速进行。到汉七年（前200）二月份刘邦亲往视察时，新都已经初具规模，当时的长安已非当年残破不堪的旧咸阳。早在汉五年（前202），长乐宫的主体建筑便已基本建成。这两年来，在相国萧何的主持下，新兴的长安城早已是亭台楼阁，气象万千，已经颇具强盛帝国的气度。于是，刘邦回朝后便下诏，将都城由临时的栎阳正式迁至长安。

此时，在长乐宫西郊原秦章台旧址上，萧何正主持营建未央宫。未央宫壮丽无比，东阙、北阙高耸入云，前殿、武库、太仓环布其间，气势非凡。

然而，刘邦见到未央宫如此壮丽，却非常不高兴，如今天下战乱刚平，民生凋敝，百废待兴，社会还很不稳定，萧相国把宫室修建的这般奢华，这不是让自己招天下臣民谩骂吗？可萧何却回答道："天子本富有四海，宫殿如果过于小气，怎么能够威慑天下！"听到这番话后，刘邦转怒为喜，认为萧何说得有道理。

皇帝也是人，追求美好的生活本无可厚非，但萧何的话总感觉有点不对味。司马光说：圣明之君崇尚推仁施义，以德治民。自古以来，还不曾听说过有依靠宫室规模来镇服天下的。确实，天下尚未安定，理当克制自己、厉行节俭。而萧何却反倒以大肆营建宫室为先任，这怎么能说识时务呢？

接着司马光又说，上古时代大禹"卑宫室"而夏桀"为倾宫"，可结果怎么样呢？所以萧何竟谈什么"不要让后世宫室的建筑规模超过它"，这岂非荒谬！旁的不说，当年楚灵王造了一个章华台，便被伍子胥的爷爷伍举骂得狗血淋头，说这是楚亡的征兆。因此当时看来萧何要大建宫室，实非社稷之福。

不过，联系叔孙通定礼看，这也是刘邦化家为国，重新建立和规范国家制度的一项重要举措吧。毕竟，即使礼制再森严，皇帝却坐在草房子里，大概也会让人发出"望之不似人君"的感慨吧。

第十章　　儒法治国

当然，礼仪只是流于表面。社稷并不能通过表面光鲜的礼仪就能安乐太平，残破的天下也不能通过空洞的礼仪来恢复。这一点，估计刘邦自己也是心知肚明。

所谓"圣人因天秩而制五礼，因天讨而作五刑"。朝政正常运转非独在于礼乐完善，更在于刑罚明确。刑罚明确，庶民就知道什么能干，什么不能干，社会就会有序，天下自然安定。正因如此，在制定礼仪的同时，制定通行天下的统一律法就被提上了日程。

其实早在入关中时，就已草创了各项法律，即"约法三章"。不过现如今，九州一统，万事待兴，以国家复员之广，各地民风之迥异，"三章之法不足以御奸"。为社稷长治久安计，重新完善律法实有必要。

这项繁琐而重要的工作被交给了相国萧何。萧何在秦时曾担任沛县主吏掾，熟悉秦人各项法令。在入关后，萧何便开始着手搜集整理秦人的各项法令、典籍，为立法做准备。从汉初年的形势来看，国家百废待兴，可以直接借鉴的就是比较完善的《秦律》了。《秦律》是由商鞅入秦以后制定的，参照的原本是战国时李悝在魏国制定的《法经》，商鞅改令为律，将其补充完善。后在百余年的实行中多有增补，故其内容非常丰富。

不过，《秦律》虽在秦统一之后才颁行天下，但其真正诞生的年代毕竟久远，不一定能适应汉初的实际情况。而且，秦朝二世而亡，就是因为律法严苛。这个教训，不可以不借鉴。

于是，萧何以《秦律》为基础，删繁就简，进行了大规模修改，历时数年之久，最后形成了盗律、贼律、囚律、捕律、杂律、具律、户律、兴律、厩律共九篇律法，即汉《九章律》。其中前六篇基本是原《秦律》的内容，后三篇则是萧何根据社会需要增补的内容。

在这九章中，《具律》是刑法总则，是规定定罪量刑的通例，而其他几篇则是具体的法律分则，规定具体的罪行和惩罚。例如，《盗律》是保护公民私有财产和官府公共财产的律法；《贼律》是保护公民人身安全；《户律》是有关户籍、赋税和婚姻家庭方面的民法。

《九章律》虽以《秦律》为蓝本，但做出了较大的调整和大幅度的删减，如挟书、妖言诽谤、收孥、参夷、连坐等被视为苛法的律令被删除。当然，秦律中一些先进的司法原则，如罪刑适应、法不溯及既往及科罪定刑的标准，萧何并未加以更改，而是继续沿用。因此，《九章律》与《秦律》相比，有较大的进步，并且在颁行后成为汉律的主体，是汉代的基本法典。

在萧何之后，朝廷曾组织人手对《九章律》进行过一些比较大幅度的增补，如叔孙通立《傍章》十八篇，张汤作《越宫律》二十七篇，赵禹著《朝律》六篇等，前后共计六十篇，这些司法解释与《九章律》一起统称《汉律》。另外，一些著名的法官对《汉律》进行了系统的注释和法律解释，经朝廷认证，同样具有法律效力，如孝武时期御史大夫杜周、杜延年父子注释的《大杜律》《小杜律》等。此外，一些补充的辅助性的法条，也以"律"命名，同样具备法律效力。

在我们今天看来，《九章律》并不完美。秦法中一些野蛮苛杂的规定也被保留下来，为后人所诟病。比如，保留了残酷的肉刑，直到孝文帝年间才被废除；再如，《汉律》的处罚力度也不小，就单说死刑便有弃市、腰斩等，异常残酷。但无论如何，《九章律》的颁布对汉初朝政的稳定确实起到了重要作用。汉以后的历代法律也大多借鉴了《九章律》的一些法律原则和精神，如曹魏《新律》和晋人的《泰始律》。

法律是以强制力警示民众不能做什么，但还要告诉庶民什么该做。秦自商鞅变法以来，一直以严刑峻法立国，结果二世而亡。秦的暴政，刘邦是亲自经历过的，所以在考虑治国方针时不可能不引以为鉴。治国不能仅靠律法，儒家的"德治"和"仁爱"等学说则为朝廷提供了新的思想。在战国百家学说中，儒、墨、法、道四家流传最广，四家又以儒家最盛。虽经秦人的思想专制，可直至秦末，仍属儒家最为活跃。乱世动荡，治学立说固然较难，但也为这些知识分子提供了登台施政的舞台。

在刘邦的谋士中颇有一批杰出的儒生，他们或像叔孙通精通礼仪，或像郦食其熟悉纵横之术，或像刘敬胸怀韬略。不过，有人才条件还远远不够，统治者的态度才是制定治国方针的决定性力量。可惜刘邦虽读过书，但学问不深，而且在长年游侠生活的影响下，也不太可能对儒生产生好的印象。

《史记·郦生陆贾列传》上说，在郦食其投奔刘邦前，曾向同乡打听刘邦的为人。同乡告诉他，刘邦对儒生极为厌恶。有时候客人带着儒生的帽子来见，刘邦二话不说解下他们的帽子，当着众人的面在里面撒尿。这不是无礼，而是侮辱了。当然，此人的说法或有夸张之处，却也能说明刘邦对儒生的态度。不过，刘邦确实说过"我方以天下为事，未暇见儒人也"之类的话。

促使刘邦态度转变的是陆贾。如果说叔孙通多少有点圆滑，陆贾就是标准的儒生，其人颇有"义之所在，虽千万人吾往矣"的气概。据说天下统一后，陆贾经常在刘邦面前引用《诗经》《尚书》等儒家典籍，开口闭口子曰诗云。陆贾不可能不知道刘邦讨厌儒生，居然还敢这么做，实在是有些勇气。

刘邦素质不是很高，结果每次都被这个陆贾搞得非常烦。有一次刘邦实在受不了，便井口大骂："你个竖儒，老子马上打得天下，要诗书何用！"可陆贾立即反驳："马上得到天下，岂能在马上治理！"接着，陆贾说："当年商汤、周武均以武力取天下，但夺取天下后都以怀柔之术治理天下。文武并用，此乃长治久安之策。故而，汤、武俱为圣君。反之，吴王夫差、智伯、始皇帝均因穷兵黩武而灭。若秦并天下后，推行仁义，效法先圣，陛下今日还能拥有天下否？"

这些话说得虽然难听，但不是夸大事实，所以刘邦在听到这番话后"有惭色"。秦人的教训就在眼前，不可能视而不见。想到这里，刘邦终于意识到自己的治国之道是有问题的，于是下令让陆贾总结历代兴亡的征兆和教训，以书面形式呈报上来。陆贾便根据刘邦的要求共写成十二篇，汇编成册，即《新语》。

在《新语》里，陆贾提出"民知畏法，而无礼义；于是中圣乃设辟雍庠序之教，以正上下之仪"。意思是，治国应法儒并重，光严刑苛法是不行的，最好设立学校教育庶民，让人们知道礼仪。再如，"危而不倾，佚而不乱者，仁义之所治也！"即统治者治国时需广推仁义。另外，针对当前民生凋敝，陆贾认为"夫道莫大于无为！"意思是，朝廷应该倡导无为而治，与民休息，这样才能尽快恢复社会经济。

这些主张对汉初年的政治都产生了深远的影响。所以，抛开官职爵位来说，陆贾的地位应该是非常高的。汉著名哲学家王充在《论衡》里认为，陆贾"非叔孙通辈陋儒所敢望！"意思是，陆贾提出治国思想，比叔孙通定礼要重要得多，叔孙通的贡献远不及陆贾。清人严可均也说："子书《新语》最纯最早，贵仁义，贱刑威，述《诗》《书》《春秋》《论语》，绍孟荀而开贾董，卓然儒者之言。"认为陆贾才是真正的儒者。

所谓"隆礼尊贤而王，重法爱民而霸"，陆贾的治国思想很有点荀子提出的礼法并重的味道。光空口谈礼，实非治安之道，故而定礼的同时必要立法，礼、法也必须符合当时的社会形势，这才是长治久安之策。《史记·郦生陆贾列传》上说，向来不喜读书的刘邦看到陆贾的《新语》后也"未尝不称善"。看来，刘邦终于"回头是岸"了。如此，得到了君主的赞同，大汉四百年儒法并治的基本方针算是确立下来了。

第十一章　　汉承秦制

汉的政治体制大体源自秦人，虽有一些修改，但基本上没有突破秦的模式，故有"汉承秦制"之说。单就政治体制来说，最重要的当然是官制。

汉代官制最具参考价值的是《汉书·百官表》以及"汉官六种"。此外，宋人徐天麟的《西汉会要》中也用相当多的篇幅详细地介绍了职官。由于后面会经常接触到汉朝的一些官职，所以有必要进行简单介绍。

以国家之辽阔，官吏何止万千。据《汉书·百官表》统计，汉朝公务员队伍相当庞大，各级官吏的具体数量是"自佐史至丞相，十三万二百八十五人！"不过数量虽大，却很明确地分为中央和地方两大行政系统。

中央地位最高的称为三公：丞相、太尉和御史大夫。当然，三人之上尚有上三公的太傅、太师和太保，不过因地位尊崇，非年高德劭者不能任。在决策时，一般不会麻烦这些德高望重的老臣，故而共参大政的是丞相、御史大夫和太尉三人。

丞相，汉初年为"相国"，主要职责是"掌丞天子，助理万机"。根据需要，丞相有时分置左、右两人，属官则有长史、司直、东西曹掾等。相权并不固定，有时会受到天子的制约。如果遇到如秦皇和汉武这种比较刚猛的君主，丞相就要靠边站了。不过，汉初年的丞相很多资格较老，如萧何；或者军功显赫、后台很硬，如曹参。所以总的来说，汉初丞相的权力还是比较大的。

太尉，职责是"掌武事"，即负责一切兵事。不过太尉不固定，旋设旋废，出现的次数也不多。毕竟，"兵者，国之重器"，岂可轻易授人？况且大规模的战争也不常有，不必长期设立。如汉二年（前205）长安侯卢绾为太尉，三年后即被废；再如，汉十一年（前196）陈豨谋反，周勃被拜为太尉，平叛后即被撤，前后只干了几个月。所以，有汉一代，太尉一职存废无定。不过，即使当上太尉，并不能说就掌握了全国兵权，因为调兵的凭据是掌握在天子手中的虎符。没有虎符，即便是太尉，也根本调不动一兵一卒。

御史大夫，秦置，为副相，负责监察百官，管理国家重要图册、典籍，属官有御史中丞、侍御史、符玺御史等。天子的诏书，首先要下发给御史大夫，然后由御史大夫发给丞相；百官的治绩，也都由丞相和御史大夫一起评定。丞相虽全权处理政务，但相权的使用在御史大夫的监督之下，因此丞相府和御史大夫府有时并称两府。可见，御史大夫的地位虽比丞相、太尉稍低，却是真正做事的。朝廷能没有丞相、太尉，绝不能没有御史大夫，所以到东汉时，御史大夫属臣御史中丞能够成为"三独坐"之一，绝非偶然。汉初，历任御史大夫比较著名的，便是周苛、周昌两兄弟了。

三公大臣身份尊崇，上朝穿戴是有讲究的。公卿上朝，衣冠绶带，一目了然。三公中，丞相和太尉都是金印紫绶，即佩戴黄金印章和垂紫色的绶带；御史大夫则稍次，为银印青绶。

三公以下是负责具体事务的列卿或诸卿，官秩二千石。在汉代，若能干到个二千石级别，就是高级干部了。如果家族几代人都出过二千石，便可称之为"世代二千石"了。

诸卿能够参与机要、讨论大政方针以及执行具体事务。先讲几个地位虽高，但权力不大的。

奉常，汉亦称"太常"，负责皇家宗庙和日常礼仪，可称为祭祀礼仪部长。其属官有太乐、太祝、太宰、太史、太卜、太医六令丞以及比六百石的"待诏博士"。所谓"国之大事，唯祀与戎"，所以主管祭祀的奉常地位是很高的。可话说回来，除祭祀宗庙外，奉常基本没什么大事，算是清水衙门。不过，即使是清水衙门，也不是好干的，别指望轻松，甚至要随时做好辞职的心理准备。汉武帝以后很讲究"天人感应"，地震、发洪水、宗庙失火等，都要追究奉常的责任，轻者丢官，重的甚至下狱处死。

太仆，负责皇室的舆马，还有就是"马政"，属官有大厩、未央、家马三令等。从执掌看，太仆也比较清闲吧？其实并非如此，高皇帝时代，太仆一直由滕公夏侯婴担任，汉初数次讨伐谋反，夏侯婴都是以太仆身份指挥战车部队奔赴战场的；甚至到汉武帝年间，太仆公孙贺也数次随大将军卫青出征匈奴，所以在战争频繁时，身为列卿的太仆也绝不会清闲。

典客，汉景帝时更名为大行令，汉武帝时更名为大鸿胪，负责少数民族和周边藩属国之接待、交往等事务，相当于外交部长。据《汉书·百官表》，汉高祖时代的典客是猛将广平侯薛欧。

宗正，掌皇家宗室和外戚的宗谱，一般由宗室担任。

除以上四个比较清闲的列卿外，还有几个比较重要的。廷尉，有廷尉正、左右监等属官，为最高法官，负责天下刑狱。在秦时，李斯便是在这个职位上升为丞相的。治粟内史，掌管农业、粮食、贸易等，相当于农业部长和财政部长，属官有太仓、均输、平准、都内、籍田五令丞。少府，掌管专供皇室需用的山海池泽之税及官府手工业。秦汉时山川池泽都属于皇家私产，所以如果说治粟内史掌握公库，那么少府则是控制私库了。秦汉之际，最著名的少府恐怕就是章邯了。

下面来说几个实权较大，掌握兵权的。首先是职权较为相似的卫尉和中尉。卫尉，汉景帝时改为中大夫令，后又复名。卫尉掌宫门卫屯兵和宫廷禁卫，可以看作宫廷禁卫司令，属官有公车司马、卫士、旅贲三令丞。

依汉代制度，凡出入宫禁者，一要验籍，二要核符。籍，用竹制成，长三尺。一人一籍，记录持籍者姓名、年龄等信息。进出时，南军卫士需要验籍。符，以木为之，长二尺，上面让太常卿刻上持符者的官署。验籍之后，再核符，确认无误，方可放行。

由于南军卫士核符验籍，掌管宫禁出入，因此必须每年轮换，以保证不出意外。依制，郡国兵先在本郡服役一年，或为材官，或为骑士，或为楼船。本郡服役一年后，或去边郡戍边，称为戍卒；或到京师服役一年，即南军卫士。分属长乐、未央、建章、甘泉诸宫卫尉的两万余南军卫士，便由各郡国轮流内调组成。

中尉，汉武帝时改为执金吾。和卫尉职能相似，中尉也是负责禁卫。不过卫尉负责宫内，而中尉负责宫外。一般来讲，宫外京师的驻兵和治安包括京师武库，都是由首都警备司令中尉负责的。

汉时，长安城驻军有两部：卫士驻扎在未央、长乐两宫之内的城垣下，负责守卫两宫，故称南军；而相对南军，中央直辖的野战集团军大营屯驻长安城北，则称北军。南军卫士由于仅守备两宫，不必出征，因此无论从编制还是战斗力上看都远不如北军。汉初，监理北军便是中尉的重要职权。除北军外，人数较少的城门军、武库军这两支军队也在中尉的管理之下。

可见，与卫尉相比，中尉的兵权极重。可历来最为敏感的就是兵权，一旦中尉心有不轨，后果不堪设想。正因如此，自刘邦以后的君主对中尉的兵权都极为重视。比如，汉文帝入主长安的次日便以亲信宋昌为卫将军，全权监理南北军，剥夺了中尉的兵权。到汉武帝时，对官制进行了大规模改革，其中最重要的就是调整中尉为执金吾。执金吾，取其"掌执金革以御非常"之意，名号虽好听，却剥夺了最重要的北军兵权。而北军独立后，将北军中垒令升为比二千石的中垒校尉，统一指挥北军屯骑、越骑、胡骑（不常置）、长水、步兵、虎贲、射声七营。北军诸营从此直接听命于天子，不再隶属中尉（执金吾）。另外，汉武帝时又设使者护军，代表天子监掌北军发兵之权。此后，中尉所剩之权只有京师治安和城门兵，被大大削弱了。不过在汉初，中尉掌管北军，位高权重。

郎中令，汉武帝时改名为光禄勋。九卿之中，郎中令的职责最为复杂，既有属于武事的宫殿门户的宿卫警备，又有属于文事的参与朝廷决策及劝谏得失的大夫。正因如此，郎中令的属官较为庞大，主要有大夫、郎、谒者三种。

大夫掌论议，主要有中大夫和太中大夫，办事衙门在未央宫高门殿。汉朝皇宫分宫、禁二部，皇帝、太后和皇后等人的居住区为禁中，外臣非经特准不得涉足；禁中以外的便是宫中，郎中令、卫尉等署都设于此。大夫的办事衙门高门殿很有意思，它虽也在宫中，但正对着禁中大门。大臣们提出什么建议，皇帝不满意便可让大夫们反驳；皇帝有什么旨意，大臣们不顺从，也可以让大夫去说服。因此，大夫是沟通中外的喉结。比如在建元三年（前138），闽越攻东瓯，东瓯向朝廷告急。太尉田蚡主张不救，和汉武帝的主张相异。汉武帝便授意中大夫庄助诘难田蚡，将田蚡驳倒，才做成此事。大夫虽然没有担任具体事务，但是君臣润滑剂，因此虽地位不高，却相当重要，非心腹不能任。到汉武帝时，不但增设八百石的谏大夫，还将中大夫改为光禄大夫，秩比二千石。

除大夫外，还有各种"郎"。郎掌守门户，出充车骑。郎者，廊也，即伺候于皇帝宫廊之外。汉朝郎官有很多种，侍从皇帝者为"中郎"，执戟守卫宫殿的为"郎中"或"执戟郎中"，守卫门户的为"户郎"，皇帝出行时扈从的"骑郎"，御车的"车郎"或"辇郎"。这几种郎官中，以侍从皇帝的中郎最为尊贵，规模也最大。正因如此，中郎分属三个署：左、右和五官三郎署。另外，汉武帝设期门和羽林，扩充了郎官的队伍。各种郎官由于是皇帝侍从武官，因此以郎将为郎官的指挥官，有中郎将、郎中将、车郎将、户郎将和骑郎将等。

郎官的来源很复杂，可以由功勋大臣子侄入选，也可以赀选。汉武帝以后，亦可由孝廉入郎。入朝为郎后，便需执戟侍卫皇帝。郎官若外放则可为县令长，优秀者甚至可为二千石的郡国守相。实际上，汉朝从郎官中走出来的名臣大将不计其数，因而郎官实则是朝廷的后备人才库。

此外，谒者也属郎中令管理，有大谒者、中谒者等。谒者是掌通传的内侍官，地位不高，但算是皇帝近臣，有时候由亲近之人担任。比如，开国名将灌婴便曾为中谒者领兵作战；吕后时的大谒者张泽是吕后政令的主要传达者，被视为吕后心腹，进而封侯。

从这三类便可看出郎中令的职权和地位。其实在汉初，郎官侍从皇帝常常出征在外，比如郎中禁军作为野战部队经常出战，灌婴统领的郎中骑兵更是追随刘邦纵横天下。汉武帝时期，汉军中大名鼎鼎的羽林郎、期门宿卫等精锐部队也都在郎中令编制之下。

以上便是中央一级的重要官职。而在地方行政上，汉朝沿袭秦时郡、县二级制。全国被划分为若干郡，郡以下设若干县。但汉朝在实行郡县的同时又实行分封，特别是汉初王国较大，一般下辖若干郡。所以，以汉初的状况，更像是王国—郡—县这样的三级制度。而且，汉初的王国官吏地位一般高于同等级的郡级官吏。当然，无论王国官吏还是郡县官吏，理论上都是由中央任命，对中央负责。如此，便形成了汉朝特有的"郡国并行"体制。

地方郡国守相均为二千石，配银印青绶。如郡的最高长官郡守，以及协助郡守掌管一郡军事的郡尉，均属二千石级别。当然，郡国守相也有地位高低之分，都城所在郡的最高长官京兆尹和河南尹就比一般的二千石郡守地位要高。

按汉朝制度，郡守为一郡之宰。由于汉时还不像后世那样极度集权，郡守权力甚大，不但全权负责一郡政务，而且名义上还和郡尉一起执掌郡国兵，边郡之守更有带兵出塞的军政大权。另外，郡守可以自行任用郡府各曹的属吏。两汉时代，各郡士民都有视郡如国的习惯。

在郡下有若干县，一县的最高长官称县令或长，负责全县的行政事务。县有县尉和丞等属官，负责协助县令。县以下便是乡、亭、里这样的最基层行政单位了。

如此，通过这一整套复杂的官职，皇帝便将天下亿兆之民置于一人掌控之下。

第十二章　　韩王谋反

让我们暂且将目光从纷争不休的中原移开，来到北部边境小城——马邑。马邑城池虽小，可在这几十年里却发生了影响整个中国历史的两件大事。

从太原郡北上，过了险要的勾注山关口，便是雁门郡南部小县马邑了。这座小城很有意思。据《马邑县志》《太康地理志》《搜神记》等相关记载："秦时筑城于武周塞内以备胡，城将成，而崩者数焉。有马驰走，周旋反复，父老异之，因依马迹以筑城，城乃不崩，遂名马邑。"

翻译过来的意思是，秦时戍边的将士在这里筑城防备匈奴，可不知为何城池快修好时就崩塌了，而且周围有骏马绕城奔驰，当地老百姓便以马蹄印修城，终于筑好城池，于是将此城命名为马邑。如此看来，马邑城的得名当与马有关。虽然是传说，不过倒不是没有依据。因为汉时的马邑城在勾注山北八十里，而这里就是农牧分界线，因此马邑城与马有关看来并非毫无依据。

提到马邑，不能不提城南的勾注山，这座山还有一个非常有名的名称，叫雁门山。《山海经》云："雁门山者，雁飞出其间也。"每年南雁北飞，口衔芦叶，在此盘旋。待雁飞之后，芦叶方落。千百年来故老相传，人们便将勾注山叫作雁门山。勾注山属于恒山山脉，它南依晋中盆地，北望草原，历来是北部边防的重要防线。早在战国时，赵武灵王便在此大破林胡。到秦始皇三十二年（前215）蒙恬大破匈奴后，更是在勾注山下修建城堡，屯兵守备。事实上，马邑就是从这些小城堡发展起来的。

在汉六年（前201）的春天，即大封同姓诸侯不久，刘邦将原韩王信的封地迁至北方。为了安置韩王信，划出太原郡周边三十一个县为新韩国，都城建于晋阳。原韩国则收归，置颍川郡。

好好的韩王怎么被封到北方去了呢？要知道，雁门郡可属于传统上代国的范围，跟韩国没有任何联系。联系几个月之前楚王韩信被贬为淮阴侯，正月又大肆分封同姓，很难让天下人不产生怀疑。

《史记·韩信卢绾列传》上给出的理由是朝廷认为韩王信"材武"，即颇具雄才武略，所以把韩王信改封到北方，以防备匈奴。这是官面上的说法，可信度不高。而且纵观韩王信起兵以来的战绩，先归汉再投楚，最后又叛楚回到汉营，倒是看不出"材武"在何处。司马迁在其本传上说："所王北近巩、洛，南迫宛、叶，东有淮阳，皆天下劲兵处。"可见，原韩国的颍川郡实在太重要了。颍川郡为天下中枢，离洛阳不过百来里，如此要地不被掌握在朝廷手中，实非治安之道。所以说到底，还是朝廷对这些异姓藩王们不信任，恐怕这才是徙封的根本原因。

当然，把韩王信从富庶的颍川郡迁走，改封到苦寒的北方直面匈奴，也是经过深思熟虑的。细细分析，倒是颇有些驱虎吞狼的味道。匈奴自然不是好打的，这一点刘邦不可能不知道。如果韩王信老老实实守住了北方边境，那自然是好事。不过，一旦这些马背上的民族跃马南下，也不是坏事，因为身为藩王的韩王信就要承担守土不力之责了，恐怕下场不大好过，到时为给天下臣民一个交代，那自然是罪责难逃。朝廷的意思很明确，要么让匈奴人对你动手，要么我对你动手。

其实，韩王信虽不能说"材武"，倒也算一时枭雄。能在楚汉战争那个英才辈出的年代里始终不倒，到如今还能裂土为王，可见能力还是有的。这样的人对朝廷的打算岂能不知？所以，在就封不久，韩王信便向朝廷上书奏称："韩国北靠边界，匈奴人屡次骚扰，我军的边防压力极大。目前都城晋阳离边塞路途遥远，调军多有不便。不如将马邑作为国都，如此更加有利于防卫匈奴。"

这个建议看似大公无私，实际上也有在为自己考虑的味道。晋阳是太原郡的郡治，在太原郡中部，虽然是大城，可毕竟离关中也近，从关中渡过黄河进入河东，再从河东汾水谷地一路北上便是太原郡治晋阳了，其全程不过八百里，以骑兵的速度，最多七天便可兵临城下。而一旦翻脸，朝廷发兵讨伐，汉军步骑交加，最多一个月就能打到城下了。靠晋阳，是绝对守不住的。相反，在雁门郡的马邑就不一样了。和晋阳相比，马邑虽然是小城，但离边塞较近。如果朝廷有风吹草动，可以立即跑路，投靠匈奴以求自保，甚至可以引导匈奴骑兵南下，让朝廷投鼠忌器。

在韩王信看来，楚王韩信、燕王臧荼一个接一个地被干掉，吴芮、张耳也都在一个月内死去，还不清楚是不是真的病死，而自己身为异姓藩王，在这种敏感时期，多留一个心眼不是坏事。

两人就像在打明牌，虽然都清楚对方怎么对付自己，可这层窗户纸不能捅破。刘邦的这一招是赤裸裸的阳谋，又为了稳住韩王信，还是允许了他移治马邑。然而诏令下达还没几个月，到汉六年（前201）秋天，韩王信果然还是谋反了。

在汉六年的九月份，匈奴大举南下。当时南下的匈奴军队由冒顿单于亲自统帅，有十多万精锐骑兵。而韩军仅有几万人，且战斗力较差。双方可能在北方有过交战，结果韩军大败。无奈之下，韩王信只得退守马邑城，被匈奴重重包围。马邑城小兵寡，情况已经万分危急。现在顾不得面子里子了，为求自保，韩王信派人向长安告急。虽然刘邦对韩王信不信任，但十多万匈奴人南下可不是小事。在朝议后，刘邦便立即做出部署，发兵救援，但不知何故，大军还未出动便又听说韩王信与匈奴频繁往来，图谋不轨。刚刚上路的刘邦听到这个消息大为恼火，便遣使去责难韩王信。使节抵达，韩王信终于慌了，于是举马邑城降了匈奴，正式叛汉。

事件的过程就是这样的。问题是到底韩王信是否心存谋反之念呢？韩王信到底有没有和匈奴频繁往来呢？《史记·韩信卢绾列传》上说，韩王信派"数使使胡求和解"。看来此事并非空穴来风，倒不是完全冤枉他。当然，如此就断定韩王信铁了心要谋反就有些武断了，要知道，韩王信手中兵力的确不足，靠马邑是绝对顶不住匈奴的十多万铁骑的，所以与匈奴频繁往来作为缓兵之计也无可厚非。

不过此事相当敏感，刘邦本来就对这些异姓藩臣极度不信任，现在听闻韩国和匈奴"常有往来"，那自然疑心更甚。在这种情况下，心中有鬼的韩王信恐怕是认为刘邦真的要对自己动手了，惊恐之下才真的谋反了。也就是说，韩王信谋反带有很大的被动色彩。当然，不管你反不反，现在逼你反就是了！说句诛心的话，这个结果恐怕也是刘邦想看到的。

感觉刘邦在处理韩王信这件事时有操之过急之嫌，还没弄清楚怎么回事就派人责骂韩王信，这当然会引起韩王信的恐慌。其实，最稳妥的处理方式是先派人安抚韩王信，这样可以稳住他，不至于逼急谋反，导致北方恶化，等大军到达马邑击退匈奴人之后，再擒拿他也不迟。

无论如何，韩王信现在确实谋反了。韩王信联合匈奴以后，北方形势急剧恶化。匈奴人在韩王信的带领下，经马邑纵兵向南一路越过勾注山，进攻太原郡。汉六年（前201），匈奴的前锋骑兵已经抵达太原郡治晋阳城附近。

晋阳是北方有数的大城，和邯郸一样也是支撑整个北方防线的总基地。如果匈奴人攻陷晋阳，那么整个北方边防就要崩溃了。鉴于形势严峻，汉军主力悉数被动员出战，除已经出发的前锋外，留在长安的绛侯周勃、舞阳侯樊哙、车骑将军灌婴、太仆夏侯婴、骑都尉靳歙等皆随刘邦领兵北上。

不过，汉军步骑交加，从长安到晋阳前线没有个把月是不行的。在汉军主力到达太原郡之前，北部边防还比较空虚，而熟悉边防虚实的韩王信得到匈奴的援军后，气势相当嚣张。到汉七年（前200）十月份，匈奴骑兵和韩王信一部围住晋阳城，准备做长期围困的打算。同时，韩王信领骑兵绕过晋阳南下二百多里，打到了上党郡附近。

就在韩王信长驱急进时，汉军先头部队已经抵达，双方在上党郡西北的铜鞮附近展开激战。刘邦亲征，将士们无不士气高昂，而对面的韩军则是常败之师，两个月前还被匈奴吊打，可想而知战斗力如何。结果一战下来，韩军被打得全军覆没，主将王喜被阵斩。韩王信倒是反应快，见势不妙立即逃遁，一路跑到了晋阳外的军营才稳住，算是捡了一条命。

应该说汉军的首战打得还不错，基本歼灭了叛军主力。韩军的战斗力较差，又士气低落，绝对不是汉军的对手，只要再顺利北上并稳住晋阳一带，韩王信便难逃覆灭之局。但问题还远未到解决的时候，接下来，刘邦将面临新的更加强大的敌人——匈奴。

第十三章　　冒顿单于

匈奴不仅是当时最强大的敌人，也是汉朝未来几百年北部边防的最大威胁，因此专门来介绍一下匈奴这个强大的游牧民族。

匈奴，亦称猃狁、荤粥，是秦汉之际活跃于我国北方蒙古草原的游牧民族。相传匈奴始祖叫淳维，是夏桀的儿子。上古时代，夏桀无道，居住在黄河中游的商族在首领汤的带领下，反抗夏后氏的暴政，经过长期准备，商军在国相伊尹的指挥下与夏军在鸣条决战，结果夏桀惨败。商汤夺取天下后，将无道的夏桀放逐于鸣条。三年之后，夏桀死于此地。此后，其子淳维便带着父亲夏桀的姬妾辗转向北逃亡至蒙古高原一带，在此繁衍生息，形成了匈奴一族。

以上便是司马迁在《史记·匈奴列传》中的说法，有汉一代学者大多赞同这个观点，比如班固的《汉书》、应劭的《风俗通》均认同这个说法。看来，班固等人应该是认同了司马迁的考证的。若据《史记·匈奴列传》的说法，匈奴族至少要到殷商时代才会出现。

然而，《史记·五帝本纪》云："北逐荤粥，合符釜山，而邑于涿鹿之阿。"如此，这个民族早在黄帝时代就已经产生了。于是，司马迁的《史记》就自相矛盾了。问题还不仅如此，《山海经》中还提出了另外一种说法。《大荒北经》称："（匈奴）与夏人同祖，皆出于黄帝。"《山海经》的意思是说，匈奴应该在黄帝之后，与夏后氏生活的时代大致相当。

如果我们综合几种说法，大概还能够找出一些有效的信息。比如，司马迁认为匈奴是夏后氏的后裔，而《山海经》虽未直接指明匈奴就是夏后氏的后代，却认为是夏后氏的祖先黄帝公孙轩辕的后代。要知道，《山海经》的成书时间远早于《史记》。司马迁本人也说过："至禹本纪山海经所有怪物，余不敢言之也。"可见，在写《史记》时，司马迁应该是看过《山海经》的。不过，虽然不敢"言"，司马迁还是采纳了《山海经》中关于匈奴起源自华夏族的说法。看来，司马迁对《山海经》确实做了一些考证，并认为匈奴起自华夏是可信的。

不过，从传说中的淳维到司马迁生活的时代，已经有一千多年了。司马迁的考证到底是不是客观的，已经无法断定，但综合两种说法的相似之处，匈奴应该是中原民族迁徙到北方草原的。由于草原民族逐水草而居，世代迁移居无定所，所以司马迁也没有办法做个完整的世系，故而在《史记·匈奴列传》中采取了这种比较粗糙的记载。

综合匈奴崛起过程中不断吞并一些小部落来看，匈奴可能不是血统单纯的民族，而是在迁徙过程中征服一些草原部落，不断融合而形成的庞大部落。因而，在不同时期，匈奴的名称也有变化。根据王国维的考证，殷商时的鬼方、混夷、熏粥，周时的猃狁，春秋时的戎、狄，战国时的胡，都是后世所谓的匈奴。史书中确切以匈奴作为名称的，则要到战国时期。

根据《史记》的记载，当时处于北方的秦、赵、燕三国都有与匈奴交战的历史。其中，比较著名的就是赵国孝成王时期的雁门之战。此战中，赵国动员了整个北方的边防军，步、骑、车总兵力到达十五万以上。主将李牧采用了两翼骑兵包抄，中央战车突破的战法，大破匈奴。当时这一战，匈奴损失骑兵十余万。对匈奴这样的草原民族来说，可谓元气大伤了。不过这也从侧面反映出当时匈奴的实力已经相当强大了，能够正面集结超过十万骑兵，无论如何不能用一个小部落来形容了。

所以到秦统一以后，始皇帝对这个北方恶邻相当重视。在秦始皇三十三年（前214），始皇帝派蒙恬领兵三十万北击匈奴。在蒙恬的指挥下，秦军这一仗打得匈奴全军崩溃，从河套地区向北部草原深处退却了三百多里。战后，秦人便彻底控制了河南地，并在河套设九原郡移民屯边。可是随着秦末战乱，秦人的北部边防军被抽调南下。趁秦人边防空虚，匈奴人再度南下，重新控制了河套地区。依靠这里丰美的水草，匈奴人迅速恢复了实力。

和草原上的其他部族不同，匈奴能够屡屡成为中原的巨大威胁，不仅在于它拥有强大的骑兵，更在于它已经形成了比较成熟的国家体制。

当时，匈奴已经有一整套比较完善的官职体系。匈奴的最高统治者被称为大单于，匈奴语称"撑黎孤涂单于"，相当于中原的天子或皇帝。在大单于之下分设左右贤王、左右谷蠡王、左右大将、左右大都尉、左右大当户、左右骨都侯等，再往下便是千夫长、百夫长等中小贵族。除大单于之位一直在挛鞮氏中世袭，其他主要贵族出自三大姓，即呼衍氏、兰氏和须卜氏。大单于外，左右贤王都有自己的一套行政班子和部落军队。作战时，自左右贤王以下各级大小贵族都必须服从大单于的调度，随从出兵。可见，匈奴的社会组织是比较严密的，有点类似于西周的分封宗法体制。当然，这种粗糙的社会体制远不能与发达的中原政权相比。

除政治制度外，匈奴人的军事制度和作战方式也和中原有很大不同。由于匈奴"逐水草迁徙"，其民素来能骑善射，人人骁勇善战，故其总人口数虽远不如中原，但动员率远高于中原。到战国时期，匈奴甚至能够在极短的时间内正面集中十万以上的精锐骑兵。

可有意思的是，几次大规模的正面决战，彪悍的匈奴骑兵都被南方的中原政权打得一溃千里，连战国时期公认的属于弱国的燕国，也打得匈奴溃败几百里。可见，匈奴动辄拉出十万骑的游击队看似吓人，其实正面野战能力一般。只要中原政权战法得当，击败匈奴的难度不大。但是，一旦匈奴出现一个强力首领，将草原数百个部落的实力凝聚起来，那问题就大了。

而这个改变匈奴历史的人终于出现了，他将成为中原民族最大的敌人——冒顿单于。

冒顿单于的父亲为头曼单于，当年被蒙恬三十万秦军打得大败而逃的正是此君。据《史记·匈奴列传》上说，年迈的头曼单于钟爱阏氏所生的小儿子，欲行废长立幼之事。这种情况下，冒顿便被父亲打发到月氏做人质。可冒顿刚刚到达月氏，头曼便领军向月氏发动攻击。这个目的很明确，就是希望借月氏之手杀掉自己的儿子。混乱中，冒顿抢到了一匹马，单人匹马从月氏逃回匈奴。冒顿能从数万骑兵的包围中逃回来，头曼便将废立之事先放下，并调了一万骑兵交由冒顿指挥。

从《史记》的这段记载看，头曼和冒顿这对父子之间的感情实在不怎么样。不过，最高权力的争夺向来激烈，父子争权的事情即使在中原也是屡见不鲜。不过，问题是原本就已经翻脸了，头曼为何又交给冒顿一万骑兵呢？这实在解释不通，难道头曼真的老糊涂了？或者，这一万骑兵就是用来监视冒顿这个桀骜不驯的儿子的？

对冒顿来说，父子之间已经没有和好的可能。从月氏逃回之后，冒顿便开始了复仇大计。为了令行禁止，完全控制头曼交给自己的这一万骑兵，冒顿发明了一种响箭，叫"鸣镝"。随后，对将士下令："鸣镝所射而不悉射者，斩之！"命令下达之后，冒顿先射杀了自己的战马，再射杀了自己的爱妾。在演习中稍有不从的，悉数诛杀。往复数次之后，这支军队最终完全听命于冒顿。就这样，冒顿依靠这支精锐骑兵在打猎时先射杀了父亲头曼，然后诛杀了弟弟和母亲，最后登上大单于的宝座。

读到这段历史，感觉后背飕飕发凉。李世民只是杀了自己兄弟，就被人骂了一千年。冒顿将自己的老婆、父母、兄弟全干掉了，比李世民狠多了。

冒顿虽成为匈奴大单于，不过周围虎视眈眈的敌人不少。要知道，当时在大草原上大大小小的部落不计其数，能与匈奴抗衡的至少有两个，东方有剽悍的东胡人，西方是强大的月氏人。这些民族也是动辄能拉出数十万骑兵的部落，实力非常强悍。

果然，当匈奴政变的消息传到东胡后，东胡王便派出使者向冒顿索要千里马，借此试探这位匈奴新王的态度。文书送到匈奴后，冒顿便询问部下如何应对，结果大家纷纷表示不同意，都认为："大匈奴的宝马怎能送人！"可是冒顿却认为："东胡是友邦，为了一匹马闹得不愉快不值得。"随即送了一匹马给东胡。不久，东胡又派使者让匈奴进贡女子，而且点名要"阏氏"。这已经不能用无礼来形容了，而是赤裸裸的侮辱。所以，群臣无不大怒，都说："东胡这帮混蛋如此无礼，简直视我大匈奴无人，请击之！"冒顿又一次拒绝道："不能因一个女人得罪了友好邻邦。"最后冒顿忍辱负重，将自己的老婆送给了东胡王。这个冒顿忍常人所不能忍，实在够黑。

所谓人善被人欺。见匈奴新单于如此识趣，东胡人上到东胡王下到普通牧民无不越来越骄横放纵。可能在这种忍辱负重的大方针下，匈奴人和东胡牧民发生冲突时，往往也是敢怒不敢言。

东胡和匈奴都是游牧民族。草原上的牧民需要放牧，因此经常迁徙而居无定所，故而两族在游牧时经常有重叠的地域。当时在东胡与匈奴之间，有被废弃的土地无人居住，这块地盘方圆一千多里，双方各居其一边，设立屯戍守望的哨所。不久，东胡遣使抵达匈奴，要求匈奴退出这块土地，面对咄咄逼人的东胡使者，有的部下认为："这块贫瘠的废地没什么用，给他们也行。"谁知冒顿勃然大怒："地者，国之本也，岂能割让！"随即将那些说可以割地的大臣全部诛杀，接着一跃上马，下令："国中有后出者，斩！"

见到大单于都亲自出征了，受够了东胡人气的匈奴人顿时热血沸腾，士气高涨。在冒顿的指挥下，数十万匈奴骑兵一路向东飞驰数千里，向东胡发动突袭。结果，一战打得毫无戒备的东胡全军崩溃，除了部分部族向北部的鲜卑山迁徙外，东胡算是被灭族了。

《史记·匈奴列传》上的这段关于冒顿掌权的历史怎么看都有些"演义"的味道，虽然《汉书》《资治通鉴》也都采纳了这个说法，但个人感觉仍然有些问题。比如，所谓"地者，国之本也，奈何予之！"怎么看都像是中原君主说出的话。中原君主的言行都有史书确切记载，想要造假有些困难。而匈奴那时是没有文字的，这段话是如何记载下来的？要知道，从冒顿到司马迁生活的时代，已经过去了至少五十年。因此，司马迁在写这段时，大概是采纳了匈奴人的传说之言，而匈奴没有文字记载，这样的话有多少真实性，实在难说。

250

另外，作为游牧民族，匈奴长期迁徙、居无定所，虽然到后期也从事一些农耕，但毕竟不多，所以对土地的意识没有中原的农耕民族那么强烈。所谓"地者，国之本也"，怎么说都不太像游牧民族的思想。不过，冒顿确实在短时间内击败了强大的东胡，这是没有问题的。

平定东胡后，匈奴大军西伐月氏，南并河南楼烦、白羊，兵锋所指，无不臣服。北方的浑庚、屈射、丁零、鬲昆、薪犁诸部落悉数降归，整个草原都仆伏在匈奴的马蹄之下。到汉朝建立时，东起辽河，西达葱岭，南抵秦长城，北靠北海的整个草原终于置于一个意志之下。冒顿已经雄踞大漠南北，拥有控弦之士四十万。这就是站在刘邦面前的敌人，异常强大。

第十四章　汉匈交兵

汉七年（前200）十月份铜鞮决战，韩王信的主力遭到沉重打击，韩王信只身逃往匈奴。当时一片混乱的韩军四处逃窜，韩军将领白土县人曼丘臣、王黄拥立赵利做新韩王，收拢溃兵。

等收拢残部后，王黄等人退往勾注山南麓的广武，与匈奴合兵。此时，匈奴的骑兵前锋虽然已经会合韩王信的一部韩军将晋阳包围，但由于情况不明，其主力并未深入，而是留在草原上。接到韩王信大败的消息后，冒顿便遣左、右贤王领一万多精锐骑兵，会同王黄等人的韩军，经广武南下晋阳，做试探性进攻。

汉军在铜鞮大胜后，士气高昂，立即北上晋阳，当时作为汉军前锋的是速度较快的灌婴和夏侯婴指挥的车骑部队，灌婴和夏侯婴率部北上后，很快便在晋阳南部遭遇了匈奴左、右贤王的大队骑兵。为摸清汉军的作战方式，匈奴便让王黄的韩军先行出战。谁知韩军一出战便被汉军击溃，再次被打得几乎全军覆没。没想到汉军的战斗力如此强悍，匈奴骑兵只好立即出战，可也被汉军灌婴部骑兵迅速击溃，损失不小。左、右贤王认为硬拼不合算，便主动退兵了。

随后，发生在离石和楼烦的两场战役，虽然汉军的车骑部队打得很猛，可战果都不大。和汉军数战之后，左、右贤王便领骑兵从楼烦过勾注山，退往马邑和冒顿的本部汇合了。至此，战役的第一阶段基本结束。汉军为晋阳解围，匈奴经雁门退出关外。这个阶段，汉军全歼韩王信的主力，与匈奴的数次交战也都获得了胜利，可以说打得还不错。

不过，屡战屡胜的汉军也存在危机。首先，汉军虽然数次大胜，却没有歼灭匈奴多少军队，实质性的战果乏绩可陈。匈奴轻骑兵拥有速度优势，作战时经常一人数马，快速机动时一日可疾驰两百里。如此高速，汉军根本追不上。其次，数次交手的都是匈奴前锋，匈奴的主力大军至今仍未接触到，存在料敌不明的问题，但是汉军的战斗力、兵力部署均为匈奴获悉。敌暗我明，总体形势不容乐观。最后，汉军动员仓促，未做充分准备。晋阳之战时已经进入十一月份，天气较为寒冷，更为严重的是，当汉军主力北上后，突降大雪，气温急剧下降，"士卒堕指者什二三"，造成了严重的非战斗减员，大大削弱了汉军的战斗力。

于是，晋阳之战后，刘邦领汉军主力进入城内，一方面休整恢复战斗力，一方面也派人探明匈奴主力的动向，为主力决战做准备。经过数次侦查，刘邦最终确定冒顿的主力隐匿于代谷附近，不过尚未探明匈奴主力到底有多少兵力，也不清楚其战斗力到底如何，所以刘邦没有轻举妄动，而是继续派斥候打探。

就在刘邦千方百计地谋算时，在塞外的冒顿也在为汉军精心设计了一个规模巨大的包围圈，准备一举歼灭汉军主力。由于拥有强大的骑兵优势，匈奴对汉军的动向一清二楚。为确保能调动汉军，冒顿再一次祭出屡试不爽的示敌以弱之计：匈奴的精锐骑兵全部隐匿于山谷中，而将老弱残兵放在大营正面以迷惑汉军。

冒顿这套示弱之计可谓玩得极为娴熟。汉军往复侦查数十次，均未能查明真相。回到晋阳的斥候一致向刘邦报告匈奴战斗力较差，不堪一击。不过，刘邦久经战阵，经验丰富，还是不放心。为确保万无一失，刘邦又派足智多谋的刘敬去一趟，以探明虚实。做到这个地步，刘邦不可谓不慎重。然而不知为何，刘敬前脚刚走，刘邦就中途改变了计划。

刘敬尚未返回，二十余万汉军便已全部出动。

大军刚越过勾注山，便碰上自北而回的刘敬。也不清楚皇帝为何如此急不可耐地出征，刘敬大急之下立刻连滚带爬跑过来询问。见到刘邦后，已经在严寒下急得头上冒汗的刘敬汇报了自己的疑虑："两国相击，此宜夸矜，见所长。今臣往，徒见羸瘠、老弱。"意思是，两国交锋向来都是炫耀自己兵强马壮，而隐藏自己的弱点，但此去匈奴大营发现的都是老弱残兵，这实在不合军事常理，所以匈奴必然是隐强示弱，引诱我军进攻，并设下伏兵，意图围歼我军，此去必然凶多吉少。然而问题是刘敬说了一大堆，只知道匈奴人有问题，却说不清楚匈奴人真正的精锐到底在哪里。

或许是害怕刘敬在大军前进时的说辞影响了士气，或许是刘邦已经认定匈奴不足为惧。听到刘敬断断续续地说不利索，说了半天也说不出个所以然，刘邦阴着脸不高兴，随后便指着刘敬的鼻子大骂："你这齐国的混蛋，不过是靠着耍嘴皮子谋得一官半职，现在竟又来胡言乱语阻挠我大军前进，是何居心？滚！滚！滚！给老子滚到广武去！"刘敬还没反应过来，便被周围的士兵捆起来，准备带到广武囚禁。

　　其实，刘敬所说的确实是兵法上的常理，不知道作战经验丰富的刘邦为何不予考虑，而且奇怪的是，跟随刘邦出征的谋士没有一个人站出来说话。张良身体不适，可能没有随从出征，但陈平应该是在军中的，他足智多谋，不大可能看不出这个简单的计谋，可此时这个聪明的陈平却没有说一句话，如果仅是不愿意触犯君怒就选择沉默，那么这个陈平的人品就真的让人怀疑了。可是史书没有记载，又有谁能知道呢。

　　大雪纷飞，旌旗猎猎。跪在路边的刘敬只能看着二十多万汉家儿郎前往绝路，任凭自己撕心裂肺大声呼唤都无济于事，此时的他该多么痛苦！

第十五章　　兵困白登

　　汉七年（前200）十一月份的北国滴水成冰，呼啸的寒风夹杂着斗大的冰粒砸在脸上，让人疼痛难忍。二十万汉军便是冒着这般凛冽的寒风，经马邑出雁门，向北前进了二百多里，抵达平城城内。

　　平城县在雁门郡郡治善无的北边，是雁门郡最北边的县，其城外即是一马平川的茫茫草原。出平城往北有处山岭叫白登山，正适合伏兵。

　　此时，冒顿的主力便集结在山谷附近隐蔽。冒顿的主力可不是左、右贤王的万余人，而是倾巢而出的三十万精锐骑兵！刨掉部署在其他战场由左、右贤王等人指挥的数万骑兵，冒顿的近三十万主力在这里顶风冒雪地隐蔽了月余之久。有道是兵过一万，无边无延，可是冒顿在这里埋伏了这么多人，汉军连续派出十波斥候居然都没有发现，可见在冒顿的训练下，匈奴骑兵无论整体协调还是单兵素质都是非常值得称道的。而如今，汉朝王师需要面对的就是这样强大的对手。

　　大雪纷飞，毫无戒备的汉军刚出平城，便遭到蓄谋已久的匈奴骑兵的突然包围袭击。

　　汉军战车轻轻地震动，远处渐渐响起由远而近的沉闷的声音，一道黑线开始从白茫茫的世界中由远及近，随后便是奔雷般的马蹄踏在大地上的轰鸣——那便是匈奴人的骑兵。他们如草原上的狼一样，在此隐匿了一个多月之久，为的就是像当年全歼东胡一样，一战全歼汉军主力，最好击杀中原皇帝。

　　惨烈的伏击战就此打响……

　　不难想象此战的规模。二十余万汉军顶着凛冽寒风，迅速构筑营垒，就地转入防御。战车在第一线，重装甲士持戟面敌，材官蹶张在中军列阵，全军依靠白登山有利地形结成利于防御的方阵。而在他们四周，则是密密麻麻彪悍的匈奴骑兵。这些来自蒙古高原的游牧民族异常骁勇，他们策马奔驰，或弯弓搭箭或高声嚎叫如暴风雪一般向汉军呼啸而来。

在皇帝的指挥下，汉军将士依靠着有利的地形沉着应战，顶着密集的箭雨，打退了匈奴骑兵第一次试探性的冲锋，接着是第二波、第三波更为猛烈的进攻。

匈奴的骑兵战法和中原的车驰卒奔截然不同，他们惯常策马飞驰，临近敌军时才拉弓放箭，凭借精湛的骑射之术削弱对手，往复数次以摧垮敌军士气和阵型，最后再投入主力进行肉搏——这是典型的骑兵战术，和项羽的重装骑兵列阵冲击又有不同。

几十年里，匈奴人凭此战法破东胡、伐月氏，兵锋所指，无往而不利，不可否认其强大的战斗力。

列于阵前的汉军将士只需眯着眼，便可看见对面的匈奴人一个个以令人匪夷所思的动作熟练地在奔驰的骏马上从背后的箭袋中抽出一根根轻箭，右手引弦，左手抬高，箭头斜斜指向空中，随后右手缓缓地引开弓弦。呼啸的寒风中，隐隐传来弓胎发出连绵的咯吱咯吱的蓄力之声。随着一声苍凉的号角，匈奴的战线上响起无数弓弦振动的声响。有如巨大的蜂群飞过，密密麻麻的箭只同时升上天空，天空猛得为之一暗！可以想象，数个千人队同时驰马放箭而出现的密集箭雨的规模和杀伤力。

当然，经历过楚汉战争的汉军可不是连皮甲都难装备齐全的东胡人可比的，更别提汉朝直领的南北军了。出征的汉军不但环首和扎甲一应俱全，而且战斗素质极好。凭匈奴轻骑简陋的骑弓和低劣的箭矢，只要不是射中面门，很难给汉军带来有效杀伤。相反，汉军装备的各种制式强弩不但杀伤力极强，而且数量巨大，有以臂力开弩的臂张弩，更有以腰力开弩的蹶张弩。一旦汉军列阵，凭借密集弓弩向对面的匈奴人进行强大的火力覆盖，以匈奴人不忍直视的披甲率是无论如何也抵挡不了的。自秦朝以来，弓弩便是克敌制胜的军国利器。

可是由于天气严寒，汉军中杀伤力最强的弓弩弓弦难以拉开，只能依靠严密阵型与匈奴短兵相接。就这样，双方拼杀了一天，汉军以血肉之躯抵住了匈奴的猛烈进攻，等日暮降临之时，匈奴人逐渐退走。但临阵经验丰富的汉军将士都很清楚，明天朝阳升起时，又将是一轮更为惨烈的厮杀。火红色的中军皇帝大旄迎风飘扬，汉军阵形依然完整。

谁也想不到，惨烈的攻防在这纷飞的大雪中持续了七天！难以想象，汉军将士是以怎样的毅力坚持下来的。整整七天，精神高度紧张，连续保持严密的阵形而丝毫不乱，持续惨烈搏杀，几乎陷入绝境，仍然士气高昂，可见此时的汉军堪称一支训练有素的精锐之师。

然而，刘邦就要撑不下去了。虽说将士们仍然士气高昂，可要命的是随军携带的粮草即将告罄。一旦粮尽，再能打的军队也打不下去，到时候必然是全军崩溃的下场。现在唯一的希望就是周勃、樊哙的援兵能尽快到达，不过周勃和樊哙指挥的主力都是步兵，什么时候能到实在拿不准。

或许刘邦不知道，此时对面的冒顿犹疑不决。本来设想一战全歼汉军精锐，现在倒好，伏击战打成了阵地战，阵地战又打成了消耗战。连续七天的进攻，草原勇士们拼死冲杀，可对面的阵形坚如磐石，始终不乱。草原勇士们死一个少一个，要是真打下这坚固的方阵，恐怕数十万勇士都要全部交代了。没想到汉军战斗力如此强悍！冒顿颇有点尴尬：肉到了嘴边，却发现吃不了。

256

既然打不下来，接下来应该就是谈判了。《史记·陈丞相世家》明明白白记载，形势危急之下的刘邦采纳陈平的建议，派人去贿赂单于的阏氏，阏氏得到陈平的贿赂后，对冒顿提出："两主不相困。今得汉地，而单于终非能居之也。且汉主亦有神灵，单于察之。"意思是汉人的地盘都是耕种的，我们草原人又不能用来牧羊，如今打成这样，看来南朝皇帝是有神灵保佑的。最后在阏氏的建议下，冒顿居然真的解开包围圈一角，让汉军撤出了。

要是真的这样，那陈平的口才也太好了。要知道，冒顿绝不是简单到听女人几句话就退兵的人，他当年为夺得单于之位，连自己的阏氏都射杀了，忍辱负重之下又将另一个阏氏送给了东胡王，以其心黑手狠，岂会因一妇人之言改变数十万大军既定的战略方针？要将二十余万大军被解围的功劳归于陈平的话，显然是无稽之谈。

那么历史的真相是什么呢？从《史记·匈奴列传》中大概可以找出一些蛛丝马迹。

冒顿起初的设想是全歼汉军，但汉军其实并未全部进入包围圈。《史记·匈奴列传》上说，在战前，"汉悉兵，多步兵，三十二万"。那么，汉军动员的总兵力是三十二万，并且多数是步兵。接着，《史记·刘敬叔孙通列传》上又说从马邑向平城出发时，汉军"二十余万兵已业行"。可见，这三十二万人并非与刘邦一起全数抵达了平城，在白登被围的汉军总兵力应当只有刘邦指挥的二十万步骑，还有十多万人没有进入包围圈。查阅相关资料，有"为胡所围"记载的是灌婴部、夏侯婴部，同样参加此战的周勃、郦商、靳歙、樊哙等人没有被围的记录，可见白登被围的应该是灌婴部的骑兵部队、夏侯婴指挥的战车部队以及皇帝亲军。

而剩下的樊哙和周勃指挥的这十多万汉军，将是扭转战局的关键，如果能在刘邦崩溃前抵达战场，冒顿就极为不利了。

此时的周勃和樊哙确实正在前往平城的路上。接到皇帝被围的消息后，周勃和樊哙带着十万大军从马邑日夜兼程，终于在刘邦崩溃前抵达了平城战场。

当时的平城战场虽然平静，但经过数天的激战，双方伤亡都不小，特别是作为进攻方的匈奴，强攻数日均成效不大，士气开始低落。这样，冒顿的处境就有些尴尬了。草原勇士们跟着大单于来是抢劫的，不是送命的，单于直领的本部还好说，随同南下的部族兵首领们不干了。而且，若伤亡过大，冒顿回到草原上也不太好交代。

更为不利的是，冒顿在战前与韩王信曾约定合击汉军，此时汉军援军抵达，而韩军却迟迟未至，情况不明，这对冒顿来说不是一个积极的信号：如果韩王信投汉，把自己卖了，后果将不堪设想。此外，连续数日的大雪停后，天降大雾。汉军还好，固守营垒即可。冒顿就不好受了，这种天气条件下，别说出战，连组织都很难。种种不利之下，为避免不必要的损失，冒顿只好主动退一步。恐怕这才是冒顿愿意解围的原因。

当然，阏氏的话不是没有道理，说到底，冒顿的作战思想还是以掠劫为主，到中原来能抢一把就好，打消耗是不干的，更没有人主中原的想法。退一万步说，即使此战击杀了中原皇帝，消灭了几十万汉军，就真的能全取中原吗？要知道，中原人口几十倍于匈奴，中原政权家大业大，损失几十万无关紧要。匈奴就不一样了，这四十万骑兵不说拼光，损失一半，冒顿就要卷铺盖回草原放羊了。

冒顿经过仔细考虑，无奈之下只好借驴下坡，打开包围圈一角，让南朝皇帝突围。这样，大家面子上都过得去。

仗打到这个份上，刘邦也不想着取胜了，随即趁着大雾下令撤退。汉军在夏侯婴、灌婴指挥下，仍然保持清醒头脑，不紧不慢，阵形严密，退时战车居外，重装步兵居于两侧护住大军两翼，弓弩手则一律朝外搭箭待发，骑兵则接应各部。在虎视眈眈的匈奴骑兵监视下，二十万大军从解围的一角慢慢撤出。到达平城时，汉军主力终于与赶来增援的周勃援军汇合。尾随的匈奴骑兵见无隙可乘，便解围而去。就这样，持续七天的平城之战落下了帷幕。

好吧，让我们来对此战进行一个简单的总结。虽然此战刘邦顺利脱险，兵力损失也不大，可毕竟是在匈奴的包围下灰溜溜地逃跑了，而且虽沉重打击了韩王信的叛军，但韩王信本人没有被抓到，这些都在北部边防留下了相当大的隐患。可以说，此战的战略目标还是没有达成，脸皮再怎么厚也不能说自己打了胜仗。而此战的失败，同样说明匈奴问题已经不是一仗能解决了的。那么对匈奴采取什么政策，就是接下来需要考虑的问题了。

第十六章　　和亲之议

汉七年（前200）十一月末，汉军主力从平城南下，取道邯郸广阳道撤回长安。在回师前，刘邦特意去了一趟广武，因为刘敬还在这里关着呢。

见到刚刚从牢里拉出来披头散发的刘敬后，君臣相对唏嘘不已。刘邦主动承担了责任，对着刘敬长叹一声："朕不用先生之言，以至大军被困平城。先生，您委屈啦！先前十多批失职使者皆已斩首。"好话歹话说完，又加封刘敬两千户，赐爵关内侯，称建信侯。

这一次，刘敬可谓因祸得福，成为皇帝身边的红人了。

要知道，在皇帝身边的谋士中，刘敬是到楚汉战争打完了才出场的，算是比较晚的。因此在楚汉战争中，刘敬是没有捞到一点军功的。但从建议迁都再到平城劝阻进兵这两件事都可以看出，刘敬确实具备了一个谋士基本的素质，拥有一流的战略眼光和缜密的思维。平城之战，刘敬在战前的分析给刘邦留下了深刻印象。此次进爵，大约也标志着刘敬开始参与到朝廷决策的核心中来了。

现在刘邦身边可用的谋士已经不多了，正是急需人才的时候，让颇有谋略的刘敬参与中枢实有必要。要知道，萧何作为相国，政务繁忙，且一直以来主要在做后勤工作，奇谋诡计非其所长；张良在平定天下后就逐渐退出政坛，而且身体一直不好，所以很少随从在身边。

要说谋士，还有一个陈平，不过这个人确实不大好用。历观陈平投靠以来所献之计：一是离间项羽君臣；二是伪游云梦，诈擒韩信；三是上次白登之围献计贿赂匈奴阏氏。这些计策总让人觉得有那么点小家子气，看不出来有什么高绝的智谋。裴骃注引《史记·陈丞相世家》引用了桓谭

《新论》中的话，说陈平贿赂阏氏"此策乃反薄陋拙恶，故隐而不泄"，而至于司马迁评论陈平"常出奇计，救纷纠之难，振国家之患"，个人感觉有点言过其实了。

此外，陈平这个人的人品是出奇的差。《史记·陈丞相世家》记载了这样一件事，说的是在荥阳之战前，周勃、灌婴等军中将领联名举报陈平，举报的内容有：陈平人品低劣，早年与自己嫂子私通，而且在军中向将领索贿。

刘邦的素质不高，因此对部下的要求是比较松的，只要不是太过分，一般不会特别追究。比如，当年雍齿害的刘邦差点丢了性命，也没把他怎么样，还封了个侯。不过军中将领联名举报，特别是大战开打之际，将军们举报负责监察的护军都尉，此事非同小可。于是，刘邦把陈平找来对质，谁知陈平却振振有词："臣空身而来，不受钱财便无办事之费。若臣之计谋确有可采纳者，则望大王采用。若无值得采用者，钱财尚在，请允许臣封好送回官府，辞职回家。"

按陈平的话，他不受贿就没办法办公了？收受贿赂居然还振振有词，这简直是强盗逻辑。不过从陈平的话看，对"受金"一事供认不讳，确实是有的；而对"盗嫂"却避而不谈，不过无空穴来风，想来未必不实。

举报案发生后，那个引荐陈平的魏无知也说："臣所言者能也，陛下所问者行也。今有尾生、孝己之行，而无益于胜负之数，陛下何暇用之乎？楚汉相距，臣进奇谋之士，顾其计诚足以利国家不耳？且盗嫂受金，又何足疑乎？"

相传，尾生是古代极重情重义之人。《庄子·盗跖》记载："尾生与女子期于梁下，女子不来，水至不去，抱梁柱而死。"后世便以"尾生抱柱"指代重情重义。孝己，亦称祖己，是商王武丁的儿子，也是有名的贤子。《太平御览》云："殷高宗有贤子孝己，其母早死。高宗惑后妻之言，放之而死，天下哀之！"

魏无知的意思很明确：现在需要的不是像尾生、孝己那样人品高尚的人，而是有能力的人，所以就不要纠结陈平的人品怎么样了。按照魏无知的言下之意是，陈平人品确实不怎么样。看来，这个魏无知倒不是真的"无知"。就是在举主的眼里，陈平的人品的确不咋地。

另外，从将军们联名举报一事，也可以发现陈平和军中将领的关系不是太和睦。这好理解，将军们大多是"丰沛系"的老资格，从沛县就追随刘邦打天下，而这个陈平是个卖主求荣的三姓家奴，又是寸功未立，刚来就当上护军都尉，难免让这些"丰沛系"心中不快。

看来陈平这个人的人际关系太差，人品道德又很成问题，不清楚刘邦为何那么看重他，甚至从平城撤兵后，途经赵国恒山郡的曲逆县，还特意将其由乡侯晋爵为曲逆县侯。要知道，曲逆可是大县，连刘邦自己都说："壮哉县！吾行天下，独见洛阳与是耳。"将曲逆和洛阳相提并论，可见曲逆的富庶。有时候真是感觉，刘邦的赏赐实在太滥了，难怪很多将军心里不平衡。不过话说回来，有的人就是这样，虽无尺寸之功却得厚赏，谁叫他能得到皇帝的欢心呢？

不过，刘邦还不是太傻，对陈平赏归赏，遇到问题还是询问有能力的人。从洛阳回长安后，屁股还没坐热，就遇到了很棘手的事情。这一次，刘邦直接去听取了刘敬的意见。

问题还是来自北方恶邻冒顿。我们知道，汉军班师回长安是在汉七年（前200）十一月末。而在班师前，刘邦特意留下樊哙平定代国。樊哙忠勇善战，所部都是汉军精锐，很快就平定了代国。此战之后，所有被匈奴攻占的郡县悉数被汉军收复。接到北方形势好转的消息后，刘邦便下令将原代相张苍迁为计相，协助相国萧何主持中央财政工作。汉因秦制，每年九月份，各地郡国都要派上计掾向中央报告租税收入、户口统计、治安等情况，称为上计。朝中则由计相将这些上计登记造册，作为颁行各种政策的参考数据。张苍在秦时为御史，行政经验丰富，在如今朝中缺人之时，自然要调入中央。

代郡西为三晋门户雁门，东为燕国的广阳、上谷，向南是河北平原恒山郡，地理位置极为重要。代郡虽为汉军收复，但因匈奴势大，故边防压力仍然很大。将张苍这个沙场宿将调离代相，代相这个要职却不能空着。有鉴于此，刘邦将久经沙场的猛将巨鹿郡守陈豨迁赵相。为了能有效防备匈奴，刘邦特意赋予其统一指挥赵代边防军的大权，以赵相屯兵代国。如此部署，当可保证北方安全。

然而还没等刘邦喘口气，冒顿便又来了。这一次，气焰嚣张的匈奴更是将主攻方向放在了刚刚调整的代国。此时，张苍刚刚离开，陈豨还没有上任，整个代国境内有权统一指挥军队的只有刘邦的二哥代王刘仲。刘仲在去年才受封为代王，就国到如今满打满算不过才一年。此时，毫无治军之能的刘仲见匈奴大举入侵，立即弃国而逃，狂飙一千多里，逃到洛阳才打住。本来朝廷对异姓诸侯不放心，却没想到自家人更无能，将老刘家的脸丢到草原上去了。盛怒之下，刘邦将二哥刘仲革为合阳侯，以示惩戒。

惩戒归惩戒，问题还是要解决。匈奴骑兵来去如风，擅长的是游击战、运动战，韩王信、赵利、王黄等奸贼又熟悉北部防务，在他们的带领下，匈奴骑兵往往能乘虚而入。汉七年（前200）自大军从平城撤回后，在这一年里非独代国，北部的云中、雁门诸郡都数次遭到匈奴不同程度的进攻，损失不小。为巩固边防，在汉八年（前199）的冬天，忍无可忍的刘邦再一次领兵北上。汉军在东垣附近击溃韩王信的前锋，取得了胜利。但是，刘邦前脚一走，匈奴后脚就来了，使刚刚好转的形势又一次恶化。

匈奴人抢了就跑，朝廷中央军不可能长期驻守北部郡县，而光靠地方郡国兵又根本无法抵御凶悍的匈奴人。遇到这种极为灵活的打法，刘邦实在没有办法。现在，刘邦提出的就是如何解决北部边防的问题。

于是，刘敬向刘邦建议："天下安定未久，民生凋敝，恐不能大规模长期用兵。冒顿弑父妻母，又崇尚武力，仁义之道对其毫无用处，唯独可用之计，使其子孙长做朝廷臣属。然，臣恐陛下做不到。"没想到刘敬说得这么轻松，刘邦便问："如何做呢？"刘敬回答："陛下如能将嫡女公主嫁给冒顿为妻，又赠以丰厚俸禄，冒顿必会仰慕朝廷恩德，以公主为匈奴阏氏。如此，公主生子则为匈奴太子。而草原物资匮乏，陛下可以此为名赠送丰厚物资，再遣一能言善辩之人前去宣扬中原礼节。如此，冒顿在世时，为朝廷女婿；冒顿死后，陛下外孙便即位为匈奴单于，岂有外孙和外祖父分庭抗礼之事？此计，朝廷便可不经一战让匈奴臣服。"刘敬还特意嘱咐一定要是真正的公主，如果令宗室及后宫女子假称公主，匈奴人知道了就不肯尊敬亲近，还是没有用。

刘敬提出的和亲之策是有待商榷的，实际收效恐怕难说。以冒顿的凶狠，怎会以一个女子改变对汉朝的政策，想当初为了夺得单于之位连自己阏氏都射杀了，岂会在意一个公主，更何况连亲生父亲都杀了，还会尊重岳父吗？连刘敬自己都说匈奴人没有什么礼法，所以这个想法恐怕是有点想当然了。

不过，刘敬所建议的"厚奉遗之"倒是说到点子上了。说到底，匈奴人到中原来抢劫是因为太穷了，不抢实在活不下去。现在给匈奴人赠送大量财帛，让他们不抢就能得到好处，他们当然就不会去大规模抢劫了。说得简单点，就是"破财消灾"而已。实际上，和亲政策实施后，汉朝都是以"宗室女"为公主远嫁匈奴，而匈奴人也都心知肚明，没有纠缠是不是真正的公主。其实，匈奴人真正在意的是陪嫁的财物是多还是少。

退一万步讲，刘敬所提的建议，此时恐怕也是实现不了的。要知道，刘邦可就一个女儿，即鲁元公主，而此时鲁元公主已嫁与张耳之子赵王张敖为妻，将已嫁为人妇的女儿从张家弄回来再远嫁匈奴，用脚趾想想都不可能。而且，即便此时鲁元公主未嫁出去，恐怕吕后也不会同意，鲁元公主可是吕后唯一的女儿，母女感情深厚，怎么舍得将其远嫁外域。事实上，听到此事后，"吕后日夜泣"，最后也是不了了之。

无奈之下，刘邦便从普通百姓家里找来一名女子，封为长公主，嫁给冒顿单于为妻。并让刘敬作为大使，前往匈奴送亲，全权负责和亲事宜。

当然，"和亲大使"刘敬此行还有一个任务就是与匈奴缔结盟约。在刘敬的主持下，汉匈会盟，"约为昆弟"，并签署了和平条约。汉九年（前198）的冬天，在匈奴圆满完成任务后，刘敬在草原上住了一段时间才返回。刘敬带回长安的，不仅是冒顿的正式的盟约文书，还有大量的第一手草原资料。原来，在担任和亲大使期间，刘敬对匈奴的风土人情、社会组织进行了详细的考察。

回朝后，刘敬根据实际考察情况，向刘邦进言加强关中守备。刘敬认为："匈奴在河南的白羊、楼烦王部落，离长安城不过七百里，以匈奴轻骑兵的速度，两天一夜就可以长驱直达关中。可是，如今关中久经战乱，社会经济受到很大破坏。一旦匈奴人突破北地、上郡的防线，直下关中，后果将不堪设想。"因此，刘敬向刘邦提出建议："关中虽战后残破，人烟稀少，但毕竟土地肥沃，应从关东迁移人口充实关中。臣以为，不如将六国遗族全部迁至关中，一方面促进关中经济恢复，增强关中的防卫力量，另一方面也可以削弱六国遗族在关东势力，维护关东地区的社会稳定。同时迁移关中就近安置，也便于控制——此强本弱末之术也！"刘敬所言极是，这些豪侠在地方上一呼百应，严重威胁汉朝的统治权威。别的不说，前两年田横自杀，五百门客居然全部主动殉节，可见其影响力！而在关东，如田横者不知道还有多少。

于是，刘邦立即拍板接受刘敬的建议。到汉九年十一月份，朝廷诏令下达，迁徙原齐国田氏和楚国昭氏、屈氏、景氏、怀氏五族及豪强共十余万人到关中地区。此后，大规模将关东人口迁往关中，在汉便成为一项基本政策，一直延续至昭、宣、元、成时期。当然，后世的移民已非仅为充实关中户口，如遇到建造皇家陵寝、移民成县、拓边屯田、调剂人土等，都会进行大规模移民。

第十七章　　高祖九年

一年多的时间很快就过去了，转眼到了汉九年（前198）。算来，这已经是刘邦当皇帝的第五个年头了。

回顾这五年，刘邦过得并不轻松。汉五年（前202）七月，燕王臧荼谋反，九月份原项羽部将利几谋反；汉六年（前201）十二月，楚王韩信"谋反"，被贬为淮阴侯，九月份韩王信在马邑谋反；汉七年（前200）冬天，二十多万汉军在白登被匈奴包围；汉八年（前199），匈奴骑兵再度南下掠劫，北部郡县损失很人。这几年就没几天是让刘邦省心的。不过，凭着他和朝臣的群策群力，这些难关算是平稳地渡过了，社稷没出什么大的动荡。

与前几年相比，汉九年算是稍稍安逸的一年。要说大事，这一年最大的事情恐怕就是贯高一案了。

事情是这样的：汉七年十二月份，汉军在白登解围后取道赵国班师回朝。既然经过赵国，赵王张敖身为藩臣，当然要来迎接皇帝车驾。

张敖之父前任赵王张耳，早在汉五年的秋天就去世了。对于张敖来说，刘邦和父亲张耳是同一辈的兄弟，加上娶了鲁元公主，是刘邦的女婿。于公于私，张敖应该做好接待工作。事实上，张敖做得非常尽心。史书上说，张敖对刘邦行女婿的礼节，十分谦卑，甚至亲自给刘邦端菜送饭。

虽是女婿、晚辈，可张敖毕竟是堂堂藩王，做到这个地步实在不容易。君不见，当年英布归汉后，就是因为礼节不到位，差点被气死。可见，张敖是很会做人的。知道老丈人爱好美人，张敖甚至把自己的美人赵姬献给了他。

张敖是刘邦的女婿，女婿把自己老婆送给了丈人，老丈人也毫无压力地笑纳并"幸"了，这叫什么事啊？被刘邦幸过之后，这个女人张敖自然是不能再动的，并且还得管她叫岳母！一夜之间，老婆变成了岳母，贵族圈真是乱……

想来以汉朝民风之奔放，如此作为怕也要遭天下人耻笑。

事虽不好听，但无论怎样，女婿做到这个份上，真算不错了。可是刘邦素来不注重礼节，再加上刚刚吃了败仗，心情不好，当见张敖时便"上箕倨"（秦汉时代的坐姿应为跪坐，即席地而坐，臀部放于脚踝，上身挺直，双手规矩地放于膝上，身体气质端庄，目不斜视。箕倨即叉开两腿坐着，形似簸箕，这是一种很不礼貌的动作），又呼来唤去的如使唤奴仆一般。不但如此，刘邦还"谩骂之"，并且极有可能是当着赵国大臣们的面骂的。

所谓君臣父子，君忧则臣辱，君辱则臣死。这下，赵王本人不说话，赵国的大臣们却不干了。当时在场的赵国相国贯高、丞相赵午（汉初制度草创，往往相国、丞相并存）等人见刘邦如此无礼，无不大怒，事后纷纷进谏赵王："天下豪强并起，贤人称王。如今大王侍奉天子如此恭谨，而天子却无礼至此，欺人太甚！以臣等来看，将他刘邦干掉算了。"

汉去上古未远，地方藩臣尽有牧民之权，故藩国之民忠于本藩之君往往多于皇帝。别的不说，刘邦消灭项羽后，鲁县士民坚持为项羽受节，拒不归顺，便是一个例子。因此，赵国诸臣有如此大逆不道之言并不奇怪。可是当听到这番话后，张敖不同意，并诅咒发誓："我们都是因为今上才能复国，这种不臣之语不要再说了。"

按理说，作为当事人的赵王都没觉得什么，作为臣子的私下发发牢骚也就算了，何苦当真呢！可贯高、赵午等人不肯善罢甘休，坚决认死理，认为必须干掉刘邦才能出得这口怒气。事后，贯高、赵午便找到好友郎中田叔以及孟舒等人，开始暗中谋划。

这个田叔虽是个郎中，但在赵国很有名望。田叔，为赵国陉城人，据说祖上是齐国田氏的后代，不过传到他这一辈时血缘已经很淡了。说到田氏，就不得不说田叔青年时代传奇的赵齐之行。

在田叔出生的六十多年前，他的家乡迎来一位名人，即战国名将乐毅。当年，乐毅受燕王之猜忌而奔赵，于是乐氏有不少族人在赵国定居下来。赵国为秦所灭后，赵国乐氏有一部分迁至齐国避难。因此，乐毅的后代有两支，一支为赵国乐氏，一支为齐国乐氏。

六十多年下来，赵国乐氏已经传至乐毅的曾孙辈乐叔。另外，还有辈分较高的乐瑕公、乐巨公（亦作乐臣公）两个族人在二十多年前的秦始皇十九年（前228）赵国被灭时逃亡到齐国，后来在齐国高密定居。大约在六年前的汉三年（前204），刘邦领兵到赵国，闲暇之余和当地人谈起乐毅的往事，并询问乐毅将军的后代。当刘邦听闻前代贤人尚有后嗣，很是高兴，便封乐叔为华成君，算是表达自己对前代贤臣的景仰。因此，汉初乐氏中比较显达的属大宗赵国乐氏。不过，要论学术声望，则为小宗的齐国乐氏似乎更盛。

大概在十多年前，韩信的谋士蒯彻的好友安其生在齐国教授黄老之学。乐巨公、乐瑕公便是学安其生的黄老之学有大成，而有名望于齐。在安其生之后，乐巨公也在高密传学。田叔大概就在前几年，从赵国慕名而来，师从乐巨公。几年后，勤奋的田叔尽得乐氏之学，便从齐国回到赵国。

因田叔自律廉洁，兼之精通黄老，故在赵国很有名望，因此被推荐给了赵相赵午。后来，又在赵午的推荐下，赵王张敖拜田叔为郎中。郎中为郎中令属官，地位虽不高，但是君主近臣。这次密谋，因田叔素有"切直廉平"之称，贯高等人便将他也拉进来。

经过多次商议，这几个人瞒着赵王暗中约定：事情干成了，则功归赵王；事情若败了，则独自承担罪责，绝不拖累赵王。话虽如此，但事情若真得做出来，又如何收得住手？贯高、赵午等人恐怕是想当然了。

不过，刘邦在长安，无缘无故怎么可能再来赵国？而且皇帝出行，车驾规模庞大，期门扈从云集，岂会那么容易成功？可谁知这帮人等了一年，还真等来了机会。

汉八年（前199）冬天，匈奴勾结韩王信南下进犯代郡，并深入到赵国北部的恒山郡。匈奴此次南下规模很大，其前锋甚至围攻恒山郡治东垣。为反击匈奴，刘邦再次领兵北上亲征，在东垣正面击溃了韩王信，取得了胜利。战事结束后，汉军再一次经过赵国回长安。

从东垣南下，顺邯郸驰道一百五十余里，便是赵国邯郸郡最北部的柏人县。当晚，刘邦车驾进入柏人县休整。获得消息后，赵相贯高等人便预先派刺客潜伏在厕所的夹墙中，准备行刺刘邦。

此时，奔波一天的刘邦正想留宿城中，不知怎么回事，忽然心动不安，便开口询问左右："此处为何县？""陛下，此处为赵国柏人县。"听得侍从回答，刘邦念叨："柏人，柏人，此受迫于人也，这个名字不吉利啊！"于是连夜离开。结果就是这哭笑不得的原因，刘邦一时改变主意，导致刺杀未成。

虽刺杀未成，但事情到这个地步，恐怕不好收手了，如此惊天之谋怎么可能悄无声息地被隐瞒下来？果然，刺杀一事没过多久便泄密了，贯高被自己的仇家告发。

刺杀皇帝，可是滔天大罪！接到举报，怒火冲天的刘邦便下令有司严查此案，结果一查一个准。作为名义上的主犯，贯高自然是罪责难逃，另外涉及此案的赵王张敖、赵午、田叔和孟舒等上下各级几十人全部落网，最后间接受牵连的多达上百人。其中，贯高自然没什么好说的，从头到尾都是主谋，问题是被蒙在鼓里的张敖可真是冤。不过话说回来，刺杀皇帝可是谋大逆之罪，岂是一两句话能说得清的？

话说，张敖的这帮臣子倒颇有忠君之心。据说，当时朝廷绣衣缇骑来拿人时，赵午等十几人都争相表示要伏罪自杀。这个贯高倒也算是一条好汉，指着这些同事破口大骂："谁让你们这样做的？我王确实不曾参与谋反，如今被一并逮捕，尔等都死了，谁来申明我王不曾谋反？"

话虽如此，刘邦本来就对异姓藩臣存有戒心，靠两句分辩之词，岂能洗脱张敖的罪名？其实刘邦看重此案，未必没有借机打击异姓诸侯的意思。比如，在朝廷派人来赵国时，皇帝的诏书随同到达，诏书称：首恶为赵王张敖，赵国群臣有敢于追随赵王者全部灭族。言下之意，只要赵国大臣不追随，朝廷就不会追究。然而，贯高、田叔、孟舒等十余人均不为所动，在贯高的带领下，剃掉头发，用铁圈锁住脖子，冒着灭族之祸自请与赵王同行伏法。于是，一路浩浩荡荡，赵国君臣来到了长安。

要知道，廷尉署诏狱可不是这么好进的，特别是如今坐实谋反之罪，又是皇帝亲自过问，这批人还有好果子吃？汉朝虽省减秦人酷法，但严刑逼供的手段还是有的。一般情况下，三木之下，没有不招的。然而就像事先约定好的，在廷尉署审理时，贯高反复向法官陈情："此事实是我等自发组织，赵王确不知情。"任凭廷尉狱吏动用重刑，严刑拷打，贯高等人始终是这么一句话。在拷打鞭笞几千下之后，没有得到想要的口供，廷尉署又动用了"刺剟"之刑。据颜师古注解《汉书》，"刺剟"的具体做法是

"以铁刺之，又烧灼之"，即用铁锥刺入身体，拔出后再用烧红的烙铁硬烙伤口。就这样，最后贯高浑身被刺得没有再可以下手的地方，何其惨酷！

奄奄一息的贯高还是"独吾属为之，王实不知"这一句话，死活不说是张敖指使的。

竟然在如此酷刑下还不松口，贯高这个人真够硬的。无可奈何的廷尉只得把审讯情况和贯高的话如实汇报给刘邦。听到廷尉署的汇报，刘邦颇为震动。大刑无用，看来只能以私情问之了。当时，中大夫泄公和贯高同邑，素知其信守诺言、立义不侵的性格。于是，刘邦便派泄公持节去狱中探问。

在阴暗潮湿的廷尉狱中，泄公看到了已经不成人形的老朋友。唏嘘不已的泄公长叹一声，缓缓开口："贯兄啊，何苦如此啊！赵王张敖果有谋反之事？"没想到听到这番话后，硬汉贯高泪如雨下："人之常情，各爱父母妻儿。现在吾三族将灭，难道吾对赵王之忠胜于吾亲？只是赵王确实不曾谋反，此事确为吾等私下谋之。"事情到了这个地步，还有什么好说的。最后，去意已决的贯高向泄公详细述说了当初谋反的原因及赵王不曾知道的情况。

于是，泄公入朝将询问的结果一一向刘邦进行了汇报。自秦末丧乱以来，人心不古，可天下竟有如此尚节重义之人。刘邦看着仆伏在殿上的泄公，当年田横的五百士似乎又浮现在眼前。他思虑再三，缓缓开口道："燕有荆轲，赵有相如，燕赵多慷慨悲歌之士何其多也！这贯高法虽在不赦，但念其一心为主，情尚可体谅。泄公，汝即持节入廷尉，代朕赦之！"

就这样，泄公带着新的使命再次前往廷尉署。为了安抚这位故人，泄公告诉贯高："君无忧矣！赵王张敖已为陛下赦免，日前已从廷尉署出狱。"随后又说："今上仁厚，已经赦免你等罪行。"

然而，这个硬汉听到赦免的消息后却长叹一声："吾所以不死，被打得遍体鳞伤还残活于此，便是为了还我王清白，告诉天下人我王并未谋反。如今我王已赦，我亦死而无憾。身为臣子却有谋刺天子之罪，又有何脸面侍奉主君？纵使陛下仁德，吾辈就不心中有愧乎？"于是当着老朋友的面掐断自己的颈脉，自杀于廷尉署狱中。

至此，犯首贯高伏法。可是，此案不是如此简单就能了结的。既然事涉藩王"谋反"，下面刘邦就要动手整治张敖了。虽说从头到尾，赵王张敖都是无辜的，不过对于异姓诸侯王，刘邦向来是严厉压制，何况事关刘家社稷，即便是自己的女婿也不能例外。所以，此案的结果是，作为"当事人"之一的赵王张敖被贬为宣平侯，赵王之位由皇三子刘如意接替。

除张敖这个赵王外，《史记·淮南衡山列传》上说，那个赵姬也被牵涉于谋反案中，被关押于河内郡。赵姬虽然数次求情，但谋反大事，河内的小小狱吏如何能决定？

汉八年（前199）刘邦"幸"过之后，赵姬已有身孕。不过，刘邦身边的女人可不少，因此"幸"过赵姬后并没有将其带回长安。这样，赵姬便一直住在赵国前夫兼女婿张敖特意给她新盖的别宫里。对于刘邦来说，可能都不知道赵姬是谁呢，加上此时正在气头上，根本就没管赵姬这个女人。无奈之下，赵姬的弟弟赵兼找到辟阳侯审食其，希望他能在吕后面前帮忙说情。

审食其是刘邦老乡，为根正苗红的从龙之臣。当年沛县起兵后，吕后和太公一家老小都留在沛县，幸得审食其的照顾才能保全。彭城之战后，审食其与刘家老小都被项羽所得。后来楚汉鸿沟议和达成后，审食其和刘家老小便被一道释放，回到长安。对于审食其，帝、后两人都是十分感激的。所以在封侯时，寸功未得的审食其也捞了个侯爵。

不过，此时赵兼让审食其去找吕后说情，只能说是适得其反。以吕后的性格，怎么会让自己儿子多一个竞争对手呢？要是知道赵姬有孕，恐怕不死也得死了。最后，此事当然就黄了，赵姬也没能救成。这个苦命的女人在狱中生下儿子刘长之后便自杀了，而刚刚出生的刘长则被好心的河内狱吏抱养，才幸免于难。

后来，刘长长大后说："其时辟阳侯力能得之吕后，弗争，罪一也！"其实有点过了。审食其不是没有劝，但是作为臣子的怎么能决定吕后的态度呢？而且要知道，审食其说得越多，赵姬越危险。

不管怎么说，赵姬是个苦命的女子，先是被自己丈夫当成货物一样送给他的"父亲"，后又死于子虚乌有的谋反案，你说冤不冤！不过，幸运的是赵姬生下了一个儿子，因此就像对曹氏一样，刘邦对于这个女人还是心有愧疚的。贯高案结束后，那个河内的狱吏把刚刚出生的刘长抱给了刘邦。当看到这个聪明健壮的小儿子时，"上悔"。毕竟是骨肉至亲啊！老泪纵横的刘邦下令将赵姬葬在东垣，并让吕后抚养刘长，务必将其养大成人。

该死的人已死，不该死的也死了，收手吧！最后，涉事的田叔、孟舒等人均因忠义且才识过人而等到了赦免。田叔被拜为汉中郡守，而孟舒则被调到北方，担任云中郡守。田叔的儿子田仁后来还做了大将军卫青的舍人，官至丞相司直。

到春日来临草长莺飞之时，贯高行刺一案总算是落下了帷幕。

纵观此案，张敖被贬为宣平侯的原因，固然是身为赵王对部下犯错负有连带责任，但是也可以看出刘邦对异姓王的不信任。比如吕后劝刘邦时说："赵王张敖娶了鲁元，就是我们的女婿，一定不会有此事。"刘邦立即反驳："要是张敖夺了天下，难道还缺少你的女儿不成！"其实，即使没有贯高一案，张敖最后也难逃被废命运。从张家在赵国如此得人心，便可看出张耳父子都不是什么简单人物，而这正是君主最忌讳的。这样有名望有资历的人，对朝廷来说是不利的。真不知道，当看到赵国群臣数百人自愿跟随张敖下狱时，刘邦心中是何种滋味。

不过吕后说得也对，张敖毕竟是自己的女婿，这个王是当不成了，革为侯爵可能是最好的结果了，否则最后就是杀身之祸！

至于此案的主谋贯高确实罪在不赦，虽天子"重之"，但毕竟有谋逆之实。刘邦虽无礼在先，但张敖毕竟是他的女婿，岳丈骂女婿也不是什么大事。如今，仅因刘邦出言不逊，便欲杀之而后快，这不是陷张敖于不孝吗？况且，赵王是臣，刘邦是天子，以臣弑君向来在道义上是站不住脚的，就像贯高自己所说："人臣有篡弑之名，何面目复事上哉！"

由于坐实弑君之罪，史书中对贯高的评价也不是太高。荀悦说：贯高带头谋反作乱，是"杀主之贼"，虽然他舍身证明赵王无罪，但小的优点掩盖不住大逆不道，个人品行也赎不了法律所定之罪。按照《春秋》大义，遵循正道最为重要，他的罪行是不可赦免的。司马光认为，贯高因为狠毒使主君张敖被废，此为臣不忠；贯高谋反行逆，起因虽为刘邦之过，然致张敖亡国却是贯高之过。

诚如斯言，赵王张敖被废，贯高有不可推卸的责任。然而究竟是对是错，我们后人也不好评说。

第十八章　　易储风波

　　赵国辖五郡：邯郸、巨鹿、恒山、河间、清河，疆域辽阔，方圆七百里，治民百万，为河北大国。其国南靠黄河，西依太行，北接燕幽，为形胜之地。如此大国，自当由同姓亲藩掌控方为长治久安之策。

　　通过贯高一案，刘氏将张氏的赵国收入囊中。然而，身为赵王的刘如意却没有前往赵国就封。要知道，刘如意为刘邦第三子，此时只有七八岁。不过，未就封恐怕非仅因年幼，而是激烈的政治斗争所致。

　　事情还要追溯到吕泽之死。

　　前面讲过，在元勋集团中，吕氏有自己的武装，这支武装一直由吕后的大哥吕泽指挥。吕泽是个很有能力的人，早在汉中建政时便被封侯了。要知道，这个封侯的时间可比大多数"丰沛"元勋早多了。查阅《史记·功臣表》，能在进入汉中前后封侯的屈指可数，可见吕泽的地位是相当高的。另外，吕泽这支部队中的人才也不少，比如东武侯郭蒙、阳都侯丁复、曲成侯蛊逢等，都是能征惯战的猛将。

　　某种程度上讲，吕泽的力量代表着强大的吕氏外戚集团。可是就在刚刚平定天下三年后的汉八年（前199），吕泽去世了，这对吕氏外戚集团来说，是一记沉重的打击。有吕泽在，凭借强大的实力，吕氏一族便稳如泰山；吕泽一死，吕氏的地位立即受到挑战，标志性事件就是汉十年（前197）的易储事件。这件事情也是刘如意没有就封的重要原因。

　　吕后是刘邦的正妻，有一子一女：长子刘盈，长女鲁元公主。虽均为刘邦寒微时所生，但都是嫡出。按照自周朝以来的嫡长子继承传统，刘盈为国之储君是没有任何问题的，故在汉二年（前205）六月初五，时年幼的刘盈即被立为汉王太子。楚汉战争中，刘盈身为太子，在萧何的辅佐下镇守关中大本营，为争夺天下提供了可靠的后方。如此，刘盈既有储君的法定资格，也有安定社稷的功劳，继承权无可辩驳。但储君毕竟是储君，储君地位稳固与否还要看皇帝是否支持。然而，随着天下安定，刘邦子嗣增多，刘盈的地位便受到兄弟们的挑战。

在为汉王后的十来年里，刘邦已有八子。长子刘肥，母为曹氏。曹氏是刘邦寒微时的情人，出身不高。所以刘肥虽然年长，却是庶出，庶长子当然就不具备继承权。且刘肥在汉六年（前201）被封为齐王，在齐相曹参的辅佐下已经就国。故综合来看，作为大哥的刘肥对嫡出的刘盈太子之位的威胁并不大。

按长幼排序，刘盈是刘邦次子，再往下是戚夫人生子刘如意和薄夫人生子刘恒。薄夫人原为魏豹王妃，汉二年（前205）韩信灭魏，虏魏王豹，刘邦便将魏豹的老婆薄姬"笑纳"了。

讲到薄姬，还有一件趣事：薄姬之父是吴人，因与魏国宗室女魏媪私通，才生下薄姬。魏豹自立为魏王后，魏媪便将女儿薄姬送入宫中。后来，魏媪请相士许负为薄姬看相。许负告诉魏媪，薄姬会生下天子，魏王豹听说此事后遂决定叛汉单干。自己儿子是天子，还跟他刘邦混什么？结果闹了个大乌龙，这个所谓日后会成为天子的儿子不是他自己的，而是刘邦的。这里顺便提一句，这个许负是个名人。据《楚汉春秋》的说法，他是河内温县人，后来被封为鸣雌亭侯。另外，许负还有个大大有名的外孙叫郭解，是汉时著名的大侠。

不过刘邦身边姬妾众多，薄氏这个亡国之女入宫后，并不被宠爱。《史记·外戚世家》上也说："薄姬希见高祖。"估计日子过得不怎么样。当时，薄姬幼时好友管夫人和赵子儿也为姬妾。后来，在这两人的引见下，全凭一句"昨暮夜，妾梦苍龙据吾腹"，才被幸了一次，生子刘恒。

刘恒出生于汉五年（前202），汉十年（前197）易储之议发生时才六岁。在他之下还有四个弟弟，但都与刘恒一样还年幼。所以，总的看来，能够挑战刘盈储君之位的只有三弟刘如意。

《史记·吕太后本纪》上说，刘如意的母亲戚夫人是汉王"得定陶"，即刘邦在定陶得到戚夫人。想来，这个戚夫人也是在战乱中为刘邦所得。史书没有记载戚夫人的父兄，大约戚夫人家族均已没于战乱。如此看来，戚夫人的地位应当不是很高。然而，虽没有吕后那样庞大的家族作为后盾，但戚夫人颇有心计。史书上说，戚夫人在刘邦身边"日夜啼泣，欲立其子代太子"。意思是戚夫人利用自己常伴刘邦左右的机会，天天吹枕头风。相比之下，吕后由于"年长，常留守，希见上，益疏"，逐渐被冷落。所谓"子以母贵"，吕氏地位动摇，对刘盈的太子之位多少会产生不利影响。

当然，这只是一个方面。史书上说，刘邦有意废太子还有一个重要原因，是刘盈为人仁慈懦弱，不像自己，而刘如意更像。可是当时刘如意才刚满七岁，实在不大能看出来一个十岁还不到的孩子在哪方面像父亲，再观察孝惠年间已经长大的刘如意的表现，也看不出他哪里像雄才大略的刘邦。"太子仁弱，如意类己"云云，大约都是为易储制造舆论的说辞而已。

那么，刘邦到底为何起易储之心呢？

要说刘盈幼年被立为王太子，长期随萧何镇守关中监国摄政，没有功劳也有苦劳，且一直勤勤恳恳没出什么大错，何至于此？难道真的是因为吕后失宠吗？

笔者以为应该有两个原因：第一，也是最主要的原因，刘邦是借此打击吕氏集团的力量。我们知道，汉八年（前199）吕泽病逝，吕氏的力量受到了重大打击。吕泽有人脉，有军功，有名望。有他在，后党难制。如果刘盈继位，难保不会出现后权威胁君权的问题。而且刘邦已经六十岁，在古代不算小了，一旦百年，继任之君年少仁弱，而"吕后为人刚毅"，主弱后强，不是什么好事。自古以来，这样的例子还少吗？远的不说，秦宣太后芈八子一手掌控朝政二十年也就是百年前的事。若现在易储成功，将大大削弱吕氏的力量，保证刘氏宗庙。

第二，大约也与刘邦老来得子有关。刘邦五十多岁才生了刘如意，而年纪大的人往往更喜欢幼子，比如三国时曹操晚年喜爱小儿子曹冲，袁绍也钟爱幼子袁尚。刘如意被封为赵王后，刘邦并未让其就国，而是继续留在长安，放在自己身边，确实有些"含饴弄子"之意。

当然，储君是国家法定的继承人，易储更是关于宗庙社稷的大事，稍有不慎而导致政权动荡的例子不可胜数。私下说几句"如意类己"，不是什么大事，但刘邦将此事拿出来放到朝堂上讨论，那就是国之大事，不可不慎。果不其然，刘邦稍露"易储"之意，便立刻招致群臣的强烈反对。

自古以来都是立嫡，况且太子仁厚，又没犯什么错，岂可草率改易！整个朝会进行得非常激烈，特别是御史大夫周昌在朝堂上强硬争执，就差指着鼻子骂娘了。于是，刘邦便问周昌理由何在。周昌说话口吃，又在盛怒之下，急得只是说："臣口不能言，但臣期期知道不能这样做。陛下要废太子，臣期期不奉命！"这就是典故"期期艾艾"的出处。

非独周昌，其他大臣也丝毫不给面子，一场朝议搞得刘邦下不了台，最后只得"欣然而笑"。此时欣然，颇有点无可奈何的味道。朝议时，吕后提心吊胆地在东厢房侧耳聆听，事过后召见周昌跪谢："要不是御史大夫据理力争，太子之位恐将不保！"跪谢就有点夸张了，不过也能看出在大哥去世后，吕后这个皇后对儿子的太子之位也不是太有信心。

那么，为何朝臣都偏向刘盈呢？原因并不复杂：如群臣所说，刘盈是嫡长子，又无错误，草率易储必将导致社稷震荡；还在于"丰沛系"对吕氏的亲近。比如，"丰沛系"的文官代表萧何镇守关中，长期辅佐刘盈，颇有"太子太傅"的意味。刘盈继位，作为太子故人的萧何自然水涨船高。再如汝阴侯夏侯婴，更对刘盈姐弟有救命之恩。另外，吕氏集团在长期的战争中和"丰沛系"建立了密切的联系，两派势力盘根错节，早就形成了一个强大的利益集团。比如，"丰沛系"的重要将领樊哙就是娶了吕后的妹妹吕嬃。这样，两大集团联合，又手握军权，势力庞大。以致易储时，刘邦不可能不顾及刘盈背后的力量。

相反，戚夫人仅凭皇帝的宠爱，在军队中没有任何支持者，未免底气不足。要知道，依靠皇帝的宠爱，这个优势是不稳定的。毕竟刘邦年事已高，总有百年的一天。即使仗着宠爱获得太子之位，甚至登上皇帝宝座，如果不解决拥有军方支持的刘盈，恐怕皇帝的位子也坐不稳。

不过，虽说朝议的结果对刘盈是有利的，但是储君之位到目前为止尚不稳定。事后，吕后还是心有余悸，不知如何是好。说到底，只要刘邦一日存易储之心，刘盈的太子之位就一日不稳。此时有人建议吕后寻求张良的帮助，理由是张良足智多谋，且深受刘邦信任和尊重。况且从秦末起兵以来，张良的话一直都是很有分量的，刘邦对张良甚至到了言听计从的地步。如果有张良相助，必能稳定太子之位。于是，吕后采纳了建议，并让二哥建成侯吕释之立即去向张良问计。

这里说一下，据《史记·留侯世家》记载："吕后乃使建成侯吕泽劫留侯。"意思是吕后让吕泽前往拉拢张良，这里属司马迁误记无疑。吕泽是吕后的大哥，生前的爵位是周吕侯，并且其人在汉八年（前199）已死，所以无论如何不可能是吕泽。吕释之是吕后的二哥，他的爵位才是"建成侯"。

当然，不管是吕泽还是吕释之，吕后将至亲派去处理此事，可见是极为重视的。不过，想法虽好，能不能做成却不好说。要知道，张良已经退出政坛，根本不愿蹚这摊浑水。当年迁都之事，张良都不愿意多说，更何况这种本就是非难分的易储之事。说得不好，就是把自己摆在火上烤。所以张良百般推脱："始上数在困急之中，幸用臣策。今天下安定，以爱欲易太子，骨肉之间，虽臣等百余人何益？"意思是，这是皇帝的家事，陛下喜欢赵王如意，我们这些做臣子的能有什么办法？结果吕释之倒是不客气，硬是逼着张良表态，张良无奈之下只得为吕释之献计。张良认为，如今陛下宠爱赵王如意，说再多的话也没用，但是陛下看重"商山四皓"，却始终请不来，如能想个办法把"商山四皓"请出来，让他们陪在太子身边，特别上朝之时陪伴太子，陛下一定会看见。"商山四皓"辅佐太子之事若被陛下所知，或许会有一用。

"商山四皓"是指秦末四位著名学者：东园公唐秉、夏黄公崔广、绮里季吴实、甪里先生周术。这四人由于看不惯刘邦素质太差，所以汉统一后拒不出仕，隐居于商山。四人品格高洁，学识渊博，有很高的名望。如果太子能请动这些人，刘邦想要易储，恐怕要掂量一下天下舆论了。不过，这所谓的"商山四皓"，恐怕个人能力也是一般，后面会提到。

其实，张良此计实在不怎么样。吕思勉先生也认为张良此计堪称儿戏，若是刘邦执意易储，区区四个书呆子岂能改变圣意？而且据史书记载，"商山四皓"在汉九年（前198）开始陪同太子，可到三年后的汉十二年（前195）才被刘邦看到。无奈之下的刘邦到这时才放弃了易储的想法。可这就是个明显的疑点，太子身边有哪些人，刘邦就是再忙又怎么会过了三年才知道？何况是如此敏感的时期。难道是刘盈三年都没有见到父亲吗？可见，所谓刘邦看到"商山四皓"之后认为"彼四人辅之，羽翼已成"云云，或只是附会之言。前文已述，易储失败的根本原因是吕氏势力太大，刘邦不能轻举妄动，根本不是因为什么"商山四皓"。

那么，张良为何还会出这个不高明的主意，而吕后居然也欣然采纳了呢？笔者以为，其实吕氏不在乎张良出的什么主意，计策怎么样无所谓，让人知道这个主意是张良出的，让大家都知道张良是刘盈这一边的，这才是关键。张良献计，不管计策高明与否，其实就已经表示张良加入了"太子党"，而这也就无形中增加了吕氏的力量。试想，连自己的首席谋士都开始为刘盈谋划，刘邦当然要掂量一下刘盈身后的力量。

正是鉴于重臣众口一词，都反对废太子，刘邦才不得不暂缓易储一事，但他并未放弃。为了给赵王刘如意铺平道路，刘邦还做了以下几项工作：首先，将刘如意放在身边长期培养，没有让他就封赵国；其次，为刘如意培植势力，在朝廷人事上做出调整，将周昌拜为赵相，辅佐年幼的刘如意。不过有意思的是，提出这个调整意见的不是别人，正是周昌的手下御史赵尧。

这个赵尧也算是个有故事的人。我们知道，汉朝最早的御史大夫就是周昌的堂哥周苛。周苛死后，周昌便被从内史一职上提拔为御史大夫。据《史记·张丞相列传》的说法，赵尧大概就是在这个时候开始在周昌手下担任符玺御史一职的。有一次，周昌的好朋友方与公和他闲聊："君侯的属下赵尧可不一般啊！此人年纪虽小，但是个奇才，日后必有所成，用不了多久，君侯就会发现。以后，此人必会取代您的位置。"周昌则笑道："小赵还很年轻，不过是个作文书的小吏而已，怎么可能干到三公呢？"然而谁也想不到，这次谈笑之言最终竟成为了现实。

在易储事件之后不久，赵尧入宫议事，看到刘邦郁郁不乐，开口便问："陛下忧虑，莫不是赵王年幼，而戚夫人与吕后有怨，陛下万岁之后，赵王会不安？"赵尧一语中的，刘邦便连忙向赵尧问计。赵尧认为："陛下应立一位群臣、吕后皆惧的赵相辅佐赵王，护其就藩。御史大夫周昌就是这样的人。"

对于长期在身边工作的周昌，刘邦是非常清楚的。从周苛到周昌，兄弟二人都是朝中无人不知的"死脑筋"。如不接受任命则已，既然接受了赵相的任命，以周昌的性格，必然竭尽全力辅佐刘如意。

于是，刘邦接受了赵尧的建议，拜周昌为赵相，辅佐赵王刘如意。就像赵尧说的，周昌身份高贵，性格刚强，应当能够很好地辅佐刘如意。说来也有意思，周昌当初在朝堂上激烈地反对易储，口水都喷了刘邦一脸，如今居然被任命为赵相，辅佐政敌。刘邦还真敢干……

这项任命对周昌来说，可不是什么好消息。从中央的三公被打发到地方担任二千石的国相，不是左迁又是什么？这也算是刘邦对周昌在朝堂上表现的"报复"吧。真不知道，周昌要是晓得自己是被下属赵尧"举报"，会作何感想呢？周昌亏了，赵尧倒是赚了。空出来的御史大夫一职，被赵尧接任，同时赵尧的爵位也被晋升为江邑侯。

至此，第一次易储事件被暂时平息。虽然是暂时的，但太子刘盈一派还是获得了最终的胜利。

此时大概也能感受到刘邦的无奈：虽贵为天子，却也不是事事顺心啊！连废立个太子还得听那些老东西们的废话！可是自己百年之后，心爱的儿子刘如意怎么办？想到这里，刘邦的凄怆之情溢于言表。"周昌真得能够保全他心爱的如意吗？此前在朝堂上还坚决反对易储啊！可是事已至此，夫复何言，天下有谁能知朕意！"

刘如意年幼，不能就国。但赵国形胜，不可一日无主。周昌遂以赵相身份前往赵国，代赵王摄行王政。"

谁也不知，周昌此去却引发了汉初最大的政治危机。

第十九章   陈豨之谜

如果说汉九年（前198）是平静的一年，那么汉十年（前197）绝对是不平静的一年，这一年从年头到年尾都充满了肃杀之气。

要说不祥的预兆，那么应该追溯到汉九年了。就在汉九年（前198）夏天贯高一案结束不久，到六月三十便出现了日食。在古人看来，日食则预示着上天的惩戒。日食出现，天下一定会出现不祥的事情。因此一旦发生日食，史书上也是郑而重之地记载下来。《诗经》上说："十月之交，朔月辛卯。日有食之，亦孔之丑。彼月而微，此日而微。"并认为出现日食的原因是天下没善政，贤才没被任用，而当世执政者，也不修善政止灾凶，所以才天降异象。如此看来，这次日食可能也在预示着什么吧。

果然整整一年后，到汉十年七月份，刘邦的父亲太上皇刘太公驾崩于栎阳宫。父亲去世，身为人子的刘邦无比悲痛。

抛开所谓的"分一杯羹"的故事，对于父亲，刘邦还是非常尊重的。不说年轻时的那些糟心事，《史记·高祖本纪》上说，这几年来刘邦坚持"五日一朝太公，如家人父子礼"。需知刘邦军国事务繁忙，经常出征在外，所谓"五日一朝"恐怕是夸张的说法。不过，经常在百忙中抽时间去看望父亲的事应该是有的。

可是，对于刘邦经常拜见刘太公一事，太公的家臣却认为不应该。这位家臣对刘太公说："天无二日，土无二王。如今陛下虽为人子，却是君主。您虽是父亲，却是人臣。君拜臣，这恐不妥啊！"

于是，有一次在刘邦来栎阳宫时，"太公拥篲，迎门却行"。意思是，抱着扫帚以示道路清扫完毕，面对门口倒退着走迎接贵客，这是恭敬的意思，也是典故"拥彗迎门"的出处。看到父亲如此，刘邦大为吃惊，便急忙下车搀扶，询问原因。太公解释道："皇帝为万民之主，怎能因我而乱天下制度？"最后，为了顾全父子之礼，刘邦便尊奉刘太公为太上皇帝，一切礼遇如常。这个"太上皇"既顾了君臣之仪，也全了父子之礼，皆大欢喜。可见，刘邦虽然是无赖，但对他父亲还真不错。

还有一件事是发生在汉七年（前200）未央宫建成时，为庆贺宫殿落成，刘邦在未央宫召开盛大的宴会招待诸侯群臣，太上皇刘太公也被请来参加，一起热闹一下。刘邦当着群臣的面给父亲敬酒，并开玩笑说："父亲，您以前常说我懒，不事生产，也不像二哥那样踏实务农，如今您看我和二哥谁置下的产业大？"一席话说得父子一起大笑，群臣山呼万岁。

另外，《括地志》里还记载了这样一则轶事，说的是刘太公移居长安深宫后一直闷闷不乐。刘邦询问才知道父亲"以平生所好，皆屠贩少年、酤酒卖余、斗鸡蹴鞠，以此为欢，今皆无此，故以不乐"。刘太公出身民间，喜欢民间的斗鸡、走狗一类的娱乐活动，如今虽然锦衣玉食，但缺少当年在丰邑的民间乐趣，所以生活很无聊。为了让父亲生活快乐，刘邦大手一挥，在长安郦邑依照老家沛县丰邑营建了一座一模一样的新城，并把以前的老乡们全部接过来住，让乡亲们陪父亲安享晚年——这座新城便是新丰城。

刘老太公一生朴实，却有如此英雄的儿子，也该含笑九泉了。

太上皇是皇帝的父亲，虽说是皇帝的家事，却也是天下的大事，各地诸侯都从封地赶来奔丧。可是太上皇驾崩刚刚一个月，刘邦还没有从悲痛中恢复过来。北部边郡再一次传来了震动天下的消息——陈豨谋反！

陈豨，何许人也？

据其本传记载，陈豨是宛朐人，他在《史记》中并无独传，而是附在《史记·韩信卢绾列传》中，与韩王信和卢绾合传。如果不注意，还真不知道此传中还有陈豨这号人。韩王信和后面的卢绾谋反都与陈豨有联系，且都是在燕、代地区谋反。这样看来，司马迁将三人合传还是有道理的。不过虽有传记，但司马迁对陈豨的记载很是奇怪。比如，在介绍完陈豨的籍贯后用了一句"不知始所以得从"来概括他的早年经历。何时跟随刘邦，做过何事，司马迁却未写清。以司马迁严谨的治学习惯，仅以一句"不知始所以得从"来打发陈豨的生平，实在是说不过去。

而有意思的是，《史记·功臣表》的记载远比其本传详细的多，于阳夏侯的档案全文云："（陈豨）以特将将卒五百人，前元年从起宛朐至霸上为侯。以游击将军别定代，已破臧荼，封豨为阳夏侯。六年正月丙午，侯陈豨元年。十年八月，豨以赵相国将兵守代。汉使召豨，豨反，以其兵与王黄等略代，自立为燕。汉杀豨灵丘。"这段史料虽短，不过所包含的信息量却很多，基本涵盖了陈豨一生的经历。

据《史记·高祖本纪》，刘邦的作战半径北上最远到达薛郡境内的方与、胡陵和亢父一线，但始终没有到达东郡的宛朐。宛朐县在东郡西南，临济水，与属泗水郡的沛县相距三百多里。陈豨远在宛朐，是怎么"从起"的，司马迁没有记载，所以也无法解释。

问题还不仅于此。在攻打沛县前后，刘邦的队伍最多只有两三千人，在各路义军中，实力并不算强。比如，江东的项氏就已经聚拢了万人以上，前锋已经发展到东海郡境内。怎么看，项氏都比刘邦强多了，陈豨要投自然是投项氏才对。然而这个时候，陈豨还是选择了没有任何优势的刘邦，而且还带着五百人远道而来，这又是为什么，同样不得而知。

此外，《史记·傅靳蒯成列传》记载："信武侯靳歙，以中涓从起宛朐。"可见从宛朐参加反秦斗争的还有汉初名将信武侯靳歙。当时陈豨是"特将"，颜师古注解认为"特将，谓独别为将而出征也"，即独当一面的将领。而靳歙是"中涓"，中涓是将领的亲卫。可见，两人上下级关系非常明确。那么，战无不胜的名将靳歙很可能就在陈豨带来的五百人中，是陈豨的下属。

靳歙的运动轨迹是"起宛朐"之后"攻济阳"。济阳在宛朐西，属砀郡，两地不远。此时，刘邦仍在沛县一带活动，还没有到达宛朐、济阳。如果靳歙真得从属于陈豨，那么这也应该是陈豨的作战范围。这样看来，在加入刘邦队伍之后，陈豨很可能没有在刘邦的指挥下作战，而是独立指挥一支兵团。这不但说明陈豨指挥作战能力相当强，而且可看出其地位是相当高的。要知道，军功第一的曹参单独领兵也要到汉三年（前204）的平代之战了。如此，陈豨的地位至少不应比曹参低。

另外，陈豨的封侯时间也比较特别。"至霸上为侯"是在汉元年（前206）入关中灭秦时的第一次封侯。此次封侯只有寥寥数人，可见陈豨地位之高。退一万步说，陈豨虽不是"丰沛系"，但属于资格较老的，而这样的人司马迁居然没有记载，这是非常不正常的。要知道，司马迁为各人立传时，都会参考皇室档案。而如此重要的一个人，却史无所载，原因只有一个，即由于陈豨的谋反，朝廷销毁了平定天下前陈豨的所有档案，导致司马迁无法参考。当然，由于没有史书记载，这些都是我们后人的猜测而已。

可见，陈豨身上的谜团还真不少。

再来看后半段关于陈豨的活动。汉统一天下后，陈豨"以游击将军别定代"，汉军"定代"主要就是汉五年（前202）九月份平定臧荼在燕、代的谋反。如此看来，陈豨应该是与樊哙在平定臧荼后留下共同平定代地。也正是在此战后，陈豨被改封为阳夏侯。接着，据其本传记载，到汉七年（前200）冬，韩王信谋反，陈豨也参与了此战，并再次因功被封为列侯。从陈豨参与了统一天下后所有的重大军事行动来看，刘邦对陈豨的能力和忠诚是很放心的。

这样的人，没有理由不用。因此，在韩王信谋反被平定后，时为巨鹿郡守的陈豨便被拜为赵相，驻守在赵、代的北部郡县，统一指挥赵、代两地的边防军。当时，北部边防除关中直领的陇西、北地、上郡三郡外，在东北有燕王卢绾镇守。剩下的，陈豨的赵、代军便是支撑整个河北的主要机动兵力了。将北方三分之一的兵力交给陈豨，由此可见刘邦对陈豨的器重。所以，在接到陈豨谋反的报告时，刘邦不相信："豨尝为吾使，甚有信。代地吾所急也，故封豨为列侯，以相国守代。"可见，他对陈豨还是很放心的。

现在还有一个问题：此时的赵相应该是刚刚接手赵相职位才一两个月的周昌，周昌的前任是汉九年（前198）被杀的贯高，如果史书记载属实，赵国同时有两个国相了，那陈豨这个"赵相"又是怎么回事呢？笔者推测，陈豨的职责是在战时统一指挥赵、代两地的边防军，所以为了便于调动赵军，陈豨要在赵国挂个名，但是不管赵国具体事务，赵国日常政务仍由正儿八经的赵相周昌处理，就如秦有相时又有"守相"一般。可能也正因如此，陈豨这个赵相的根据地和大本营并没有设在赵国，而是设在代郡。

无论怎样，从种种迹象看来，有一点可以肯定：朝廷对陈豨不薄。既然如此，陈豨何故谋反？

《史记·淮阴侯列传》有关于陈豨谋反前的一则材料，证明陈豨早已心存不轨。此事发生在汉七年，陈豨从巨鹿郡守任上被调为赵相时。在离京上任前，陈豨前往拜见了被软禁在长安的淮阴侯韩信。可能是陈豨曾在韩信手下工作，两人关系一直很好。见旧友来访，长期抑郁的韩信当然很开心。两人越聊越多，越聊越收不住，聊着聊着就不对味了。

最后，韩信将陈豨引入密室："将军身居高位，所部尽为精兵，如今得此重任，想是今上信任。但今上生性多疑，若一人告你谋反，陛下可能不信，若多人告发，陛下必起疑心，恐到时祸将临头。若将来起兵，吾定在京城助你一臂之力。你我联手，天下可图！"听到这番惊天谋逆之言，陈豨的回答是"谨奉教"。也就是说，陈豨和韩信对谋反一事达成了某种协议，是早有预谋的。

此时，距陈豨谋反还有三年，韩信如何能知道陈豨必然谋反？还和陈豨商量谋反后怎么干？这可是夷族的大罪，岂可如此轻率出口？这段材料太过匪夷所思，更像是朝廷为解决韩信罗织捏造的。而韩信谋反的罪名本身就是子虚乌有，这个记载的可信度能有多少实在难说。

抛开上面疑点重重的记载不谈。据其本传的说法，陈豨谋反是事出有因。本传说，陈豨"少时数称慕魏公子"，魏公子是指战国四公子之一的魏国信陵君魏无忌。战国时，齐国孟尝君、赵国平原君、楚国春申君等人都是蓄养了大批宾客，闻名天下，被称为战国四公子。四公子的养士之风一直被天下人称道。当今之世，距四公子生活的时代也就几十年，因此养士之风也相当盛行。

现在陈豨发达了，便也仿照蓄养了很多宾客。陈豨拜别韩信，从长安回代国时途经赵国，随行车仗规模庞大。据说当时随行的宾客车辆居然有一千多辆，整个邯郸城都闹得沸沸扬扬。于是，此事引起刚上任不久的赵相周昌的警觉。周昌虽说因易储一事被从中央打发到地方，可毕竟是元老重臣，对朝廷忠心耿耿。周昌便将此事汇报给朝廷，并详细陈述陈豨门下宾客众多，又掌握赵、代兵权，一旦图谋不轨，后果不堪设想。

接着，在周昌的建议下，刘邦令人审查陈豨宾客在代国的不法之事，结果一查一个准，很多牵连到陈豨。涉事之后，引起陈豨的极度恐慌，最后惊惧之下起兵反叛。

陈豨仰慕信陵君"养士"，此事天下皆知。从陈豨大张旗鼓地进入邯郸来看，数千宾客可能是从长安就跟随他的，不是什么秘密。既然如此，这些所谓的"诸不法事"可能并不是什么大事，也绝对上升不到"谋逆"的地步。说到底，陈豨的谋反还是君臣之间的信任危机，就像韩信所说的，"人言公之畔，陛下必不信；再至，陛下乃疑矣；三至，必怒而自将"。所以说，做人不能太高调。

不管怎样，陈豨最终反了，对朝廷来说这或许不是坏事。

第二十章　　兵叛赵代

汉十年（前197）七月份，太上皇驾崩。朝廷遂以为太上皇送葬为名，命陈豨回长安。而此前朝廷已经派人审查陈豨，引起陈豨恐慌。所以在陈豨看来，如此非常时期，长安自然是去不得的。若是去了，恐怕不是给太上皇送葬，而是送自己的葬了。于是，陈豨称病不往。

在正式起兵前，陈豨做了一项重要工作，即派人前往匈奴联络韩王信。其实早在陈豨决定反叛之前，就经常和韩王信联系，两人是老熟人。这可以理解，毕竟陈豨的主要任务是"守代"，作战对象就是韩王信，当然少不得打交道。

韩王信在汉八年（前199）兵败后，率残部退往匈奴。虽然遭到汉军的沉重打击，但从白登之围后仍然屡次南下可以看出，韩王信在匈奴的扶持下，所部还有一定的兵力。既然大家现在有共同语言，就可以坐下来谈了。从后面陈豨的兵力部署看，此次会谈是相当成功的，不但化敌为友，还达成了某种军事联盟。这样，陈豨通过谈判不仅解决了两线作战的问题，还壮大了力量。如此，起兵一事便更有底气了。

一切准备就绪之后，到太上皇驾崩两个月后的九月份，陈豨自立为代王，正式起兵谋反。

随着陈豨在代地起兵称王，汉初最大的异姓王谋反拉开了序幕。陈豨谋反先后牵涉韩王信、淮阴侯韩信、梁王彭越、淮南王英布和燕王卢绾五个异姓诸侯王，可谓"波澜壮阔"。对比楚汉战争打了四年多，陈豨谋反持续了三年多，要知道，共尉谋反前后仅两多个月，臧荼、利几、韩王信也无不是在几个月内便被讨平，韩信、彭越谋反更是胎死腹中，由此可见陈豨叛军的规模。可以说，陈豨反叛的影响之大、时间之长、范围之广、过程之复杂，仅次于楚汉战争。当然，由于缺乏档案参考，司马迁对这场长达三年的战争描述得很简单，寥寥数语而已，远不如楚汉战争详细。

不过，如此重大的事件，自然无法被完全掩埋，还是可以从当事人的传记中推测出双方的基本部署和大致的作战经过。

一般从地势上来讲，自燕代起兵的地方势力有三个进攻方向：左线攻辽东，中线主力下河北，右线则经太行各关口入雁门。陈豨久镇赵代，对河北的地势烂熟于心。在久经沙场的陈豨看来，只需右线和中路紧密配合，拿下河北、河南应当问题不大。

左线卢绾因是刘邦的亲信才得封王爵，没什么统兵才能，而且辽东可拓展的空间不大，以偏师看住即可，不值得投入主力。右线与接壤的雁门、太原两郡直通关中，可以适当部署重兵。但三晋之地山岭纵横，不利于大军展开，选择在这里决战实非明智之举。故而，在右线屯兵主要目的还是牵制汉军的关中兵团。

中线的赵国在正南，主政周昌也没有带兵经验，不难对付。另外，赵国境内除了几条不大的河流，都是一马平川无险可守的平原，利于大规模决战。如果顺利的话，自燕幽跃马南下的骑兵三五天便可冲到黄河边，而且如果周昌守备不利，燕幽骑兵甚至可以一直打到洛阳。

如此有利，岂有不打之理？在反复权衡后，陈豨将主力放在了南下攻赵的中路，而从匈奴南下的韩王信兵团则加入右线，实行牵制性进攻。这个布置四平八稳，没什么大问题。运筹帷幄已定，代军主力便立即集结南下，杀气腾腾地向赵国最北部的恒山郡直扑而来。

陈豨的部队不愧为久经沙场的边防军主力，战斗力异常彪悍。特别是中路，其推进速度之快，令人瞠目结舌，在一个月内连续攻克赵国北部的恒山郡二十县，如果抛开行军时间，几乎平均一天攻克一城！要知道，整个恒山郡仅有二十五县，整个赵国也就只有五个郡而已。

在中线打得风生水起之时，右线也在激战连连。右线代军出动后，很快进入雁门郡，在与韩王信的前锋汇合后，越过勾注山攻入太原。攻克数县后，联军又从太原郡东部的谷地进入上党郡境内。上党郡在太原郡之南、邯郸以西，治长子。从上党往南过了河内，再渡过黄河便是洛阳了。如果拿下上党，中、右两部代军便可汇合，包围赵国，直接威胁洛阳。

可见，上党郡的争夺极为关键。陈豨久经战阵，当然知道拿下这里的意义。因此，在得知右线进展甚速的消息后，陈豨断然决定调整部署，为右线增兵，挟大胜之势一举拿下上党，剑指洛阳。

此时的上党郡守是任敖。这个任敖倒不是外人，是刘邦老乡沛县人。早年时，任敖在沛县为狱吏，与周苛、曹参等人是同事，也是刘邦寒微时的好友，当年刘邦逃亡芒砀山时，任敖便对刘家上下老小精心照顾。刘邦西征以后，任敖领兵据守丰邑两年之久，可见任敖打仗颇有一手。

面对蜂拥而来的凶悍叛军，冷静而素有谋略的任敖沉着迎敌，领兵坚守城池。汉军在任敖的指挥下，英勇奋战，打退了叛军一次又一次强攻，陈豨的右线因此损失极大。

不过，上党之战打得虽然漂亮，整体战局却不容乐观。从战后统计来看，樊哙的作战区域曾远达无终。如此，陈豨不仅在赵国取得相当好的战绩，很可能东至燕、西至雁门的广大地区都被其攻陷。也就是说，河北地区除了赵国的邯郸、巨鹿南部以及任敖的长子城，半壁江山已经不姓刘了。

到刘邦接到战报时，赵国五郡已失其二，邯郸郡虽还在朝廷手中，不过也已经摇摇欲坠了。此时，赵相周昌正在邯郸依靠坚城苦苦支撑。可叛军兵锋正锐，邯郸一郡危在旦夕。周昌的急报一份接着一份，传到长安。

羽檄疾驰，形势越来越危急，王师北上讨伐已经刻不容缓。

兵贵神速，未等汉军完成集结，刘邦即率领驻扎长安的北军先行赶赴河北战场。当时，从关中到赵国的路线有三条：第一条是从关中临晋关渡河到河东，再翻越太行出井陉，由晋入赵。当年，韩信灭赵走的就是这条路。不过，巍巍太行，道路艰难，大军行动十分不便。第二条是从东郡的白马渡河，过了河便是邯郸郡的白马了。但是这条路太远，来回奔波近千里。现在形势危急，不能在路上耽搁太长时间。从《史记·高祖本纪》上说"九月，上自东往击之"来看，平叛大军走的应该是第三条路，即经长安过函谷，再从洛阳北部的平阴津渡过黄河到达河内，最后从河内直达邯郸。

从长安到邯郸郡治邯郸城有七八百里，按大军正常的行动速度，没有个把月是到不了的。不过救兵如救火，刘邦不顾鞍马劳顿领军日夜兼程，在汉十年（前197）九月当月就到达了邯郸前线。

汉十年九月的邯郸已经落叶飘飘，颇有一些北国的寒意了。在这片萧杀的寒秋中，邯郸的赵相府邸中也是一片森严的气氛，未及卸甲的刘邦正在和周昌讨论前线战况。

作为赵地的最高长官，周昌当然是对战况最有发言权的。估计这个月周昌这个赵相当的是最窝囊的，平均每天被攻克一座城池。守军兵力不足，又不能出战，只能眼睁睁看着这些城池被插上叛军的旗帜。这仗怎么打成这副熊样？所以，见到皇帝后，气不打一处来的周昌建议："请诛守、尉！"诛杀这些失地的地方长官，以震慑人心。

不过，这二十余县倒不是投降的，而是在顽强抵抗后被攻克的。陈豨的部队可不是临时拉来的流民，而是和匈奴血战的精锐边防军。再加上事发突然，以赵国郡国兵的战斗力，如何能顶得住？这种情况下，还追究责任，就不太厚道了。打不过人，有什么办法？因此，刘邦认为这是地方兵力不足，并非地方官不忠。既然没有罪，那就应该予以赦免。

确实，现在真不是追究责任的时候。目前需要做的是应该赶紧组织兵力，做好邯郸的防御工作。事实上，刘邦在九月份出兵前，就下诏赦免了代地的官吏和百姓之罪。连代地的官民都赦免了，现在还要追究赵地官吏的失地之罪，实在有些说不过去。

安定人心倒是小事，正面击败叛军不是靠磨嘴皮子就行的。可问题是，朝廷大军正在集结中，没有一个月，主力无法赶到战场。刘邦带来的北军兵力不足，而且长驱奔驰儿白里抵达赵国前线，人困马乏，急需修整，短期内还不能贸然出战，总的来讲，目前所能依靠的就是赵国守军。不过，赵军的战斗力实在不能看。当周昌把部下能战的将领调集给刘邦看时，刘邦大失所望，气得大骂："你们这些竖子能当将军？会打仗吗？难怪你们赵军一看到陈豨的战旗就一溃千里呢！"

其实刘邦本该想到，如果不是战斗力低下，怎么会在一个月内被叛军打得丢盔弃甲？骂归骂，目前能用的也就赵军了。所以刘邦还是给邯郸的赵军许以重赏，让他们安心守城。所以刘邦对部下明确说："今计唯独邯郸中兵耳。吾何爱四千户，不以慰赵子弟！"

这些措施的实行主要是安定人心，对目前糜烂的战局未必有太大用处。陈豨兵精将广，实力雄厚，真要平叛还得靠汉军主力到达。不过，朝廷这边形势不利，叛军也好不到哪里去，首先是因任敖坚守，上党战事久拖不决，大大消耗了兵力和士气；最重要的是陈豨部署失当：中路主力并未像原先计划的那样直接南下进攻邯郸郡，而是突然在恒山郡转入防御。

自汉十年（前197）九月份正式起兵以来，陈豨除了在上党攻势不顺外，总的来说打得还算顺手。特别是在河北战场，陈豨拥有非常稳定的战场主动权。要知道，刘邦虽然领兵抵达，但兵力不足，断不敢贸然出击。邯郸城内不说人心惶惶，也绝对不可能有多稳定。陈豨若挟大胜之势，直接兵临邯郸城下，说不定真能趁刘邦立足未稳而一举破城。拿下邯郸后，陈豨便可再以邯郸为基地，全力经营漳水防线，如此从容调度，可将汉军阻击在河南。这样部署，方为上策。就是再不济，也要遣一支轻兵直下邯郸，做一次试探性的进攻。

可是，现在放弃已有的优势突然转入防御，实在不是兵法正理。夫战勇气也！一鼓作气，再而衰，三而竭。更何况此战名不正言不顺，一开始就处于极为不利的地位。此时若不抓住短暂优势，而坐等汉军陆续集结于前线，后面的仗恐将越来越难打。

也许在陈豨看来，邯郸城粮草充足，加上刘邦亲自坐镇，如果强攻的话，短期内确实很难打下来，而一旦久攻不克，势将重挫士气，到时汉军主力再云集城下，以盛兵击疲兵，后果不堪设想。故陈豨"不南据邯郸而阻漳水"，而将主力部署于恒山郡，就是要依靠这里的有利地形等汉军主力来攻，属于典型的防守反击。不管基于何种考虑，未放一箭就将战争主动权拱手相让，实在不是明智之举。

果然，看到叛军放弃了攻势，坐镇邯郸的刘邦松了一口气，看来陈豨不行了。

漳水，即今漳河。秦汉时，漳水源出上党北部太行山脉，自北向南流经邯郸郡，并在邯郸郡邺县附近折而向北，在巨鹿郡南皮南部注入黄河，流归大海。而邯郸便雄踞于漳水中游北岸。《汉书》上说，邯郸"南据大河，北有燕、代"，是河北平原的重要战略据点，也是赵国数郡中最富庶、人口最多的。不拿下邯郸，却据守漳水一线，那是舍本求末。所以，刘邦有此一说。

话虽轻松，叛军的彪悍战斗力还是不能小视，毕竟打仗不是靠嘴皮子的，数万叛军还是要在战场上消灭掉。

第二十一章　　攻守易势

在整个汉十年（前197）九月份，除了守在上党的任敖打得有声有色外，整个河北的战况不容乐观。至少在刘邦亲自抵达邯郸前，几乎没有接到一条好消息。

好在随着陈豨转入防御，一日三惊的邯郸城逐渐稳定下来。接着，刘邦做了以下几项工作：首先，重金贿赂陈豨的部将，分化瓦解叛军（从战争的进程看，此举效果并不明显）；其次，再次催促汉军主力尽快赶赴赵国，以改变兵力不足的状况。

刘邦虽然不断部署，可是除了邯郸前线比较安静之外，整个战局没有得到任何改善。到汉十一年（前196）十月份，在邯郸前线的刘邦再次接到不利的消息：陈豨派出万余精锐步骑，由猛将张春指挥，向东南进发。

自恒山郡过巨鹿，再向东不过百里即黄河下游唯一的大型渡口平原津，渡过平原津，便是齐国的济北郡了。此时的齐国共领七郡七十三县，车骑十余万，实力雄厚，是天下第一强藩，而且主政的是汉军名将曹参，所以张春的一万步骑就是再精锐，也绝不可能拿下齐国。凭借丰富的经验，刘邦推断陈豨派出这支部队的目的可能是牵制或试探齐国的曹参，以曹参统兵之能，毋须担心。因此，刘邦命曹参稳扎稳打即可。

不过虽是牵制，气势倒是打出来了。渡河后，张春率全军星夜急速南下，很快过济北，深入东郡东部，一战而克东郡聊城。聊城，属齐国，在东郡东北，和巨鹿郡隔河而望。从聊城往南过东阿，便是齐国的济北和薛郡了。而且聊城距邯郸不到二百里，步骑交加，最多三五日便可兵临邯郸城下。张春不去攻打临淄，而是屯兵于此，目的很明显，就是威胁邯郸侧翼。对刘邦来说，如果不除掉后方这万余步骑，邯郸城内的守军断不可贸然北上，与恒山郡的陈豨决战，曹参的齐军也不能顺利北上配合河北战场决战。因此，河北决战前，必须一举消灭张春。有鉴于此，刘邦命在河南的猛将东武侯郭蒙加快速度，向东郡进发，务必尽快配合曹参歼灭张春。

就在河南汉军急速开动的同时，陈豨另调一千余精锐骑兵屯于东北部重镇曲逆。曲逆，因曲逆水而得名，是恒山郡最东北的一个县。曲逆往北不远便是广阳郡，即燕代地区。曲逆县绝非一般小县，在汉七年（前200）年末，刘邦从平城班师途经曲逆，将其封给陈平作为食邑。当时在曲逆转了一圈后，刘邦感慨地说："壮哉县！吾行天下，独见洛阳与是耳！"他将曲逆与洛阳相提并论，可见曲逆之富庶，而且其人口规模甚至要超过郡治东垣县。

正因如此，陈豨将曲逆作为南下赵国的重要堡垒，同时也作为退回代郡的关键据点，而屯驻重兵。可有意思的是，进入曲逆的这一千骑兵虽然极为精锐，但并不是陈豨的直属部队，而是韩王信的人马。早在起兵前，陈、韩两军便已经结盟。陈豨主力南下后，韩王信如约调兵南下。不过，韩王信的本部韩军已经在汉七年十月份的铜鞮之战中被打光了，现在可用的都是这几年收拢溃兵后重新整编的，战斗力不强，但在匈奴人的协助下，韩王信本部应当还有几支人数不多却极为能战的精锐骑兵。此次南下，应陈豨要求，韩王信将主力放在老根据地雁门郡，只调出一千精锐骑兵交给手下头号悍将王黄指挥，协助陈豨的代军主力南攻赵国。

在做好屯守恒山郡的准备后，陈豨一直没有用到这支骑兵。考虑再三后，陈豨将其调到北部的曲逆，以增强曲逆的守备力量，保证大军的后路。不过话说回来，曲逆毕竟是大城，不可能仅在城中投放一千骑兵，而且两军虽然结盟，但事关重大，陈豨也不大可能将如此重要据点完全交给外人。因此，曲逆城内的主力可能还是陈豨原来部署的人马。

王黄抵达曲逆后，陈豨还是不放心，又命大将侯敞指挥一万余人"游行"于东垣和曲逆之间。"游行"字面意思为游动袭击，大概是作为预备队，策应各部。

这几支偏师的行动虽然迅速，可半个月过去了，陈豨的主力仍然没有任何动作。令人无法理解的是，代军主力屯驻在东垣城内，陈豨却不知为何离开了前线，以至于偌大的东垣城内数万步骑仅有韩王信的部将赵利在指挥。说起来，这个赵利也是熟人。当年铜鞮一战韩王信被打得全军崩溃，王黄等人拥立的便是赵国宗室后代的赵利。此人在错综复杂的形势下能被韩王信的大将王黄等人拥立，绝非一般人。不过能力再强，他也是韩王信的人，并非陈豨的直属部下。在这个决战即将打响的紧要关头，竟将东垣托付给一个外人，肯定是后方发生了重大变故，逼得陈豨不得不返回。

也许是匈奴人本来答应出兵，关键时刻突然反悔，才让心急如焚的陈豨不得不冒险返回。当然，史书没有记载，究竟如何，我们不得而知。总之，此时的东垣群龙无首，形势不容乐观。

下面就看汉军怎么出招了。刘邦的打法很简单、刚猛，就是要用绝对的优势碾平叛军。兵法上说："凡战者，以正合，以奇胜。"可是在绝对的实力面前，就不需要这些虚招了。

到汉十一年（前196）十月底，各路汉军集结完毕，双方攻守很快易势。在邯郸统一指挥各部的刘邦首先接到东线突破的消息。十月中旬，曹参便已经按照命令在齐国进行动员，经过短暂准备，直奔聊城进攻张春。与此同时，奉刘邦之命自河南赶来的郭蒙也抵达了东郡境内。于是，两军在东郡汇合后向张春发动猛攻。张春手里只有万余人，且不是主力，面对汉军的精锐部队，既没有人数优势，也没有质量优势，结果可想而知。一仗下来，张春部被"斩首万余"，基本是全军覆没了。击败张春后，曹参和郭蒙乘胜渡河，十万步骑浩浩荡荡地加入到了河北战场。

东线大胜的同时，西线战事也进入到最激烈的阶段。从关中出发的西路军由周勃、傅宽指挥，在临晋渡河进入河东郡。经过短暂休整，兵分两路，偏师向西，兵进上党汇合任敖，主力则折而向北，沿汾水抵达太原郡。

此时，只需翻过太原郡北部的勾注山口，便可与叛军接触。周勃久经沙场，对西线形势了然于胸。在周勃看来，虽说西线叛军联合了韩王信，兼之背靠草原，随时能得到匈奴的增援，实力也比张春的孤军强上不少。但是西线叛军在上党郡损失颇大。如今，既然汉军大军云集，陈豨必不敢在上党决战。雁门为原韩王信的韩国范围，以陈豨和韩王信的性格，必然退往雁门郡，以避开汉军锋芒，同时凭借地利以逸待劳。

不过叛军如此部署，却绝不能坐等，当速战速决。要知道，匈奴人犹疑不定，说不定什么时候就纵马南下，而且河北战场压力不小，如果在西线拖得时间太长，难保不出现变故。于是，在短暂休整后，周勃决定直逼雁门，和叛军决战，毕其功于一役。

汉十一年（前196）下旬，汉军在周勃的指挥下，沿着汉七年（前200）的原路，翻过勾注山，陈兵马邑城下。随后，两军在马邑展开激战。汉军顶着巨大的伤亡，攻拔马邑城，陈豨大将乘马𫄨被临阵斩杀。破城之后，残忍的周勃一声令下，马邑被屠城，随后被夷为平地。

《史记·绛侯周勃世家》上说，周勃此战"屠马邑"，但不知屠城的命令是来自刘邦还是周勃。要说刘邦到达邯郸时曾下诏"赦代吏民"，不大可能出尔反尔又下令屠城；再说他还在赵国指挥河北战场，由于前线非常紧张，也不可能特意为攻克马邑做出什么指示。所以，屠城的命令只能来自作为西线总指挥的周勃。

可能是由于伤亡太大，汉军将士在攻克马邑后为泄愤而屠城，但作为西线汉军的主帅，周勃无论如何也要负主要责任。陈豨谋反，马邑全城百姓并未跟从，将屠刀架在自家百姓的头上，是何道理？兵法上说："将者，智信仁严勇。"仅凭这一点，周勃就不能算是名将，岂有杀自家百姓的名将？当然，周勃这个人的残暴也不是这一次，后面再说。

虽然首战告捷，但并未遇到多少陈豨的西线主力。故攻克马邑后，谨慎的周勃没有急于西进，而是停下来休整。这一方面是汉军连续作战，极为疲劳，必须休整以恢复战斗力，一方面也是防备匈奴大规模南下。

汉军在雁门大胜，收复马邑，便可直接向东威胁陈豨的根据地代郡。鉴于形势愈发严峻，接到消息的陈豨调恒山郡主力一部以及韩王信的精锐步骑西入太原，然后再北上雁门攻击周勃。为了重新夺回西线主动权，连东垣的赵利部也被抽出一部增援到西线，不过由于赵国一线压力极大，陈豨没有将主将赵利调离，而是将这数万精锐交给了大将宋最。

此时，代军步骑交加，已经开到勾注山口的楼烦。进入雁门郡后，宋最又汇合了由雁门郡守带领的雁门溃军。随后，宋最在楼烦构筑好大营，准备和汉军决战。听闻叛军主力抵达的消息，周勃下令全军结束休整，开往楼烦决战。在寒冷的十一月份，决定整个西线的楼烦决战正式打响。在周勃的指挥下，连战连捷士气高昂的汉军再次大胜，一战便击溃了叛军主力，生擒宋最和雁门郡守。肃清雁门残敌后，汉军马不停蹄向西经略云中。

云中郡西部紧靠九原郡，南邻黄河和上郡接壤。自王离的边防军南下后，丰饶的九原郡基本被放弃。如今，这一带是匈奴右贤王的势力范围。

此时的右贤王势力强大，若再加上依附的楼烦、白羊等部，右贤王部能一次性集中的兵力达到十万骑。在如此强大的威胁下，云中郡根本无法稳定统治。在户籍图册上，云中有十二县，可在汉七年（前200）韩王信投靠匈奴前后，真正能被汉朝掌握的根本就没几个县。如今，盘踞在云中的是陈豨的原代军的一部精锐，由陈豨的丞相箕肆、部将勋和云中守遫三人掌握，实力不弱。

结果云中一战，兵锋正锐的汉军再度大胜。此战中，云中代军不但被全歼，连陈豨留守的丞相箕肆、部将勋都被汉军擒获。此战全定云中，汉军便可依靠秦长城和黄河布置防线，从容防备匈奴骑兵突然南下，保证上郡和雁门不受侵扰。

东西两线连战连捷的同时，中路主力的援军在樊哙、夏侯婴、灌婴等人的指挥下，从洛阳渡河，到邯郸与刘邦汇合。另外，燕王卢绾从燕国出兵，对陈豨的后方做牵制攻击。随着各部汉军就位，最后的决战即将打响。

第二十二章　　鏖兵东垣

就目前的情况来看，战局已经对陈豨相当不利。刚刚过了一个月，东、西两线均被汉军突破了。

西线周勃定雁门，东线曹参也已渡河，更严重的是汉军主力在这一个月内已经陆续抵达赵国。东垣虽集中了陈豨的主力部队，但如今汉军主力到达，相比之下，陈豨便不占优势了。东、西两线频繁丧师失地，必然影响东垣守军的士气，故东垣虽占有地利，却不占人和。最致命的是，前期战损太大，导致兵力不足，一旦汉军主力围攻东垣，没有充足的援兵解围，则东垣必失。

总的来说，陈豨手中可打的牌不多，形势不容乐观。

汉十一年（前196）十二月份，樊哙等人指挥的汉军主力冒着严寒北渡黄河，抵达赵国境内，与刘邦会合。两军会合后兵力充足，刘邦随即部署对赵国北部叛军的大规模攻势作战。

在赵国已经憋屈了一个多月，如今兵力充足，刘邦立刻放手进攻。在命令下达后，沿邯郸广阳大道一路北攻。在汉军的猛攻下，邯郸北部重镇的襄国被一举攻克。随后，汉军全师而上，直指邯郸与恒山交界处的柏人县。此战中，樊哙大发神威，披甲执戟而先登，一战克敌。

柏人县距东垣不过一百六十多里，数万汉军步骑交加，三日便可抵达城下。于是，在肃清邯郸周围的敌对据点后，汉军全军经柏人北上，进入恒山郡界，直攻东垣，进行最后的决战。

恒山郡为秦人所设，虽不如南部邯郸郡富庶，但也是北方重郡，领县二十五，极盛时有户十余万，口五十万众，而且恒山郡境内河流纵横、土地平整，虽然开发较晚，但农业不算落后。另外，恒山郡还有铁官，手工业也较为发达。从恒山郡治东垣县向西不到百里，便可通过险要的井陉关进入太原郡，而通过横穿郡南北的邯郸广阳大道，又可连通南部的邯郸和北部的广阳。十二月份虽然寒冷，但如在太平年间，恒山郡境内便会有自邯郸北上或自广阳南下的商旅，操着南腔北调往来不绝，十分热闹。

可是，自秦末丧乱以来，河北战事不断，即便建立汉朝后，也是战事不绝，如汉八年（前199）韩王信南下深入东垣为寇。长期战乱让原本富庶的东垣变得残破不堪，已远不如秦人统治时的繁华。恒山大县曲逆在秦时有户三万，如今只剩下五千。周昌主政赵国后，还没来得及整顿，战火又燃。如今，汉军数万人马走在秦人的驰道上，到处都可看见叛军肆虐后倒塌的断壁残垣和累累白骨，真是一片苍凉和乱世之象！

前面提到过，陈豨在赵国的部队主要分为两部：主力守恒山郡治东垣，还有一部在恒山郡东北的曲逆。针对陈豨的布置，汉军进抵东垣后也兵分两路。其中，樊哙、郦商和夏侯婴所部汉军以及天子中军构成攻击东垣的主力，在东垣城下构筑大营。另外，车骑部队组成北上兵团，绕过东垣，进攻曲逆。

北上兵团总指挥为长期指挥郎中骑兵的灌婴。除灌婴外，猛将靳歙也被调到北线。汉五年（前202）垓下战后，靳歙领兵攻临江王共敖，仅一战便灭国擒王。汉八年，靳歙又随从刘邦平韩王信于东垣，因功迁车骑将军。这几年，靳歙东征西讨，屡立战功，可谓风头正盛。此次讨伐陈豨，靳歙更是以车骑将军配合灌婴，将梁、赵、齐、燕、楚五国车骑。

命令下达，灌靳兵团"车骑联合快速反应纵队"立即开动，一路风驰电掣般向曲逆杀来。曲逆和东垣仅有二百里，中间无山川阻隔，车骑一日便可驰至城下。

此时，坐守曲逆的是侯敞。此前侯敞部一万余人的任务是作为机动部队策应各部，现在他却以丞相的身份屯驻曲逆。我们知道，陈豨的前丞相是箕肆，不久前在云中被周勃击杀，可能此后侯敞接任箕肆，升为丞相了，看来此人能力还是有的。侯敞手下可用的部队虽不如汉军，但坐守坚城，占有地利，而且一个月前韩王信部增援的王黄部一千余最精锐骑兵也被陈豨调入曲逆，划归侯敞指挥。现在侯敞是以精兵坐守坚城，而汉军却是不擅攻城的车骑部队。按兵法常理，侯敞只要凭借地利顿守坚城，耗尽汉军锐气后，取胜不难。不说取胜，再不济，按正常情况守个十天半月应该没什么太大的问题。但是，事情往往不会按正常情况发展。

《史记·樊郦滕灌列传》中记载，灌婴"攻豨丞相侯敞军曲逆下，破之，卒斩敞及特将五人。降曲逆"。靳歙的作战经过是"破之，因降曲逆"。两人本传有一个共同点，就是先在"曲逆下"击破了"侯敞军"，接着"降曲逆"，并且都没有攻城战典型的"克"字记载。故而汉军抵达后，侯敞应该是出城与汉军野战了。

可能是被汉军诱出，也可能是来自陈豨的命令，还有可能是侯敞自认兵力雄厚，不怵汉军。反正，侯敞确确实实是出城野战了。结果一仗下来，屯驻曲逆的数万人马被灌婴、靳歙的车骑部队一锅端了，主将侯敞和曲逆的"特将"五人被阵斩于城下。有意思的是王黄这个人，《汉书·高帝纪》认为他也同侯敞一起被斩于军中，不过《史记》和《资治通鉴》都记载了王黄后来还数次领兵。又据《史记·功臣表》记载，王黄最后死于刘泽之手。如此，王黄应该是没死，而是逃了。这个王黄在全军覆灭、主将被杀的情况下，居然得以逃遁，运气实在不小。要知道，在晋阳之战中，韩王信的兵马也是全军覆没，而王黄已经逃过一劫，此次居然又逃得性命……

这下倒好，陈豨交给侯敞的数万精锐被丢了个干净。现在别说与东垣互为犄角了，代地自保都难了，真是所托非人啊！野战失利后，守城兵力损失殆尽，曲逆军民便献城投降了。随后，曲逆以南的卢奴以及上曲阳、安国、安平等地相继被汉军收复。拿下曲逆后，灌婴、靳歙的车骑部队快速南下汇合主力，合攻东垣。

汉八年（前199），朝廷征讨韩王信。当时，汉军便是在东垣击溃叛军后，经柏人班师回长安的。东垣南靠滹沱河，西扼太行出口，北衔燕赵，南控中原，是争夺河北控制权的要地。此时，河北叛军最强大的机动兵团就屯于东垣城中。只要汉军能一战而克东垣，便可彻底平定此次叛乱。

《尉缭子》上说："攻者不下十余万之众，其有必救之军者，则有必守之城；无必救之军者，无必守之城。"意思是在攻城战中，如果攻击方占有绝对兵力优势，防御方外无援兵的话，则城池必失。现如今，东垣已被汉军团团包围。而恐怕此前不久，赵利就已经接到曲逆被汉军攻陷的战报了。如此，援军是没指望了。东垣彻底成为一座孤城，就如《尉缭子》所说，东垣已为不可守之城了。

几十万汉军云集城下，只等雷霆一击夷平东垣。

北国的冬日格外寒冷，东垣城便静静地坐落在凛冽的寒风中。斑驳的城楼上，陈字大旗猎猎作响。赵利登上城楼，注视着城下的汉军。

千万面火红汉旗下，数万汉军肃穆地列阵于东垣南门城下。在城北，则是数千辆轻车和数万骁勇的骑士。按照刘邦的部署，汉军主力于南门发动主攻；北门则交给刚刚从曲逆撤回的车骑部队，以随时快速策应；同时，留下东门交给曹参的齐军围而不同，此举正乃兵法所谓围三缺一也。

在千面大橹的掩护下，数千手执环首的甲士静静地立于前阵，准备先登城，而紧随甲士之后的则是身披扎甲的万余长铍材官方阵。等先登甲士登城之后，这些轻甲材官便会紧随其后登城支援。而在轻甲材官后方，是挟弩肃立的数排蹶张士。在蹶张士的两翼，是跟随皇帝从长安抵达前线的五千下马肃立的南军卫士。大阵最后，则是数百辆高大的弩车。汉军弩车是一种攻城巨弩，两轴三轮，以强力的铁柄搅动纽盘引弦。箭矢以短枪制成，有时连系绳索，是一种杀伤力极强的攻城武器。

皇帝辇车上，刘邦挂着环首立于车上，环顾着准备攻城的汉军大阵。收起目光后，刘邦向身边的郦商轻轻颔首。接到皇帝的指令，郦商点点头，提起缰绳。战马嘶鸣一声，扬起前蹄，随即疾驰而去。根据部署，郦商的任务是指挥两翼的南军卫士。

随着两翼骑兵整军完毕，震天的战鼓响起，攻城战正式打响。甲胄齐全的皇帝轻轻挥挥手，旗手立即打出信号旗，随即数万汉军阵后的数百部车弩首先发言。

操弩的材官缓缓压下纽盘，巨弩发出沉闷的咯吱声不断蓄力。令旗挥动，一阵尖锐刺耳声传来，如同一阵狂风掠过，上千枚短枪带着巨大的动能从汉军阵中飞出，砸向城墙。在强大的贯穿力下，完整的城墙顿时被钉上密密麻麻的弩矢，土屑横飞。城墙上，很多被命中的叛军士兵直接被撕成碎片残肢。

数轮车弩打击后，城墙上的叛军几乎被一扫而空。于是，汉军甲士开始在大橹的掩护下架云梯登城。接着，汉军后阵蹶张士轮番射击，压制城头叛军的反击。各部汉军沿着垮塌的凌乱石块和土堆往城墙上攀爬，开始蚁附攻城。很快，汉军甲士登上城头和叛军短兵相接。双方就在城墙上不断交换着死亡，叛军占据地利，不断有汉军甲士顺着云梯跌落下去。

皇帝的旌旗也赶到城下，刘邦依然手执环首，平静地看着这残酷的杀戮。而数里外，城头上头戴铁胄的赵利也手握环首，沉重而冷静地指挥将士将汉军攻势逐一瓦解。双方往来攻守数次，城墙下的汉军将士尸骸已经堆得数人之高，而东垣城仍然牢牢控制在赵利手中。

稍作休整后，汉军再度发动进攻。在刘邦的指挥下，汉军不顾伤亡，向东垣发动一波一波猛烈的进攻。双方将士激烈搏杀，城上城下死伤累累。可是在付出了惨重的伤亡后，汉军仍收效甚微。如此，激烈的攻城战持续了几十天，各部汉军轮番攻城，均被镇定自若的赵利击退。汉军虽给赵利造成了重大杀伤，但按这种情况发展，破城之日仍遥不可及。

早知道东垣不好打，但没想到这么不好打，这赵利果真是一员大将！

汉军攻势不利，士气不振，关键是几十万大军人吃马嚼的消耗巨大。顿兵坚城之下，月余不能攻克，纵有皇帝亲征，士气也肯定受挫。再打不下来，若陈豨借来匈奴兵，情况就复杂了。但若此时退兵，前功尽弃，国威沦丧，后果亦不堪设想。仗打到这个地步，没有别的办法了，只能硬着头皮上。

而赵利方面，形势也不容乐观。打了近一个月，援军杳无踪迹。可能此时陈豨正在向匈奴借兵，也可能匈奴的骑兵被汉军周勃部阻挡在代地。总之，到目前为止，没有援军。话虽如此，守军士气还不错。据说当时叛军将士看到朝廷的平叛大军被打得毫无脾气，都幸灾乐祸，更有甚者，指着皇帝旌旗笑骂。向来只有他刘邦骂别人的，什么时候被别人骂过？结果将站在城下的刘邦气得特意下了一道命令："卒骂者斩之，不骂者黥之！"

但是，陈豨的援军始终没有出现，而没有援军的城池最终是守不住的。在持续了一个多月的惨烈攻城后，攻守双方均损失惨重。最后，城内守军伤亡殆尽，城池陷落。一个月的厮杀，至此尘埃落定！

满地尸骨，血流成河。天子之怒，伏尸百万，流血千里。江山不正是用这累累白骨筑成的吗？看着这被鲜血染红的大地，刘邦感慨万千："天下动荡，何时能真正得以安定啊？此处以后便叫真定吧。"

真定，就是今河北正定，三国时赵子龙的故乡。

第二十三章　　参合之战

　　汉军拿下东垣后，朝廷特意下诏，悬赏千金捉拿王黄、曼丘臣这两个乱臣贼子。如此重金悬赏，终于让叛军内乱。曼丘臣最后被部下活捉，械送朝廷。到这时，叛军的力量才被逐步瓦解。随后，刘邦调樊哙、周勃部北上平燕、代，他自己则领主力班师回朝。

　　燕代之地是陈豨的根本，可陈豨的主力早已消耗，面对士气如虹的汉军肯定是守不住的。不过，燕代的渔阳、右北平、辽东等郡北方便是匈奴实力最强的左贤王部，如果匈奴骑兵趁机南下，这一仗就不好打了。因此，樊哙领兵北上后，来不及休整便迅速展开，以最快速度攻克右北平无终，大破陈豨部将綦毋卬、尹潘两部。协助卢绾平定燕国后，樊哙随即转而向西进入代郡广昌，配合周勃肃清代郡。

　　就在燕国被汉军相继平定前后，犹豫了近一年的匈奴终于决定派兵介入这场大战。当然和汉朝签订"和亲"盟约，接受了大量财物，并且约为"兄弟之国"，冒顿这个时候实在拉不下脸再次调兵进入中原。因此，冒顿并未大规模介入战事，而是调集一部骑兵交给韩王信指挥，让韩王信南下从西线增援陈豨。

　　此前，韩王信的部队已经大部进入雁门、云中，结果西线大败，入关的主力被周勃全歼。为了此次进攻，韩王信将能够动员的所有主力集结起来，并带着匈奴骑兵，做最后一搏。于是，陈豨、韩王信以及匈奴骑兵组成的联军便准备从代郡南下。全军以王黄为前锋，数万人马一路浩浩荡荡向内郡杀来。

　　东垣、曲逆两战中，陈豨的主力全军覆灭，但王黄逃命经验丰富，倒是安然无恙。王黄此人虽说屡战屡败，但他熟悉汉军战法，因此被韩王信赋予前锋的重任，希望能旗开得胜。

王黄到底不是个能打仗的人。

王黄南下时，樊哙正在北上，两军在代郡南部迎头撞上。两人是老对手了，互相知根知底，结果是毫无悬念的。王黄再一次被汉军打得全军覆没，第四次只身逃遁……

首战告捷，汉军趁胜进抵参合，与韩、陈联军对峙。

当时，樊哙的前锋是棘蒲侯柴武，此人我们前面提到过，也是汉军中闻名的猛将。汉三年（前204），韩信将兵攻齐，当时在济北郡的历下大破齐军田既，获得首场胜利的正是柴武。根据史书的说法，当年在汉军中，同为汉王部将的柴将军与韩王信两人交情深厚。天意弄人，以前生死相随的袍泽现在成了你死我活的对手，令人唏嘘不已。于是，在两军即将交锋的决战前夜，柴武就着昏暗的营火给老朋友韩王信写了一封信。

"陛下宽厚仁爱，诸侯三番复叛者，陛下亦会既往不咎，复其爵位，并不诛杀。此事大王不也经历过吗？何至于此啊？大王是因战败逃归匈奴，并无大罪，当尽早归汉！"

军国大事，一份书简如何能挽回？可是，如真能让这个老朋友回头是岸，亦是一件美事。抱着一二侥幸，柴武遣人连夜将书简送出。

接到曾经的战友现在的对手的信，这位纵横北方三年的大汉奸伤心不已。可有道是开弓岂有回头箭！韩王信很快写了一封回信："陛下简拔臣于寒微，使臣南面称孤，可谓恩重如山。然荥阳之战中，吾不能像纪信、周苛那样以死效忠而为项羽所困，此一罪也；汉七年马邑被围，吾身为藩臣却不能守境安民，献城投降，此二罪也；今者，为敌领兵与将军争战，以身抗拒朝廷王师，争旦夕之性命，此三罪也！"

反思自己的罪行后，韩王信又举了春秋时期文种、范蠡的例子，并说这两个贤臣没有一条罪状，却或死或逃亡，而今我韩王信罪孽深重，还想存活于世吗？君不见，伍子胥就是太过执着，所以在吴国蒙难啊！

文种、范蠡都是辅佐越王勾践卧薪尝胆的贤臣。范蠡在灭吴后就辞官流亡齐国，临走时还特意给文种写了一封信告诫文种，勾践此人只可同患难，不可同富贵，劝文种赶紧逃亡。可是文种还是慢了一步。当时，勾践对文种说："先生曾教寡人七策击吴。今者，寡人用三，吴国已灭。余者四条，先生去地下教先王击吴国先王！"听到这番话后，文种只得自杀。

韩王信举这两人的例子，还是有些不甘心。自比文种、范蠡倒也罢了，将刘邦比作外宽内忌的勾践就有些过了。不过，事已至此，夫复何言呢！

随后，韩王信回顾了这几年行尸走肉般的生活，他写道："如今吾逃匿高山深林，每日向蛮夷乞讨以苟活。吾思归之心，同瘫痪之人不忘直立行走，盲人不忘睁眼，中原又怎能不想回去呢？实在是势不可耳！走上了这条不归路，吾实无面目再见陛下。"这封信情真意切，句句催人泪下。所谓人之将死，其言也善啊！

是啊，开弓还有回头箭吗？

该说的都说了，剩下的交给后人吧！于是次日清晨，两军列阵决战。在樊哙的指挥下，汉军以柴武为前军，率先向叛军发动冲锋。而交代已了的柴武也不再顾虑，带领本部步兵突击敌阵。此外，部将刘泽领骑兵向两翼包抄，截断叛军退路。

这个刘泽不是旁人，而是刘邦的远亲，正宗的宗室。《汉书》上说他是"高祖从祖昆弟"，大约血缘关系已经比较远了，所以《史记·荆燕世家》上说刘泽"诸刘远属也"。但无论是刘家的哪一支，确实是刘姓宗室。在汉三年（前204）的荥阳之战中，刘泽以郎中一职一直跟在刘邦身边，奋战在楚汉战争的第一线。此次出兵讨伐陈豨，刘泽便被派出来独领一军，跟着樊哙平叛。看来，老刘家还是有能打的，虽然能打的血缘关系都比较远。

随着刘泽和柴武投入战场，樊哙的主力也随即出战。一场血战下来，早已士气低迷的叛军被彻底击溃，韩王信也阵亡于军中。接着，汉军一鼓作气，向屯驻在横谷的匈奴骑兵发动冲击，再次大胜，陈豨大将赵既被斩于阵前，伪丞相冯梁、代郡郡守孙奋、太仆解福均被汉军生擒。这次，王黄终于没能逃掉，亦被刘泽生擒。此战之后，刘泽因此功被封为营陵侯。

韩王信先于陈豨谋反，也先于陈豨死去。韩王信的死不算伟大，故唐人司马贞很不屑地说韩王信是"韩襄遗孽"。评价虽说有"刻薄"之嫌，却不无道理。韩王信是有点才能的，但确实不是一个坚定的人，更不是一个忠厚的人，就像他自己说的，荥阳之战中没有像周苛、纪信那样尽忠，而是叛汉投楚，因此算不上一个忠诚的人。可刘邦并未追究，而是恢复其王爵，确实恩重如山。

有人说，正是刘邦刻薄寡恩，鸟尽弓藏，统一天下后将韩王信改封到北方，这是让韩王信背叛的主要原因。君不见，刘邦把自己二哥也封到了代，皇子刘恒不也封到了代吗？以此指责刘邦，或有不公之嫌，这也不能作为身为藩臣的韩王信背叛的理由不是？总之，韩王信的背叛就像他自己所说的，有点无奈，有点后悔。所以，司马迁说："事穷智困，卒赴匈奴，岂不哀哉！"颇有一点同情的味道。

刘邦说韩王信"材武"，不过在楚汉那个英雄辈出的年代，多少显得有些黯然。有意思的是，韩王信的后代确实传承了"材武"。韩王信有子韩颓当、孙韩婴，俱生于匈奴。三十年后的汉文帝十四年（前166），韩颓当率领家族历经千难万险从匈奴归汉。故人归来，汉文帝欣喜万分，遂封韩颓当为弓高侯、韩婴为襄城侯。吴、楚等七国之乱时，韩颓当领军随周勃之子周亚夫平叛，军功第一。韩颓当庶孙韩嫣，少年时是汉武帝的玩伴。韩嫣弟韩说，多次领军随大将军卫青出战，被封为案道侯。韩王信虽说叛汉投匈，但有子孙如此，倒也不算失败了。

韩王信战没，叛军仅余陈豨带着残部逃亡草原，至此持续近一年之久的陈豨谋反基本被平定。参合一战落幕，北方算是暂时安定了。

仗虽然打完了，朝廷抚境安民的任务却不小。

要知道，汉朝建立以来，就数北方最让人头疼。这几次叛乱，使社会生产遭到很大破坏，加上匈奴为患，北方漫长的防线上压力极大。此次陈豨的赵代边防军叛乱，使整个河北地区的防备匈奴的机动兵团被彻底打残了。如果再不妥善处理，燕代防线便处于不设防的危险境地。有鉴于此，在班师回朝后，刘邦便正式下诏分代郡以西诸县重置云中郡，并将原属太原郡北部数县并入代郡，以巩固对北方的控制。

接着，刘邦采纳卢绾、萧何等人的建议，立第四子刘恒为代王。不过代国地处边陲，匈奴频繁入侵。当年刘仲作为代王，听到匈奴人来了立马跑回洛阳。刘恒才几岁，到时恐怕连跑都没机会。作为父亲的刘邦为儿子考虑得很周到，特意把代国的国都设于太原郡治晋阳。三晋表里山河，晋阳又是有名的坚城，当年智氏围攻三个月都无法攻克，这里应该比代郡安全多了，刘恒在这里当不至于危险。安排好这一切后，朝廷又下诏大赦天下，以安定人心。

一年后的汉十二年（前195）十月，一代枭雄陈豨最终在代郡被汉军斩杀，持续三年的陈豨谋反也终于尘埃落定。

第二十四章　　韩彭伏诛

汉十一年（前196）正月，东垣被汉军攻克后，前线虽然已经基本稳定下来，但陈豨却未能擒获。然而，刘邦未等平叛尘埃落定，便匆匆地从前线返回。

与平叛战争相比，长安发生了一件足以让整个朝堂震动的大事——淮阴侯韩信被诛杀。

事情的过程很简单：陈豨谋反时，刘邦曾下令让韩信随从出征。诏书已下，韩信却称病不从。不但如此，韩信还暗中派人与陈豨谋划。随后，韩信又伪造诏书赦免官奴，准备武装起来攻击宫城，擒杀吕后和太子。事不凑巧，韩信门下舍人曾因得罪韩信被囚禁，并要被处死，其弟栾说遂向朝廷举报韩信图谋不轨，意欲谋反。

此时刘邦尚出征在外，朝中大事主要由坐镇长安的相国萧何负责。同时，吕后身为皇后亦参与机要。在得到消息后，吕后随即决定擒拿韩信，但事关重大，不能草率行动。于是萧何建议吕后诈称陈豨被平，让群臣到朝中祝贺。接着，萧何又劝韩信："君侯虽有病在身，但毕竟陛下亲冒锋矢而得胜回朝，做臣子的应当来道一下贺。"

于是，韩信依萧何所言来到长乐宫。结果皇帝没见到，却见到了吕后阴沉着脸坐在高台上。更令人想不到的是，韩信尚不明白是非曲直便被左右武士擒拿，并于长乐宫钟室就地斩首。

纵观韩信被诛杀的经过，从头到尾都让人感到蹊跷。谋反政变，这可是将脑袋别在裤腰带上的大事。韩信久经兵阵，不可能不慎重，但韩信在此次"政变"中的谋划可以说是漏洞百出。首先，要靠官奴作为基本武装，官奴在哪？第二，即使将官奴召集起来，兵甲又何处取得？武库位于长安城南，在长乐、未央两宫之间，由中尉执掌的武库兵负责守卫，戒备森严，徒手空拳拿下武库无异于痴人说梦。没有兵甲，面对武装到牙齿的南军卫士，这不是送死吗？第三，谋反一事最重要的是保密，一个门下舍人的弟弟怎么知道谋反的具体经过。凡此种种，都无法得到合理的解释。韩信一案，十有八九是个冤案。

再者说，韩信谋反前还和陈豨在庭院中商量，更是令人难以置信。首先，当初陈豨不一定有谋反之心，韩信怎么可能会将谋反大事告诉陈豨。另外，长安和赵、代相距数千里，根本来不及声援。所谓"吾为公从中起，天下可图也"，那简直是在妄想。因此，韩信勾结陈豨谋反纯属子虚乌有。

无论如何，韩信死了。而那个举报韩信的门客栾说则被封为慎阳侯，食邑二千户。

就这样，这颗楚汉之际最耀眼的将星陨落了。他出陈仓、定三秦、灭魏伐赵、平定三齐，可以说刘邦的半个天下都是他打出来的。然而，天下卒定，功高难封，悲剧也因此而开始。《周易·乾》上说："上九，亢龙有悔。"意思是当事物发展到极点，力量充盈于高空，进无可进，退亦无可退，则往往会产生悲剧。韩信就是这样不懂得自存之道的人，英雄一世，到头来死的却如此窝囊。当长乐宫钟室的大门缓缓关上时，韩信仰天长叹："蒯彻啊蒯彻！后悔不用你的计策，如今被这妇人所诈，岂非天意啊！"然而，韩信的死又怎能算是天意呢？

司马迁说："假令韩信学道谦让，不伐己功，不矜其能，则庶几哉，于汉家勋可以比周、召、太公之徒，后世血食矣。不务出此，而天下已集，乃谋畔逆，夷灭宗族，不亦宜乎！"意思是，如果韩信能谦让一点，他的功劳就像是西周的周公、召公和姜太公，可是他不识时务，结果身死族灭，实在是咎由自取！司马光在《资治通鉴》中则总结了韩信一生中的两件大错，"信灭齐，不还报而自王""与信期共攻楚而信不至"；最后认为，韩信用市井小人之志谋利，而要求他人用君子胸怀回报，是取祸之举。

其实说到底，韩信之死，实在不是什么天意，而是性格使然。如像张良谦和自让，才是自保正道。可惜，韩信太过张扬，功利心太重。是的，当时之世，韩信如此性格必须死。你不死，皇帝如何睡得着？这就是帝王之术。

其实，这些过程并不重要，韩信死了才是最重要的。对于韩信，刘邦是矛盾的。《史记·淮阴侯列传》上说，刘邦在韩信死后"且喜且怜"。确实，韩信的才能是有目共睹的。刘邦自己也说"连百万之军，战必胜，攻必取，吾不如韩信"。然而，如此人才却难为己放心使用，所以当听闻韩信被杀时，刘邦感觉甚为可惜。若说刘邦尚且有点人情味，那么自始至终策划此事的吕后则显得面目狰狞，冷血无情。韩信被杀后，吕后展开了大规模血腥屠杀。韩信的三族被夷灭，与韩信关系密切的人也被屠戮殆尽，唯有谋士蒯彻以各为其主为名，最终被刘邦赦免，侥幸逃过一劫。该杀的都杀了，死人是让人放心的。但是，还有一个人没死，那就是彭越。

时至今日，异姓藩国只剩下彭越的梁国、英布的淮南国和吴家的长沙国了，虽说北方还有卢绾的燕国，但是天下人都知道卢绾和刘邦的关系。可以想象，彭越在听到以前一起奋战在反秦灭项第一线的战友们一个个被整死的惶恐，要知道，他的梁国可不是吴家的长沙国，梁国的砀郡可是天下中枢啊！这一刀迟早会落下来。

这一天终究还是来了。

早在汉十年（前197）陈豨谋反时，朝廷亦向彭越征兵，结果和韩信一样，彭越同样称病，只派将军领兵赴邯郸参战，应付了事。见到这个情况，刘邦大怒，破口大骂道："什么时候不病，偏偏这个时候病，还同时生病？真把老子当呆子不成？接到陈豨谋反的消息后，老子夜不能寐，一个月便赶到前线，在赵国拼死拼活，你彭越却在后面享福！"于是，刘邦派人前去斥责。

被大骂一顿后，彭越联想到韩信被杀，越想越恐惧，便想亲自入朝谢罪。这时，彭越的部将扈辄却说："当初朝廷征召，大王不去，如今受到斥责才去，后果难测啊！不如就势反了吧！"可是，彭越并没有采纳。

和韩信一样，在关键时刻，一个部下决定了彭越的命运，这个人就是梁王太仆。其人不知何故得罪了彭越，逃往长安，结果一到长安，便立即向朝廷控告梁王彭越与扈辄谋反。正愁着找不到名义整他，现在正是好机会，于是刘邦派人突击逮捕彭越，押送洛阳。

廷尉署的审讯结果是"反形已具，请论如法"，意思是虽然彭越还没谋反，但是已经有了作案动机，论罪当诛。但皇帝仁厚，彭越又有大功，遂贬为平民，流放到蜀郡青衣县。这真是滑天下之大稽，韩信谋反倒是

"证据确凿"，尽管可能是伪造的证据，但毕竟有作案动机，有作案经过，人证、物证俱在，尚且勉强让人信服。彭越可是真冤！所谓"反形已具"，要说这不是诬告，说出去谁信啊！

昔日纵横巨野的英雄气概早已被消磨。皇帝诏令下达，彭越只能凄凄凉凉地赶往荒凉的蜀郡，当走到了郑时，正好遇到吕后。看着壮观的皇后仪仗，彭越老泪纵横，悲从中来，跪在地上向吕后请求，希望能到老家昌邑养老。

仆伏在地上浑身颤抖着的彭越满头银发，哪里还有当年的英雄气概？看着这个唠叨不已的老人，吕后缓缓开口道："梁王劳苦功高，吾定会向陛下进言。梁王且不必前往蜀郡，可随吾车驾同行。"

于是，吕后带着彭越一起东行觐见刘邦。可到了洛阳屏退左右后，吕后却对刘邦说："彭越，壮士也。如流放蜀郡，这是自留后患，不如就此一刀。我已把他带来，陛下自决之。"说完这番话后没多久，吕后又指使彭越门下舍人控告他再行谋反。

最终，廷尉王恬开审定彭越当灭三族，刘邦予以批准。

汉十年（前197）三月份，彭越三族均被逮捕，并被斩首于长安。彭越被杀后，特意传首洛阳，以震慑天下不轨之徒。随后，朝廷又特意颁布诏令："有敢收尸者，立即逮捕。"这又是一次疯狂的屠杀！是的，就是要明明白白告诉天下人，谋反不值得同情。无论有没有行动，只要心怀不轨，就要受到朝廷的血腥镇压。彭越和韩信一样，不管谋反与否，都要死。

杀戮，其实不能让人心服。孔子说："志士仁人，无求生以害仁，有杀身以成仁！"孟子说："舍生取义。"所以在有些人看来，生命并非是最重要的。

栾布，就是这样一个不畏死的人。

栾布，梁人，出身贫寒，早年便与彭越结识。后来天下大乱，彭越在巨野落草为寇，栾布也被人劫持卖到了燕地，两人就此散落天涯。可是栾布并非池中之物，又在燕地结识了燕王臧荼，不久便被拜为都尉。臧荼谋反时，栾布正在燕军中为将。臧荼兵败后，栾布便为汉军所俘。听到老友尚在人间，彭越大喜过望，立即以梁王身份向刘邦求情。最后，被赦免的栾布便辗转来到梁国为大夫。可以说，彭越对栾布有救命之恩。

彭越谋反案发时，栾布正在出使齐国。回来后，才得知梁王彭越已死。当时人心惶惶，梁国群臣人人自危，朋友们都劝栾布赶紧躲起来，避避风头。毕竟人人都知道栾布有前科，而且和彭越交情匪浅。此时朝廷若秋后算账，栾布的日子肯定不好过。然而，栾布却平静地说："我要去洛阳。"

谁都知道，栾布去洛阳是干什么的。

汉十年（前197）三月的洛阳草长莺飞，景色宜人，正是出门踏青之时。尚未进城，栾布便看到故主的首级被高悬于洛阳城门之上。在洛阳数万民众的睽睽众目之下，栾布整肃衣冠，庄重地向彭越的首级下跪。行完大礼之后，栾布向彭越汇报："臣布奏，日前大王遣臣出使齐国。今臣已顺利完成使命，特向大王复命。"接着，栾布大哭一场，为彭越祭祀尚飨。是啊，士不畏死，奈何以死惧之！如此义士，真是世间少有。就这样，洛阳数万民众看着这位孤独的殉道者。

仪式结束后，城门官吏便将栾布逮捕，押送到宫中。"朕已下令不准为彭越收尸，你这逆臣却置若罔闻，不怕死吗？"说完，刘邦命令左右当场架起大锅。看着沸腾的大锅，栾布镇定自若，又回头看着高高在上的刘邦，说道："臣死自不足惜。臣尚有一言，说完可死。梁王有大功于社稷，天下共知也。今陛下仅因相疑就诛灭功臣，臣恐天下功臣人人自危！难道陛下又能诛尽所有功臣？梁王是臣主君，臣侍奉梁王职责所在。今梁王已死，吾等人臣却还在苟活。陛下可知，臣早已是生不如死啊！"

看着这个高大庄肃的人，刘邦无言以对，最后赦免了栾布，并拜其为都尉。

是的，治理天下怎么能依靠血腥的屠杀呢？孔子说："恭、宽、信、敏、惠。恭则不侮，宽则得众，信则人任焉，敏则有功，惠则足以使人。"孟子也说："君之视臣如土芥，则臣视君如寇仇。"圣人的话自然是对的。为人君者，以仁爱之心对待臣子，天下自然归心，岂能单纯以杀戮为手段呢？即使韩、彭真的谋反，惩办首恶即可，何必夷灭宗族？虽始作俑者是吕后，但作为君主，对吕后的做法不发一言，也是默认的吧。千百年来，人们骂刘邦似乎也不无道理。

《史记·黥布列传》记载，"汉诛梁王彭越，醢之，盛其醢遍赐诸侯"。醢，就是把人剁成肉酱的意思。一代枭雄彭越，可叹！

该死的人都死干净了，唯有蒯彻和栾布这两个亡国之臣残活于世。

306

第二十五章　　迷之越人

短短一年之内，朝廷重拳出击，连续干掉了淮阴侯韩信、梁王彭越、韩王信。陈豨虽北逃，不过是苟延残喘。所以，在和地方异己势力的斗争中，刘氏大获全胜。其铲除异己手段之残酷，过程之血腥，大大震慑了异姓诸侯。

对于空下来的这些土地，刘邦并未收归朝廷直辖，而是封给了他的儿子们。其中，陈豨的土地被封给第四子刘恒。在汉十一年（前196）的正月，刘邦正式下诏立皇子刘恒为代王，辖代和雁门、太原、定襄数郡，都晋阳。

彭越的土地则分给了第五子刘恢，并立其为梁王。此外，第六子刘友被封为淮阳王。要知道，汉十一年刘恒才八岁，刘恢、刘友则更小。如此年纪，根本不可能治国理政。可为了刘氏社稷，刘邦也顾不得那么多了。为了不让儿子们在地方受委屈，刘邦还特意把东郡一大部分土地并入梁国，又将颍川郡并入淮阳国，大大扩充了两国领土。刘邦虽然对异姓诸侯心狠手辣，但对自己儿子确实没话说，可谓舐犊情深。

虽说平叛战争基本取得了胜利，韩、彭二人的处理也算顺利。不过总的来说，这两年刘邦过得可不轻松。汉九年（前198）贯高一案审结后，接着便是太上皇驾崩、陈豨谋反、赵代平叛，烦心事一件接着一件，基本就没消停过。好在如今，北方终于算是稳定了。办完这一切，到汉十一年四月份，刘邦自洛阳回到长安。一个月后，心力交瘁的刘邦终于接到一个好消息，一个来自遥远的南方的好消息。

汉十一年五月份，南越王赵佗向朝廷遣使称臣，南部边境即将迎来久违的和平。

南越，一个陌生而熟悉的名称，它的历史要追溯到秦始皇时期。

在我国长江中下游，西起巴蜀，东到大海之滨的广大南方地区，生活着一群被中原人称为"越"的民族。确切地说，这是一个生活习俗相似的族群，亦称"百越"。闽浙一带的越人由于生活于古扬州以南，被称为"扬越"；福建一带的越人则称"闽越"或"东越"；赣南山区的越人被称为"山越"；黔桂一带的越人则称"西越"或"西瓯"；岭南的越人则称"南越"；而今越南北部的越人则被称为"骆越"。他们的生活习俗相似，故都被称为越人。越人很早就与华夏人打交道，先秦典籍里出现的"东越""于越"等，就是指长江以南的这些越人。

其中文明程度较高的就是今浙江地区的越人，他们建立了自己的国家，即春秋时期的越国。所以，如果要说越人历史，大概只有春秋时期的越国历史可以参考了。据《史记·越王勾践世家》记载："越王勾践，其先禹之苗裔，而夏后帝少康之庶子也。封于会稽，以奉守禹之祀。"这是关于越人正儿八经的史书记录。少康是夏的著名国君，其伯祖父太康因荒于政务，被有穷氏的后羿夺取了政权，史称"太康失国"。太康失政后，太康的子侄遭到了追杀，太康的侄子相被杀害。少康是相的遗腹子，出生后流落在民间，后来少康长大成人，利用有穷氏的内乱而复国成功，终于又复兴了夏后氏，成为上古时代华夏的杰出君主。据司马迁考证，越王勾践的祖先就是夏禹的后代、华夏的杰出君主少康。为了祀奉祖先夏禹，少康将庶子姒无余封于会稽，这就是越国的来源。因此，勾践虽生长于蛮夷之地，却是地道的华夏血脉。司马迁还进一步认为，正因勾践出身根正苗红，才能够成功称霸诸侯。

相似的故事，越国的老邻居吴国也是有的。传说吴国的祖先太伯是周太王古公亶父之子，周王季历的兄长。这个季历就是周文王姬昌的父亲。算起来，太伯是周文王姬昌的大伯，更是武王的伯祖父。作为嫡长子的太伯，为避免引起周室的内乱，放弃了王位继承权，迁至南方荒蛮之地。后来武王一统天下，便册封自己的伯祖父为吴伯，统治今江浙一带。

同为南方文明的吴、越两国起源相似，都来自于华夏。姑且不说吴、越的历史靠不靠谱，我们到底能不能从吴、越的起源中推导出越人就是华夏人呢？答案当然是否定的。当时越国的直辖疆域仅限于今江浙闽地区，其西便是楚国的势力范围了。在越国最强大的春秋晚期，其疆域也远未涵盖整个百越的活动区域。所以，即便考证出勾践的祖先来自华夏族的少康，也不能以此说明整个越人的祖先都是少康，更不能简单地认为，越人就是源自华夏人。

那么，越人到底来自于何处？

上古时代，南方到处是茂密的原始森林和广袤的湖泊沼泽，远未开发成熟，所以被中原的华夏人称为"荒蛮之地"。而作为强势文明的华夏则会不断对四周的蛮夷辐射、扩展。所谓"夷狄入中国，则中国之"，就是说蛮夷会不断受到华夏的影响。春秋时期，在强大的华夏文明影响下，这些"夷狄"确实纷纷"入中国"了。而被中原视为"蛮夷"的吴、楚、越三国，相对于更南方的百越则又是先进文明。那么，吴、越、楚三国自然也会向更南方的百越扩张。因此，百越人虽不能言之凿凿地认为是少康之后，但能推出可能与北方的吴、越、楚三国有一定的联系。因此近人考证，百越是南方的土著民族和中原华夏移民融合而成的族群，是有一定道理的。

不过虽受华夏文明的影响，但越人的文明水平依旧是比较原始的。越人生活风尚比较奔放、彪悍，他们一般穿着兽皮制成的衣服，或梳着椎髻，或断发纹身，奔走于深山密林之间。他们虽然经济发展水平低下，但也掌握了比较成熟的水稻种植技术。而且越人虽然文明比较落后，却善于铸造青铜器，尤以青铜剑铸造技术最为精湛。比如，春秋时期的铸剑大师欧冶子就是越人。据《越绝书》记载，欧冶子在越王允常的命令下，铸成"湛卢""泰阿""工布"等名剑。《吴越春秋》上说，欧冶子的同门师弟干将为吴王阖闾制作了神剑两柄，即著名的干将、莫邪。而干将也是越人。非独这些传说，如《史记》等正史中也多次记载南方的楚、越、吴三国"剑利""兵利"。

战国时，吴、越均被强大的楚国兼并，百越各族便生活在楚国名义上的统治下。在长江中游广袤的南方地区，楚国设置了黔中和巫诸郡；而更南的岭南地区，楚国的势力则尚未达到。秦始皇统一六国之后，开始着手"略取陆梁地"，陆梁地就是指当时楚国还未统治的岭南百越。至于出兵百越的原因，司马迁未有解释，不过不难推测。《资治通鉴》上说，后来秦朝在颁发给赵佗的诏书中特意嘱咐他安抚好越人，使南越"无为南边患害"。所以，始皇帝估计是碰到了与汉代初期同样的，越人屡为"边患"的问题。至于《淮南子》所记载的讨伐目的是"利越之犀角、象齿、翡翠、珠玑"则不大可信，始皇帝虽不算仁君，倒也不至于为了区区财货而妄动刀兵。

彼时，秦人刚刚扫平六国，兵威赫赫。与东方六国相比，被视为"蛮夷"的百越文明水平十分低下。大约在秦人看来，越人还处于茹毛饮血的原始社会，大秦兵锋所指，摧枯拉朽而已，还不手到擒来！但秦人大概忘了在东方六国眼里，自己也正是"蛮夷"。就是这场"文明"对"蛮夷"的战争，远不像贾谊所说的"百越之君，俯首系颈"那般轻松。

关于秦军南下的总兵力，司马迁没有提到。不过，据《淮南子》记载，秦人前后动员了五十万人投入战争。然而《淮南子》并非正史，刘安其人是个杂家，不是正统的史家出身，所以这段记载不能直接当正史看。

不知道刘安是如何考证出五十万人的，要知道，秦灭楚出举国之兵也就六十万人，那已经是决定两国生死存亡的灭国之战了。百越地域虽辽阔，但经济水平不高，决不能和楚国相提并论。而且，南越之战又不是生死灭国的大战，秦人绝对不会为此出五十万的举国之兵。另外，当时南征百越的秦军总指挥任嚣的官职仅仅是海南都尉。按秦制，都尉只是中级指挥官，绝无可能指挥五十万秦军。当年李信率二十万秦军攻楚，一仗下来就阵亡七八个都尉了，可见都尉的地位不是太高。综上分析，南越的五十万秦军水分较大。

按照秦灭楚时总动员的兵力计算，秦军极限的总兵力为六十万，刨去北边蒙恬的三十万大军、散布在关东六国的二十到三十万驻守军队以及关中守军，能够动用作为南方军的撑破天就十万。当然，《淮南子》成书于汉武帝年间，距南越之战不过一百年，因此有可参考的价值。笔者以为，这所谓的五十万人，应该是加上后来的中原随军移民的笼统计数。

《淮南子》上说，这五十万人分为五军，"一军塞镡城之岭，一军守九疑之塞，一军处番禺之都，一军守南野之界，一军结余干之水"。镡城，即秦镡成县，为黔中郡以南进入南越的要塞；番禺，即南海郡治番禺县；南野，即庐江郡最南边的县；余干水，即余水，发源自浙西山区，向西汇入赣江，流入彭蠡泽，其下游有县，因处其水之干，故名余干县。

九疑即九嶷山，今苍梧山，在今湖南南部。《水经注》云："苍梧之野，峰秀数郡之间，罗岩九峰，各导一溪、岫壑负阻，异岭同势。游者疑焉，故曰九嶷山。"行人至此，群山中九峰并立，云雾环绕，引人疑惑，故名"九疑"。九嶷山虽地处南蛮，却很早就有华夏人的足迹，据《史记·五帝本纪》记载，虞舜便在巡游天下时死于苍梧之野，葬于九嶷山下。

故，五路秦军应分别从今江西、湖南、贵州南部大举进入南越境内。

面对强悍的秦军，越人避免正面野战，分散在高山密林中打游击。南方丛生的瘴气和浓密的原始森林为越人提供了良好的掩护。面对这群民风彪悍的山地战的专家，骁勇善战的秦军打得很艰苦，损失惨重，在一场战役中，秦军"伏尸流血数十万"。一战阵亡数十万估计是夸张的说法，不过秦军连主将屠睢都阵亡于战场，可见此战确实损失颇大。

于是伤亡惨重的秦军被迫停了下来，战争也陷入了僵局。消息传来，秦廷震怒。为彻底征服这些野蛮的越人，取得战争的胜利，秦人开凿了灵渠。灵渠连通湘水和离水，这样从巴蜀调集的粮食和物资便可水运岭南，直接支援前线作战。接着，秦始皇以任嚣为主将、赵佗为副，再次增兵。由于秦军主力需要保持关东稳定，不能调动，这次南下的秦军都是发配的"亡人、赘婿、贾人"。

任嚣，生平不详。赵佗，恒山郡真定人。恒山郡为赵国故地，赵姓又为赵国国姓，故赵佗应该是赵人而非秦人。依照秦军森严的军法，没有军功是不能身登高位的。一个赵人能在秦军中担任高级军官，实在不简单，所以这两人应当很能打仗。

经过三年的努力，任嚣等人终于平定了百越。消息传来，秦始皇便在百越之地设南海、桂林、象郡三郡。主将任嚣被拜为南海郡尉，副将赵佗则任龙川县的县令。

为稳定帝国南方，这数万人马没有立即班师，而是就地驻扎，戍守边疆。

第二十六章　　南越赵佗

汉末汝南人许劭说曹操是"治世之能臣，乱世之枭雄"。有的人，如果是在太平盛世，那么就是一个能干的大臣；如果是在战乱之年，就是一个独霸一方的枭雄。历史上从不缺乏这样的牛人，曹操就是典型的代表，南海都尉任嚣恐怕也是这样的人。当然，如今这天下可不是"治世"，任嚣在历史上留下的也不是"能臣"之名。

在任嚣、赵佗的努力下，百越终于被平定。若天下太平，任嚣治理好百越，则绝对算是一个治世能臣。可是天有不测风云，四年后的秦始皇三十七年（前210），始皇帝病逝于沙丘，接着便是中原大乱，局势糜烂。为挽救统治，秦二世下令北方的长城秦军和南方的百越秦军回救。接到诏令，长城一线的三十万秦军在王离的带领下开始南撤，加入河北战场，配合章邯进攻反秦军。

同样的诏令传到了南海。此时，南方几十万秦军军民的最高长官都尉任嚣业已病重。面对决定这几十万大军命运的诏令，岭南秦军选择了沉默。一直以来，岭南秦军拒绝奉诏是一个谜，不过任嚣绝对是关键人物，毕竟他是岭南的军政一把手，是"五十万"秦军的最高指挥官。那么，任嚣到底为何不执行命令呢？

根据《史记·南越列传》的说法，任嚣早已心存异志。他在病危之时，曾对赵佗说出了自己的真实想法："闻陈胜等作乱，秦为无道，天下苦之。南海僻远，吾恐盗兵侵地至此，吾欲兴兵绝新道自备，待诸侯变，会病甚。且番禺负山险，阻南海，东西数千里，颇有中国人相辅，此亦一州之主也，可以立国。"意思是，当今秦人无道，我早就想以南海之地干他一票大的，如今天下大乱，正是时候。

抛开大秦朝廷无道，胡亥也的确不是好东西不谈，身为臣子的，如今国家危难，不想着立即领兵救援，却说什么怕南海受到侵扰，国家都灭亡了，守着南海这一亩三分地又有何用？任嚣对赵佗说的这番话，绝口不提朝廷、社稷，而是总想着如何自保，如何在乱世中捞一把。这个任嚣，能说出"秦为无道"这句话来，绝不是什么社稷之臣。

当然，由于没有任嚣的具体资料，我们只知道这个人对秦帝国并不忠诚而已，其他的一无所知。不过，从历史的丝丝缝隙中，也许能推测个大概。

可以确定的是任嚣的部将赵佗是赵人，而赵姓是赵国王姓，想来赵佗可能是赵国贵族。赵既为秦所灭，身为赵人的赵佗当然谈不上对秦帝国的忠诚。有意思的是，任嚣在临死之前将自己的大志告诉了赵佗，还特意叮嘱他"郡中长吏，无足与言者"。要知道，南海三郡的各级官吏多是秦人，在最后关头，任嚣不信任秦人，而信任赵人，可见他本人大约也不是秦人。

而这，恐怕正是任嚣、赵佗两人有此密谋的原因。

话说回来，如果任嚣、赵佗能够保持对秦的忠诚，在国家危难之际放弃岭南，便可率这数十万岭南秦军毅然北上，趁着楚军主力北上之际先平定江东，再渡江一举端掉项羽的大本营彭城，最后渡河北上与河北章邯秦军汇合，联手剿灭反秦主力。这样，即使不能干掉项羽，也够这些反秦联军喝一壶了。当然，历史不容假设。早有野心也好，保境安民也罢，最后这几十万大军，没有一兵一卒加入中原战场，直到社稷覆亡，这些秦军都没有踏入中原一步。两千年历史的迷雾重重，我们后人已经无法弄清真相，所做的也仅仅是猜测而已。

早在任嚣病重之时，已委任赵佗为代理南海都尉，全权处理南方军政。不久，任嚣便病死于南海郡治番禺。历史没有留给任嚣表演的舞台，他既没有做成能臣，也没有成为枭雄，而是把做枭雄的机会留给了赵佗。

赵佗上任后，按照既定计划，诛杀秦人所设官吏，委派自己亲信，逐渐掌握了全郡大权。为彻底割据南方，赵佗还做了以下几项工作：

首先，封锁中原大乱的消息。虽然赵佗不是秦人，但这"五十万"将士有不少是秦人，家属都在中原，一旦中原战乱的消息传开，势必造成军心不稳。所以，在任嚣死后，赵佗立即发出檄文通知横浦、阳山、湟溪三关守将，让他们封锁关口，断绝与中原的通道。这样，岭南彻底成为一个封闭的世界。接着，赵佗发兵兼并桂林、象郡，完全控制了岭南地区。最后，加强政权建设。赵佗等来自中原的将士虽是领导，但是客，而越人虽属被统治者，却为主。所以，赵佗自立为南越武王后，开始加强与越人的交流，力求加强民族团结，为此他甚至穿上了越人服饰。

这一整套措施下来，赵佗算是彻底掌握了岭南。

在赵佗的统治下，南越成为可以与中原政权并列的一支强大政权。其国疆域北至岭南，南达海滨，东为闽越，西至夜郎。进可威服四夷，与中原争雄，退可据险自守，割据一方。对刘邦来说，南越的赵佗不同于彭越、韩信等人，他有数十万雄兵在手，其人又经沙场，着实不好对付。所以，摆在刘邦面前的问题很简单：是讨还是抚。

要知道秦始皇是拿着六世积累的资本，用了数十万秦军，打了三年才艰难平定南越。汉如今刚刚统一，国力尚未恢复，远不如秦始皇那样家大业大，武力征讨实非上策。所以，刘邦采取了安抚之策，在陈豨叛乱不久便派陆贾前往南越谋求和平，以解决两国领土和边界纠纷问题。

细数刘邦手下的谋士，张良已经隐退，且身体不好，而岭南瘴气丛生，条件恶劣，他要是去了，估计就回不来了；萧何作为相国，要主持中央常务工作，抽不开身；陈平、刘敬不以纵横之术见长；叔孙通搞礼仪有一套，干实事恐怕不行。能称得上"辨士"的，朝中只有陆贾和郦食其。其实除了陆、郦之外，应该还有一个人，也称得上能言善辩，有勇有谋，就是时任护军中尉的随何，汉三年（前204）曾说服英布叛楚的那位。不过，不知道为何这个人很不受刘邦的待见，平定天下后一直没有见到他的身影。无论什么原因，除随何外，刘邦现在能想到的就是陆贾了。陆贾在楚汉战争中曾多次顺利出使项羽，表现优秀。如今郦生已死，在刘邦看来，陆贾自然是出使南越的最合适人选。

带着皇帝的诏令，陆贾离开长安，走武关南郡道南下云梦，再转长沙国，横穿长沙国，翻越岭南的崇山峻岭便是南越国境了。

进入南越国国都番禺，陆贾一行很快被带入宫中谒见南越王。见到赵佗后，陆贾开门见山："大王为中原豪杰，父母兄弟、祖宗世代坟墓均在真定。而如今，大王自弃华夏冠带，以区区南越之地与今上相抗衡，恐大祸不远矣！秦人失政，群雄并起，却只有陛下能先入关中，占据咸阳。项羽之强，大王是知道的。汉王起兵巴蜀，鞭笞天下，略诸侯，五年之内，项羽便灰飞烟灭。现如今中原晏然，凡此种种功业皆非人力所为，实乃上天所建！"

"中原晏然"云云当然都是虚的。别的不说，经过长期战乱，朝廷的经济负担可不轻，光是让百姓们吃饱饭就是一个沉重的负担。

陆贾还说："大王南越称王，朝廷众臣都上奏陛下当征讨不臣。然陛下所遣吾授印发节，互通使臣者何也？乃天下兵事连连，陛下体恤庶民，故暂且休兵不发尔。私以为大王当亲迎郊，向北称臣，此乃自存之道。然臣听闻大王竟以疲弱之越对抗朝廷王师！如陛下尽知，必先掘毁赵氏祖先之墓，夷灭赵氏宗族，再遣一员偏将领兵十万，进驻岭南关口。若真如此，越人恐将诛您归降朝廷！"

"陛下体恤庶民，故暂且休兵不发"云云，当然是场面话。不过在赵佗看来，这不是危言耸听。确如陆贾所说，就国力来看，南越确实是小国。一旦中原从战乱中恢复，凭借雄厚的人力、物力，南越势必无法与之抗衡。赵佗是打过仗的人，这些道理自然是懂的。想通了这些，赵佗态度立即转变，向陆贾谢罪："寡人在蛮夷之地居住已久，礼仪不周，先生勿怪。"

既然有这个态度，下面的谈话便放开了。于是谈完正事后，赵佗便开玩笑似的向陆贾询问朝中的一些具体情况："寡人与萧何、曹参、韩信比，谁高明？"陆贾老实回答道："似乎是大王高明些。"没想到桀骜不驯的赵佗又来了一句："那么寡人与陛下比，谁高明？"

这个问题问的就太不礼貌了，陆贾是朝廷使节，又怎会说皇帝的不是？

"今上承三皇五帝之伟业，统一中国。中原物财丰盈，人杰地灵，实非远邑小邦可比也。今上能治天下万民，御极华夏，实开天辟地以来未有之事！大王治下臣民不过几十万，且尽为散布在贫山瘠岭之蛮夷。论丁口，不过当朝廷一郡，怎能与陛下相提并论呢？"

一番话说得赵佗颇有些尴尬，随即大笑道："寡人未在中原趁势而起，自然在这蛮夷之地称王。如寡人身在中原，怎么就见得不如天子啊！"开过玩笑后，赵佗便留下陆贾继续畅谈。屈指算来，赵佗已经有近二十年没有回到故乡了，所以对带来遥远故乡的消息的陆贾还是很欢迎的。

就这样，陆贾在南越一待便是几个月。临走前，赵佗拉着陆贾的手依依不舍地说道："离开故土已久，南越实未有可说话之人，直到先生来才让寡人每天听到从未听过之事，才知道中原的情况啊！"

回到长安后，陆贾便向刘邦详细报告了南越之行。到汉十一年（前196）五月份，赵佗正式向朝廷递交国书称臣。随后，刘邦也正式下诏封赵佗为南越王，并赐予印信。在陆贾的周旋下，汉与南越关系开始正常化，长期困扰汉朝的南方边疆问题得到了妥善解决。此次出行，陆贾功劳最大，不久被拜为太中大夫。

此后，陆贾便成为出使南越的专使。

第二十七章　　英布谋反

汉十一年（前196）的五月份，刚刚妥善解决了南越问题，可还没容喘口气，南方再一次传来不和谐的消息——淮南王英布谋反！

如果说韩信、彭越两人谋反尚有迹可循，一直忠心耿耿的英布为何会谋反呢？原因倒也简单，与韩王信、陈豨等人相似，都是惊惧之下仓促谋反。

在汉十一年三月份，彭越和韩信被朝廷干净利落地干掉，大大震慑了英布。当彭越的肉酱送来后，一直安享富贵的英布立即感到无比的恐慌。要知道，所有的异姓诸侯只剩下他还有"谋反"的能力，这一刀恐怕迟早要落下来，所以此前英布便"阴令人部聚兵，候伺旁郡警急"，暗中部署军队，做好不测准备。

不过，对于朝廷来说，那时英布还是"阴令"，尚未正式拉起部队谋反。上次以"反形已俱"为名诛杀彭越已经闹得人心惶惶，这次可不能再以同样的手段解决英布了，屡次名不正言不顺的，天下万民会怎么看待？所以，虽然英布有不轨之心，却还需要有人加把火，如果能够促成英布正式起兵谋反，那么朝廷在舆论上就会处于有利地位。

和韩信、彭越一样，这次又是一个小人物起到了关键作用，这个人叫贲赫，是淮南国的中大夫。中央一级的中大夫为郎中令的属官，为沟通中外的皇帝近臣。汉初藩国的政权架构比照中央，故这个中大夫贲赫亦为藩王近臣。

贲赫家对门住着一个医生，说来也巧，英布的宠姬经常去贲赫家对门的医生那儿看病。贲赫出于巴结，备下厚礼，请这个宠姬喝酒，让她为自己在淮南王面前美言几句。可是，当听到这个美姬说什么"贲赫长者"后，素来多疑的英布勃然大怒道："汝安从知之！"他甚至怀疑这个美姬和贲赫有苟且之事，至于有没有通奸，史书上倒是没说，不过这种事情本来就很难说得清，多是宁信其有，毋信其无的。

这下尴尬了！事情还没办成，却闹了如此一个大乌龙。贲赫倒也算机灵，听到消息后，这班也不敢上了，而是称病在家不出门。这下，英布更为怀疑，决定捉拿贲赫。可贲赫消息灵通，英布还没动，他便已经警觉，于是连夜狂奔到长安，向朝廷告发英布要谋反。

对朝廷来说，这个举报来得真是太及时了。话虽如此，谋反一事毕竟事关重大，不能仓促行事，特别是几个月前诛杀韩、彭二人，朝廷在舆论上已经处于十分不利的地位。所以，刘邦这次比前两次谨慎得多，接到实名举报信后，没有立即采取行动，而是与相国萧何商讨对策，以妥善处理淮南问题，避免落人口实。

萧何认为"布不宜有此，恐仇怨妄诬之"，不如先派人去淮南暗中查探，等确定下来，再动手也不迟。于是，刘邦采纳了萧何"请系赫，使人微验淮南王"的意见，先把贲赫秘密控制起来，以免引起英布的警觉。不管英布是否会谋反，萧何的建议确实是稳妥之计：一方面可麻痹英布，一方面可暗中准备。

做好决定后，刘邦便派人前往淮南收集证据。

这些地方诸侯镇守一方，权势熏天，又有哪个底子干净，经得住查的？陈豨如此，韩王信如此，英布同样如此。今汉使抵达，想来便是无事也要掘地三尺查出证据。英布惊怒之下，索性一不做二不休，在汉十一年（前196）七月份杀光了贲赫全家，正式举兵反叛。

可是在英布准备谋反时，淮南国内部便有不同的声音。比如，淮南相朱建就坚决反对起兵，而梁父侯（生平不详）则力劝英布谋反。朱建原为楚人，很早就追随了英布。英布被封为淮南王是在汉四年（前203）的七月，此前爵位是项羽封的九江王。这样看来，朱建追随英布至少有十年了。据《汉书·郦陆朱刘叔孙传》记载，朱建因罪曾短暂脱离过英布，不过不久便又回到英布身边。可是即使这样，英布对朱建还是信任如初。而为了回报主君英布的信任和重用，朱建也是尽心辅佐。

这两年地方藩王谋反，有哪一个有好下场的？如若不反，朝廷迫于舆论压力，可能还会善待英布，不说做藩王，起码命应该能保住，南边的长沙国便是很明显的例子。而一旦铤而走险，那就绝无回头之路，而且照朝廷的态度，不夷灭三族恐怕不会善罢甘休。故而当听到英布要起兵谋反时，朱建便屡次反对，嘴皮子都磨破了。可是，不知为何英布始终不听朱建的，而听梁父侯的，铁了心要谋反。

这下，不但是作案动机，连作案实施也具备了。于是朝廷赦免贲赫，任命他为将军，率兵平叛。

以上就是《史记》的记载，谋反的原因和韩、彭两人如出一辙。说到底，朝廷动手解决异姓诸侯的本质还是中央和地方对政权的激烈争夺。终汉一世，无论是同姓还是异姓，朝廷和地方藩国的矛盾一直非常尖锐。所谓"匹夫无罪，怀璧其罪"，英布与彭越、韩信等人一样，即使没有反叛之心，但有谋反的"实力"，所以你也必须"谋反"。

当然，韩信、彭越两人被杀还没几天，现在又要动手，朝廷确实做得太过了。笔者以为，刘邦如此急切地对英布下手，还有一个重要因素就是他自己的健康。汉十一年（前196），刘邦已经六十岁了，在古代是实实在在的垂暮之年了。虽然消灭了项羽，但前几年国家一直处于动荡。数次大规模的平叛战争，刘邦都身处第一线指挥作战，长期征战已经严重损耗了他的精力。其实在这一年的夏天，刘邦就已身染重病，无法上朝。《史记·樊郦滕灌列传》上记载，刘邦这次病得很重，甚至下令不准群臣探望，直到"十余日"后，樊哙"排闼直入"，即闯入宫门才见到刘邦。可见刘邦确实病得不轻，简单算来至少有半个月没有出门。最后，刘邦在樊哙的劝谏下才勉强"笑而起"。但如此病重，又怎能一笑而过呢？出兵淮南前，刘邦甚至希望太子刘盈能代替自己出征。

国事艰难，如果不在刘邦自己手上解决这些个居心叵测的藩王，一旦百年之后，刘氏的后代还能镇得住他们吗？特别是刘邦的儿子们都年幼，能不能守住刘氏天下？刘邦心里大概是没有底的。为了子孙能安享太平，刘邦只好拖着风烛之年的疲惫身躯重新跨上战马——英布一定要在他手中解决掉！

说来也有趣，刘邦病重恐怕也是促成英布谋反的重要条件。在英布起兵时，他便对手下说："上老矣，厌兵，必不能来。使诸将，诸将独患淮阴、彭越，今皆已死，余不足畏也！"意思是，如今皇上年纪大了，厌恶打仗，必定不会亲征。韩信、彭越倒是能打，可都死了，其他的汉军将领根本不在本王眼里。《资治通鉴》在记述这段时还用了"故遂反"三个字，可见英布正是瞄准了这个有利情况，才会听信梁父侯的话决定铤而走险的。

朝廷连续诛杀韩信、彭越，明摆着就是要对异姓王动手，明白人都知道英布一定会谋反，即使不谋反，朝廷也会让他谋反，所以英布谋反虽然天下震动，却也是在意料之中的事。早在朝廷接到消息时，夏侯婴的门客薛公便直截了当地对夏侯婴说：英布必然会谋反。作为一个单纯的将领，夏侯婴对残酷的政治斗争不太了解，便问："上裂地而立之，疏爵而贵之，其反何也？"意思是，陛下对英布恩重如山，裂地封王，英布怎么会谋反呢？薛公认为，朝廷前不久杀了彭越、韩信，而英布和韩、彭两人功劳相当，也是异姓王，在这种形势下，英布当然会疑心大祸降临，逼急了自然就会铤而走险。

说起来，这个薛公也是老熟人了。此人原是楚国的令尹，汉三年（前204）在下邳被刘贾、卢绾攻克时投靠了汉军，后来便一直在夏侯婴家做门客。也许，薛公和英布曾经还一起工作过。

于是，在当月朝廷召开朝议商讨如何平叛时，夏侯婴便借机向刘邦举荐了薛公。夏侯婴虽然在政治上没什么特别的才能，但对人才还是很重视的，韩信、季布等人都曾受到他的举荐。因此，当天朝议时，刘邦便让夏侯婴将薛公召来询问对策。

见到刘邦后，薛公详细分析了局势："英布造反其实不足为怪，早晚会反，问题是他会如何部署。在臣看来，他有三策。若采用上策，那么崤山之东恐将不保；若采用中策，则胜负不可预料；若采用下策，那么陛下便可高枕无忧。"随后，薛公解释道：英布的上策是南取吴楚，北攻齐鲁，再连接燕赵，那崤山以东就危险了。中策是东西取吴楚，北上攻韩魏，再攻取敖仓，拿下敖仓的储粮物资，阻塞成皋通道。如此，王师出关后会与英布在荥阳、成皋一线形成相持，胜负不可预料。荥阳、成皋两地均属河南郡，是扼守洛阳的重要据点，特别是成皋虎牢关更是洛阳的门户。成皋若失，洛阳不保。当年，项羽便是在荥阳、成皋一带和刘邦对峙了数年之久。而英布的下策则是东取吴地，西占下蔡，然后把辎重送回越地，英布自己则领主力回到长沙。若真是如此部署，叛军必败。

下蔡属沛郡，为今安徽凤台。当时，南方有三个"蔡"。陈郡西部有上蔡县，即原蔡国国都；蔡平侯时将国都由上蔡迁至陈郡南部，即新蔡；后蔡昭侯又将国都自上蔡迁至此地，为别上蔡、新蔡，便称之为下蔡。沛郡境内，夏肥水自西北注入淮水，而下蔡就在夏肥水和淮水的交汇处。由下蔡渡过淮水，就进入九江郡了，英布的大本营九江郡治寿春便与下蔡隔淮水相望。

细细分析，薛公的上、中两策还是有些高估了英布的能力。淮南国的中心是九江郡及周围一些地区，即今天淮河以南和长江以北的苏皖地区。淮南国与吴、楚两国接壤，而这两国都是刘姓诸侯。刘交和刘贾水平一般，确实挡不住英布，很可能丢失。但再往北边看，就不一样了。

淮南国的北部是齐国，刘邦把这里封给了老大刘肥。刘肥虽年幼，但齐相曹参是汉军名将，绝非易与之辈。而且，由曹参指挥的齐军刚刚经历了惨烈的平定陈豨之战，作战经验较为丰富，并非弱旅。有此精兵强将坐镇齐国，齐鲁之地可谓稳如泰山。实际上，只要曹参的齐军拖住英布淮南军主力一个月，等汉军主力抵达，英布必败无疑。所谓的向北连接燕赵更是无稽之谈！前面刚刚讲过，燕赵几个月前才被汉军平定，如今还驻扎了数支汉军精锐，樊哙等人还在此地镇守，加上赵国的赵相周昌也是刘邦的亲信，属于"丰沛系"的得力干将。因此，所谓上策的"传檄燕、赵，固守其所"，根本就是不可能实现的。

其实这场仗怎么算，英布都不好打，原因很简单：英布作为地方藩臣，淮南国也仅领有江淮一带四郡之地，与朝廷实力差距太大；且刘邦本人久经兵阵，并非昏君；只要朝廷反应过来，汉军四面合围，天下即可传檄而定。纵观古代藩王造反，除了明成祖朱棣，以地方对抗中央鲜有成功的案例，汉七国之乱、隋初的尉迟迥等概莫能外。叛军无论起兵之初声势多么浩大，最终都以失败告终。这不是偶然的，要知道，中央掌握道统正朔，而地方叛军则偏居一隅，无论是兵力，还是物资和动员能力，都无法与中央对抗。只要刘邦不像建文帝朱允炆那样频出昏招，英布谋反绝对无法成功。

那么，英布真的是一点希望都没有了吗？有！如果刘邦此时驾崩，社稷动荡，英布集中兵力直捣长安，绝对有可能成功。

但是，历史不容假设。至于集中兵力直攻长安，英布会这么做吗？答案是不会。薛公在朝堂上当着众臣的面拍着胸脯对刘邦保证："陛下尽管放心，英布一定会采用下策而不采用上策。"原因是："布故骊山之徒也，自致万乘之主，此皆为身，不顾后为百姓万世虑者也，故曰出下计。"意思是，英布出身低微，见识短浅，不会做长久打算，缺乏战略眼光，因此只会看到眼前的利益，所以他一定会采纳见效最快的下策。听完薛公的分析，刘邦大喜过望，立封薛公一千户。

大方向定下后，刘邦正式下诏废除英布淮南王爵，改立皇子刘长为淮南王，迁计相张苍为淮南相。随后，正式出兵平叛。

322

第二十八章　　出兵淮南

汉十一年（前196）七月份，英布杀贲赫全家祭旗，正式起兵。此时，在英布南方的是刘贾的荆国，北方则是刘交的楚国，两国合计八十八县，方圆千里，带甲几十万，而且俱为皇帝宗亲，也是镇守南方的主要力量。为了稳定后方，英布起兵后立即将矛头指向东南方的荆王刘贾。

汉三年（前204）七月份，刘贾和卢绾配合从白马津渡过黄河，深入到砀郡、东郡一线，向项羽薄弱的后方发动了大规模破袭战。这一仗，刘贾打得很漂亮，成功截断了项羽的后勤补给线，出色地完成了刘邦交代的任务。不过，以此断定刘贾就是一名优秀的将领似乎有些草率。要知道，项羽的精锐基本被刘邦拖在了荥阳前线，刘贾所面对的是项羽的后方守备的二线、甚至三线部队，战斗力一般。所以，刘贾这个人虽然勇猛，但统兵能力不能高估。另外还有一件事需要提一下，当年垓下之战前后，在城父屠城的事就是刘贾干的。不过话说回来，老刘家实在找不到一个能打的，刘贾再怎么不济，比刘仲要强多了。作为藩王，刘贾倒是老老实实地看守着自己的一亩三分地，没有像合阳侯那样见到敌人就开溜，而是认真地组织了抵抗。

然而，现在刘贾面对的可是英布亲领的淮南军主力，不是项羽留守后方的乌合之众。而英布勇猛善战，其麾下淮南老兵也是向以敢打硬仗著称，绝不可等闲视之。果然，在英布的猛烈进攻下，刘贾一个回合都没顶下来。一战下来，刘贾的军队被打得全军崩溃，只得退守富陵，重新布置防线。可还没站稳脚跟，英布引兵追至，双方在富陵再次交战，刘贾再败。刘贾这次没能逃掉，被英布临阵斩杀。就这样，老刘家的第一个王被英布斩于马下。

英布大胜后收编了刘贾的残军，声势大振，遂北渡淮水进攻刘交的楚国。

此时，楚军在刘交的指挥下，已经于徐县、僮县一带集结。刘交搞学术一流，但不是统兵打仗的料。《六韬》上说，"凡兵之道，莫过于一"，"用之在于机，显之在于势"。就是说，打仗要集中兵力，一鼓作气，打出气势来。英布作战经验丰富，军队战斗力很强，且刚刚大胜刘贾，士气高昂。面对如此强敌，就更要集中兵力。最好的办法是筑深沟高垒拖住英布，等待汉军主力抵达，再进行决战，这才是稳妥之计。

刘交却不这样认为，他充分发挥了文人的浪漫主义思想，搞出了一个令人哭笑不得的部署。他大手一挥，把军队分为三部分，分进合击。其目的也很简单：三军可以互相救援，互为犄角，以达到出奇制胜的效果。看到这个不靠谱的部署，恐怕楚军的将军们也很无语。

因此，部将便提出，英布这个贼子善于用兵，这样谋划恐怕不妥，如今我楚军分为三部，只要一部兵败，其余的气势亦会崩溃，谈何互相救援？这个道理其实很简单，因为此时楚国属于兵法上说的"散地"——主场交战极为不利。《孙子兵法·九地》云："诸侯自战其地为散地。"曹操在注解这段时认为："卒恋土地，道近而易败散。"意思是，在自己领地内作战，其士卒在危急时容易逃亡离散。因为敌军攻入我方，后方不稳，而士兵听到自己的后方不稳，作战意志必会受到影响。

看来，楚军中还是有不少知兵之人。其实，吴楚民风"剽疾"，向来是出精兵的地方。因此，楚军不是不能打，好好组织的话，一定能顶住英布的进攻。可打仗就是这么邪乎，军队的战斗力是一个方面，一旦摊上一个狗熊一般的将军，再能打的部队也打不了胜仗。

刘交最终没有听进正确的建议。结果正如所料：三军被英布攻破一支，另外两军很快就崩溃了。刘交的运气比他的堂兄好点，大败之后逃到了薛县。要知道，刘交的楚国都城是彭城，薛县是在彭城以北一百余里。刘交一仗下来，连彭城都不敢回，直接向北狂奔了二百五十里，真是被打成了丧家之犬。

英布在吴楚大胜后，遂引兵向淮南西部的蕲县进军。蕲县，春秋属宋邑，后属楚，秦人统一天下后被划归泗水郡，为淮北大县。汉六年（前201）汉家定鼎后，改泗水郡为沛郡，蕲县便属沛郡了。由蕲县沿三川东海大道向北二百余里，渡过睢水，便是楚国都城彭城了。

楚王刘交既已兵败退往薛郡，楚国已无能战之兵。拿下蕲县后，英布果然直接进逼楚国都城彭城。如果彭城再丢了，楚国就算彻底完了。若真的到那个时候，朝廷将会陷入极为不利的处境。

此时，留守在彭城的是楚相冷耳。楚王虽败，可楚相冷耳是知兵能战之人。据《史记·功臣表》记载，冷耳在打仗上颇有一手，当年韩信平齐时，便是此人领兵大败齐相田解，是"丰沛系"的老将了。前线的楚王主力大败之事传来后，冷耳并未慌乱，而是立即打开武库发放军械，动员全城军民整军备战。不过，英布并未给冷耳多长准备时间。数日后，英布叛军兵临城下。面对城下密密麻麻的叛军，守城军民并未退缩，而是英勇奋战。在楚相的指挥下，楚军打退了叛军的猛烈进攻。这场彭城防御战打得相当漂亮，虽然没有歼灭多少敌人，但重挫了叛军锐气。冷耳也因此战表现杰出，后被封为下相侯。

虽然防御战打胜了，可总的形势仍然相当恶劣。到英布围攻彭城时，衡山郡以西、陈郡以南都沦陷了。

朝廷刚刚决定出兵平叛，英布就给刘邦当头浇了一盆冷水。刘姓诸侯被杀，这是汉朝建立以来从未有过的事。可以看出，淮南军在英布的长期训练下，战斗力确实强悍，英布本人用兵也相当彪悍，实非易与，连司马迁在《史记·黥布列传》中也说"布兵精甚"。现在叛军连战连捷，士气旺盛，这场平叛战争恐怕不会像薛公说得"朝廷兵锋所指，当者无不披靡"那么轻松。

当英布在南方打得如火如荼时，朝廷在有条不紊地集结兵力。为彻底讨平英布，这次汉军集结的兵力可谓异常强大，累计征调的主力有：西北上郡、北地、陇西边防军的车骑部队；中央军除还在北方平代的之外，其余的悉数动员；齐相曹参的齐军车骑部队。汉军的动员能力堪称恐怖，单曹参的车骑部队就达到了十二万人。这些部队可不是临时拉起的壮丁，而是真正久经沙场的精锐部队。

除以上一线主力外，中尉还有三万北军作为太子卫队，以及巴蜀征调的材官步兵作为二线部队，驻军于霸上。后续兵力待集结完毕，也能随时参战。够了吗？还不够！在做好这些后，刘邦又下诏赦天下死罪以下的囚徒，皆令从军参战。

这里简单介绍一下朝廷的军队构成，据史书记载，可以简单地分为两部分：常备军和动员军。其中，常备军战斗力较强，又分为中央军和地方军。汉朝军制其实并不麻烦，逆贼若有不臣之心，必须对朝廷军制有所了解。

要知道，在汉朝造反绝非易事。需知郡县皆有郡国兵，故起兵谋乱时，首先要面对本郡内县兵的进剿。贼势若大，郡县兵难以胜之，乃至一县或数县均不能制的，朝廷会给统兵大将颁发兵符，让其征调整个郡甚至周围数郡的郡国兵负责讨伐。如果能顶过这一波，彼辈便成了在天下影响较大的叛军了。

那么，请等着下一波更猛烈的进攻：精锐的北军加上抽调的边军精锐。如果彼辈够强，连北军都打败了，那么离成功只剩一步了，就是等着皇帝动员天下之兵来攻。若能击败皇帝的天下之兵，那就取而代之。

说起来简单，做起来殊为不易。单说郡国兵，就不易对付。郡国兵顾名思义就是各郡国的地方军，由郡守和都尉负责。据应劭的《汉官仪》记载，汉朝编户齐民"年二十三为正，一岁为卫士，一岁为材官骑士，习骑射驱驰阵战"。即二十三岁为"正卒"，要到官府登记"傅籍"，接受严格的军事训练。成为"正卒"后，一年或到长安轮值为南军卫士，或到边郡为"戍卒"，一年为本郡郡兵，在本郡服役，练习军阵。汉朝的基层军事训练制度相当严格，可不是闹着玩的。按照法度，各郡每年都要在八、九月份举行大规模的军事演习，由郡守检阅郡兵的训练，称"效阅"。

当然，郡国兵按地域的不同，兵种构成有所差异。西北一般是骑士，中原、巴蜀一带多为材官或轻车，南方各郡多为楼船。郡国兵平时虽属郡国管理，但调兵权仍归朝廷。战事需要时，朝廷会通过"羽檄"或"虎符"调动郡国兵。由于秦汉尚武之风盛行，加上汉初战事频繁，郡国兵精锐程度虽不如中央军，但素质也都较高，特别是边郡的骑士，战斗力相当彪悍，数次大战中，边军都是朝廷征调的主要对象。

在地方郡国兵上面就是中央军，由朝廷直辖的中央集团军不仅北军这一支，还有刚刚提到的南军卫士。这两支军队因分别驻扎在长安南、北而得名。依汉朝法制，"南军掌宫卫，北军掌征伐"，南、北两军有不同的指挥系统和职责。

由于北军归中尉，所以也称"中尉军"。中尉虽是最高长官，但具体军务一般由北军各营校尉负责。至汉武帝时，北军有中垒、步兵、虎贲、长水、射声、屯骑、越骑、胡骑八营（胡骑不常设，故亦称七校）。北军八营步车骑弩兵种齐全，装备精良，是汉朝最为强大的一支中央直属野战集团军。汉初北军规模虽不如汉武帝时，但经历了长期的战争磨练，是一支能够决定汉朝生死存亡的重要武装。正因如此，北军人数虽不如郡国兵多，但战斗力极为强悍，是汉朝的核心威慑力量。

与北军不同，南军归卫尉，是宫廷警卫部队，故也称"卫士"。南军卫士除有时随从皇帝亲征外，一般只承担宫廷戍卫，不出征野战。"卫士"从三辅以外的其他郡国中抽调，到长安轮值。作为宫廷禁卫，南军的人数不多，大约只有两万人，其作战经验也不如北军，但汉初战事频繁，南军也要经常出征，所以战斗力还是相当强的。

除"卫士"外，属于郎中令的"郎"亦属宫廷禁卫，如汉武帝时期大名鼎鼎的羽林、期门两军就属于郎中令编制了。为国羽翼，如林之盛，是为羽林；期诸殿门，是为期门。期门、羽林作为皇帝亲军，其兵员一般来自六郡的"良家子"，即出身清白的平民子弟。

所谓六郡者，为西北的天水、陇西、安定、北地、上郡、西河。这六郡因"迫近戎狄，修习战备，高上气力，以射猎为先"。生活在西北地区的人民经常与匈奴、羌等彪悍的游牧民族打交道，大多善于骑射，是优秀的兵源。李广、赵充国等汉朝名将大多是出身六郡的良家子。

动员天下之兵就是临时征发的动员兵了，称为"发谪徒"。汉朝有七科谪：吏有罪一，亡命二，赘婿三，贾人四，故有市籍五，父母有市籍六，大父母有市籍七，即是指犯了罪的官吏、杀人犯、入赘的女婿、在籍商人、曾做过商人的人、父母做过商人的人、祖父母做过商人的人。此外，"恶少年、游侠、亡命、弛刑"也都属于征发之列。

汉朝去上古未远，民间游侠盛行，别的不说，刘邦寒微时便是民间轻侠。这些游侠重义轻生，剑术高强，相当骁勇，有时候在地方势力盘根错节，甚至可以对抗官府，十分强大。所谓"侠以武犯禁"，故早在秦时，这些游侠便是朝廷严厉打击对象。不过，汉朝初建，法令不像秦时那么严苛，一旦地方官府软弱，甚至都会出现二千石"莫能制"的情况。因此，在需要时会下诏赦免这些人的罪，把他们组织成军投入战场，一方面可减轻地方治安的压力，一方面也是人尽其才了。这些罪犯和游侠都是亡命之徒，好好组织的话能很快形成战斗力，如秦末章邯的主力便是骊山囚徒，照样打得各诸侯满地找牙。

此次讨伐英布，刘邦不但动员了北军，连谪徒也征发了。再加上曹参所部齐军，汉军总兵力达到二十余万之众。

至汉十一年（前196）七月底，以上各部汉军基本集结完毕。

第二十九章　　平灭英布

　　刚刚下过小雨，叮叮咚咚的霸水流水之声虽然清脆，但也掩盖不住这霸上难耐的酷暑。远处，几十名披甲的甲士将长戟横放在马背上，轻轻一提，纵马越过泥泞的小溪。骑士通过后，西边隐隐传来一阵阵整齐的马蹄踏地的响声。随即，列阵森严的骁勇骑士四骑一排，缓缓踏过浅溪。轻风吹过，骑士们背后的负羽随风摆动，气势非凡。

　　如此骁骑，必是汉朝最精锐的郎中骑。皇帝颁诏吊民伐罪，征讨淮南不臣，想必这便是朝廷大军集结了。郎中骑已经出动，看这架势，莫不是皇帝亲征？

　　霸桥曲邮边，皇帝的仪仗车驾赫然在列，好像在告诉霸水沿岸的百姓们确实是皇帝亲征。不过，虽有车驾，却没有辇车，早已满头银发的刘邦正牵着一匹战马和大臣们在商议着什么。

　　"陛下，英布素称悍将，且臣闻叛军已连败荆、楚两军，兵锋正锐。如此，我军不宜硬拼。如今大军东出，关中空虚，当让太子监领关中之兵，此为万全之计。"说话的正是早已不问政事的留侯张良。

　　张良早已重病缠身，听到刘邦亲征，事关重大，这才强撑病体送行。张良在刘邦心中的地位是特殊的，此事朝野尽知，非独张良料事如神，言无不中，更为重要的是他心性恬淡，不好争权。刘邦素质较差，对谋士动辄破口大骂，但史书中从未记载他对张良有一句失礼之言，开口必称子房先生，可见他对张良的敬重。

　　看着这位跟随自己十几年的老臣已经两鬓斑白，想到当年的意气风发，刘邦感动不已，深情地开口："你我君臣都上了年纪了。先生身体不好，可吾马上出征在外，太子只能托付给您了。"

一世君臣，不必多说。嘱咐已毕，刘邦抽出环首，凝视片刻随即插回刀鞘，然后戴上铁胄，跨上战马，带着数万汉家儿郎，沿着渭水一路烟尘滚滚向东进发。

大军出函谷，在洛阳稍事休整，然后沿着三川东海大道出荥阳。经过约一个月的行军，到汉十二年（前195）十月份，平叛大军主力抵达淮南境内。曹参的齐军也自齐国集结南下，与朝廷平叛大军汇合。各路汉军汇合后，兵力达到惊人的四十余万。但对面的英布亦非易与之辈，打仗还是要慎重。短暂休整后，刘邦遣车骑将军灌婴指挥的车骑部队作为汉军前锋，率先向叛军发动进攻，打开局面。

一声令下，车辚辚马萧萧，灌婴的骑兵部队加快速度，离开大部队，向南疾驰，很快到达沛郡治相县，与淮南军一部遭遇，发生激战。相县原属泗水郡，后因改泗水郡为沛郡，相县便成了沛郡的郡治。可以说，此处是淮泗仅次彭城的军事和政治重镇，因而叛军才会选择在这里和汉军决战。

灌婴是久经沙场的勇将，所部又是汉军精锐，战斗力强悍。在灌婴的指挥下，汉军毫不犹豫地向淮南军发动猛烈进攻。结果一战下来，淮南军的前锋被打得全军覆灭，英布的别将、亚将、楼烦将在这一战中均被汉军斩杀。首战告捷后，灌婴的骑兵狂飙突进，大破英布的上柱国大司马。随后，又南下击溃英布的别将肥诛。此战中，淮南军再次大败，英布的左司马也被汉军骑兵生擒。

前锋大胜后，刘邦带着汉军主力联合曹参的齐军一路南下抵达沛郡的蕲县。而此时英布获悉前锋大败，便带着主力从彭城匆匆返回。于是，双方前锋就在蕲县西部遭遇。《史记·黥布列传》上记载，此战的经过是"（英布）遂西，与上兵遇蕲西，会甀。布兵精甚，上乃壁庸城"。双方在甀乡遭遇后可能发生了试探性的交战，但汉军并未捞到便宜。由此，刘邦得出淮南军主力"精甚"，于是退至甀乡以北的庸城，结营坚守。

仗打到这个份上，如今汉军突然来了一个大反转，把进攻打成了防御。英布气势汹汹地赶来决战，却发现要攻坚，这下搞得英布不好受了。要知道，在楚汉战争中，刘邦在成皋和项羽对峙了几年，打防御反击的经验极为丰富，他就是靠着坚城把项羽磨死的，可见刘邦拿手的就是防守反击。如今汉军远道而来，固垒坚守一方面可以及时休整，一方面也可消磨叛军锐气，是一笔划算的买卖。而且，汉军的粮草补给可以通过鸿沟、睢水一线直接漕运至前线，后勤不成问题。而叛军就不同了，长期对峙下，叛军的补给、士气都会成为问题。随着时间的流逝，叛军的锐气也会慢慢被磨光。

两军对峙时，刘邦在营寨中观察敌阵，远远望去，英布军队的布阵如同当年的项羽军队。刘邦一见之下，那段不堪回首的岁月立刻涌上心头，顿时心中非常不快，于是站在高台上远远质问英布："老子待你不薄，你这竖子何苦要造反？"桀骜不驯的英布高声回答："没什么，只不过想当皇帝而已！"这倒是大实话。随后，两个主将就这样在数十万将士面前破口大骂。

谈崩了，打吧。于是，双方决战。一方面，汉军主力养精蓄锐已久；另一方面，淮南军士气低落。英布在军队数量、质量、士气三个方面均不占优势，结果是显而易见的。在汉军的猛烈进攻下，淮南军大败，全军崩溃，英布也随溃军南逃。此战中，刘邦的亲侄子刘濞表现相当优秀。战斗开始后，年仅二十岁的骑将刘濞在几十万大军前领骑兵冲入敌阵，奋勇搏杀，大败叛军，给老刘家大大地露了把脸。这个刘濞正是刘邦的二哥刘仲的儿子，就是弃国南逃后被贬为合阳侯的那位前代王。但谁也不知道五十年后，刘濞居然几乎一手倾覆了大汉社稷。

相比汉军那头士气高昂，英布这边却是哀鸿一片。大败之后，英布领残部南渡淮水，收拢溃兵，准备依托淮水重新组织防线。结果，还没等喘过气来，灌婴的骑兵追至，双方就在淮河边上再一次展开激战。

此次交战，淮南军的表现倒是比决战好多了。战斗开始后，灌婴指挥骑兵乘淮南军结阵未成发动猛烈冲锋，将淮南军反复击溃数次。但在英布的沉着指挥下，溃散的淮南军数次又重整阵形，向汉军发动反攻。双方反复交锋，战斗极为激烈。打到最后，英布身边只剩下一百多骑兵。最终，英布无力击退汉军，只能败退。惶惶如丧家之犬的英布带着这一百多部下，杀出重围，逃回江南。

决战获胜后，刘邦鉴于英布的主力已经覆灭，而朝中不能无人，便立即调整部署。其中，汉军主力随自己立即班师回朝，稳定社稷；曹参的齐军北上平定沛郡的竹邑、相、萧、留，并经沛郡返回齐国；灌婴的骑兵则经淮南南下，平定江南，追击英布残部。

灌婴南下后为了加快平叛，决定分兵行动：部将周聚领骑兵渡江，并随后南下会稽；他自己则领主力解决英布。周聚这个人虽是灌婴的副手，但不是个简单的人，他不但属于典型的"丰沛系"将领，而且是刘邦的老乡丰人。刘邦在沛县起兵时，周聚便在丰加入义军，成为义军中的一名步兵。在那个将星闪耀的年代，周聚的表现实在不算突出。到汉中建政后，周聚升为基层小军官。直到楚汉战争后期的成皋之战，才被破格提拔为将军。从士兵一步一个脚印升到将军，可见周聚的作战经验是很丰富的。果然，汉军在周聚的指挥下，迅速平定了吴、会稽等地。

剩下的就是英布了。英布南逃江南后，刘邦派"别将击英布军洮水南、北，皆大破之"，英布的残部也大约在此战中覆灭。

至此，声势浩大的淮南之叛基本被平定。

第三十章　　大风起兮

汉十二年（前195）十月，蕲县决战大胜后，刘邦率汉军主力取道沛县班师回朝。

从淮南回长安最近的路线是经陈郡、颍川郡入荥阳、成皋，再到洛阳，从洛阳向西过了函谷便是长安了。这一路，其实是不用经过沛县的。刘邦此次特意途经沛县，就是要看看自己的故乡。

回想十多年前起兵夺取沛县，始称沛公，豪情万丈，争雄天下，自此而始也。汉二年（前205）四月彭城之战大败后，仓皇逃窜也经过了沛县。如此算来，刘邦有十年没有回到故乡了。如今虽贵为天子，可却是游子。长安虽繁华，却如何比得上当年在沛县时逍遥自在。沛县，那是他魂牵梦萦的故乡啊！

年迈的刘邦顶着寒冷的秋雨，提起战马，纵身下马，步行进入城西北角的县衙。轻轻推开县衙的大门，拾阶而上，直入正堂。他环顾四周，县衙的陈设似乎还是原来的样子。

"昔我往矣，杨柳依依。今我来思，雨雪霏霏。"

淅淅沥沥的秋雨随着萧瑟的秋风轻轻挥洒在空中，又沙沙地落在大地上。刘邦回过身来，向南眺望。风雨中，县衙外的那颗大树早已不如往日一般枝繁叶茂。看着随风扬起的枝条，刘邦思绪万千：还记得十五年前的那个秋天，那个叫刘季的人站在大树下振臂一呼，站在台下的兄弟们纷起跟从。

当年震动天下的大事，仿佛仍在眼前。可是十几年的风风雨雨后，站在台下的那群兄弟的面庞大多已经模糊了。他们出生入死跟随，无怨无悔。如今海内一统，而这群老兄弟有的已经埋身沙场，有的缠绵病榻。当年的三千沛县兄弟，能共享富贵者不过唯有百余人耳！

物虽是，人已非，唯有空荡荡的县衙，似乎还在静静诉说着十余年前的往事。人生有几个十年？曾听郦生说，魏豹当年感慨人生在世如白驹过隙。魏豹说得真有道理啊！

提三尺剑，扫荡天下，剪灭群雄，恍如昨日。如今已是垂暮之年，两鬓斑白，满头银丝。可百年之后，还有谁帮子孙守护天下呢？秦人开国名臣良将无数，却二世而亡。汉家之天下，未有如秦人之将相，可否传至万世？如意是否能如意？看着沛县的父老乡亲，想到这里，这位君临万民的皇帝不禁老泪纵横。

沉吟片刻，刘邦吩咐身边的郎官将堂后的筑拿出来。筑，是先秦时期著名的乐器，宋以后失传，其形似琴，有十三弦，弦下有柱。筑可细分为三类：楚筑、越筑以及盛行于北方的燕筑，三种筑的形态及大小各有不同。筑在外形上，与琴、瑟、筝有相似之处，俱是长形有弦。不过，与琴、瑟、筝不同的是，筑非拨弦、弹弦，演奏时左手按弦，右手执竹尺击弦发音，故称"击筑"。秦时，击筑高手高渐离便以筑为暗器，行刺秦始皇。

刘邦拿筑在手，就坐于堂中的地上。面向堂外的萧瑟秋风，将筑竖抱在怀，左手握筑体，右手执竹片。只见他先闭上眼，随后竹片轻击，弦动发音。堂下数百人鸦雀无声，无不紧紧盯着自己的皇帝。

三两声弦音初时轻缓，如轻风缓缓拂过溪水，随后逐渐转快，如大风呼啸过山林。刘邦的右手越发越快，筑音也由低而高，渐至激亢。伴随着穿堂而过的秋风，高亢的筑声如沙场金鼓之声不断。众人听得如痴如醉，恍惚似见森严战阵中刀兵林立，勇士披甲执戟乘马疾驰，突阵先登。筑音越转高亢，堂中侍从郎官和沛县少年纷纷拔剑起舞，叱咤踏步穿梭。未几，以歌和筑之声传出庭院，惊得墙外的飞鸟或盘旋四周，或飞向高空。

只听激昂的筑音中，刘邦引吭高歌："大风起兮云飞扬，威加海内兮归故乡，安得猛士兮守四方！"慷慨悲歌中，王霸之气尽显无疑。

歌毕，泪如雨下的刘邦也拔剑起舞。舞毕，他端起酒碗，对沛县的父老、故旧大笑道："乡亲们，如今吾贵为天子，可毕竟是故乡人啊！当年吾就是从沛县起兵，诛灭暴秦。人人都知道沛公、沛公！乡亲们，如不是故乡，又怎能有今日啊！来，吾等今日不必顾忌君臣之礼，只需开怀畅饮，不醉不归。"刘邦言毕，陪同在侧的公卿们齐声高喝万岁，沛县父老亦齐声呼喊万岁。

这次回沛县，可能是刘邦起兵抗秦以来最开心的一段时间。没有尔虞我诈，没有生死相搏，有的只是快意人生，纵情逍遥。在沛县逗留了十余日，刘邦下诏赦免丰县和沛县的世代徭役，准备取道经齐国班师返回长安。

刚从沛县出发不久的刘邦，在路上接到了两个好消息：第一个是英布被杀于鄱阳，第二个是陈豨被杀。

先说第一件，英布被杀。英布自淮南决战失利后退往江南，不过汉军骑兵很快追至，惊魂未定的英布只得再次逃命。就在惶惶不可终日时，长沙王吴臣派人来见英布，劝说英布和自己一起逃亡南越。前长沙王吴芮是英布的老丈人，所以吴臣算是英布的小舅子。如今英布无路可走，投奔小舅子或可保得一命。结果，英布怎么也想不到吴臣这是在算计他。等走到鄱阳时，英布被人杀死在兹乡的民宅之中。

在秦末群雄并起，有枪就是草头王的年代里，有哪个是简单的？乱世中，草包都在前几轮较量中被淘汰掉了，能混到现在，说明英布不简单。不过，就像薛公所说的那样，英布的出身决定了他不可能有大的格局。确实是这样，只顾眼前利益而忽视长远利益，难成大事。不过话说过来，刘邦出身也不高，他们俩一个是囚徒，一个是流氓，老大不说老二，所以薛公以出身看待英布恐怕有失偏颇。

那对比刘邦和英布，为什么两人结局差异就这么大呢？原因很简单，细细分析两人的性格就能看出来，刘邦虽出身不高，游手好闲，不事生产，但性格豪放，不吝财帛，善于决断；而英布就不一样了，老是想着他那一亩三分地，项羽屡次征召都拒不出兵，在随何简单游说后，又瞻前顾后，不敢决断，到了真得决定谋反的时候，又想着眼前利益，不肯全局谋划，这样的人如何能成功？

司马迁在《史记·黥布列传》里总结道："英布者，其先岂春秋所见楚灭英、六，皋陶之后哉？身被刑法，何其拔兴之暴也！项氏之所坑杀人以千万数，而布常为首虐。功冠诸侯，用此得王，亦不免于身为世大僇。祸之兴自爱姬殖，妒媚生患，竟以灭国！"

司马迁说，英布在楚汉战争中作为项羽的马前卒，杀人无数，最后却因自己的爱姬而被灭国，时也？命也？不过，说句公道话，英布在反秦斗争中还是有功的，司马贞也说英布"再雄楚卒，频破秦将"。在那个战乱的年代里，杀人真得算不上什么大事，只要不乱杀人。

在秦末群雄中，英布的身份是最低的，以刑徒之身最后当上淮南王，他这一世足够了。清人郑观应在《盛世危言》里把将领分为四类"曰儒将、曰大将、曰才将、曰战将"，并将英布列为战将之首，可见英布的才能。总之，英布是死了，是以反贼的身份死的，但无论他成败与否，后世读史都不能以成败论之。

据唐人司马贞的说法，英布的墓冢在江西鄱阳县北。不过，在英布的老家，今安徽六安也有英布墓。英布死后，那个举报英布的中大夫贲赫被封为期思侯。

下面再来看第二件事，陈豨被斩。其实，陈豨的叛军主力基本在东垣、参合两战中被全歼，特别是参合一战中，连陈豨搬来的救兵韩王信本人也被击杀，可以说陈豨的大业已经宣告失败了。不过陈豨这个人倒是意志坚定，并没有直接投靠匈奴，而是继续单干，虽屡败屡战，却坚决不放弃。不过，陈豨到底没能逃掉这一刀，在汉十二年（前195）的冬天被汉军击杀。

当时，汉军留在北方的是周勃和樊哙两人，并且两人都在代郡作战过。可是，樊哙的本传中并无阵斩陈豨的记载，阵斩反王可是大功，如果确实是樊哙之功，其本传不可能不予记载。因此，陈豨可能是被周勃部斩杀的，而这个公孙耳应该是被配属给了周勃，可能就是在此战中，公孙耳在周勃的指挥下，斩杀陈豨，才因功封侯的。

不管如何，随着英布、陈豨这两个人的授首，和刘邦同时代奋斗在反秦第一线的异姓诸侯也基本落幕，退出了历史舞台，天下算是安定了。

到汉十二年十一月份，刘邦的车驾到达鲁县。鲁县是孔子的老家，秦汉儒术的中心，所以刘邦在这里以太牢的级别祭祀了孔子。据周礼的规定，牛、羊、猪三牲全备，称为太牢，往下便是低一级的少牢。《礼记》上说："天子社稷皆大牢。"大牢即太牢，也就是说太牢是天子祭祀社稷的规格。用祭祀社稷的礼仪来祭孔，可见刘邦素质虽不高，对孔子还是非常尊敬的。汉朝以仁孝治天下，刘邦当祭孔以告天下。

祭孔之后，刘邦经鲁县回到长安。

第三十一章　再议易储

汉十二年（前195）冬天，刘邦班师回到长安后的第一件事，即再次提出易储。

《史记·留侯世家》上说，刘邦"愈欲易太子"，张良数次反对，甚至以"因疾不视事"相威胁，都没有改变刘邦的决定。看来与上次相比，刘邦此次易储的态度非常坚决。

汉十年（前197）的第一次易储事件中，刘邦属意废太子刘盈而立三子刘如意，最后虽因群臣的激烈反对而作罢，但最后仍立了仅十岁的刘如意为赵王，并且封王后一直没有让他就封，而是放在他身边。对刘如意，刘邦是十分宠爱的，直到此时，刘邦还未放弃他。

汉十一年（前196）夏天英布谋反，刘邦拖着病躯平定淮南。如今回到长安，第一件事就是再提平静了一年多的易储，让朝堂局势立即紧张起来。那么为何刘邦如此急于易储呢？笔者以为与上次相比，这次有以下几个原因：

首先，刘邦对太子刘盈的表现非常不满意，甚至有些厌恶了。此事早在第一次易储中就表现得非常突出，比如刘邦经常把刘盈"不类我"挂在嘴边，最后虽因群臣的反对而不了了之，但对于刘盈的印象恐怕不会改变，这次让刘邦极力反对刘盈的则是南征英布前发生的一件事。

据《史记·留侯世家》记载，当英布叛乱时，刘邦已经身染重病。有鉴于此，刘邦想让太子代替他出征，但是太子一派的"商山四皓"认为"太子将兵，事危矣！"建成侯吕释之也说："太子将兵，有功则位不益太子；无功还，则从此受祸矣。"意思是，太子的地位已经很稳定了，如今南征英布，倘若有功对太子来说没有任何好处，一旦失败就不好办了，还是不去的好。最后，太子一派达成一致，由吕后出马，在刘邦面前又哭又闹，反对让太子出征。刘邦实在没办法，只好说："吾惟竖子固不足遣，而公自行耳！"意思是，就知道这小子不行，还是要靠老子亲自出马。太子出征一事，就这样被搅黄了。

笔者认为吕氏一派走了招臭棋。英布谋反，看似声势浩大，其实不难平定。薛公都看出来了，张良会看不出来吗？当然，太子出征，固然有风险，但若对比，显然利大于弊，这个险是绝对值得冒的。要知道，刘邦反对刘盈的一个重要因素是刘盈不像他雄才大略，反而很懦弱。如今这不正好是一个机会吗？刘盈欠缺的是"军功"，统兵出征正是接触军队，树立威信的绝佳机会，如果此战胜利，刘盈的威望必然远超刘如意，到那时，刘邦再想易储，恐怕就真要掂量一下天下舆论了。

如果这样看的话，刘邦让太子出征，未必是存着打击吕氏的意思，相反恐怕是在为刘盈创造条件，但是吕氏一派的表现让刘邦大大失望了。恐怕正是因为此事，让刘邦对太子完全失望，才坚定了易储的决心。可以想象，当刘邦说出"竖子固不足遣"时是多么失望。

其次，吕后一党势力庞大，必须遏制。拥护太子刘盈一派，主要有吕氏家族，代表人物是吕后和其二哥建成侯吕释之；"丰沛系"中的萧何、张良；军队中有樊哙，都是跟随刘邦打天下的元老，势力盘根错节。吕后这个人的厉害，刘邦是知道的。在一年前，吕后略施小计，干净利落地干掉了韩信和彭越。太子刘盈懦弱，到时主弱母强，恐怕这刘氏天下就要改姓"吕"了。

最后是刘邦的身体原因。汉十一年（前196）刘邦病重一事在《史记·高祖本纪》《史记·樊郦滕灌列传》《史记·留侯世家》《史记·陈丞相世家》中均有记载，应该属实。《史记·高祖本纪》上还说在淮南之战中，刘邦被流矢射中，在半路上发病，这可能是箭伤未愈，旧病复发。总之，刘邦这次病得很重。《史记·留侯世家》上说，"疾益甚，愈欲易太子"，也认为身体状况迅速恶化是刘邦急于易储的原因。

有鉴于此，刘邦才坚定决心一定要废掉刘盈，但这个易储是很难的。

《史记·留侯世家》上说，当刘邦看到"商山四皓"跟随太子左右时"大惊"，说："朕访求诸位好几年，诸位均避而不见，如今何故自愿跟随我儿交游？"四人都说："陛下轻慢士人，天下共知也。吾等不愿受辱，自然避而不见。然太子为人仁义孝顺，谦恭有礼，贤名为天下所知，吾等当然追随。"根据以上记载的意思，正因为这四个人，刘邦才放弃了易储的决定。也就是说，在巩固太子储位中，"商山四皓"起到了决定性作用。

真的是这样吗？个人感觉不可信。刘邦因四个隐士的态度决定大政，这不是儿戏是什么？前面就说过，以刘邦的雄才大略，岂会因几个书呆子而改变社稷大政？

那么，促使刘邦改变主意的是谁呢？笔者以为应该是叔孙通。

叔孙通在制定礼制后，被拜为主管礼仪的太常。汉九年（前198），叔孙通由太常迁为太子太傅，他在这个职位上，当然是反对易储的。因此在向皇帝谏诤时，叔孙通举了两个例子：一个是春秋时期的晋献公，一个是十几年前的秦始皇。

晋献公是春秋霸主晋文公的父亲，年老时偏爱小老婆骊姬，最后因宠爱骊姬欲废太子申生，立骊姬的儿子奚齐，结果素有贤名的申生被杀，老二重耳和老三夷吾被迫流亡在外，导致了晋国几十年的内乱。秦始皇也是没有早立扶苏为太子，最后因赵高改立小儿子胡亥，失掉了天下。所以，叔孙通说："秦人之事为陛下所知，如今太子仁厚，怎么能改易呢？如陛下确要改立太子，那就先杀掉我这个太傅再说。"《楚汉春秋》的记载则更精彩，叔孙通说："臣三谏不从，请以身当之！"意思是，你今天不听我的，我就要抚剑自杀在你面前。

叔孙通这个老头子真是够狠，没想到如此倔强，搞得刘邦下不来台。最后，刘邦只好安慰他说："公罢矣，吾直戏耳。"意思是，"老叔孙啊，行啦，我说着玩的！"可是叔孙通还是不给面子，继续说："太子是天下的根本，根本一动摇便会天下振动，陛下怎能拿天下开玩笑！"

叔孙通举的两个例子很有说服力，特别是秦国的例子，就是明明白白告诉刘邦，如今太子不能易，一旦出问题，那就是国家内乱，社稷覆亡。秦国的事情过去才十几年，刘邦不可能熟视无睹，叔孙通的话可不是危言耸听。《资治通鉴》上说："时大臣固争者多，群臣心皆不附赵王。"也就是说，不仅张良、叔孙通等人，朝堂中基本没有支持赵王刘如意的，如果刘邦真要一意孤行，晋秦之祸恐怕真得会发生。

所以，叔孙通的这番话，恐怕才是改变刘邦易储想法的关键。至于《史记·留侯世家》中记载这段时说："叔孙太傅称说引古今，以死争太子。上详许之，犹欲易之。"硬是把功劳塞给张良，更是无稽之谈。因而，司马光在《资治通鉴》里记载易储事件时引用了叔孙通的话，而没采用《史记·留侯世家》中有关"商山四皓"的记载。看来，司马光也认为《史记·留侯世家》的记载不可信。

自古以来，皇帝的家事也是天下事！事关社稷，皇帝岂能一言而决？都说皇权至上，可事实并非如此。《史记·留侯世家》上说，当刘邦看到太子羽翼已成，根基牢固，知道易储一事终究无法成功，便将放弃易储的决定告诉了戚夫人。

当听到太子之位无望时，戚夫人泪如雨下。而面对自己宠爱的戚夫人，晚年的刘邦也感到无比的寥落。他纵横四海，扫荡群雄，可到头来，连心爱的儿子都照顾不好！对着翩翩起舞的戚夫人，刘邦击筑高歌："鸿鹄高飞，一举千里。羽翮已就，横绝四海。横绝四海，当可奈何！虽有矰缴，尚安所施。"

第三十二章　　一世君臣

朝堂上激烈的易储之争仍在进行，而刘邦也在苦心积虑为大汉的千秋基业谋划。在汉十二年（前195）十月二十五日，淮南战场的硝烟还未散尽，刘邦就下诏封其侄子刘濞为吴王。

吴国原是刘贾的封国荆，荆王刘贾在淮南之战中为英布所杀，没有后人。有鉴于吴越之地距离中枢太远，有鞭长莫及之感，刘邦便把整个吴国三郡五十三县之地封给了在淮南之战中表现突出的沛侯刘濞。汉十一年（前196），刘邦把英布的淮南国封给了小儿子刘长，加上早先受封的四弟楚王刘交，如今淮南、吴、楚三国近十郡全部掌握在刘家手中。

汉十二年，刘邦已经六十二岁，御极天下也有八年了。这八年里，老迈的刘邦殚精竭虑，日夜操劳，几乎没有一天是闲着的。现如今，天下诸侯除了北方的燕国卢绾、南方的长沙国吴臣为异姓，其他的均出刘氏，这天下也该安定了吧。

从统一天下以来，各项工作有条不紊地开展，因战乱而化为废墟的天下，也在逐渐恢复元气。刘邦作为一个皇帝，算是成功的了。可即使是这样，仍然不能让刘邦放心。《汉书·荆燕吴传》上记载了刘濞封王之后的一件有趣的轶事，说得是刘邦将刘濞封为吴王后，看他的面相又不放心，认为他"若状有反相"，但是君无戏言，刚刚将他封为吴王，现在又反悔，不是让天下人笑话吗？于是，刘邦只好抚着他的背说："汉后五十年东南有乱，岂若邪？然天下同姓一家，慎无反！"

五十年后东南有人谋反，不会是你小子吧？我们老刘家不容易，你可不能谋反啊！结果搞得年轻的刘濞诚惶诚恐，搞不明白这个叔父到底是啥意思。最后，刘濞小心翼翼地发誓：我绝对不会谋反，叔父你放心。

看来，晚年的刘邦对自己刘家人都不太放心了。

当然，这段记载附会的色彩更浓，刘邦怎么能知道五十年后的吴楚七国之乱呢？不过，晚年刘邦的猜忌之心有增无减，这倒是事实。两次易储失败后，刘邦明显对群臣产生了不信任感，使整个长安的政治氛围一直非常压抑——最具代表性的政治事件就是君相之争。

事情还要从平定陈豨说起。汉十一年（前196）正月，吕后采纳了萧何的计策杀掉了淮阴侯韩信。据《史记·萧相国世家》的记载，刘邦回到长安后对萧何大加赞赏，给他增了五千户的封邑，并给他的相国府增派了五百人的护卫作为相国卫队，可谓极尽荣宠。但萧何的朋友召平在这荣耀中察觉到了一丝危机，他对萧何说："在下看来，这恐怕不是什么好事啊！如今陛下出征在外，淮阴侯刚刚伏诛，可想而知，陛下对功臣并非信任。相国以为那五百人是朝廷为了你的安全才在你身边？吾可不这样想，恐是陛下对你已起猜忌之心！为今之计，相国当立即推辞所有封地，将财产充作军费，或能挽回一二。"

这个召平也是个很有趣的人，他是原秦国的东陵侯。秦亡后，召平丢了封地，沦为平民。史书上说，秦亡后召平生活困难，于是在长安城东开辟了一片瓜地种瓜，瓜长得很好，在整个长安都很著名，人们都称为"东陵瓜"，召平也因此而闻名。汉定天下后，召平便在萧何门下做门客。汉初有三个召平，我们后面会一个个提到。

《史记·萧相国世家》上说："相国从其计，高帝乃大喜。"可见刘邦确实是对萧何起了猜忌之心。那么，刘邦对萧何真得放心了吗？答案当然是否定的。以刘邦的精明，这点小小的计谋岂能瞒得过？

仅过了一年，到汉十二年（前195），君臣之间的信任危机再次爆发。当刘邦亲征后，多次特意从前线遣使回来考察萧何的工作。从楚汉战争期间，萧何便从事后勤工作，一直都是勤勤恳恳，工作态度当然是没什么可考察的，连刘邦也说"至如萧何，发踪指示，功人也"。此时，刘邦特意派人考察萧何，想法应该不是那么简单，要知道楚汉战争中荥阳前线打得那么激烈，刘邦都没有这么做，所以此事只能说明刘邦对萧何还是不放心。

如此不同寻常，萧何的一个门客看出问题的严重性了。他说："相国灭族之祸不远矣！您位居相国数十年，功居第一，已封无可封。相国长期镇守关中，又深得民心。陛下之所以遣使来问，这分明是猜忌相国！"

接着，这个门客向萧何提出自污之策来保全自己。具体做法是多买些田地，并低价赊购、借贷来败坏自己的名声。其实，这条计策并不新鲜，当年秦始皇拜王翦为大将，让他统兵六十万灭楚，这六十万是举国之兵，对王翦自然不放心，后来王翦采用了自污之计，才得以保全。果然，萧何自污之后，"上乃大悦"。这是第二次君臣信任危机。

刘邦南征英布归来，君臣之间爆发了第三次信任危机。事情是这样的：萧何因为长安地窄，而上林苑有很多空地遭荒弃不用，所以上书希望朝廷允许百姓入内耕种，留下禾秆不割，以作为苑中鸟兽的饲料。

经过战乱，关中人口本没有秦时密集，可是随着几次大规模迁入关东大姓，关中人口密度不断增大。如今，关中承平近十年，人口迅速增长，因此才出现了长安"地窄"的情况。上林苑是咸阳以东、渭水之南、秦岭之北的皇家园林，建于秦始皇时期，汉朝鼎立后，上林苑被保留下来。在地窄的情况下，上林苑还有那么多空地，当然激化了人地矛盾，所以萧何有此想法。

此事根本微不足道，哪知看到萧何的疏奏后，刘邦突然翻脸，勃然大怒："老子在前面打仗，人还没死，你就擅自把老子的园林'卖了'，是何居心？"再翻出前几次的老账，愤怒的刘邦当着满朝文武指着萧何的鼻子破口大骂："你萧何必是收了商人钱财，才替他们算计老子的上林苑！"盛怒之下，刘邦不听任何劝告，将萧何锁起来交付廷尉宣义论罪。

宣义，原为中地郡守，在汉十年（前197）被调到中央，迁为廷尉。中地郡，即原秦内史东部，于汉二年（前205）灭章邯后设，汉九年（前198）和渭南、河上二郡合并复为内史。可能正是政区的调整，中地郡被撤销，宣义才被调到中央为廷尉。谁想刚刚被提拔为廷尉，就来接手这个大案……

当时，萧何论罪下狱，整个朝堂没有一个人敢在盛怒的皇帝面前为萧何说话。几天后，一个姓王的卫尉为萧何说了公道话。

这个卫尉向刘邦进言："分内之事只要对百姓有利就向天子建议，此宰相之责也。臣以为，萧相国没有错。"接着，王卫尉又说道："当年陛下与项羽苦战，萧相国独守关中，彼时都没有为自己谋利，现在怎会贪图商人财帛，这不是笑话吗？"

其实这些道理，刘邦如何不明白，因此史书上说，听到这番话后，"高帝不怿",意思是很不高兴。不过卫尉的话是有道理的,即便是皇帝也不能不顾及朝堂议论,否则人心不服啊!刘邦面子上实在挂不住,所以当天便派人持节赦免萧何出狱。

短短一年时间,苦命的萧何便在生死间走了三个来回,真是让人唏嘘不已。在"丰沛系"的功臣中,萧何和刘邦的关系是最亲密的。早在刘邦担任亭长时,萧何便数次相救。楚汉战争中,萧何不但圆满完成了镇守关中的任务,而且还举整个宗族追随刘邦。甚至可以说,这天下有一半是萧何帮着拿下来的。而且萧何不争权,不结党,两次易储之争表面上也没有参与,可谓人臣的楷模。然而即使是这样完美的人,都不能免于刘邦的猜忌,可见刘邦晚年的刻薄寡恩。大约,萧何的错误就是在于"太完美"了吧。

其实,政治就是这样,伴君如伴虎,君心难测!君臣之间岂能简单地以感情衡量?历观古代帝王,又有几个是有人情味的?与同为高皇帝的朱元璋相比,汉朝的开国之君还算是厚道的,起码最后赦免了萧何。我们也不必为萧何叹息,其实受到猜忌的又何止萧何一人?想想张良为何在平定天下后淡出政治,不正是因为天威难测吗?无怪乎,司马光在《资治通鉴》里说:"萧何系狱,非以履盛满而不止耶!故子房托于神仙,遗弃人间,等功名于外物,置荣利而不顾,所谓明哲保身者,子房有焉。"

344

是啊,尘世繁华,人世冷暖,随它去吧。这年冬天,寒风凛冽中,鹅毛般的大雪飘落在这个孤独的老人身上,刚从廷尉署出狱的萧何赤着脚,踏着白雪,一步步走出未央宫。萧何出狱后的第一件事就是向圣明的皇帝朝拜谢恩!

刘邦仿佛又回到当年沛县,和这个老人一起喝酒畅谈。沛县的意气风发、汉中的崇山峻岭、关中的刀光剑影,这个跟随他半辈子的兄弟,陪伴了他十几年,一路走来无怨无悔,而如今也已是白发苍苍。看着高台下这个远去的老者,刘邦无言以对。

相国,何苦如此?相是贤相,君却是"昏君"啊!

第三十三章　　燕地复叛

萧何是个好人，卢绾也是个好人。就在朝廷处理完萧何后，这个好人便迫不及待地反了。

卢绾为丰邑人。卢、刘两家世交，卢绾和刘邦是同日出生，又是同学，所以从小关系便非常好。刘邦在当亭长前，卢绾便把他当大哥看，"常随出入上下"。刘邦在沛县起兵后，卢绾也一直追随左右，不离不弃。刘邦从沛公到汉王进而称帝，卢绾也随着步步高升，历任将军、太尉，封爵长安侯。萧何、曹参等文治武功虽冠于群臣，但要论与刘邦的关系，却都远不如卢绾，因为卢绾是刘邦从小到大的朋友。可是，深受君恩的卢绾为何要谋反呢？

事情还要从七年前说起。汉五年（前202）七月份，前燕王臧荼谋反。到汉五年九月份，臧荼谋反被汉军平定。汉军班师前，燕国被转封给了当时的太尉、长安侯卢绾，卢绾也就此在北方安顿下来。可是，斩草还是留下了祸根——臧荼被杀后，儿子臧衍逃亡匈奴。

汉十年（前197）秋天，陈豨谋反时曾派那个常败将军王黄前往匈奴求援。为了阻止陈豨和匈奴结盟，卢绾也派一个叫张胜的人前往匈奴游说。

一切都因这个叫张胜的小人物而改变。

张胜到了匈奴之后，没有见到匈奴冒顿单于，却见到了臧衍，两人便进行了一番谈话。臧衍对张胜说："先生之所以重用于燕国，实乃熟悉匈奴事务使然。而彼国之所以长存，亦因内地诸侯屡次反叛，兵事连绵，久而不决。如今您为燕国考虑，自当想尽快消灭陈豨。但您想过没有，陈豨一灭，接下来就轮到燕王卢绾了，你们恐怕日子也不好过啊！"因此，臧衍建议张胜让燕王暂缓进攻陈豨，与匈奴和好。这样的话，卢绾可以和陈豨互为犄角，这才是自保之策。如此，燕王的王位便可保全。一旦朝廷有急变，也可以有个外援——此乃养"贼"自重之策也。

不知道臧衍为何对张胜说这番话，难道促成了陈豨和卢绾的暗中联盟对他有什么好处吗？细细分析，促成卢绾和陈豨结盟，获益最大的好像不是卢绾而是陈豨，因为陈豨可以免于两线作战，所以笔者猜想臧衍是为陈豨服务的。这也不奇怪，因为陈豨久在代地，经常与匈奴打交道，臧衍也在匈奴待了好几年，加上这两人颇有"同病相怜"的味道，必然常有往来。

好吧，简单分析一下臧衍所谓的"即有汉急，可以安国"的两全之策能否实现。臧衍所谓的"公等亦且为虏矣"假设了一个大前提，即陈豨被平定后，刘邦一定会对付卢绾。首先，这个大前提就是错误的。韩信、彭越等人被杀是因为这两人太危险，而卢绾就不一样了，他出身"丰沛元从集团"，而且是"丰沛元从集团"的得力干将，是刘邦的铁杆亲信。一直以来，刘邦也是把卢绾看成自家人的。所以，卢绾是"丰沛系"中唯一一个封王的，这与韩信、彭越"挟功求封"有根本的区别。因此，卢绾也不必谋反。话说回来，异姓王也不是个个都会被杀，人家长沙王不是在长沙国好好的吗？所以，臧衍的话有点危言耸听了。

其次，臧衍说一旦出现情况，陈豨和匈奴都能作为外援，真的是这样吗？大概，最能忽悠人的就是这张空头支票。可是就在不久前，陈豨的主力在东垣被打光了。先不谈陈豨自己还有多少人马能打，以刘邦凡事做绝的性格，你有外援就会放过你？汉七年（前200）韩王信不是也指望匈奴人吗？结果如何呢？

其实，这种脚踏两条船的投机取巧之计并不新鲜，如在乱世还有成功的可能。如今天下一统，这样首鼠两端，最后下场恐怕不会太好。可惜，这个臧衍忽悠的功夫确实一流，而这张胜恰好又是个头脑简单的人，最后的结果是"张胜以为然，乃私令匈奴助豨等击燕"。原作为说客的张胜反被别人游说了，并且私自把卢绾的主给做了，这样的部下真是……

更为严重的还在后面：张胜回来后，燕王卢绾在此人的忽悠下真的决定密谋造反，卢绾派了一个叫范齐的部下秘密前往陈豨军中，双方暗中达成了停战协议。我们知道，此前陈豨的主力已经在东垣覆灭，也许是在卢绾的掩护下，陈豨在主力打光之后还坚持了一年多时间。

要想人不知，除非己莫为，东窗总有事发的一天。就在卢绾的如意算盘打响没几个月，此事就被刘邦知道了。

汉十二年（前195）十月份，周勃率部在代郡与陈豨的残部决战，结果汉军大胜，陈豨被斩杀。陈豨死后，"其裨将降，言燕王绾使范齐通计谋于豨所"。可见汉军打胜了之后收降了不少叛军，巧的是陈豨有一个特别的裨将也在降军中，要知道裨将的地位不低，当年项氏叔侄在江东起兵，项羽就是项梁的裨将，所以这个裨将知道陈豨的不少军事机密，他告诉周勃一个惊天的秘密：当今燕王卢绾有意谋反，并与陈豨早有勾结，卢绾有部下叫范齐，这个人长期在陈豨军中出谋划策。

惊天之谋！刚刚平定淮南，刘邦回到长安，屁股还没坐热，又接到一桩诸侯王谋反。这些个诸侯一个个怎么就不能消停一会儿呢？

卢绾是他最为信任的亲近之人，情如兄弟，而且卢绾这个人素来忠厚，别人或许会谋反，可卢绾怎么可能会谋反？接到这个消息，刘邦也是难以置信的。不过，事关重大，也不能等闲视之，还是试探一下为好。于是，刘邦下诏召卢绾进长安觐见，可结果让他失望了，和陈豨一样，卢绾称病不往。"称病"这个把戏太幼稚，什么时候没病，一召你就有病，岂有如此巧合之事？君不见，当年陈豨谋反前不是也病了吗？可即使这样，刘邦还是不信，为了搞清楚卢绾到底在搞什么鬼，他派辟阳侯审食其、御史大夫赵尧到燕国去彻底探查一番。

审食其，前面已经提到过，虽无军功，但属"丰沛系"。非但如此，因其早年保护吕后，深得吕后的信任，属于对老刘家忠心不二的嫡系。另外，审食其和卢绾由于是同乡，大约也交情匪浅。因此，由审食其前往燕国，不至于在这个敏感时刻刺激卢绾。

当然，此时刘邦虽然对卢绾的"称病"不满，但还没有正式认定卢绾谋反的意思，他派这两人去燕国，可能还是想搞清楚事实的真相。可问题是卢绾不这么想，陈豨、英布谋反的前因后果，作为藩王的卢绾一清二楚。因此，卢绾对亲信说："如今这天下，不是刘氏而王的，只有寡人和长沙王吴家了。汉十一年春，朝廷杀了韩信全家，夏天又杀了彭越，这都是吕后的主意。如今陛下病重，吕后执掌朝政大权。这个妇人一向心狠手毒，一心想诛杀异姓王和功臣。"言下之意，他这一去恐怕回不来了，特别是如今刘邦病重，主持朝政的正是吕后，此去长安必然凶多吉少。所以，惊恐之下的卢绾只好躲藏起来。

其实，卢绾打算"幸上疾愈，自入谢"，准备等刘邦病好了，再入朝请罪。所以，直到此时，卢绾确实没有决心谋反的意思，否则就直接干掉审食其和赵尧，举旗起兵了。不过，卢绾既然不决心谋反，现在应该和审食其、赵尧一道去长安向刘邦谢罪，这才是最好的选择，但他也没有去做。卢绾不是怕刘邦，而是怕吕后，如今刘邦病重，朝堂决策都是吕后拿主意，一旦吕后翻脸不认人，他日子就不大好过了。所以，无奈之下，卢绾只好采取躲避这样看似愚蠢的方式逃避危机。

在这种诡异的情况下，审食其和赵尧两人到达燕国后别说见到卢绾，连卢绾的部下也没见到几个。堂堂一个藩王，居然说消失就消失了，真是滑天下之大稽！不过卢绾人没见到，前面说的这些极为敏感的私言密语却被两人听到了。如此惊天之谋，审食其和赵尧两人也不敢做主，只好回朝向刘邦汇报。大约不久之后，朝廷又从匈奴人口中得知张胜确实在匈奴。人证、物证俱齐，这下卢绾的谋反之名是坐实了。

汉十二年（前195）二月份，刘邦下诏削去卢绾的燕王王爵，另立皇八子刘建为燕王。随后，刘邦下诏赦免燕国臣民，令屯驻代地的樊哙进兵攻燕。在樊哙的指挥下，汉军一路势如破竹，很快打到广阳郡治蓟县。随后樊哙被调回，由周勃接替指挥。到二月底，两军在蓟县南部展开决战，不过燕军的战斗力实在太差，卢绾本人也没有特殊的指挥才能，所以这一仗打得颇为轻松，燕军的大将抵、丞相偃、太尉弱、御史大夫施和郡守陉等高级官吏均被生擒。大胜后，周勃指挥汉军北上，在沮阳再次击溃叛军。汉军一直打到长城脚下，获得决定性胜利。这样，燕国六郡广阳、上谷、右北平、辽西、辽东、渔阳被悉数平定。

卢绾，不得不像韩王信那样逃亡匈奴。

与其说卢绾谋反，倒不如说他是整个残酷的权力斗争的牺牲品。卢绾这个燕王本来当的逍遥自在，却不想被部下拉下水，何苦来哉？纵观整个平叛战争，别说发兵以抗王师了，其实就在汉军进攻燕国不久，卢绾便带着家人、随从数千人跑到长城边上，可见其确实不想谋反。此时，卢绾的心情大概是非常痛苦和矛盾的，既想摆脱谋反罪名，又怕入朝为吕后所杀。事已至此，夫复何言！想来想去，卢绾还是决定等刘邦病愈再入朝谢罪。然而上天终究没有给卢绾这个机会，在长城脚下的卢绾最后等来的却是刘邦宾天的消息。中原，这辈子恐怕是难回了。

郁闷的卢绾无奈之下选择了流亡匈奴，有家难回的卢绾被冒顿单于封为东胡卢王。刘邦去世一年后，惆怅而孤独的卢绾也在匈奴含恨而终。去世前，卢绾告诫子孙，一定要回到中原，一定要回到那个他魂牵梦萦的大汉，那个让他日思夜想的沛县。去世时的卢绾大约是无比痛苦的，有什么比背叛自己的兄弟还痛苦的呢？陛下已经驾崩，再也无法听到他亲自宽恕自己了。

卢绾死后，追随卢绾的部下则不断逃散，有的流亡匈奴，有的历经千辛万苦归汉。当时，有个叫卫满的部将却选择逃亡到偏僻的朝鲜。

六年后，卢绾的妻子带着部分家人历经千辛万苦从匈奴逃回，最终病逝于中原。

三十年后的汉景帝年间，卢绾的孙子卢他之以东胡王的身份归汉，被封为亚谷侯。

第三十四章　　高祖山崩

　　就在燕地即将被收复时，朝廷内部却出现大变。不久前，萧何下狱，接着又是燕王卢绾谋反，一时间政局波诡云谲。非独萧何，连领兵在外的樊哙也受到刘邦的猜忌。根据《史记·陈丞相世家》上说"人有短恶哙者"，可见樊哙一事的起因大约是有人诬告了他。而《史记·樊郦滕灌列传》上记载的更加明确："人有恶哙党于吕氏。"意思是，有人诬告樊哙与吕后结党。其实，刘邦如此深信这段诬告是有原因的，樊哙的妻子吕媭，是吕后的妹妹，所以樊哙属于吕氏一党是没有问题的。即便樊哙在两次易储之争中都没有说话，可如今吕后和戚夫人的太子之争朝野皆知，而作为后党的樊哙手握重兵，这一切都让刘邦对赵王刘如意的安全深为忧虑。

　　其实，认真分析起来，此事虽说是"诬告"，恐怕未必空穴来风。吕氏一党虽然实力雄厚，但自汉八年（前199）吕泽死后，没有拿得出手的真正掌握兵权的干将。樊哙是吕后的妹婿，手握重兵，身份显赫，吕氏一党没有理由不用。皇帝病危，长安政局扑朔迷离，以吕后"刚毅"的性格，做好万全准备是正常的。

　　虽然易储之争失败，但刘邦对戚夫人和赵王刘如意的安危一直非常上心。果然，听到这个消息，长期敏感的刘邦立时勃然大怒，破口大骂："樊哙这竖子见老子病了，便盼望老子赶快死啊！"接着便在病榻前下诏，命陈平和周勃两人立刻前往广阳郡接收前线军队的指挥权，并逮捕樊哙，就地斩首。

　　陈平长期担任护军中尉，对政治一向敏感。《史记·陈丞相世家》上说，逮捕樊哙，用周勃接管军权的计策，就是陈平提出来的。不过，这个陈平真是老奸巨猾，接受诏命出发后，半路上却又对周勃说："樊哙和陛下关系很好，且战功显赫，又是皇后妹夫，非你我可比。我估计杀樊哙，也是陛下一时愤怒。一旦将来陛下和皇后后悔，你我日子就不好过了，干脆我们先把他囚禁起来交给陛下处理，我们还是不能做这个恶人。"

原来诛杀樊哙之计就是陈平提出来的，可如今却让刘邦来做这个恶人。陈平啊陈平，真不是个老实人，怪不得连他自己在老的时候都担忧地说："我多阴谋，是道家之所禁，吾世即废，亦已矣，终不能复起，以吾多阴祸也！"

和周勃商量决定后，陈平并没有直接到燕国擒拿樊哙，而是派人持节召来樊哙。等樊哙到达后，便就地逮捕，装上囚车，由驿站送往长安。解决了樊哙后，陈平便让周勃代替樊哙为前线总指挥，率兵继续平定燕地。

处理完樊哙不久，陈平就接到了皇帝诏书：让他和灌婴一起领兵屯驻荥阳。嗅觉一向灵敏的陈平一看就知道长安要有大事发生。一直以来，陈平都陪伴在刘邦身边，如今却让他不回长安，而是和灌婴屯驻长安的门户荥阳。在荥阳屯驻重兵，肯定是怕各地诸侯不稳，联系到刘邦早已病危，思维敏捷的陈平立刻明白了。想通了这点，陈平根本没把诏书的命令放在眼里，而是快马加鞭未下鞍，一路向长安奔驰，不是为了复命，而是抢占先机。

是的，皇帝已经驾崩。

汉十二年（前195）四月二十五日，六十二岁的刘邦病逝于长安长乐宫。戎马一生，他的精力早已耗尽，油尽灯枯。

在刘邦病危时，吕后在病榻前问他："陛下百年之后，萧相国之后，让谁代替他呢？"刘邦回答："曹参可以"。再问曹参之后，刘邦平静地说："王陵可以，但他有点憨，陈平可以帮助他。陈平智谋有余，但难以独担重任。周勃为人厚道不善言辞，但将来安定刘氏天下的非其莫属，可用为太尉。"吕后再追问其后，刘邦则回答："这以后的事就不是你能操心的了。"

这段记载感觉有点可疑，要说刘邦对手下性格的分析，那是没有问题的。可刘邦怎么可能知道周勃能安定刘氏天下？若真是如此，他当知道周勃之所以安天下还不是因为他老婆？因此，这段记载不可信，当属后人附会之说。

但无论如何，身后之事，随它去吧。

刘邦生于长平之战后五年的秦昭王五十一年（前256），比秦始皇小三岁。谈起"雄才大略"，后人大多想到的是秦始皇，可是对比这两位开创大业的君主，还是很有意思的，同样面对死亡时，秦始皇显得过于执着，总是将希望寄托在虚无缥缈的神仙之事上，可出身平民的刘邦却并未如此。

史书上说，刘邦病危时，吕后请来一位良医，医生入内诊视后说："病可以治。"刘邦却破口大骂："老子一介布衣，提三尺剑取天下，天命所归！生死在天，扁鹊复生又有何用！自己的病，自己还不知道吗？"最后，硬是没有让这个医生治病，而是赏给他五十金，让他滚蛋。此时的刘邦，比起秦始皇追求长生不死的仓皇显得更可爱，更豪迈。

刘邦也是个很有人情味的人。他有个老乡叫单父圣，当年寒微时，刘邦有一次因急事外出，向此人借了一匹马应急，这件事情他一辈子都记着。到平定天下后，军功不足的单父圣即因此而被封为中牟侯。刘邦说得很清楚，这个侯就是为了感激单父圣当初借他一匹马。

千载以来，有人说他冷血无情，有人说他傲慢无礼，但笔者以为这些指责多有附会或冤枉的味道。从单父圣封侯可看出，刘邦对跟随他出生入死的老兄弟是很厚道的。

《史记·功臣表》里记载的一百四十三个军功列侯中，只有六人为刘邦的亲属，其余的都是按照战功给予封邑，即使阵亡也不例外，比如在还定三秦之战中阵亡的纪成和平齐之战中被杀的郦食其。哪怕他们没有儿子，刘邦也会想方设法找到直系亲属继承爵位。猛将奚涓和樊哙一样，每战必冲杀在最前线，为大汉立下汗马功劳，后来论军功当为四千八百户，和樊哙同等，可他已经阵亡，也没有留下子嗣。封侯时，刘邦追念这位同生共死的老兄弟，将他的老母亲专门接到洛阳，并将鲁侯的爵位封给这位老夫人。奚涓的母亲在病逝后，鲁侯终因无后而国除，但这一百多个列侯除了七人涉嫌谋反外，其他的大多传到曾孙辈，有的甚至与汉朝同始终。刘邦遵守了诺言，在历史上不说和明太祖相比，就和大多数开国之君相比也是厚道多了。

天下者，君有之，众臣共享之，君臣共治之。如此，乃有刘家四百载天下。

对有点滴之恩的人尚且如此，何况是一生的羁绊。就在刚刚平定英布回到长安的汉十二年（前195）十二月份，刘邦特意下诏："由于秦始皇、楚隐王陈涉、魏安釐王、齐缗王、赵悼襄王都没有后代，准予守冢各十家，秦始皇二十家。"另外，魏公子无忌也被特批五家守冢，世世不绝，供奉香火。

当初，魏公子信陵君门客三千，是早年游侠的刘邦极为崇拜的偶像。可惜的是，仰慕英雄的刘邦没有赶上那个英雄浪漫的时代。信陵君去世的时候，刘邦只是一个十三岁的楚国少年。待十多年后，青年的刘邦听闻外黄张耳曾为信陵君门客，于是自丰邑前往外黄投奔这位老大哥。可是在外黄不过几年，魏国便为秦所灭。后来，秦人通缉张耳，刘邦便不得不匆匆结束数年的游侠生活，回到丰邑出仕为秦泗水亭长。在外黄几年，是刘邦难以忘怀的青年游侠时代。几十年的激荡岁月转瞬即逝，张耳也已死数年，此时的刘邦已经病危。大约已经预料到自己时日无多，故在此时下了这样一道诏书。这些琐事，也算是这位人间天子在临终前为青年时代游侠的梦想做最后的心灵寄托吧。

当初春第一缕温暖阳光越过巍峨宫墙，照进长乐宫时，汉朝的开国之君安详地闭上了眼睛。这一刻，周苛、纪信、子婴、章邯、项羽，一个个陌生又熟悉的名字划过脑海；这一刻，"大丈夫当如此也！"那句熟悉的话好像又在耳边响起；这一刻，似乎那个提着三尺剑的豪气干云的刘季就在眼前。

"大风起兮云飞扬，威加海内兮归故乡，安得猛士兮守四方！"

属于刘邦的时代结束了，可他开创的时代，才刚刚开始……